日本一グレを釣る男。

―「シンプル」を突き詰めれば磯釣りは「進化」する―

著　友松信彦

NEXUS
14
NEXUS

まえがき

はじめに、私は四季を通じてほとんどが堤防や地磯に通っており、沖磯に行くのも一大イベントです。大型のオナガメジナが泳ぐ離島遠征は年に1、2回行くか行かないか。では遠征しなければグレが釣れないか？　もちろんそんなことはありません。身近な場所でも、釣り方さえ工夫をすれば素晴らしい釣果が得られるのです。

私にとってグレ釣りの魅力は、ヒットパターンを導き出すことです。潮や地形を想像し、コマセでグレを動かしながら、ねらいのタナで掛け、その時、その瞬間で釣果を連発させたい。コマセやサシエ、仕掛けの違いが釣果に影響することも確かにあります。しかし、グレ釣りに重要なことはそれらではありません。その瞬間にグレがマキエを食べている場所やタナを見極め、そのポイントにグレが食いやすいように仕掛けを届けること。まさにグレの気持ちになって毎投毎投、目の前の海からそれらの情報を敏感に感じ取って仕掛けを流す。この「流す」行為こそが非常に重要で、難しくも楽しくもあり、グレ釣りの本質だと考えています。ハリスを細くすればスレたグレを釣ることもできるでしょう。私もこの釣りを始めた当初は細ハリスの信者でした。釣れるコマセ、釣れるサシエを聞けば実践しました。しかし、イトの細さやエサのよしあしだけに頼った釣りをしていても、釣技は必ず頭打ちになると感じたのです。トーナメントに出場し、優勝するには、誰にも負けない爆発的な釣果をだせるようになることです。

そこで私はあえてミチイト、ハリス、コマセやサシエを固定して、ひたすらグレを釣りました。その結果、分かったのはグレがコマセを食べている場所にサシエを食べやすいように流すことができれば、ヒットを量産できる。つまり、ミチイトの管理にこそグレ釣りの本質があると考えるようになったのです。

ミチイトを海面のどの場所に置き、どのタイミングでメンディングを行ない、どれくらいの力で張りを強めるか。この管理こそ、グレが釣れる釣れないの境目で、トーナメントで勝つために爆発的釣果を叩きだすカギとなっていく。オモリを打った半遊動の仕掛けでも、オモリを全く打たない全遊動の仕掛けでも管理ができればこそ再現性のある釣りになり釣果の連発につながります。どんな高級な道具やエサを使ってもミチイトの管理ができなければ好釣果はあげられないと断言できます。

本書は私の考える理論や技術について書きました。ひとつお断りしておくと私は釣りの仕事で生計を立てるプロではなく、週末釣行が基本のサラリーマンアングラーです。身の丈にあった釣りしかしていませんが、グレ釣りおよびウキフカセ釣りの探求心は誰にも負けないと自負しています。グレのことばかり考え、競技会で腕を磨き、各地を釣り歩いてきたことでグレ釣りの核心部もある程度は見え、その答えがシマノジャパンカップの成績だと思っています。あくまで私なりの釣り方、レベルアップ術ですが、本書がビギナーや釣果向上に行き詰まった釣り人の一助となれば幸いです。

令和2年10月

CONTENTS

日本一グレを釣る男。

―「シンプル」を突き詰めれば磯釣りは「進化」する―

著　友松信彦

STAFF
【Editer in Chief】佐藤俊輔
【Illustration】石井正弥
【Design】小林正也

序章

グレ釣りとの出会い

神戸で生まれ育った私は、瀬戸内海が一番身近な釣り場でした。
チヌにはじまり、グレと出会い、夢中になった原点の堤防から、
現在に至るウキフカセ釣りにのめり込んだプロセスを紹介します。

すべての始まりは、チヌ釣りの衝撃だった。

ウキフカセ釣りとの出会いは中学1年生の秋でした。友人が「チヌというデッカイ魚が釣れる」と地元(神戸)の堤防に誘ってくれたのがきっかけです。右も左も分からずイトを垂れる私たちにアタリはなく静かな時間が流れていました。

いきなり隣のおっちゃんがビシッとアワセを決めると、サオが満月のように曲がりました。やがて銀ピカの魚体が海面に横たわり、タモに滑り込んで入ります。この魚がチヌなのだと初めて知りました。サオが軋む音、イト鳴り、釣り人の息づかい、その光景が私の心を鷲づかみにして、それからはもう夢中です。チヌを釣りたくて、ウキフカセに限らず紀州釣りやエビ撒き釣りとさまざまな釣法を試みました。

中学生の私に高価なエサは買えません。米ヌカと海砂、岸壁から貝を取っては潰して混ぜたり、オキアミが買えない時はフナムシを捕まえてエサにしたり、とにかく釣りがしたくて必死でした。そしてようやく中学2年生の春に奇跡が起こって3尾のチヌを釣りあげることができました。

チヌが釣れてからはいよいよウキフカセ一本にのめり込み、それがグレ釣りに発展していきます。地元の堤防は梅雨になるとコッパが釣れます。瀬戸内海の堤防ゆえグレの型は大きくても30cmまで。それでもウキを消し込む鋭いアタリ、シャープな突っ込みに魅了さ

淡路島の堤防も原点の釣り場のひとつ

高価なエサを買えない学生時代からヌカをコマセに使うようになる

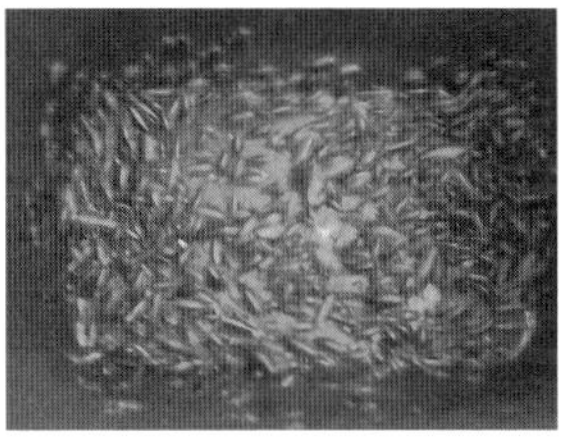

オキアミが手に入らない時はフナムシをエサにすることも

憧れのチヌを手にしてから私のウキフカセ釣りは本格的にスタートした

れるまで時間はかかりませんでした。

高校時代も遊びといえばウキフカセばかり。釣り好きが高じて、魚のことを勉強したいと近畿大学水産学部に進学します。大学に入ってからは和歌山県串本の地磯通いが始まり、当初は朝から夜まで一日サオを振りました。車で1週間すごして釣りに明け暮れたこともあります。神戸にいたころは1ヒロ以下の浅ダナのコッパ釣り、もしくは海底付近のチヌ釣りしかしていません。地磯とはいえ黒潮洗う大海原でのグレ釣りは未体験ゾーン。地元の30㎝クラスとは明らかに違う強烈な引きに対応できずバラシまくり、釣果を得られないことが何日も続きました。それが1年ほどすると潮の見方やグレの出るタナが分かるようになり、安定した釣果を出せるようになったのです。

1000釣法と出会い、シマノジャパンカップが私の釣りを進化させた

大学2年生の秋に全日本学生釣魚連盟（学釣連）の全国大会が三重県尾鷲市で開催されました。私は近畿大学の代表として出場機会を得ます。串本で鍛えた腕試しのつもりで出場した結果は3位でした。自信があっただけに悔しくてたまらず、この悔しさがきっかけで競技会への熱が高まったともいえます。翌年の大会に向け、地磯通いのペースを上げて年間250日釣りをして、その成果が身になって優勝。さらには翌年も頂点に立つことができ、2連覇できました。このころにはもはや四六時中グレのことばかり考えるようになり、卒業論文もグレについて考察。「グレの水温変化による捕食行動解析」をテーマにまとめました。ちなみにこの研究によって水温が18℃以下になるとグレはエサをついばむように食べ、一飲みでは食べなくなることが分かりました。釣りに直結するその研究から、厳寒期は小さなアタリを取る重要性も感じるようにな

1000釣法とは？

ハリス10m＋00号のウキを使った釣法。名付け親は九州大分県在住の池永裕二さん。風や2枚潮にも強く細かなラインメンディングが不要というメリットがある

ジャパンカップ最多優勝記録6回を保持する立石さんと初出場の2007年大会準決勝で対戦して勝つことができた

ジャパンカップ全国大会初出場は24歳。恩師の橋本善久さんも一緒に勝ち上がり、レジェンドの宮川明さんと同じ大舞台に立てた

2009年マルキュー主催の全日本グレ釣り選手権大会では森井陽選手に敗退して2位。森井選手も全国大会常連の強者だ

初出場のジャパンカップ全国大会。
五島で手にした大型のオナガグレ

26歳、若狭グレトーナメントで優勝

ったのです。

大学卒業後はすっかりグレの競技会に熱中しメジャー大会（シマノジャパンカップ、ダイワグレマスターズ、G杯、マルキューカップ、東レカップ）の全制覇を目標に、3年間トーナメントに没頭しました。そして2006年12月、京都府の舞鶴・田井に釣行する車の中で板ナマリをウキに貼り付け浮力を調整する方法を知ります。これを試すと爆発的な釣果がでました。以降はロングハリスにウキを通して浮力を最適に調整する「1000釣法」が私のスタイルとなります。

さまざまな大会に出続けていた2007年、24歳の時にシマノジャパンカップで運よく優勝できました。当時の最年少優勝記録を塗り替えたのですが、それから2019年までに全国大会に10回勝ち上がることができ、優勝4回、準優勝1回、4位2回、6位1回という結果を残すことができています。メジャータイトル完全制覇という夢は成し遂げていませんが、ジャパンカップこそ私の釣りを育ててくれ、グレ釣りの面白さを深めてくれたといっても過言ではありません。2010年に兵庫から神奈川県横浜市に引越してからも伊豆半島周りの堤防、地磯、沖磯はもちろん時には離島にも足を運んでいます。こうして1年中グレばかり追いかけているのもジャパンカップ制覇を目標にしているからです。

しかしどれだけたくさんのグレを掛けても、この釣りの奥深さは果てしなく、釣行のたびに課題が生まれます。当面の目標は伊豆の磯（特に堤防、地磯）でグレの50㎝オーバーを釣ること、立石宗之さんのジャパンカップ最多優勝記録の6回を超えることです。

初めての五島の海を前にして。千変万化する潮を釣るのが楽しくて仕方がなかった

4度の優勝を果たしたシマノジャパンカップ

2012年

2007年

2019年

2018年

友松さんの主な戦歴

トーナメントは
1位にならなければ意味がない

西暦	年齢	大会
2002	19	全日本学生釣選手権大会　3位
2003	20	全日本学生釣選手権大会　優勝
2004	21	全日本学生釣選手権大会　優勝
2005	22	シマノジャパンカップセミファイナル敗退 KIKYU杯　優勝 フレンドリーカップ　準優勝、
2006	23	シマノジャパンカップ　地区予選敗退 西日本グレトーナメント　準優勝 オール関西選抜グレトーナメント　準優勝
2007	24	シマノジャパンカップ　優勝 マルキユー全国大会　　8位 大阪グレ（日本グレ）　4位
2008	25	シマノジャパンカップ　8位 若狭グレトーナメント　5位
2009	26	シマノジャパンカップ　セミファイナル敗退 マルキユー全国大会　準優勝 若狭グレトーナメント　優勝
2010	27	シマノジャパンカップ地区予選敗退 マルキユー全国大会　5位
2011	28	シマノジャパンカップ　準優勝
2012	29	シマノジャパンカップ　優勝
2013	30	シマノジャパンカップ　11位
2014	31	シマノジャパンカップ　6位
2015	32	シマノジャパンカップ　セミファイナル敗退
2016	33	シマノジャパンカップ　4位
2017	34	シマノジャパンカップ　4位
2018	35	シマノジャパンカップ　優勝
2019	36	シマノジャパンカップ　優勝

第1章

まずはコッパグレから釣ってみる。

グレ釣りの楽しさは大型魚を釣ることだけではありません。アタリを持続させること、再現性を見出すことも面白い！そして、サイズアップの法則が見つかれば、よりこの釣りがエキサイティングになるでしょう。

近海で釣れるグレは3種

まずはグレという魚の生態を見てみましょう。正式和名はメジナ。日本近海にはメジナ（クチブト）、クロメジナ（オナガ）、オキナメジナ（ウシグレ）の3種類が生息しています。グレ釣りの対象となるのは主にクチブトとオナガです。中でもクチブトは内湾から外洋まで生息域が広く、最も親しまれています。幼魚から30㎝までは主に内湾に群れて生息し防波堤でもよく釣れます。成長とともに外洋に出ていく一方で居着きとして根に留まる個体もいます。湾内で大型が釣れる意外性も持ち合わせているのもクチブトです。オナガは外洋性が強い魚です。幼魚から外洋に面した磯場で成長し、大型になるにつれ、より潮通しのよい沖に出ていく傾向があります。大型を手にするには離島などの遠征に行く必要もあり、大型オナガはグレ釣りファンの憧れです。

　クチブトをねらうのか、オナガをねらうのかで釣り場や仕掛けが変わります。お住まいの地域によって違いはありますが、初めの1尾をねらうならクチブトが一般的です。ここではタックルや仕掛け、細かい技術解説に入る前に最初の1尾をどう釣るのか、レベルアップの第一段階についてまずは解説していきます。

ウキが馴染むまでの浅ダナを釣る

　プロローグにもあったように私が初めてグレを釣ったのは地元神戸にある瀬戸内海の堤防で、中でもよく通ったのが明石海峡に面した垂水一文字堤防（通称タルイチ）です。シーズンは梅雨と秋の比較的水温が温

クチブトメジナ。魚体はぽってりとしている。体型から見ても回遊性が強いとはいえず、海藻の多い根周りなどに居着いている

オナガメジナ。エラ蓋の縁が黒く、尾ビレがマグロやカツオと同じくグライダーの翼のような形をしている。潮に乗って広範囲を回遊する

オキナメジナ。上唇が分厚いのが特徴で、体高は高く、ずんぐりした感じがする。「ウシグレ」とも呼ばれる。千葉県以南、琉球列島に生息

堤防はグレ釣りの面白さを知るにはもってこいのファーストポイント。私は現在も堤防での釣りが大好きだ

かい時期がよく、良型でも30㎝クラス、40㎝オーバーの大型魚が釣れることは稀な釣り場です。この堤防で私はコッパ釣りの面白さに目覚めました。コッパとはグレの幼魚で30㎝くらいまでの魚です。

　グレは小さくても引きます。すでにグレを釣ったことがある人なら分かるでしょう。鋭いアタリと疾走に耐え、釣りあげてみると思いのほか小さいという経験をしたことがあるはずです。そこで最初のフィールドは堤防、目標サイズは30㎝としましょう。

　ウキフカセ仕掛けは多彩です。ウキやハリは号数、種類も含めて細かすぎるほどのバリエーションがあります。それこそ釣り人を悩ませる要因にもなるのですが、仕掛けはシンプルに考えてください。私の釣りスタイルはなるべく同じ仕掛けで釣ることです。というのもトーナメントでは限られた競技時間に釣りをします。仕掛けをあれこれと替えていたのではタイムロスが大きいのです。そしてシンプルを突き詰めると釣りの深みが増し、面白さを見出すことができます。

　まずは左図のような仕掛けを用意してください。ウキは0号でウキ止メは付けません。ウキの上部にウキ止メがないと、ウキ下は固定されず、ミチイトがスルスルとウキ穴を抜けます。仕掛けを投入して放置すればサシエは海底まで届きます。ウキ止メを付けない仕掛けは「スルスル仕掛け」、「全遊動仕掛け」、「全層仕掛け」とも言われます。しかしここで紹介するコッパ釣りのタナは仕掛けが馴染むまでの間、ウキを支点にハリが垂れ下がる間のタナを釣ります。つまりスルスルおよび全遊動の仕掛けではあっても、全層をくまなく探る釣りではなく、ウキ下の仕掛けが馴染むまでを釣ります。

　コッパグレのタナは浅く1ヒロ半（約2・5〜3ｍ）までが基本です。魚は総じて幼いほど食いしん坊で活性も上がりやすい。コッパグレはコマセを打てば浮きます。下から上がってエサをバクバク食って反転する。こうした高活性なグレはウキをシューッと消し込む痛快なアタリを出してくれます。浅ダナゆえオモリは基本的に使いません。オモリを打たない軽い仕掛けは、ウキ穴をミチイトが抜けにくくなります。サオ1

原点の釣り場「垂水一文字＝タルイチ」での釣果写真

コッパ釣りの仕掛け

初めてのウキフカセといえば半遊動仕掛けを使うことが多いが
ここで紹介するコッパ釣りではウキ止メを付けない

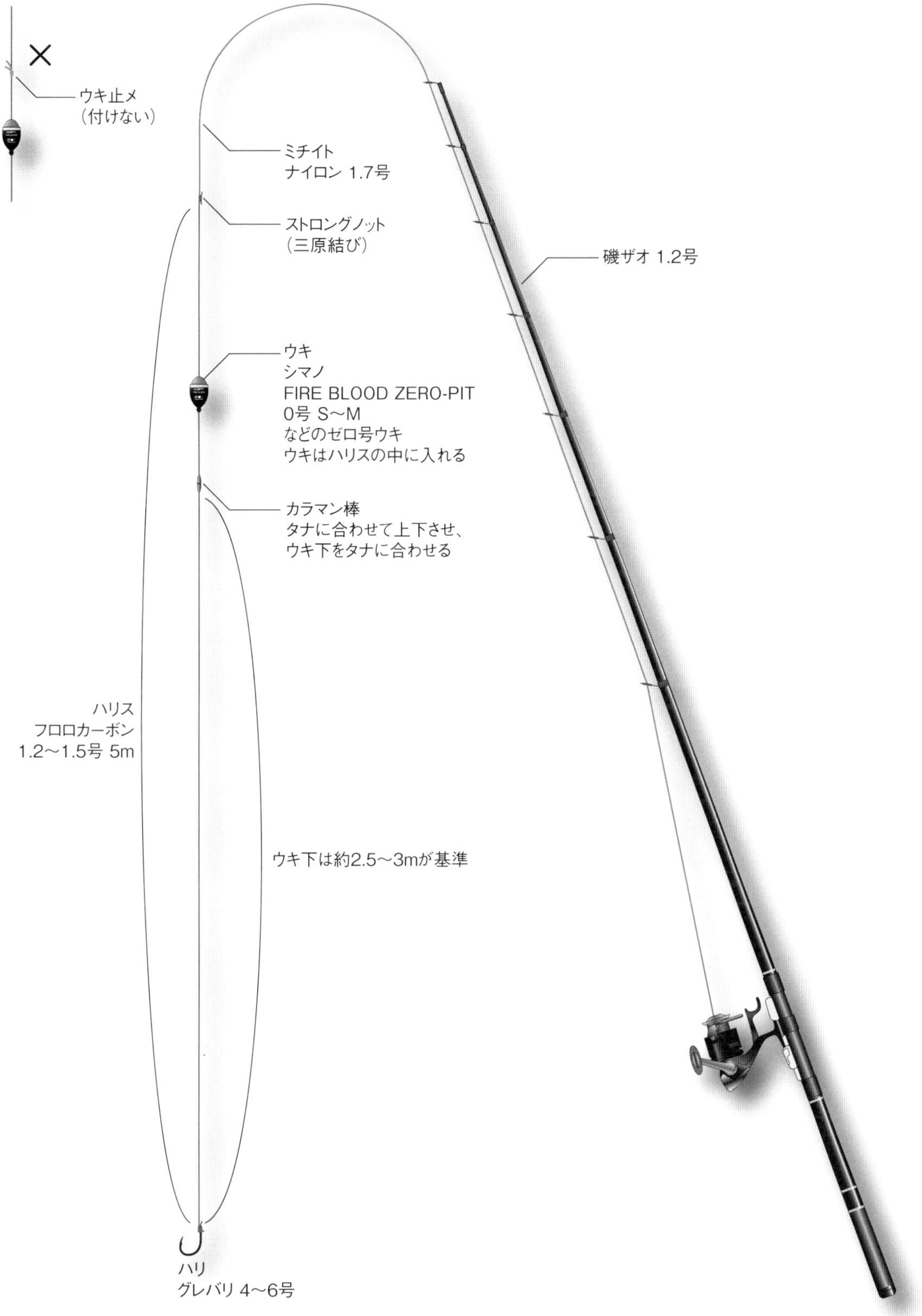

×
ウキ止メ
（付けない）
ミチイト
ナイロン 1.7号
ストロングノット
（三原結び）
磯ザオ 1.2号
ウキ
シマノ
FIRE BLOOD ZERO-PIT
0号 S〜M
などのゼロ号ウキ
ウキはハリスの中に入れる
カラマン棒
タナに合わせて上下させ、
ウキ下をタナに合わせる
ハリス
フロロカーボン
1.2〜1.5号 5m
ウキ下は約2.5〜3mが基準
ハリ
グレバリ 4〜6号

本分（約5ｍ）のハリスを取って、その中にウキを入れ、カラマン棒の位置だけを上下させてその分のタナを探るのです。グレがどこまで食い上がってくるのかを意識し、1ヒロ半までのウキ下を調整します。そうしてとにかく魚を釣ってください。コッパでもなるべく数を掛けるのです。

海に行けば潮がどのように流れているのかを気にします。しかし堤防のコッパ釣りはフィールド的に潮が常にタラっとして変化に乏しい。気にしてほしいのは魚です。エサ取りの種類は何か？　グレのサイズは大小混じっているのか？　魚をまず見ること、観察が重要なのです。グレ釣りには「同じ磯で米一俵食べろ」という金言があります。何度も同じ釣り場に通うことの例で、同じポイントでサオをだすと魚の活性や状況の変化も見えてきます。

コマセはある程度の量を確保できるのであれば何でもよいです。浅ダナを釣るので比重の高いエサは必要ありません。ただし、遠投できないエサは論外で、投げられるエサを作ることもレベルアップのひとつと考

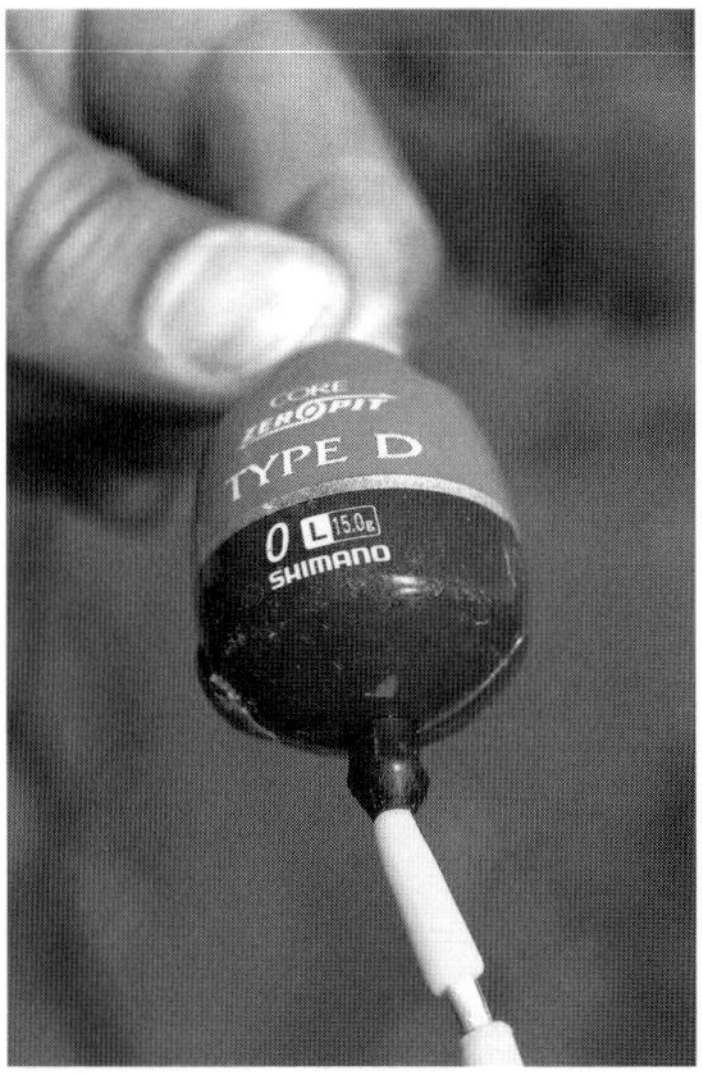
CORE
ZERO PIT
TYPE D
0 L 15.0g
SHIMANO

0号ウキをベースに浅ダナでの釣りを組み立ててみよう

仕掛けが馴染むまでを釣る

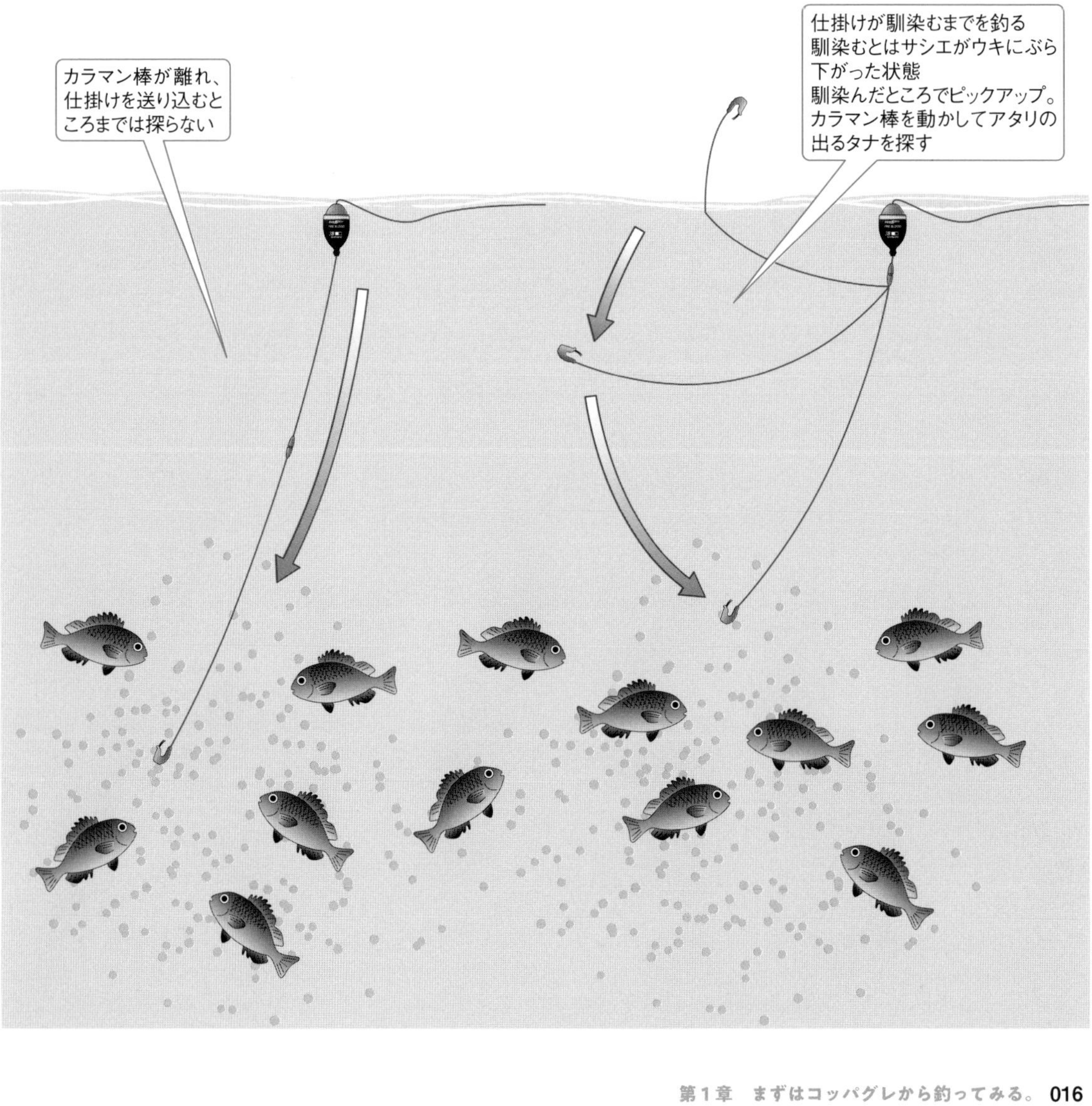
カラマン棒が離れ、仕掛けを送り込むところまでは探らない
仕掛けが馴染むまでを釣る
馴染むとはサシエがウキにぶら下がった状態
馴染んだところでピックアップ。
カラマン棒を動かしてアタリの出るタナを探す

えましょう。では、どれぐらい投げられるとよいのか？コッパ釣りは概ね手前が小型で沖にいくほど良型になります。小さい魚ほど手前にいます。イメージとしてはコッパが「沖に行ったら怖い」という青ものなどの捕食者のいるエリアがあり、その先を釣っていきます。となると最低でも15～20mは投げられるコマセが必要になります。

手のひらクラスからサイズアップを目指す

コマセを数カ所に打って、魚の動きをしっかり観察

海の中を観察する

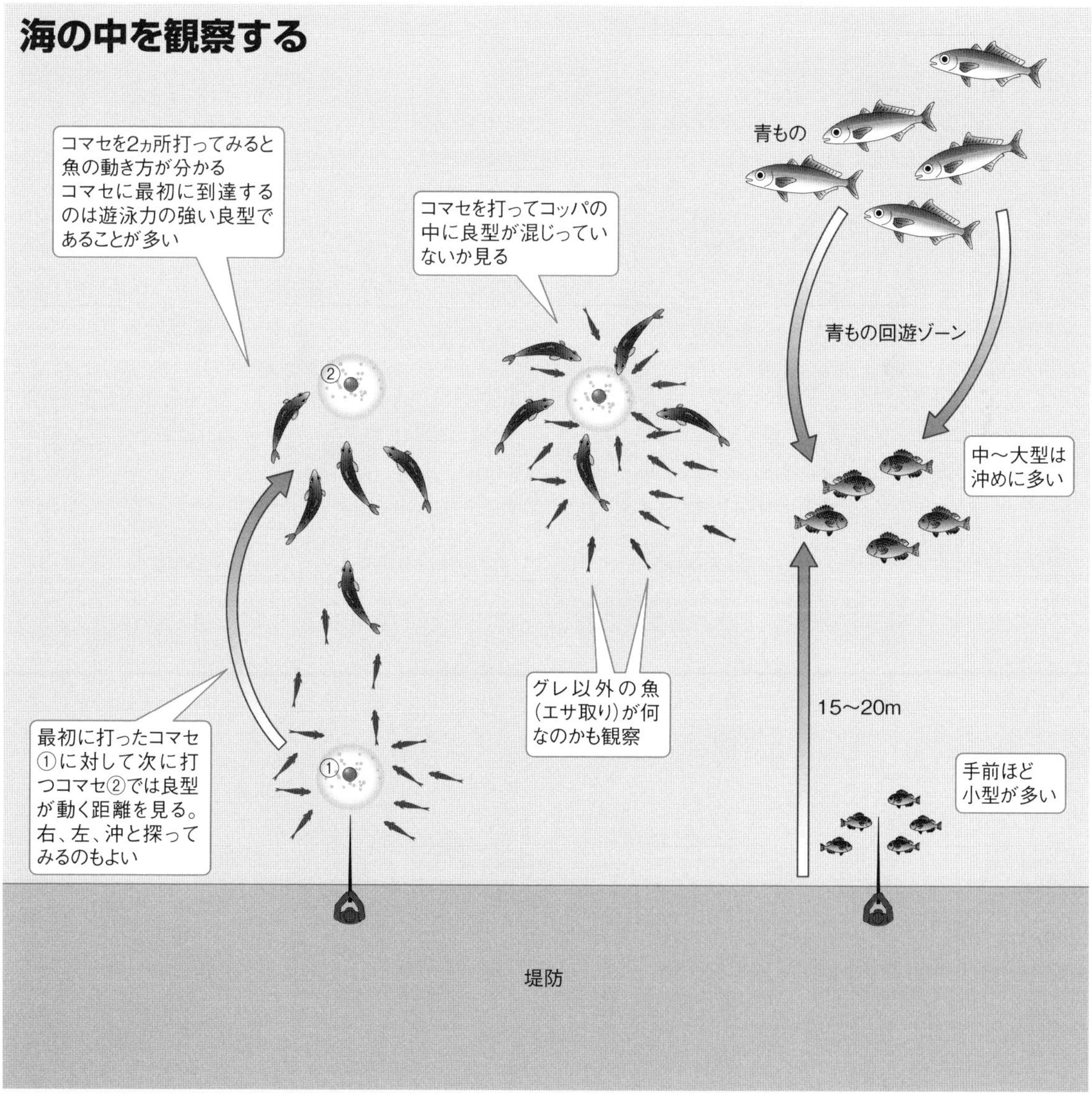

コマセを2ヵ所打ってみると魚の動き方が分かる
コマセに最初に到達するのは遊泳力の強い良型であることが多い
コマセを打ってコッパの中に良型が混じっていないか見る
青もの
青もの回遊ゾーン
中～大型は沖めに多い
②
①
最初に打ったコマセ①に対して次に打つコマセ②では良型が動く距離を見る。右、左、沖と探ってみるのもよい
グレ以外の魚（エサ取り）が何なのかも観察
15～20m
手前ほど小型が多い
堤防

活性に応じた食い方の目安　アタリダナを見つける

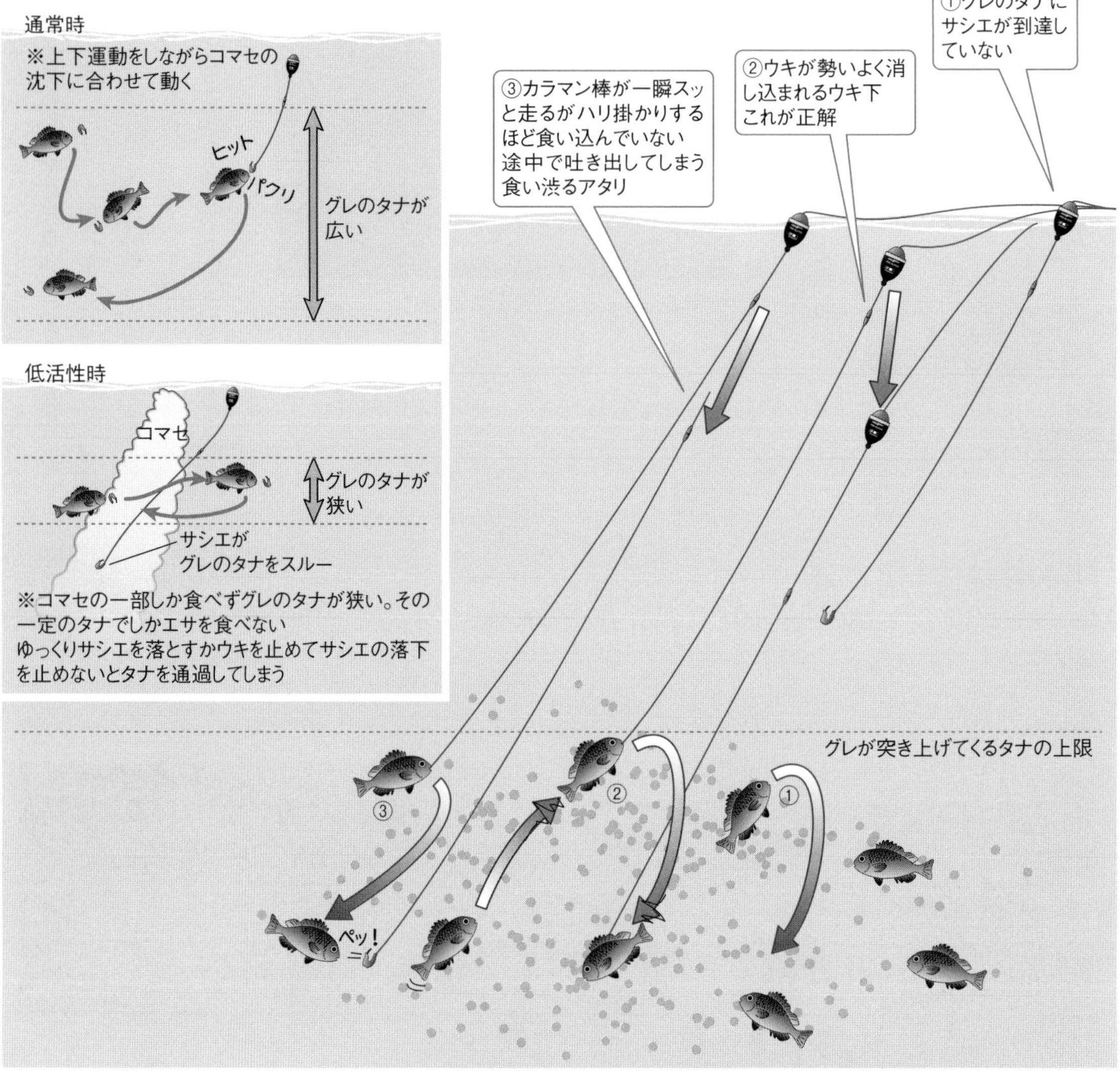
通常時
※上下運動をしながらコマセの沈下に合わせて動く
ヒット
パクリ
グレのタナが広い
低活性時
コマセ
グレのタナが狭い
サシエがグレのタナをスルー
※コマセの一部しか食べずグレのタナが狭い。その一定のタナでしかエサを食べない
ゆっくりサシエを落とすかウキを止めてサシエの落下を止めないとタナを通過してしまう
①グレのタナにサシエが到達していない
②ウキが勢いよく消し込まれるウキ下これが正解
③カラマン棒が一瞬スッと走るがハリ掛かりするほど食い込んでいない途中で吐き出してしまう食い渋るアタリ
グレが突き上げてくるタナの上限
ペッ!
①
②
③

アタリはウキを勢いよくシャープに消し込むこともありますが、カラマン棒がシュッと瞬間的に走るだけのこともあります。これは食い渋った時のアタリで、しっかりと食い込んでいません。分かりやすいアタリが出ない時はこの微妙なアタリを掛け取ることもしますが、大切なのはカラマン棒の位置をまめに調整し、明解なアタリが出るウキ下を見つけることです。

アベレージサイズは20㎝台です。しかし突然30㎝の良型がポロッと釣れることがあります。その時に「な

仕掛け

仕掛け投入点に対するコマセの位置がサイズアップを左右する

ぜ型がよくなったのか?」と疑問をもってください。こうして疑問を抱ける人は、絶対に上達します。20㎝も30㎝も同じコッパと思っている人はレベルアップできません。「たかがコッパ釣り、されどコッパ釣り」です。サイズアップをさせるには法則、パターンがあることを意識すること。そうして良型を連発させられるようになれば、レベルアップの第一段階どころか、かなり上級者のテクニックを会得しているといえます。

とまあ、いきなりフィールドに出てからの話を進めましたが、釣行準備のキモとなるエサ(オキアミ)やコマセの段取りなどについても、この章で触れておきましょう。

まとめ
conclusion

- 魚の種類や動きをよく観察すること
- グレがどこまで食い上がっているのかを意識
- 良型が釣れた時はなぜ型がよくなったのか疑問をもつ

堤防のトロフィーサイズは 40㎝オーバー

ハリを飲まれた時の外し方

グレ釣りではハリを飲まれることが多々ある。特にクチブト釣りは飲ませるくらいにしっかり食い込ませて釣る。深く飲まれていなければ人指し指を口に入れてハリのフトコロを押すようにすれば取れる

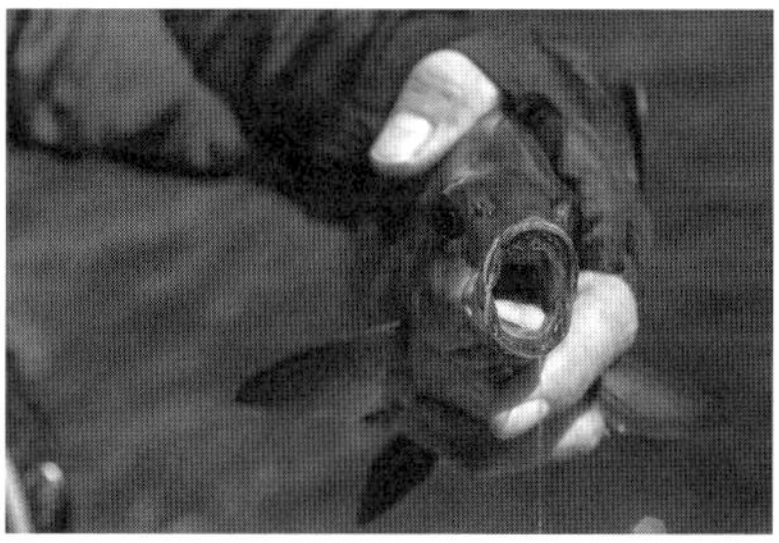
飲まれたハリ。見えている範囲であれば——

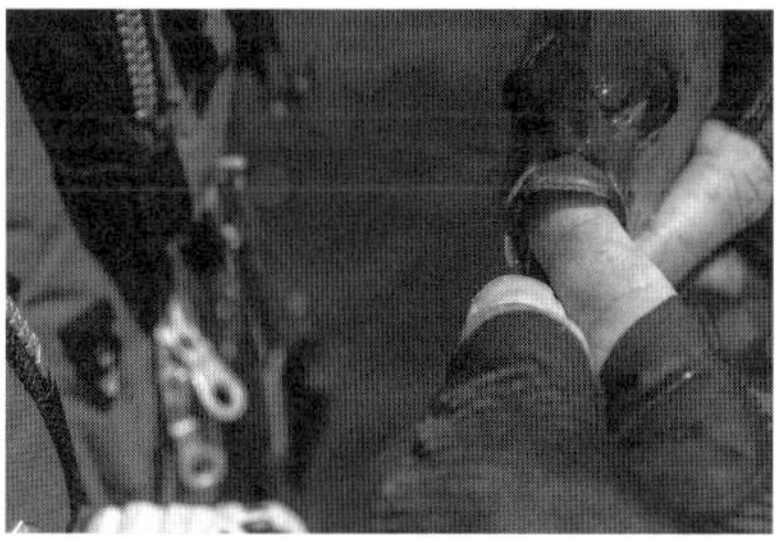
指を突っ込み、ハリの内側に当てて押す

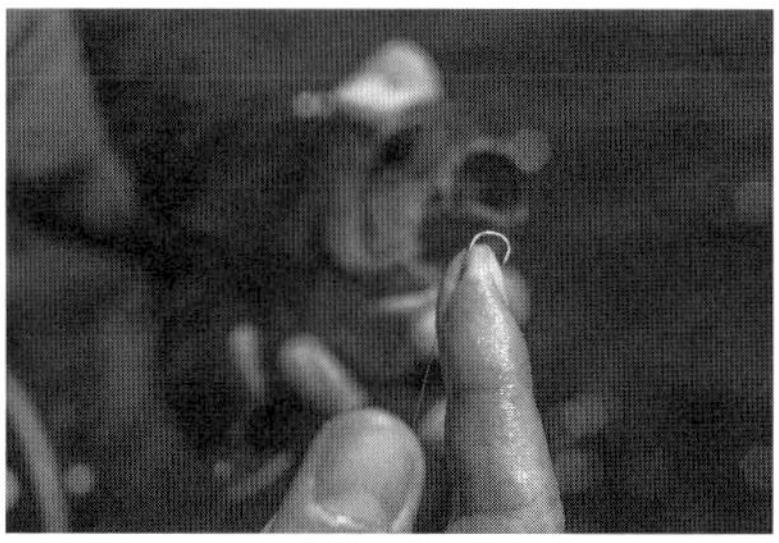
ハリが外れて指先に引っ掛かる

よい釣りエサ店の見つけ方

伊豆半島の釣りで私が最も懇意にしている釣りエサ店が真鶴にある「あおき釣具店」

まずはオキアミ回転率の高い人気店へ。

グレ釣りのエサはコマセもサシエもオキアミが基本です。私はブロックの中からサシエを取ります。釣りエサ店を選ぶ際はブロックからサシエを取れる品質のよいオキアミが置いてあることを絶対条件としてください。そしてそのオキアミが安ければ安いほどいいわけです。よいお店を見つけるには、1ヵ所だけに通っていたのでは分かりません。そのエリアに多くのお店があるのならいくつか回ってみることです。同じ釣り場に何度か通うなかで探してもよいし、全く初めての場所であれば人気店をまずは訪ねてください。未明からオキアミが店の前にいっぱい並んでいるようであれば人気の証。エサの回転率もよく〝中の上〟の品質のオキアミがおそらく置いてあるはずです。繁盛しているお店は冷凍焼けしたオキアミも少ないのです。

オキアミは春に新物に入れ替わり、夏以降に店頭に並ぶことが多いです。その時期はオキアミが柔らかく、冷凍焼けはしていないものの水分が飛んでおらず、水っぽいエサが多いことがあります。店によって品質の差が出る時期で、一定の品質を保証できるかどうか、お店のよしあしが最も分かるタイミングです。またお店を選ぶ際はオキアミのよしあしだけでなく良質な情報がもらえるかどうかも決め手にしてもよいでしょう。フレッシュな情報を教えてくれるお店は大切な情報源です。

未明から多くのオキアミが並ぶ店は人気の店の証

解凍するオキアミは２枚。追加分はカチカチを買う

解凍するオキアミは９時間くらい前に予約の連絡をすることです。そして必ず取りに行く時間を伝えてください。全解凍と半解凍ができる店があり、私の場合最初に使う分のオキアミとして「半解凍」を２枚（６kg）お願いします。午後から使う分は解凍しません。冬でもカチカチのオキアミを購入しています。釣り場で溶かすには海に浸ければ案外早く溶けるもの。しかし解凍したオキアミは時間が経つとグズグズになりサシエが拾えなくなるのです。また凍ったオキアミは氷代わりになるのも利点。バッカンをクーラー代わりに使い、予備のパン粉などで密閉性を高め、極力外気に当たらないようにバッカンのふたも極力開けないことです。夏場は直射日光ができるだけ当たらない所に置けば保冷効果も長続きします。私は基本的にコマセを釣り場で作ります。オキアミの鮮度にはかなりこだわるほうです。

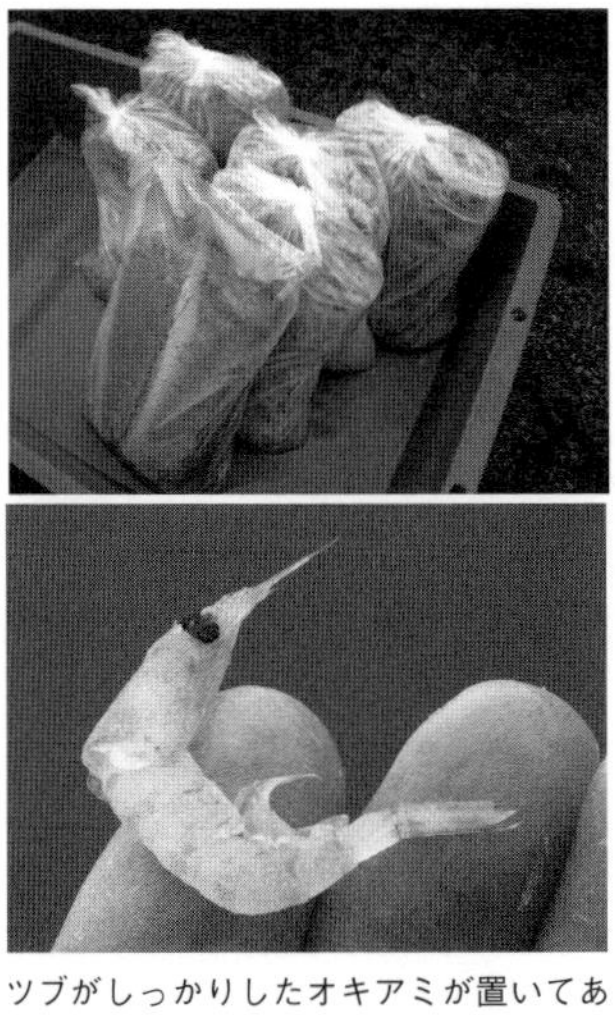
ツブがしっかりしたオキアミが置いてある店を見つける

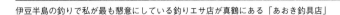

シンプル・イズ・ベストなコマセ

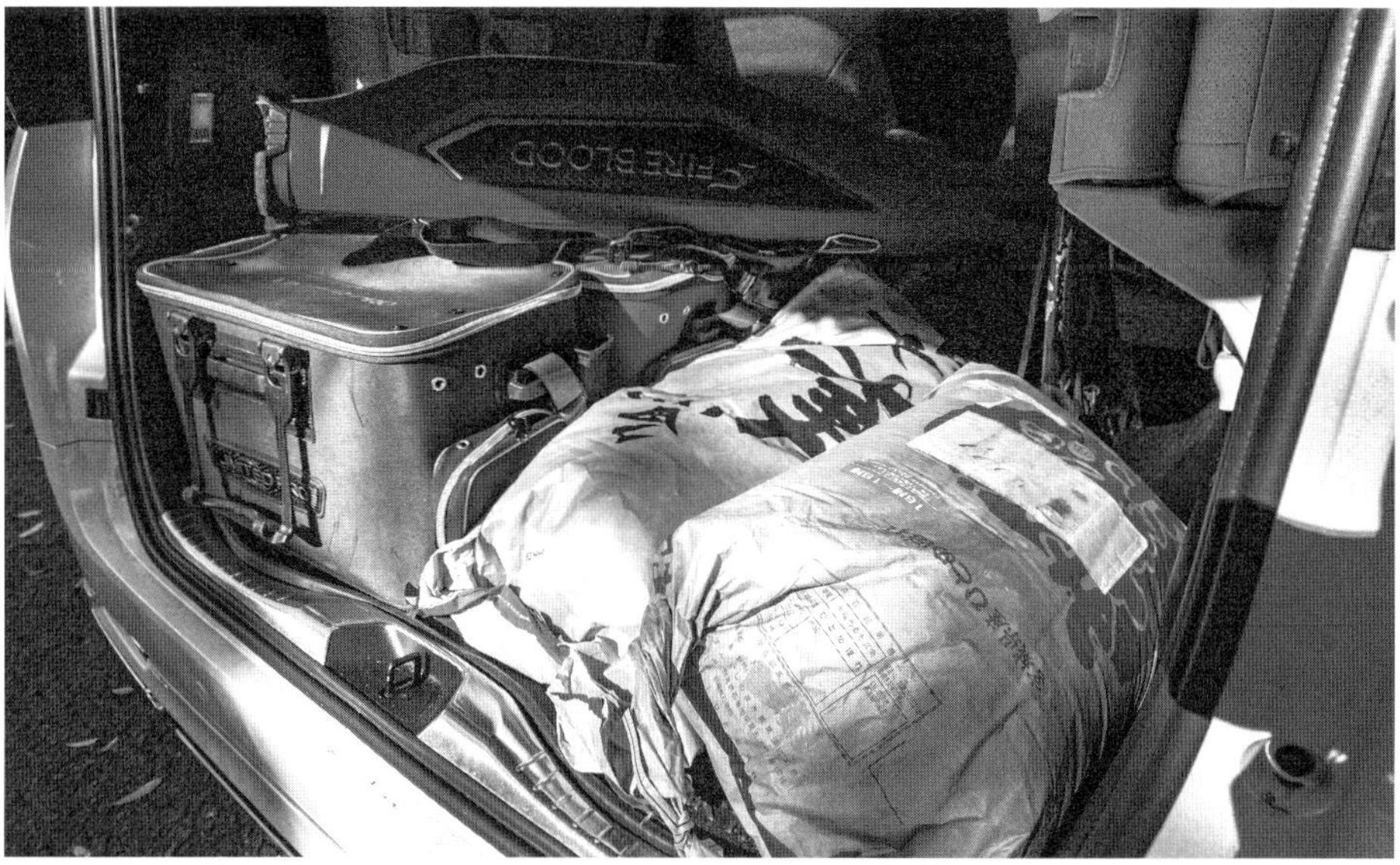

オキアミさえ手に入ればすぐに釣りができるように、愛車にはヌカの入った米袋とパン粉を常時積んでいる。ちなみにヌカは精米店で「米袋（10kg）いっぱいのヌカをください」といえば、1.5釣行分くらいの量を入手できる

紀州釣りの経験から

私のコマセは高校時代から米ヌカとパン粉、そしてオキアミで作っています。それこそ釣行回数を多くするためのランニングコストを下げるのが一番の目的ですが、視認性が高く、遠投性、拡散性も申し分のないコマセが作れます。シンプルを追求してきた私なりのエサに対するこだわりもあります。

高校時代、神戸の堤防で釣りをしていると毎日釣り場にくるベテランの多くは安いコマセを使っていました。それこそ「安けりゃ何でもいい」という感じの人が多く、ヌカを使っている釣り人もいて、ヌカでも魚が釣れる、寄せられることは知ってました。それと私は紀州釣りに燃えていた時期もあります。紀州釣りとはコマセダンゴにサシエをくるんで取られないようにし、一気に海底に届ける釣法です。ダンゴエサの材料はヌカと砂と麦がメインです。中には集魚効果を高めるべくアミエビ、オキアミ、サナギ粉を入れる人もいますが、学生時代の私はお金もなく、エサをふんだんには使えません。で、ヌカと砂と麦だけでダンゴを握っていましたが、それでもチヌは寄り、釣ることができました。

紀州釣りの経験はフカセ釣りのコマセに発展します。チヌねらいではヌカの中に貝殻やカニを潰して入れ、コマセに重さが必要なので砂も入れました。それをグレに応用したのがヌカとパン粉の「ヌカパンコマセ」です。神戸では釣り用パン粉がキロ100円くらいで売っていて、当初グレねらいではヌカとパン粉だけではなく集魚効果の高い配合エサも混ぜていました。が、いつしか集魚剤はいるのか？　と思うようになって集魚剤の比率がどんどん少なくなりました。それで釣果が落ちるかといえば、あまり変わらない。集魚剤を入れたエサに比べ、小魚の寄りや反応は悪いと思いますが、釣果に直結するかといえば別の話。ならば「いらない」と結論づけました。その後も炊いた米を入れたり、オガ屑を入れたりとより多くのコマセが撒けるような工夫をしましたが、結局ヌカとパン粉とオキアミでいいだろうとなり、水分や各エサの比率をいろいろと見極め、現在に至ります。なお失敗しないヌカパンマキエの比率は第3章を参照ください。

釣り用パン粉は大手釣具店で購入できる。「釣り具のポイント」オリジナルパン粉は使い勝手がよく愛用している

粘り過ぎると浮かせられない

ちなみにヌカだけを撒くとどうなるか？　最初はニゴリに反応してコッパが群がります。しかしその群れは長くはいない。やはり食べられるものがないと活性は持続しないのです。だからオキアミを混ぜるのは重要です。ではなぜパン粉がいるのかといえば、サシエとコマセの同調補助剤になるからです。オキアミは粒だけでなく、破片にもなります。パン粉はオキアミの破片と同じような速度でヒラヒラと沈下し、グレも食ってきます。拡散しやすくコマセの煙幕が広がり、サシエと同調しやすくなります。またパン粉を入れることで、ヌカとオキアミだけを混ぜるよりもヒシャク離れがよくなるのも利点です。パン粉は練るほどに粘ります。グレのコマセは粘りを出し過ぎるのは禁物です。なぜならダンゴになりすぎて拡散しにくい。グレは浮かせて釣るのが基本。そのためにも拡散性が重要なのです。

もうひとつコマセ作りのキモが、オキアミを潰さないことです。サシエのオキアミは頭を取らずに付けると非常に大きなエサとなります。対してコマセのオキアミを潰して小さくするとサシエと合ったサイズにはならない。潰したオキアミと粒のオキアミでは同調もしにくいし、サシエが目立ちすぎて取られやすくもなります。オキアミを潰している釣り人に「なぜ潰すのか？」と聞けば、多くの人が「遠投をしたい」と答えます。しかし遠投しやすいコマセは粉エサの調合ひとつで対応できるはずです。私ならオキアミを潰さずに、粉エサの種類や比率を工夫して遠投できる調合方法を考えます。

注意点として、チヌとグレのコマセは違います。チヌの配合エサは比重が高く、底付近まで一気に届くことに主眼が置かれます。対してグレはコマセとサシエをタナで同調させることが重要です。タナでの同調沈下をさほど意識せずとも釣れるのがチヌと考えてよく、コマセを底に溜めることを念頭に釣ります。チヌ釣りのエキスパートは底付近まで速くコマセを届けるために、オキアミを潰す人も多いのです。

ヌカのみを撒いた場合

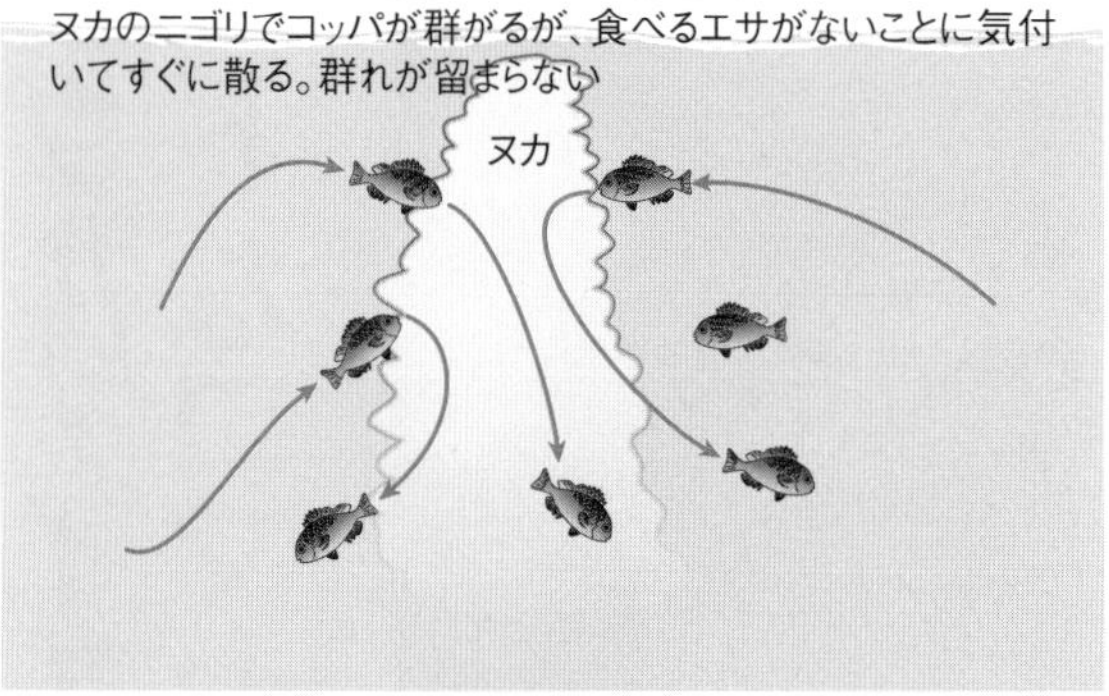
ヌカのニゴリでコッパが群がるが、食べるエサがないことに気付いてすぐに散る。群れが留まらない
ヌカ

オキアミの粒は残す

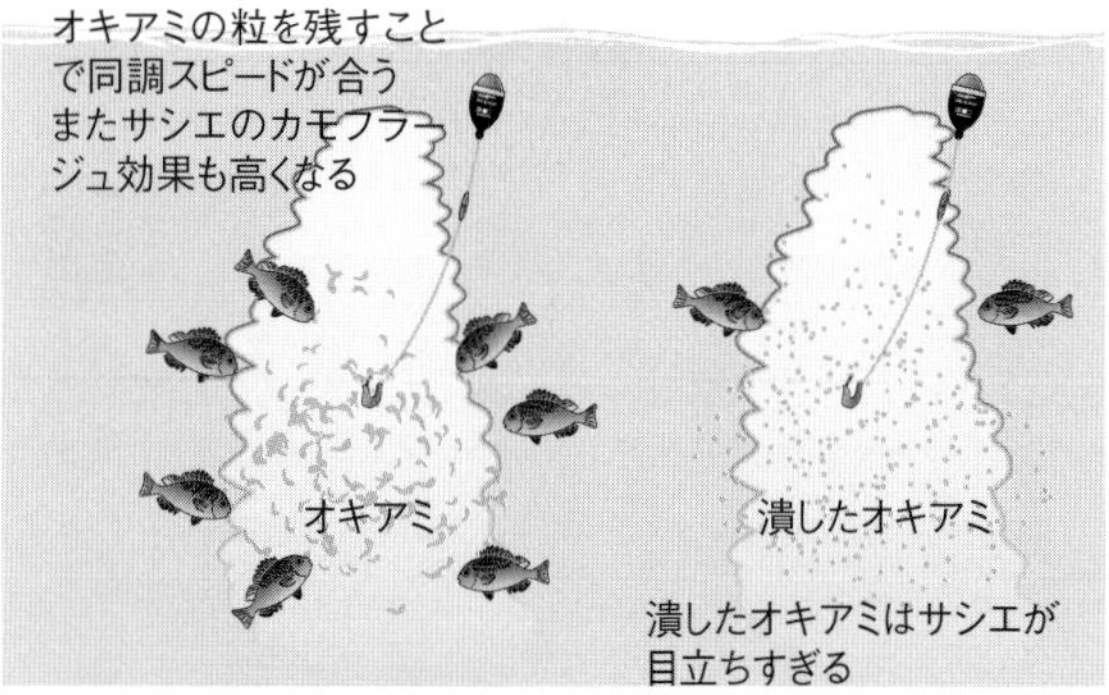
オキアミの粒を残すことで同調スピードが合うまたサシエのカモフラージュ効果も高くなる
オキアミ
潰したオキアミ
潰したオキアミはサシエが目立ちすぎる

パン粉の効果

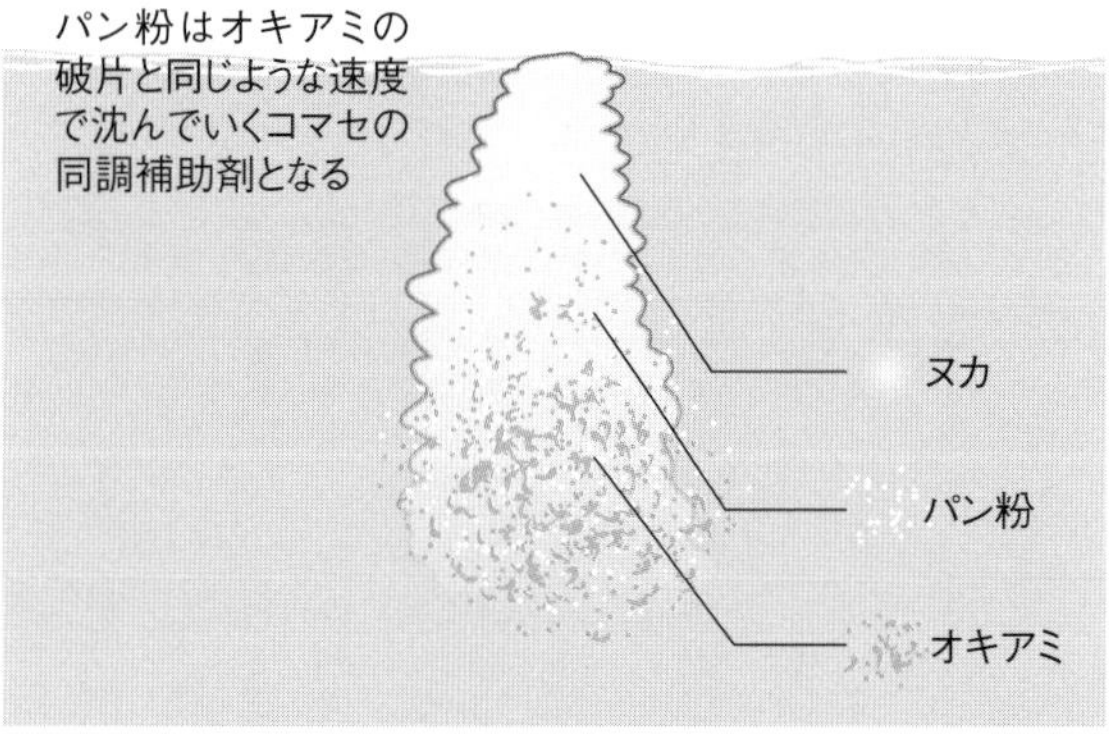
パン粉はオキアミの破片と同じような速度で沈んでいくコマセの同調補助剤となる
ヌカ
パン粉
オキアミ

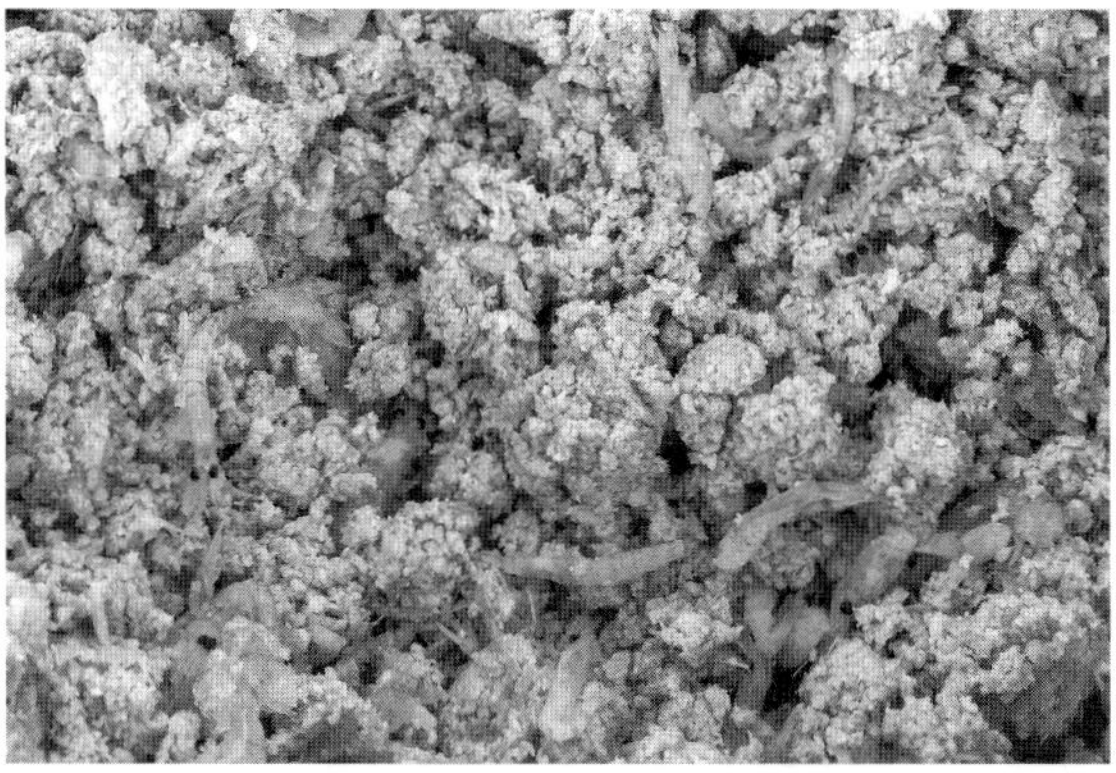
コマセの中にはオキアミの粒がしっかりと残るようにする

釣り場到着後の準備

タモを組み立てるのはコマセ作りの前でもよい。落とし物をした時に即座に対応できる

サオを伸ばす前にウキを必ずセット

オキアミが半解凍された状態であれば、まずコマセから作ります。解凍が足りないなら、海水に浸して溶かしておき、その間に仕掛けを張ります。仕掛けを後にしたい理由は磯に直接サオを置きたくないからです。風が強いと置いた仕掛けが風で吹き飛ばされるリスクも生じます。バッカンにサオ立てが付いていても、万が一サオが倒れた時に、サオも結んだ仕掛けも傷つくリスクが高いです。

なお、タモを最初に組み立てておくと、海に落とし物をした時に安心です。

仕掛けを通す際はまずキャップのガイド通しにミチイトを通して、サオを伸ばす前にウキとカラマン棒を付ける。それからサオを伸ばしていきます。最初にウキを付けないとイトの張りを保てず、穂先絡みの原因になってスムーズにサオを伸ばせません。

ガイドラインに従ってサオを伸ばしますが、一発でガイドを真っ直ぐにするためには、左手でガイドを固定し、右で伸ばしていく時に連続的にピッピッとサオを伸ばしていったほうがよく、ガイドを固定することを意識しすぎないことです。節をかっちり合わせようとしていったん伸ばすのを止めたりするとガイドが横を向きやすいので注意してください。

サオに仕掛けを通す

ロッドカバーのミチイト通しにイトを通す

ロッドカバーを外せばすべてのガイドにイトが通る

ウキをミチイト（PE使用時はショックリーダー）に通す

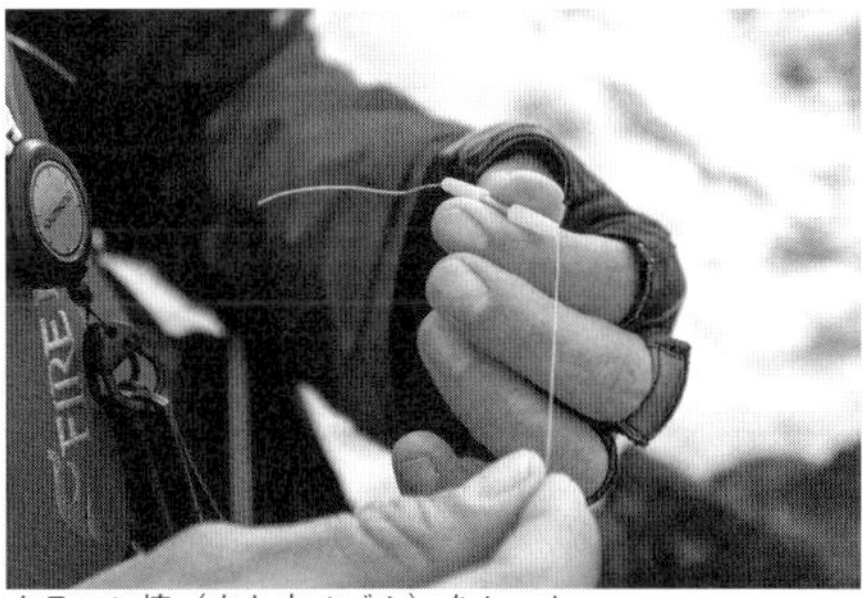

カラマン棒（ウキ止メゴム）をセット

ガイドを固定し連続的にサオを伸ばす

第2章 釣れるタックルの選び方

磯釣りは道具の多い釣りです。釣行を重ねていくと自分やフィールドに合った使いやすいアイテムが分かってきます。ここでは私の考える釣れるタックルやアイテム、小物についてまとめました。

サオ

自重210g前後、1・2号5・3mがおすすめな理由

最初に選ぶ磯（グレ）ザオは、ずばり1・2号の5・3mがおすすめです。第1章で解説したコッパ釣りをするのも楽しく、40㎝クラスの魚も難なく取れます。磯ザオは号数が上がるほど魚を取りやすくなるのは間違いなく、大きい魚を取ることだけ重視するなら1・5号のほうがよいでしょう。1・2号に比べるとパワーは大きく違い、魚の浮き方も速いです。ただしパワーが上がるとサオが肉厚になって重くなり、必然的に操作性も悪くなります。その点1・2号の操作性は高いです。

サオ選びの基準として、ひとつは自重の項目を見てください。ひと昔前は軽さ重視の肉薄のサオがもてはやされた時代もありましたが最近のサオは全体的に粘りを意識した構造でやや肉厚になっています。私の感覚ですが、自重210gを目安にするとパワーと操作性のバランスが取れたサオが多いと思っています。1・2号のサオでは自重180gのハイスペックモデルも存在しますが、軽いということはカーボンが薄く、少し傷が入ると「パーン」と折れるリスクがあります。肉薄でパワーをだすためには高弾性カーボンを使用します。するとサオが暴れやすくなり、サオでいなし難く

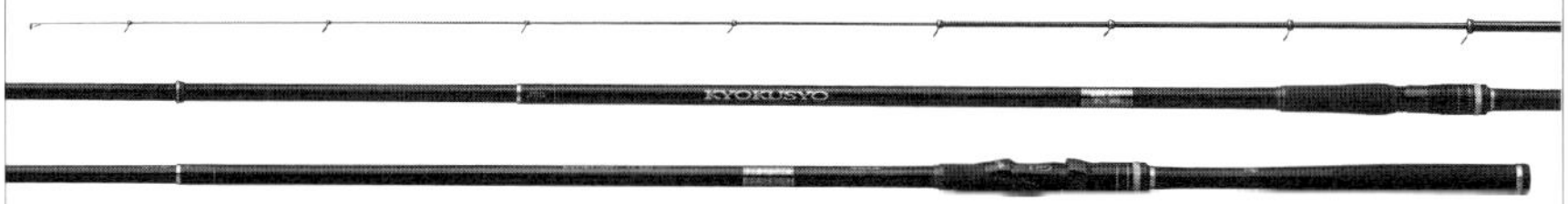

シマノ「極翔」は粘り強くためられる胴調子ロッド。トーナメンターの愛用者が実に多いロッドだ。自重は 1.2 号 5.3m で 200 g

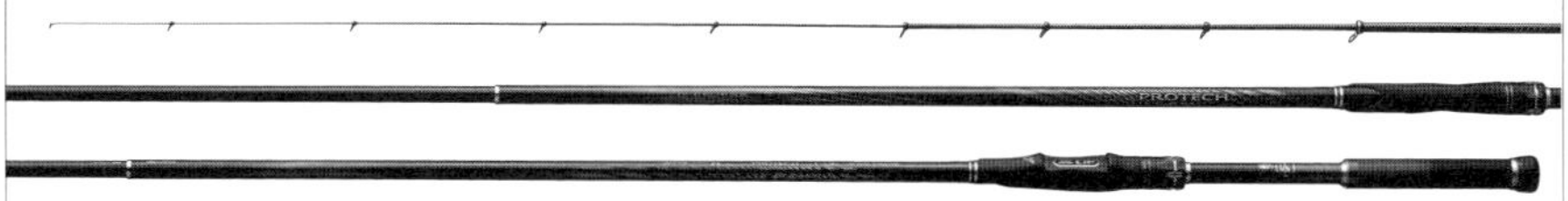

シマノ「PROTECH」はため性能に優れた軽量胴調子ロッド。継ぎ目を感じさせないようなスムーズな曲がりが魅力。自重は 1.2 号 5.3m で 207 g

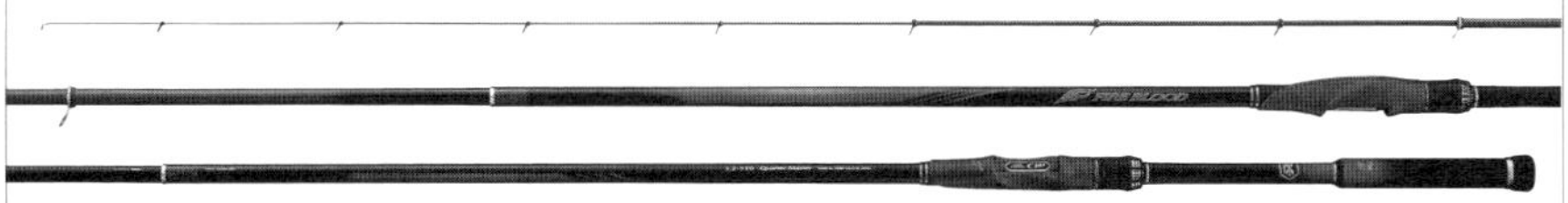

シマノ「ファイアブラッドグレ」の中でもクレバーハント（1 号）とクオーターマスター（1.2 号）がおすすめ。自重は 1.2 号 5.3m で 207 g

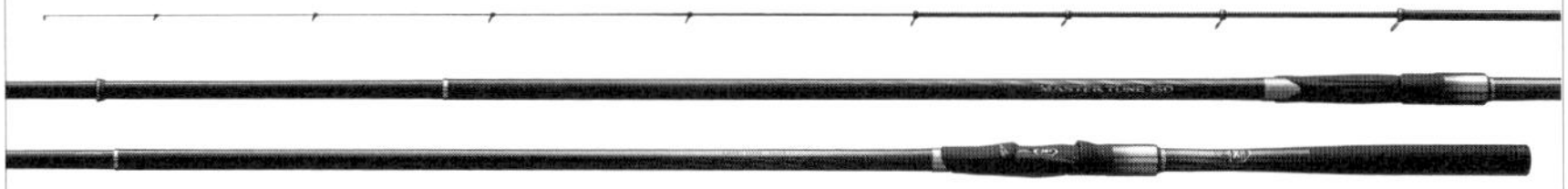

シマノ「マスターチューンイソ」はミドルクラスの中でも操作性とパワーに優れた粘り腰が魅力。自重は 1.2 号 5.3m で 187 g

穂先部分にセットされた遊動ガイドが「X ガイド」。軽快な操作性や感度を高めるチタン素材を採用している

なります。そういう視点で選んでいくと、バランスが取れているのは210gだという実感があるのです。

　磯ザオは先端にいくほど細かいガイドが配列されます。ガイドは傾斜や構造によってイト絡みの元凶になり、ライン操作にも直結しますのでこだわって選んでほしいパーツです。近年シマノのミドルクラス以上のサオには「Xガイド」が採用されています。イト絡みが大幅に軽減される構造で軽い。アタリの出方も変わります。ガイドが重ければサオの先端部が垂れます。もちろんブランクスの素材によってサオの張り加減は異なりますが、先径が0・8㎜という穂先が垂れて常に曲がっている状態と、真っ直ぐでシャープな状態とを比べれば、変化すなわちアタリが出やすいのは後者でしょう。5m以上の細いサオの先端部となれば、コンマ何gの差が影響します。長いものの先端にあるものなのでシーソー（テコ）の原理が生じ、わずかな重さでも持ち重りにつながります。

　次に全長ですが、5・3mをすすめる理由はウキ下を長めに取ることが多いからです。ウキ下のハリス（カラマン棒から下）は長いほど食い込みがよくなります。とりわけ厳寒期はてきめんに違うのです。ウキ下をサオ1本取った時に5mのサオはちょっと短い。投げる時にオキアミが地面に当たって外れてしまいます。たかが30㎝ながら、この長さによって投げやすさも飛距離も断然変わります。ウキフカセ釣りは投げ釣りではありません。つまりフルキャストをしにくいのです。外れやすい軟らかなオキアミが外れないようにフォローしながらキャストします。すると5mと5・3mで驚くほどに投げやすさが変わる。30㎝が利いてきます。

　最初の1本は1～2万円のエントリーモデルでいいと思います。しばらく釣りを楽しむと必ず次の新しいサオが欲しくなるはずです。その時に一番失敗しないのは各メーカーがだしている主力のサオです。ハイエンドモデルからひとつ下くらいのモデルが主力商品で一番売れていると考えてください。シマノでいえば2020年9月現在のモデルだと「極翔」、「プロテック」、「ファイアブラッドグレ」が挙げられます。いずれも価格帯は7～10万円なので、おいそれとは手が出にくいとは思います。しかし快適な釣りを保証します。その下のモデルだと「マスターチューンイソ」もおすすめです。主力～ハイエンドモデルに比べれば素材は劣ります。しかし実釣テストを何度と重ね素材のアドバンテージを感じさせない仕上がりになっています。

リール

離島でも使える
3000番リール

耐久性に優れる3000番がおすすめ

　リールは極論をいえばイトを巻ければ何でもよいと思っています。ただし、磯釣りの場合は酷使します。潮を被り、エサで汚れ、ベールを頻繁に起こしたり倒したり、突っ込むグレを根から引き離すために強い負荷が掛かることも多く、時に想定外の大型魚も掛かります。最初にガタがきやすいのは、ギヤとラインローラーのベアリングです。巻くとゴリゴリ、シャリシャリとして釣りの質感が嫌になります。そこで一番重要なのは耐久性です。具体的にシマノのリールでおすすめを挙げると「BB-Xハイパーフォース」です。番手は磯釣りの場合、2500番か3000番が一般的ですが、ずばりおすすめは3000番です。リール購入の際に注意するのはイト巻き量ですが、クチブトの50㎝クラスまでなら2号以上のミチイトは必要ありません。しかしオナガとなると4号のミチイトを巻きます。この時小さなリールはイトが全然巻けません。3000番なら4号を100m巻けます。100m巻いていればなんとかなる釣り場が大半です。離島に行くことを想定しても、年に数回行くか行かないかというフィールドに奮発できない人も多いと思います。このため3000番をおすすめします。最近ではカスタムブランドの夢屋から2500～3000番のリールに装着できる4000番のスプールがあるのでこちらを購入すれば離島でもある程度対応できます。

シマノ「BB-X ハイパーフォース」は
非常にパフォーマンスに優れている

　それではウキフカセ釣りから誕生したといえる「レバーブレーキ」はなぜ必要なのでしょう。利点のひとつがやり取りで優位に立てることです。グレは磯際まで寄せると必ず突っ込みます。この瞬間的な引き込みはドラグでは対処できず、レバーであれば指一本の操作でイトを出せるのです。もうひとつ手返しにつながる利点も見逃せません。リールを巻いてハリをつかもうとした時に、イトを巻きすぎていることが多々あります。こんな時、レバーをオフにすれば簡単にイトを出せます。つかみやすい長さに瞬時に調整できます。レバーがないとベールをわざわざ起こすか、ドラグを緩めてミチイトを手で引っ張り出さなければいけません。ウキフカセ釣りは手返しが重視される局面が多々あります。その点でも絶対に便利な機能です。

　ドラグはレバーブレーキがある以上、なくてもよいと考えられますが私の場合ミチイトに細いPEを使っていて、ドラグがないと恐怖です。PE使いで最も多いトラブルがアワセ切れ。思い切って合わせた時に伸びのないPEは高切れしやすい。アワセ時の瞬間的な負荷が掛かった時もドラグが効けばイトが出てショッ

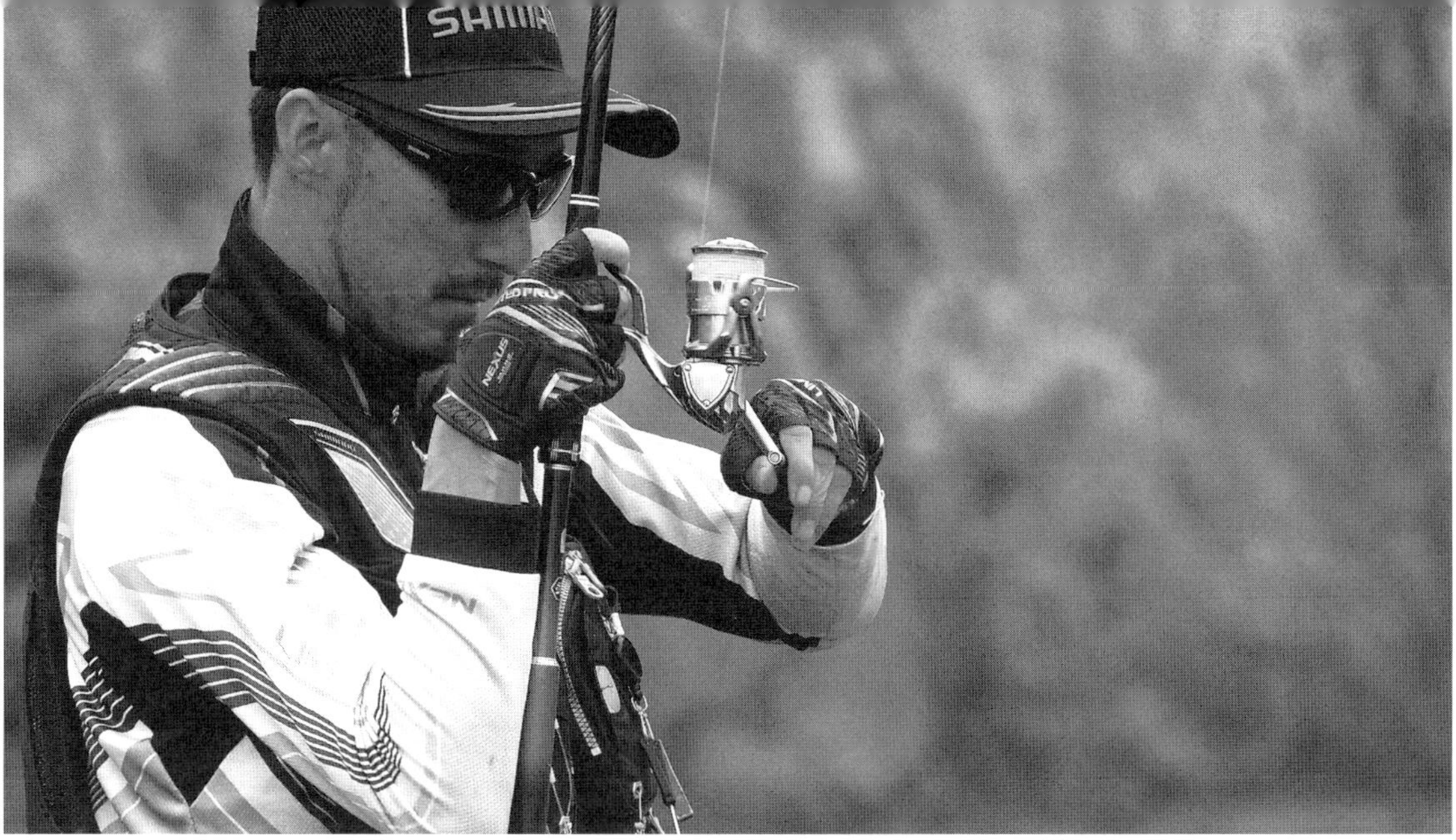

レバーブレーキはやり取りにおいても、手返しの面でも非常に便利な機能

クを和らげてくれます。もちろん、やり取りの際も失敗をケアしてくれる役割は大きく、ビギナーほどドラグに助けられるはずです。

リールはギヤ比も考慮すべき要素です。ハンドル1回転あたり何㎝のイトを巻き取れるのか。これは自分が得意なやり取りを考慮するのがよいでしょう。シマノのリールには「TYPE-G」というモデルがあります。4・6：1のローギヤモデルでハンドル1回転あたり69㎝のイトを巻き取れます。こうしたローギヤリールはサオを一定の角度に保って魚の頭を向けたい方向に向けたらそのままリールで巻いてくるやり取りや、リールを巻き取っている最中に反転を防ぐやり取りが得意なのです。いわばやり取りをリールがアシストしてくれます。私はリール主体ではなく、サオでやり取りをしたい。そしてある程度はイトを早く巻きたいのです。ギヤ比が低い、ないしはイトの巻き取りが遅すぎると魚についていけない。たとえばポンピングをしていて、イトを巻き取る瞬間は魚に最も反撃されやすい。即座に反応するためにもある程度のハイギヤが必要です。ただし超ハイギヤになるとパワーが落ちます。ギヤ比が高いほど力を入れて巻かなければならず、サオがブレてしまう。サオのブレは魚が暴れる原因になります。シマノのリールでいえばDXXG（ギヤ比7・2：1）よりはDXG（6・6：1）のほうが私の場合は使いやすい。ハンドル1回転あたり98㎝のイトを巻き取れる3000番タイプが愛機です。

2020年現在、シマノのハイスペックリールには画期的な「SUT（スット）」というシステムが採用されています。レバーオフ時にハンドルではなく、スプールのみが逆回転しイトを送ることができる機構です。私はSUTを使うようになってから、安心してイトを出せるようになりました。というのもSUTのほうが断然イト送りが速く、サオを素早く起こせるからです。ハンドルが逆回転するタイプのSUT以前のレバーブレーキは、イトを出したところで「時すでに遅し」という状況が多かった。魚が突っ込んでサオがのされそうになるためイトを出してサオを起こし体勢を立て直すのですが、ハンドルがグルングルンと逆回転する抵抗でタイムラグが生じます。この時、グレはさらに加速し根に突っ込んでしまい、切られるかどうかのギリギリ状態になる。サオの曲がりが活きる角度まで起こせたとしても、根ズレ寸前の危ないところで突っ込みを止めなくてはいけません。これがSUTだと魚が加速する前にイトを出せます。サオが伸されそう

PEを使う時はドラグはかなりゆるゆるにして、アワセ切れを防ぐ

になって、レバーをオフにすると一瞬でサオが立つ。サオが寝ている状態から起こした瞬間まで魚がほとんど同じ位置にいるイメージです。そして加速前なのでまだ止められる。SUTブレーキであればイトを出してもピンチにはなりにくく、積極的にイトを出しても余裕があります。普通のレバーブレーキはギリギリ間に合っていない。魚が走ってしまい釣り人が不利になります。ということは極力イトを出さず、サオで耐えたほうがよい場面が多々あります。同じイトを出す機能ですが、釣り人のヤバさがこれほど違うのかと実感できるのがSUTです。

SUT ブレーキはハンドルが逆回転せずにローターが逆転し、イト送りの速度は従来のレバーブレーキをはるかにしのぐと言って過言ではない

SUTブレーキの威力

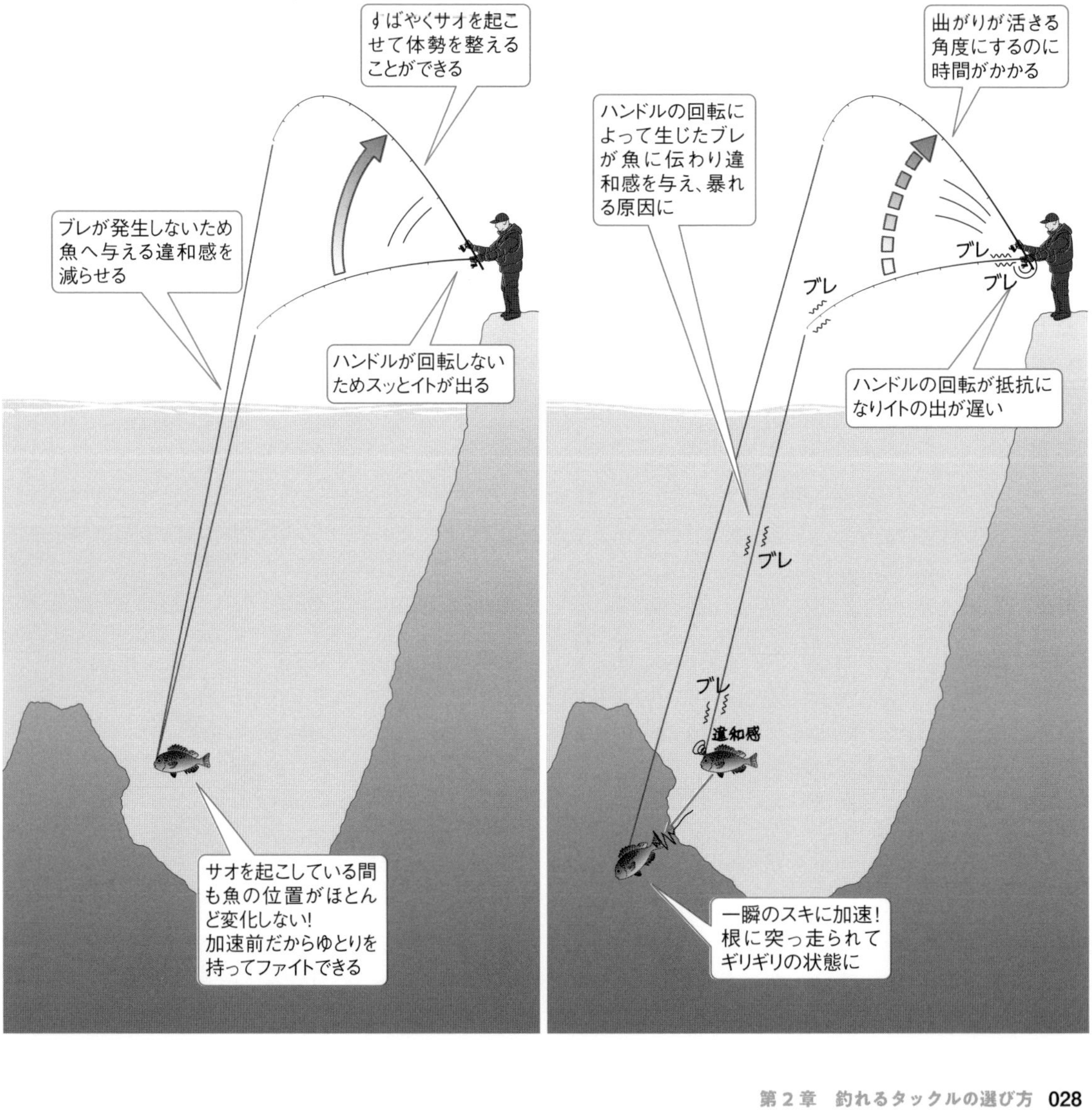
すばやくサオを起こせて体勢を整えることができる
ブレが発生しないため魚へ与える違和感を減らせる
ハンドルが回転しないためスッとイトが出る
サオを起こしている間も魚の位置がほとんど変化しない!
加速前だからゆとりを持ってファイトできる
出がりが活きる角度にするのに時間がかかる
ハンドルの回転によって生じたブレが魚に伝わり違和感を与え、暴れる原因に
ブレ
ブレ
ブレ
ハンドルの回転が抵抗になりイトの出が遅い
ブレ
ブレ
違和感
一瞬のスキに加速!根に突っ走られてギリギリの状態に

ミチイト

ミチイトはナイロンのサスペンドタイプとPEの２タイプがおすすめ。近年私が常用しているのは磯釣り専用PE「LIMITED PRO PE G5+ サスペンド」の0.6号で視認性が高いイエローが好き

ナイロンから PEにステップアップ

今でこそミチイトはPEを主体に使っていますが、4年前まで愛用していたのはナイロンです。ビギナーにはやっぱりナイロンのミチイトをおすすめします。コッパグレを釣るのであれば1・7号を巻けば強度的に問題はなく、40㎝オーバーが掛かっても全く大丈夫です。ただしナイロンは強度の劣化が問題です。吸水と紫外線による劣化が早く使用回数を重ねるほど劣化します。贅沢な話、ナイロンは3釣行使えば限界といわれます。メーカーからも巻き替えをすすめられるのですが、経済的にそれほど頻繁にイトを巻き替えることができない、難しいという人のほうが多いはずです。強度が落ちてもそれなりに長く使える安心感が欲しいとなると2号くらいが適当です。とはいえコッパ専門に釣るのであれば1・7号を長期間使ったところで簡単には切れません。頻繁にミチイトを巻き替える覚悟があるのなら1・2〜1・5号の細イトのほうがさばきやすく使いやすいでしょう。私もトーナメントで30㎝強までしか釣れないようなポイントでは1号まで落としていた時もありました。

40㎝オーバーの大きい魚をねらうとすれば2〜2・5号をおすすめします。この太さであれば余裕のあるやり取りができます。上達したところでイトを細くしてみるのも手です。ミチイトの号数を段階的に細くすると、釣りが楽になることを実感できます。操作性が格段に上がるのです。海面に置いたイトをはぎ取り、メンディングをして置き直す時も細いほうが断然やりやすくなります。

ウキフカセ釣りの核心部はミチイトの操作および管理にあると私は考えています。道具のうんちくはいくらでもあるし、コマセワークも大切です。しかしそれ以上にグレを釣るのに重要なのがミチイトの置き方、および管理ができるかどうかなのです。それにはイトが細いほどやりやすい。ナイロンは細すぎると傷付きやすく長期間使えないことで経済的にも負担がかかる。そこで出会ったのがPEでした。PEの直線強度はナイロンの約3倍。つまりナイロンより1/3の号数で同じ強度が得られるため、0・6号や0・8号とナイロンでは信じられない次元の細イトが使えます。私が標準で使っているのは0・6号ですが、驚くほどに世界が変わりました。

実は学生時代にもPEを使っていた時期があります。といってもエギング用のPEです。前傾ガイドのサオが登場するかどうかの時代で、垂直に立ったガイドはイト絡みがひどい。一度絡まるといくらサオを振っても外すことができません。しかもそのPEは比重が0・98と低く海水にプカプカと浮いて、少し風が吹くだけでたちまち巨大なイトフケができ、釣りが成立しませんでした。それでもPEそのものの素材の軽さ、細さはイトさばきのよさとなり印象は悪くありませんでした。

いつしかグレ釣りシーンは遠投釣法が花盛りとなり、遠投能力の優れる細イトが重宝されるようになりました。サオも斜型や段差が少ない独自のガイドが登場し、磯釣りで使えるPEの開発を活性化させたと思

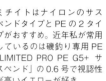

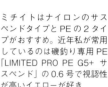

います。私自身シマノの磯釣り専用PEの開発に携わり、いくつものサンプルを試しました。PEラインの芯には「PTFE」という高比重材に硬いエステル材の2本を入れます。最初は比重をナイロンラインのサスペンドタイプと同様の1・14で調整するも、全くサスペンドしません。PEはライン表面がイトを編み込んで作られています。ザラザラしているせいか表面張力がナイロンラインよりはるかに強く同様の比重では沈まないことが分かりました。そこでどんどん比重を上げ、最終的に1・3程度で落ち着きます。ラインのコシもさまざまな太さのエステル材を試し現在の仕様に至りました。しかし、芯材を太くすれば強度が低下したり、編み込んでいるPEから芯材が飛び出したりと課題が出てきます。これもPEの編み方や強さを通常のPEと変えることでクリア。比重が高くコシをもたせ、イト絡みを解消した磯釣り用PEライン「LIMITED PRO PE G5+ サスペンド」が誕生したのです。

ミチイトがナイロンであればイトに重さがあってイト送りがスムーズだ。オールラウンダーといえるミチイトだが耐久性は弱く、PEほどの細イトは使えない

　磯釣り用PEを本格的に使い始めたのは2016年からです。それまでもオモリをほとんど使わない軽い仕掛けを多用していたのでミチイト管理の重要性は感じていましたが、どうしてもナイロンの太さと重さの影響でやりたくてもやれないことが多々ありました。ナイロンのミチイトは張るとイトの重みで仕掛けが手前に寄り、抵抗が大きいためラインを真っ直ぐにできず小さなアタリを取りにくいことがあります。それがPEは仕掛けをピンピンに張れる。伸びにくいのでアタリが出やすいのですが、一番は仕掛けを張りやすくなることでアタリが出るのだと思っています。

　参考までにナイロン2号の直径が0・235㎜なのに対しPE0・6号の直径は0・132㎜です。海面に30mミチイトを出したと仮定すれば、ナイロン2号の表面積が約221㎠なのに対しPE0・6号は約124㎠となります。つまり、風や潮を受けるラインの面積が約半分になるのです。さらには重量も約半分となればミチイト管理がいかにも簡単になります。投入時にウキに対して潮上、潮下の最適な場所に風があってもPEはその細さから風を受ける面積が少なく置きやすい。さらに仕掛けが馴染んでからもラインが軽く細いため、持ち上げて最適な場所にメンディングしてもナイロンに比べ仕掛けがズレにくくなります。

　もちろんPEは長所ばかりではありません。ナイロンに比べ結束が難しく、伸びが少ないのでアワセ切れしやすく、コシがないのでイト絡みもしやすい。一度絡まったらほどけない。ほとんどの人がこの欠点が嫌

PEの利点。それは水切れのよさと軽さだ。ミチイト管理を容易にしてくれるので小さなアタリも伝わりやすい

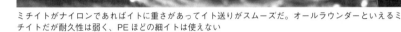

でPEを使うのをやめていく。それでも私がPEを使う理由は短所があってもキモであるライン管理の精度が高くなれば有利と考えるからです。いくら欠点があっても一番のキモがプラスであれば使ったほうがよいというのが私の考えで、短所は割り切るしかありません。使い始めて1年半は、正直使い物にならないと何度も挫折しましたが、圧倒的にライン操作がしやすい長所をどうにかして活かしたいと短所を理解して上手く付き合っていくうちに、なくてはならない道具のひとつとなりました。

ちなみにPEは0・4号まで使ったことがあります。イトさばきは0・6号と比べさらに別世界と思えるほどよくなりますが、比重が軽すぎるのとコシがなさすぎてイト絡みも多くなります。細すぎるゆえに見えにくいのも難点。イトの視認性は重要で、見えなければ管理をできません。だからPEでもナイロンでも視認性の高いミチイトを選ぶのは大切です。ミチイトの管理は目で見て今どうなっているのかを知ることから始まります。どういうふうにすればよいのかを理解して修正する。そのミチイトを右側に持っていくべきか、左側に持っていくべきか、見えているから分かる。私は夜釣りが面白くないのですが、それは細かいライン管理ができないからです。魚が食っただけになってしまうのがつまらない。

どうにもならない短所としてはスプール内にイトが食い込みやすいこと。特に苦手な状況は本流釣りで、スプールからパラパラと常にミチイトが出ていくほどの速い流れを釣る際にPEはスムーズに出にくいです。ナイロンならスプールエッジを離しただけでパラッとイトが出ますが、PEはイトをつまんで送るようにしてアシストしなければいけません。ナイロンほどのオールラウンドな実力がないのも事実です。

ちなみにPEの交換目安はイトが色落ちして見えにくくなった時です。釣りに行く頻度にもよりますが、半年くらい替えずに使っても強度が落ちたという実感はありません。それだけ耐久性に優れているのです。

PE釣法のイメージ

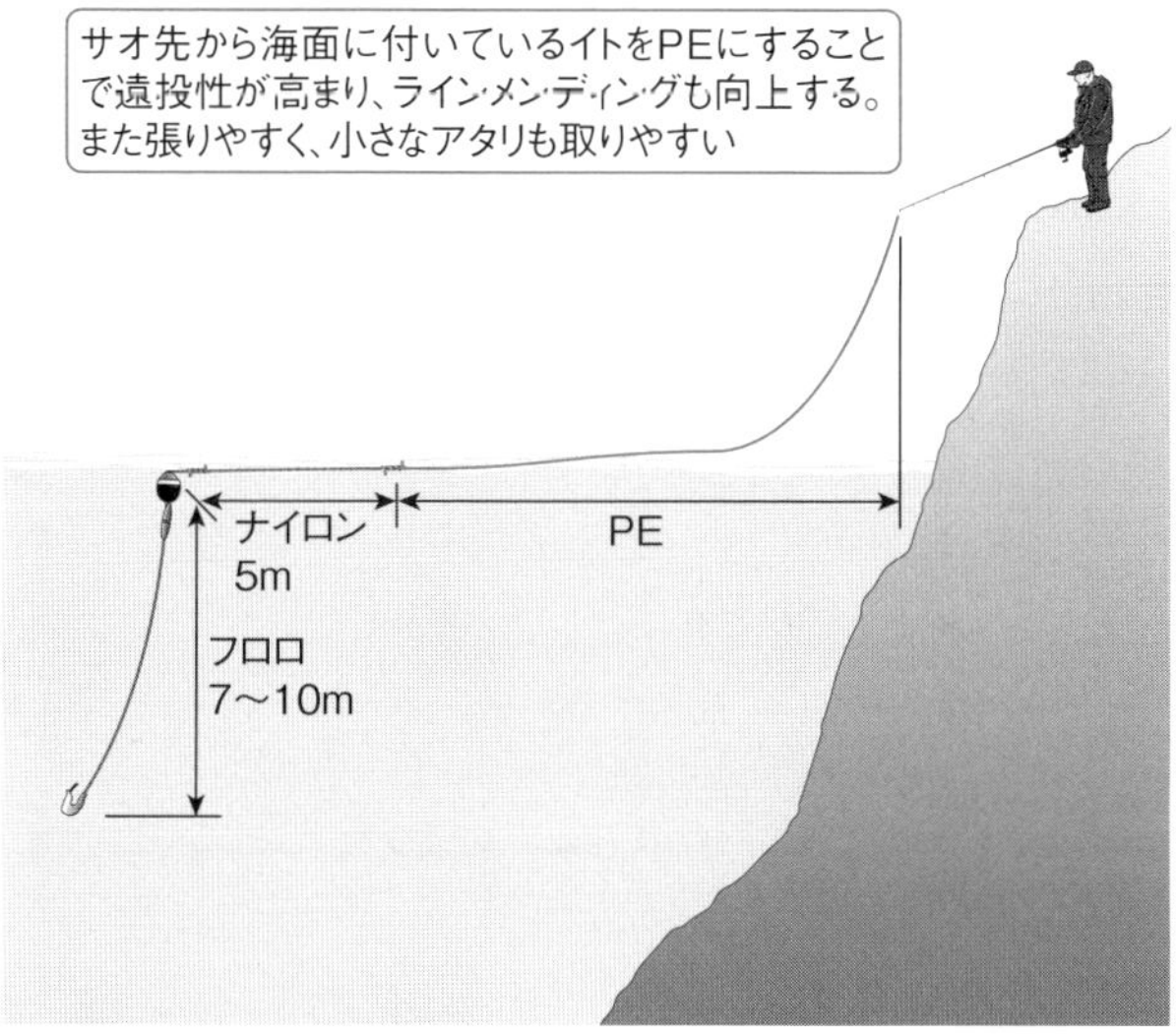
サオ先から海面に付いているイトをPEにすることで遠投性が高まり、ライン・メンディングも向上する。また張りやすく、小さなアタリも取りやすい
ナイロン
5m
PE
フロロ
7～10m

PEのメリット

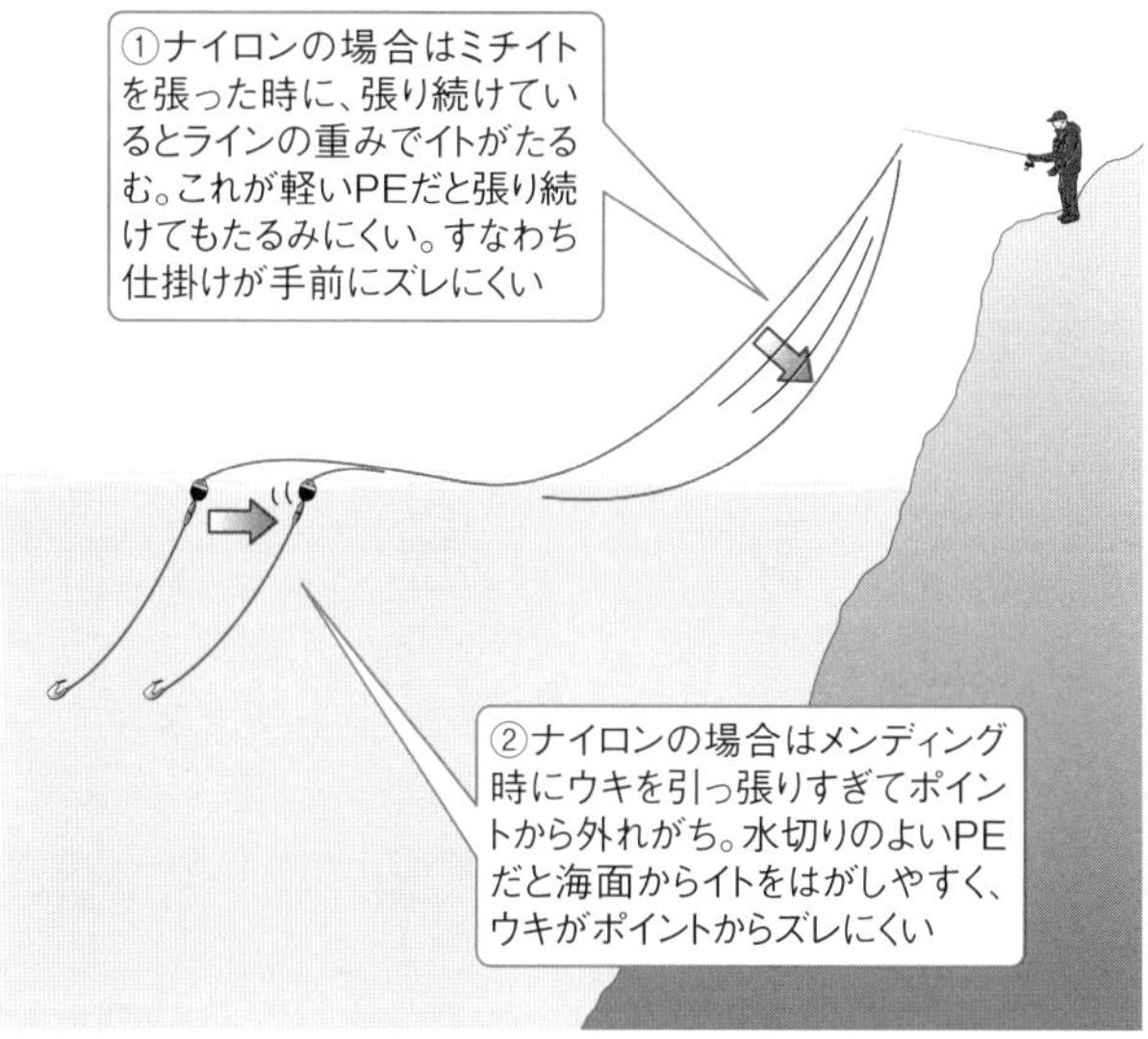
①ナイロンの場合はミチイトを張った時に、張り続けているとラインの重みでイトがたるむ。これが軽いPEだと張り続けてもたるみにくい。すなわち仕掛けが手前にズレにくい
②ナイロンの場合はメンディング時にウキを引っ張りすぎてポイントから外れがち。水切りのよいPEだと海面からイトをはがしやすく、ウキがポイントからズレにくい

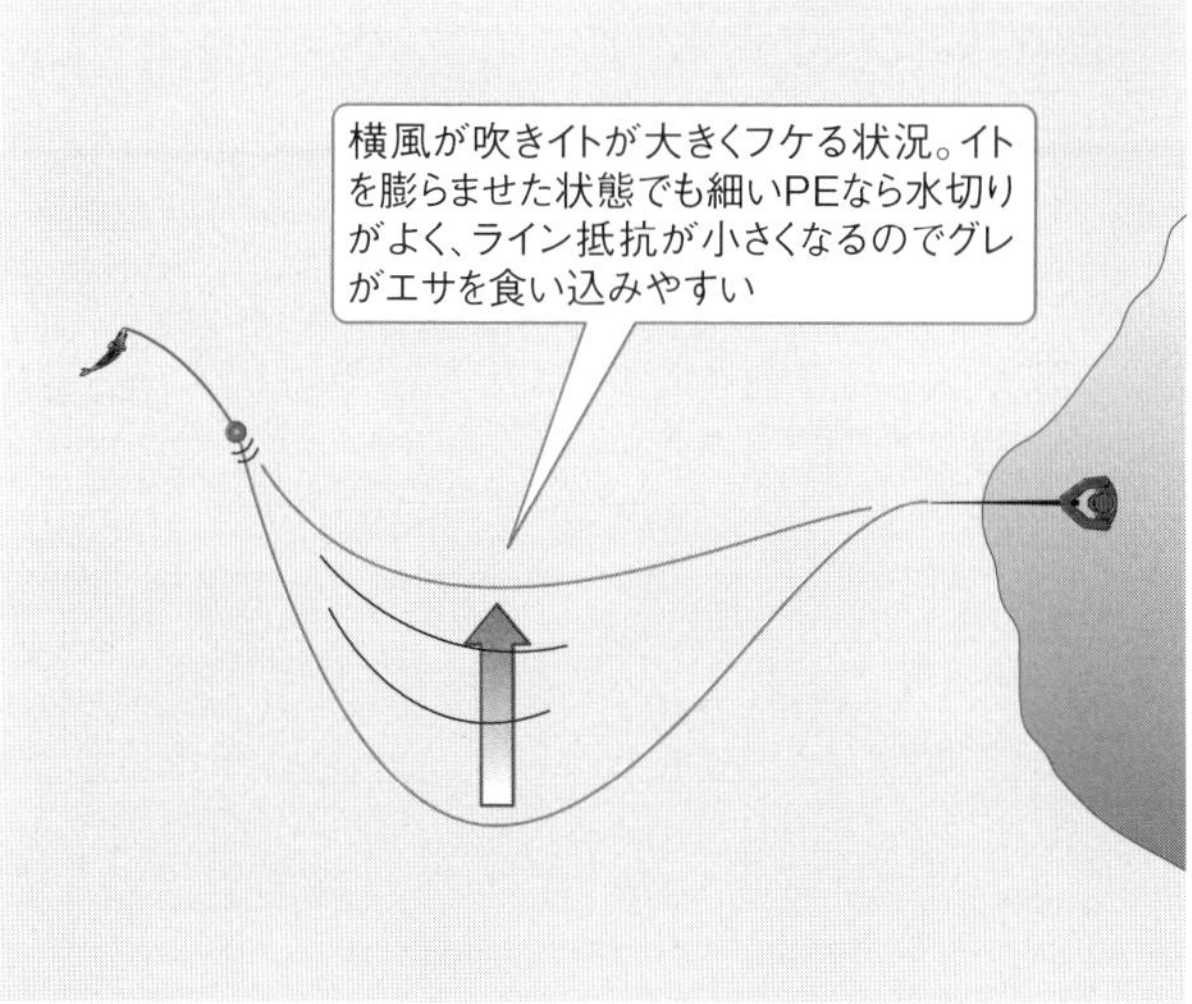
横風が吹きイトが大きくフケる状況。イトを膨らませた状態でも細いPEなら水切りがよく、ライン抵抗が小さくなるのでグレがエサを食い込みやすい

ショックリーダー

PE使いのマストアイテム

PEのデメリットを補うために使っているのがショックリーダーです。磯ザオは軟らかく、魚の引きを吸収してくれます。しかしPEをミチイトに使うようになりナイロンミチイトも魚の引きを相当吸収してくれていたのだと実感しました。PEにフロロハリスを直結するとアイゴでも掛けたのかと思うくらい魚が暴れます。グレは首をそれほど振らない魚ですが、PEハリス直結だとガンガンと叩くのです。伸びがないことで魚が本気を出すのでしょう、磯際まで寄せた時に本気で暴れられるとバラシにもつながります。それを吸収するためのショックリーダーで、アワセのショックを吸収するためにも入れたほうが絶対によいです。ショックリーダーの太さは2～2・5号と太めにします。伸ばすために使うライトなので太めのほうが安心です。長さは試行錯誤の末に5m（サオ1本）に落ち着きました。沖で掛けた魚には先手を取らせず、頭を上に向けることもしやすい。メジナは磯際まで寄せると必ず障害物に突っ込みます。この時ショックリーダーが穂先あたりまで来ているのでナイロンの適度な伸びと磯ザオのしなやかさも相まって、魚に力を100％出させることなく、怒らせないやり取りが可能になります。

アワセ切れが軽減されるとはいえPE使用時はリールのドラグはかなり緩めに設定してください。突然のアタリほど強く合わせてしまうので瞬間的な負荷で高切れします。またドラグを緩めたままだと魚を寄せにくい。やり取りの最中に締め込んで調整する必要もあります。

ショックリーダーの役割

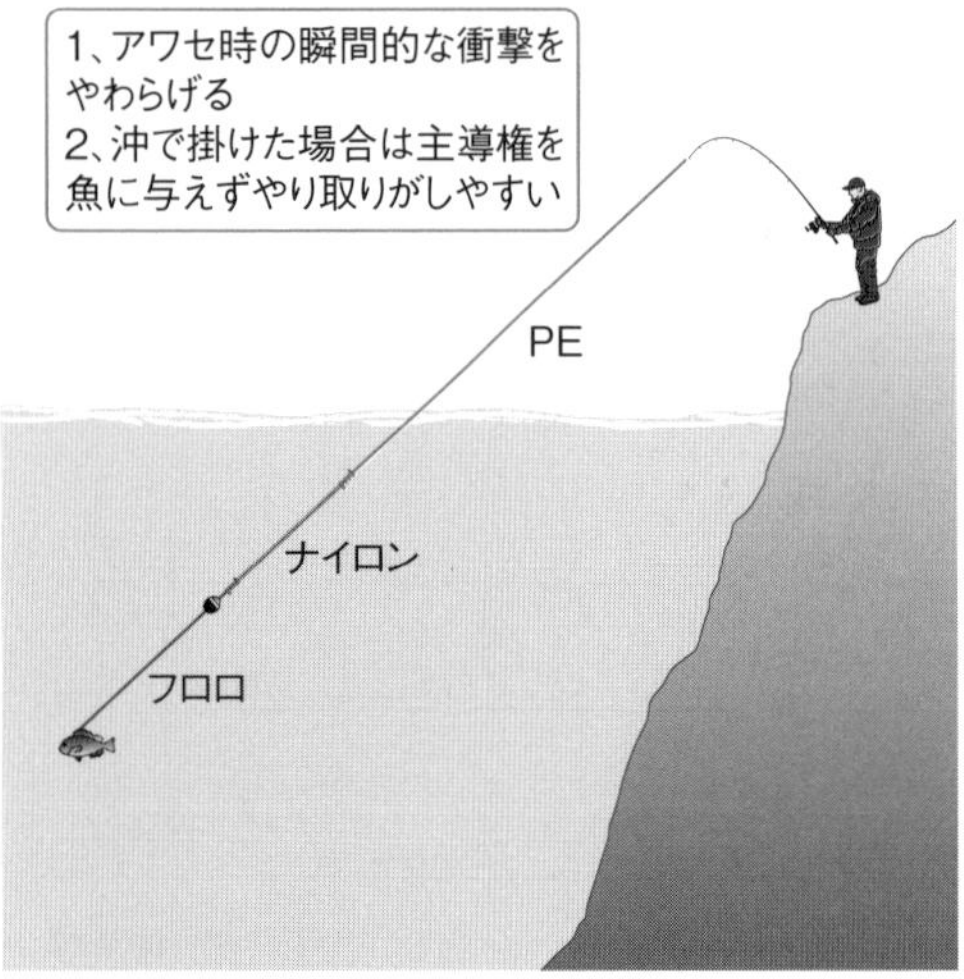
1、アワセ時の瞬間的な衝撃をやわらげる
2、沖で掛けた場合は主導権を魚に与えずやり取りがしやすい
PE
ナイロン
フロロ

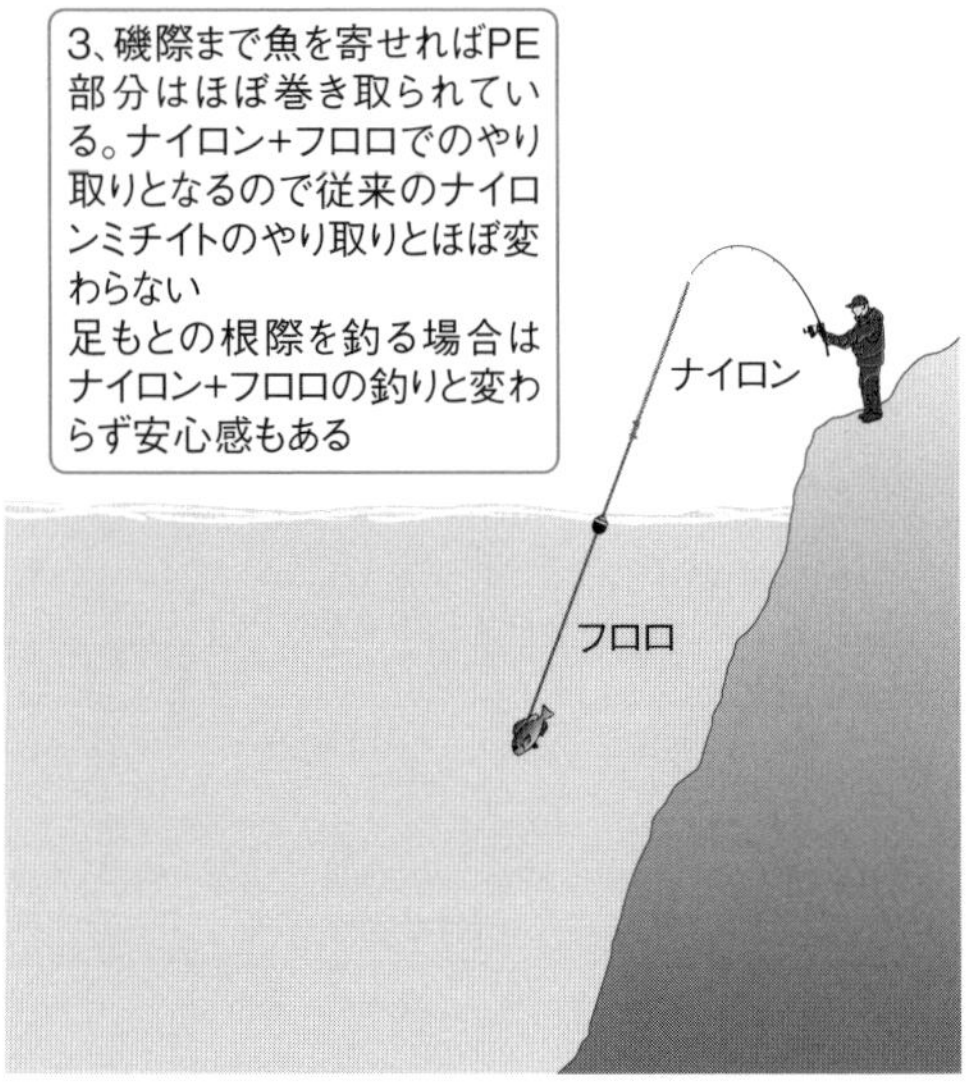
3、磯際まで魚を寄せればPE部分はほぼ巻き取られている。ナイロン+フロロでのやり取りとなるので従来のナイロンミチイトのやり取りとほぼ変わらない
足もとの根際を釣る場合はナイロン+フロロの釣りと変わらず安心感もある
ナイロン
フロロ

LIMITED PRO
PEG5+
サスペンドタイプ
0.6号 150m イエロー
SHIMANO
LIMITED PRO
NYLONショックリーダー
サスペンド
2号 50m
SHIMANO
LIMITED PRO
TOUGH-MUD
2号 50m
SHIMANO

普段の釣りで最も多いラインの組み合わせはPE0.6号＋ショックリーダー2～2.5号＋フロロハリス2号である

フロロハリス

2号10mが基本スタイル

私の基本スタイルはウキを沈める釣り方です。ウキ止メは付けませんが、スルスルと全層を探るのではなく、ウキ下はある程度管理して沈めたい。そこで大切なのがフロロハリスを長く取り、ハリスの中にウキを入れ込むことです。ベースは2号ハリス10m。PEや

ナイロンに入れたウキは上にどんどん抜けます。ウキとウキ下のカラマン棒とが、どんどん離れてウキ下を管理できません。それが高比重なフロロはウキに被さりウキ止メ変わりになります。ウキ止メを付けていないので、グレが食い込めば抵抗はなく、アタリもバチバチとラインが走ります。ただしオナガ釣りで4号以上を使う場合はロングハリスにはしません。ミチイトとの結び目がガイドに引っ掛かるからです。4号以上になるとぐあいが悪く、6mにします。

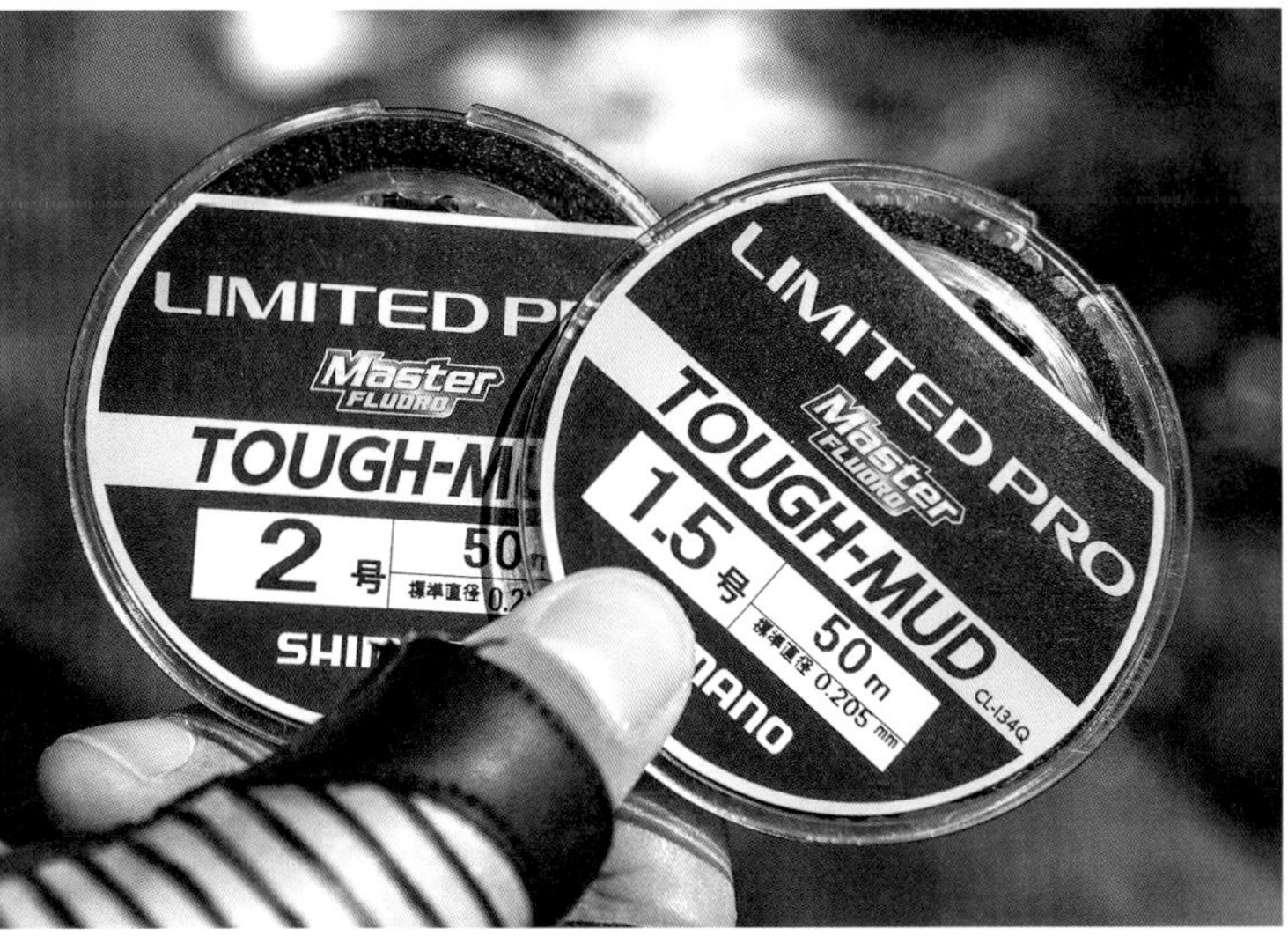

LIMITED PRO
Master FLUORO
TOUGH-MUD
2号
1.5号
50m
SHIMANO

愛用ハリスは「リミテッドプロマスターフロロタフマッド」。同じハリスを使い続けることも自分の釣りの基準を決めるひとつの要素になる

　一口にフロロハリスといってもしなやかなもの、硬いものとがあります。潮があまりなく、食いが渋い時はなるべく一定のタナにホバリングさせて探りたい。こんな場面ではしなやかなハリスを使ってサシエをフワフワと漂わせたほうがよいでしょう。逆にグレの活性が高く、食いが立っている時は張りの強い硬めのハリスを使ったほうがタナに素早く入り、手返しのよい釣りができます。状況に応じてハリスの質を変えたい時は、ウキの上と下で異なるタイプのハリスを使うのもよいでしょう。たとえば釣り始めは硬質ハリス10mを取って釣っていたのだとすれば、カラマン棒の下はしなやかなハリスを使うという方法です。

　なおハリスは同じ号数でもメーカーや銘柄によっては強度が違います。だからこそ同じハリスを使い続けることをおすすめします。そうすることでイトの特性に基準が持て限界強度も理解できます。特性が分かれば道具は使いやすくなるのです。私が釣りで大切にしていることのひとつが「基準を持つこと」です。自分がやったことに対して、どういう変化があったのかを知ることが大切。それには基準が必要です。ウキ、ハリス、コマセとすべて同じアイテムを使い続けていると基準ができます。とはいえ最初に決めすぎても世界が狭くなります。ある程度いろんな製品を使ってみたうえで、自分の釣りの方針やスタイルが決まってからアイテムを絞り込むとよいでしょう。

ロングハリス仕掛けのイメージ

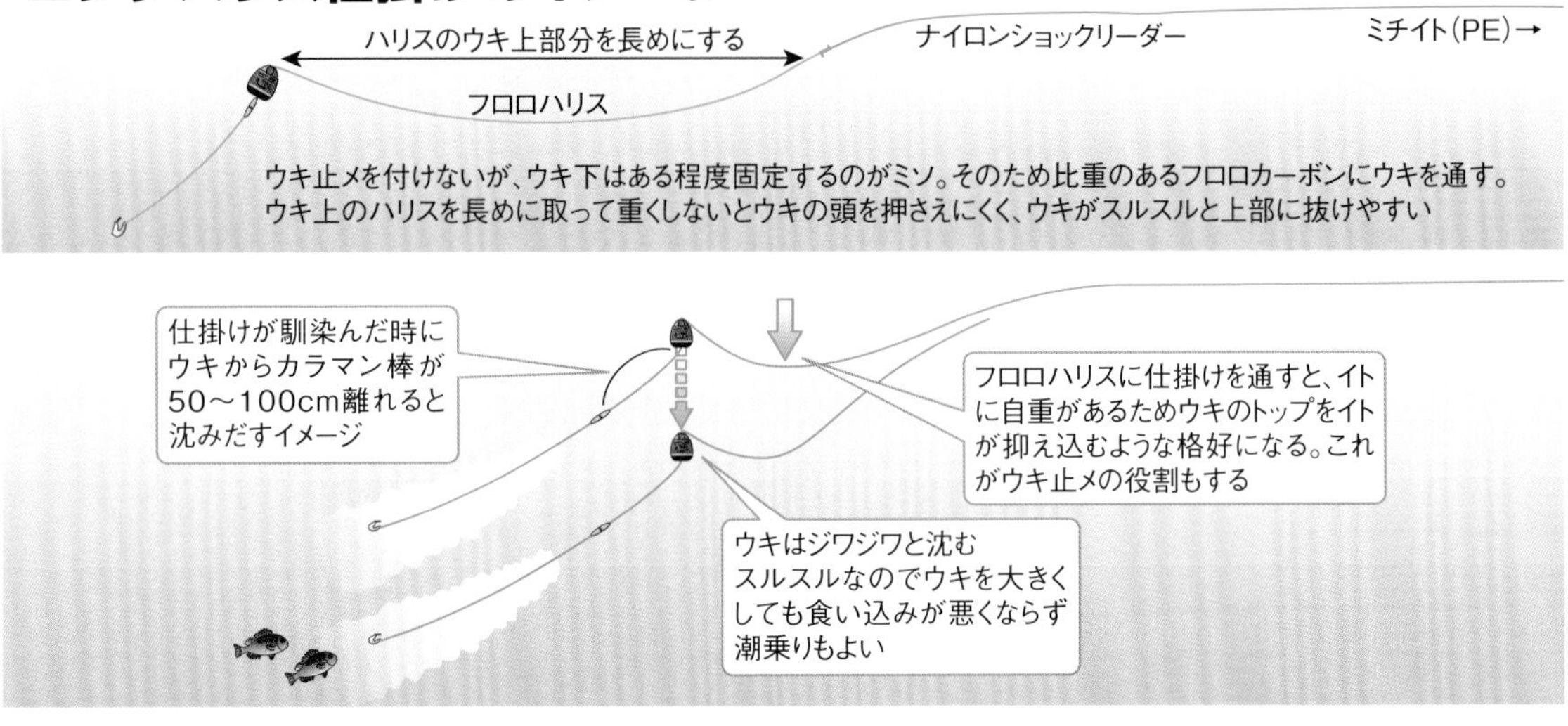

ハリスのウキ上部分を長めにする
ナイロンショックリーダー
ミチイト(PE)→
フロロハリス
ウキ止メを付けないが、ウキ下はある程度固定するのがミソ。そのため比重のあるフロロカーボンにウキを通す。ウキ上のハリスを長めに取って重くしないとウキの頭を押さえにくく、ウキがスルスルと上部に抜けやすい
仕掛けが馴染んだ時にウキからカラマン棒が50〜100cm離れると沈みだすイメージ
フロロハリスに仕掛けを通すと、イトに自重があるためウキのトップをイトが抑え込むような格好になる。これがウキ止メの役割もする
ウキはジワジワと沈むスルスルなのでウキを大きくしても食い込みが悪くならず潮乗りもよい

ウキ

ウキは潮をつかませる道具

沈めるウキに求められるのはアタリの表現力ではありません。感度はいりません。ウキがスポーンと入る必要はなく、潮をつかむための道具でしかない。しかし、それこそ絶対必須の条件です。潮をつかんで離しにくいウキが私の釣りには不可欠です。そうなるとウキはどんどん大きくなります。潮をつかみたいので体積が必要なのです。一方で大きなウキのデメリットは巻き抵抗が強くなること。私は仕掛けを巻き取った時の抵抗で潮のようすを判断します。グレが釣れたタナの潮加減がどんな状態なのかは巻いてきた時に強い抵抗があるか否かである程度判断できるし、どれくらいの深さまで仕掛けが潜っているのかも分かります。これが大きくて重すぎるウキだと回収だけで一苦労。だから巻き抵抗は極力少なくしたいのです。おそらくSサイズの小ウキのほうが、サシエの有無も分かり、潮加減やウキの入っている水深の見当も付けやすいでしょう。しかし潮をつかまない。では巻き抵抗を減らすにはどんな形状が理想かといえばウキ上部が三角になっていることです。また沈んでいく際にタナに留めやすくなる下膨れも理想形状といえます。

もうひとつウキに求めるのが遠投力です。自重が12g以上のウキなら大概は飛ばせます。最低で12gです。私が2020年現在に愛用している「CORE ZERO-PIT DVC TYPE-D」は00号で16g。このウキはラインを切らずにウキを交換できるのと、浮力を0~マイナスG4まで無段階に調整できます。このシステムに慣れるとほかのウキが使えなくなるほどに便利。手返しも格段にアップします。

応用スタイルとして私がよくやっていたのは0号ウキに板鉛を貼るチューニング。この場合は最低でも調整パターンを変えたウキが5~6個あるとよく、最適な板オモリの量を探してください。鉛を削り過ぎたという時は次にやや大きな板鉛を貼ったウキに替え、それで調整していくのです。

愛用のウキは「CORE ZERO-PIT DVC TYPE-D」。0～000号を常用しパイロットは00号

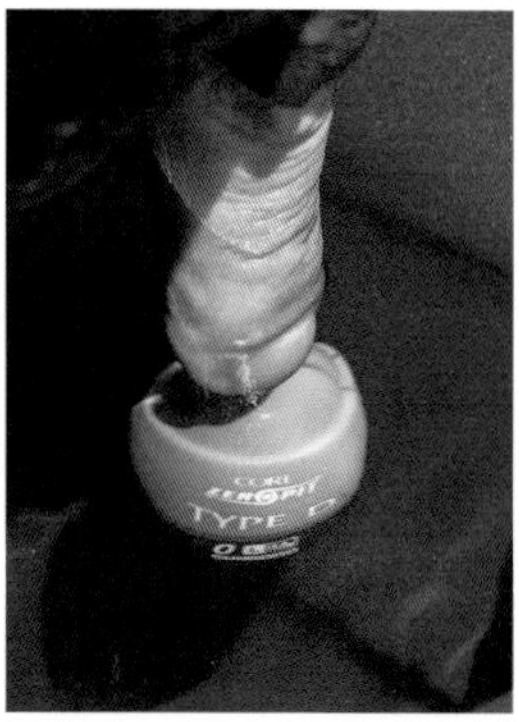

バケツに水を張って、指で押し再び浮かび上がってくる速度を見て浮力を判断する。ジワジワと浮上するように調整するのが基本

板ナマリの調整

バケツに同じウキで浮力を4パターン作った（調整済みの）ものを浮かべてどれくらいの浮力が最適か目で見て覚える

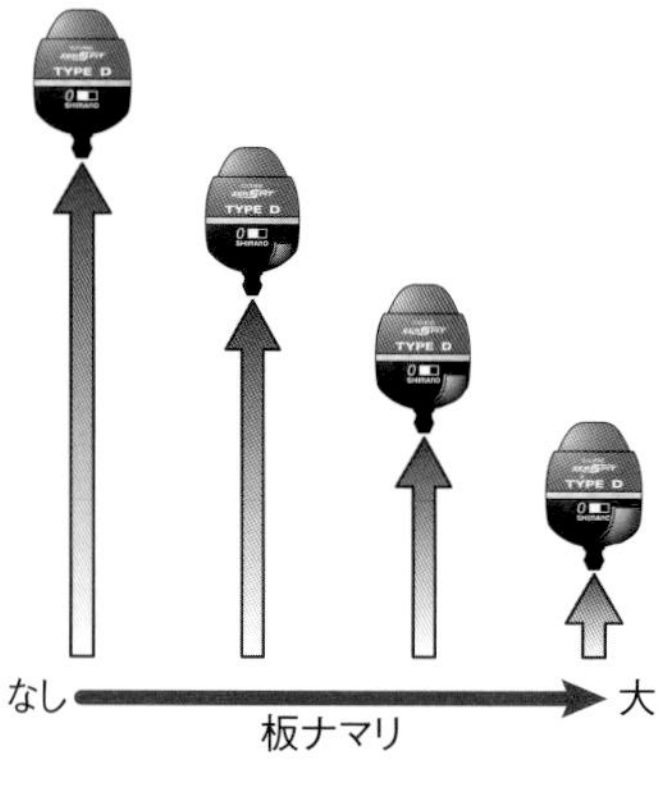

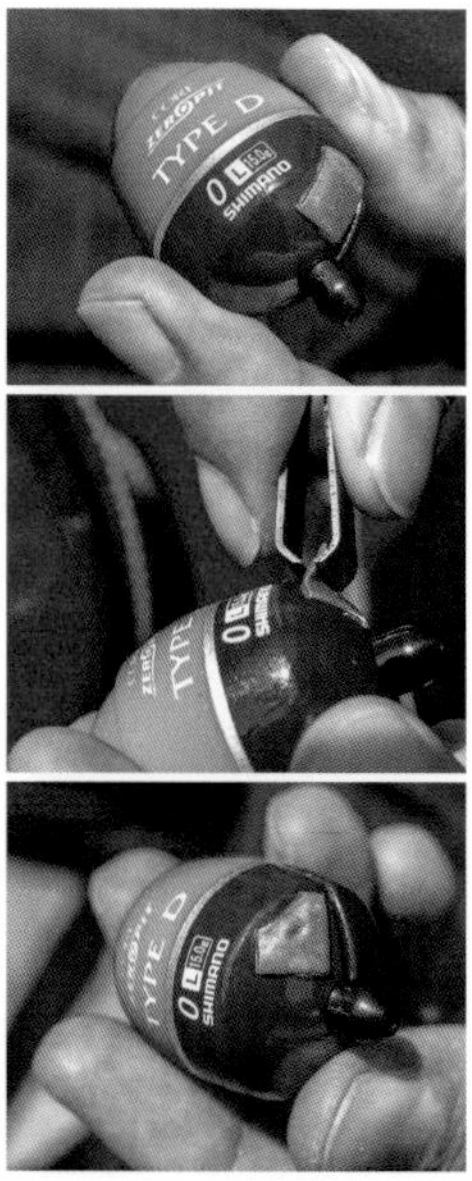

DVCウキが登場する以前は板鉛をウキに貼り付け、浮力を微調整した。両面テープは100円ショップで売られている強力粘着タイプ。これに板オモリを貼って小さくカットしながら使う

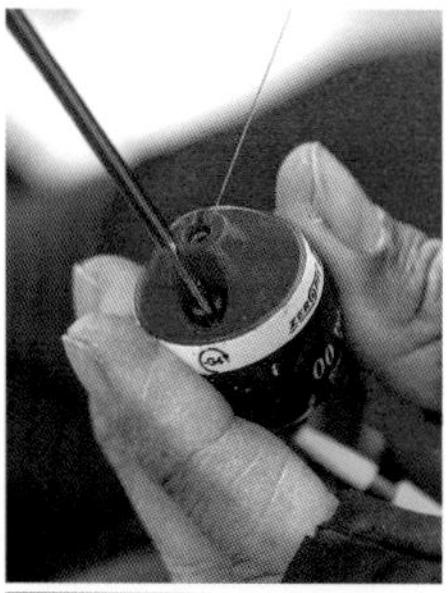

DVCは上部のシリンダーを回すだけで表示浮力からマイナスG4まで浮力を微調整できる

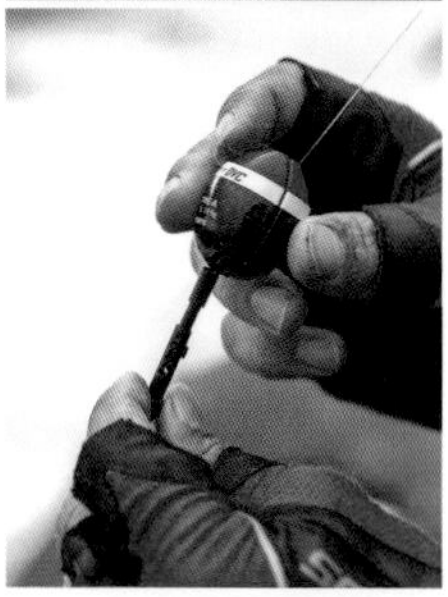

イトを切らずにウキ交換のできるゼロピットシステムを使いだすと、ほかのウキを使えなくなる

なお私のパイロット仕掛けは00号です。その前後0号と000号も一軍です。沈めウキは0ベースですが、ハリスを4号、5号と太くした場合はウキがすぐにシモりすぎてしまいます。こうなったらウキをG3くらいにして沈めすぎないようにすることです。

いつも基本のスタイルで釣れるわけではありません。半遊動でなければ釣れないという状況もあります。半遊動仕掛け用に常備しているのは0号、G3、B、3B、5Bです。半遊動仕掛けはウキでアタリを取ります。だから抵抗の少ないシュッとした細めの表現力の高いウキがおすすめです。手前の磯際ほど小さく細めのウキがよく、遠投重視の釣りであれば大きなドングリ形状でもよい。ちなみに沖のポイントで半遊動をやる時は3B、5Bと重い仕掛けを使うことが多いです。ウキの予備はあったほうがよいものの、半遊動は私にとって補助的な釣り方です。よってポケットには各号数を1個ずつしか入れません。G3で釣れていたが根掛かりして切れてしまった。そんな場合もBに板鉛を貼って余浮力を消せば使えます。これまで予備ウキを大量に持っていっても結局は出番がない。ベストが重くなるだけならば、サブは削ぎ落とし、メインの沈めて使う0~000号を多めに用意します。

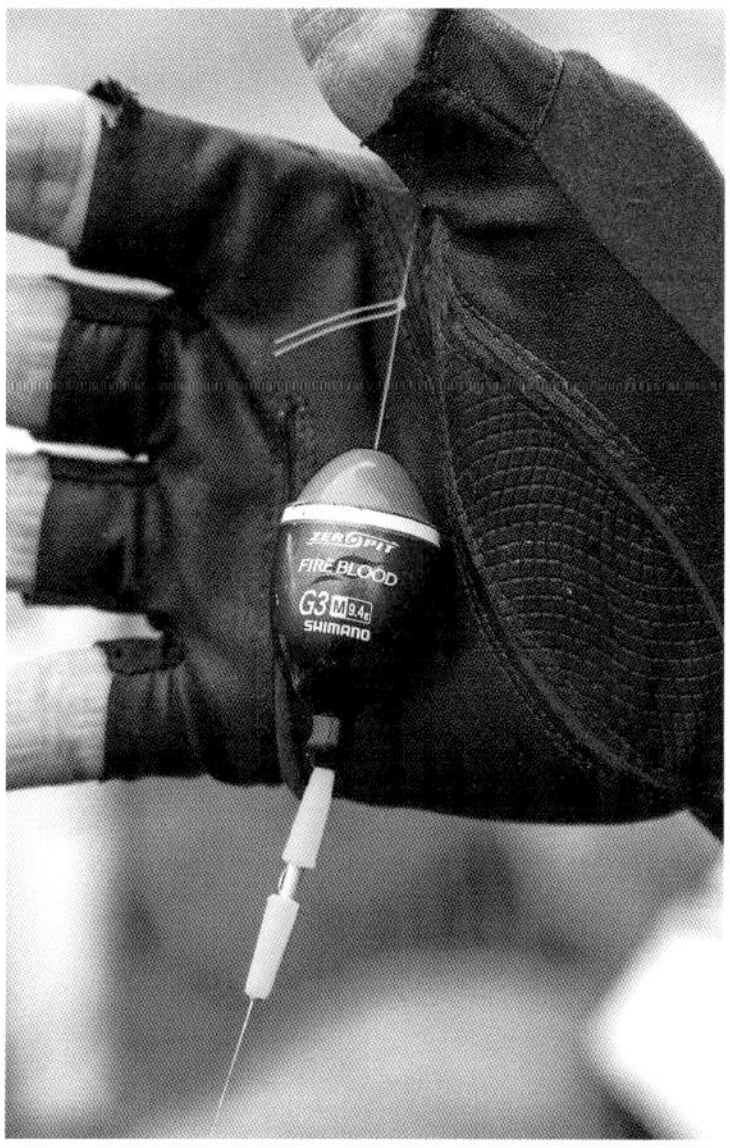
ZEROPIT
FIRE BLOOD
G3
SHIMANO
ウキを浮かべて使う半遊動仕掛けにはシルエットがやや細めのウキを愛用。ウキ止メはミチイトの切れ端である

ひとつの仕掛けで あらゆる状況に対応したい

ウキについては競技の釣りで身に染みた考えがあります。なるべくひとつの仕掛けですべての状況を釣りこなすことです。刻一刻と変化する状況に対応することは重要ですが仕掛けを大きく張り替えるのは大幅な時間ロスになってしまう。だから1個の仕掛けであらゆる状況を釣りこなせるような練習をするのです。自分の釣りに「柱」のない人は勝てません。仕掛けを頻繁に替えて勝てるのは山元八郎さんくらいでしょう。柱がある人には爆発力が生まれます。トーナメントは1位にならなければ意味がない。1位になるには1回負ければ終わりで、爆発的な差をつけられる人でなければ頂点には立てません。万年3位、表彰台に立っても2位という人はよくいます。頻繁に上位にいく安定感のある釣り人も勝ちきれないのは爆発力がない。釣りの根幹に一本の柱を作ってください。それには仕掛けが重要なファクターといえます。

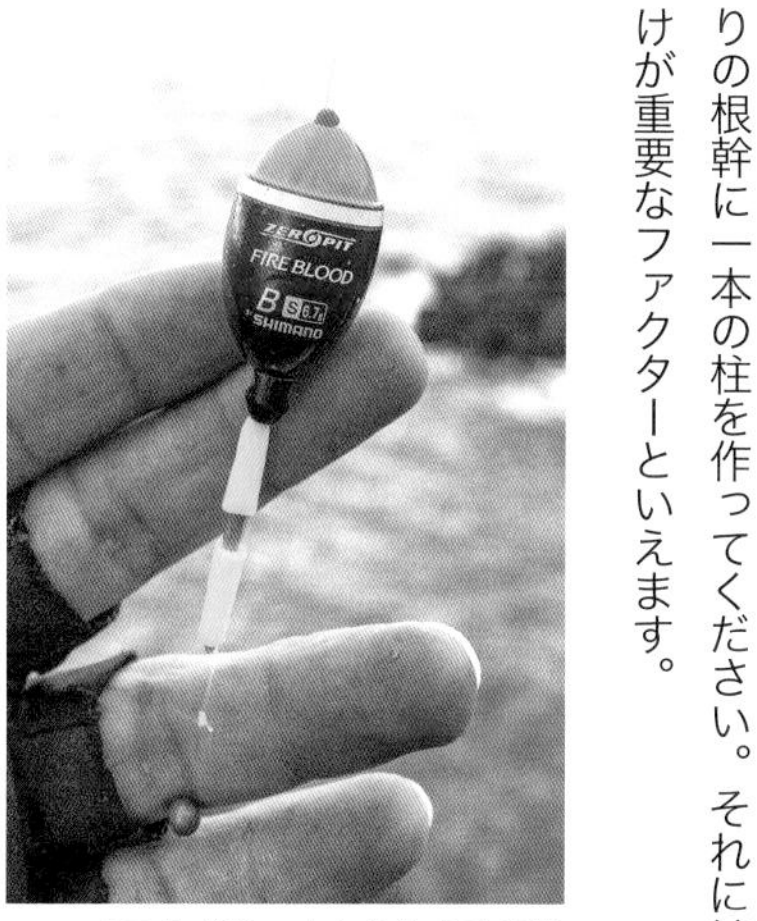
ZEROPIT
FIRE BLOOD
B
SHIMANO
3Bなど重いウキを使う時は半円シモリも入れて、きっちりウキ止メに止まるようにする

ウキ止メイト

ナイロンの切れ端で作る

半遊動仕掛けで使うウキ止メイトは、ミチイト（ナイロン）の切れ端です。ナイロン、ウイリー、補修イト、ゴムと多彩なウキ止メを試しましたが、要はウキを止めればいいわけです。イトの切れ端でもウキを止めることはできます。

結び方は折り返してダブルにしたイトを輪にしてぐるぐると3回巻き付けるだけ（図）。長めにヒゲ（約2㎝）を出してカットします。ヒゲはある程度長いほうが緩んできた時に手で締められます。このウキ止メは絶対といってよいくらいに緩み、短くすると締めきれません。長めにしておくことで、近距離を釣った際の目印にもなり、仕掛けがちゃんと馴染んだかどうかも分かりやすくなります。遊動幅を長く取れば結びコブがガイドの中に入りますが、キャスト時も大きな抵抗だとは感じていません。

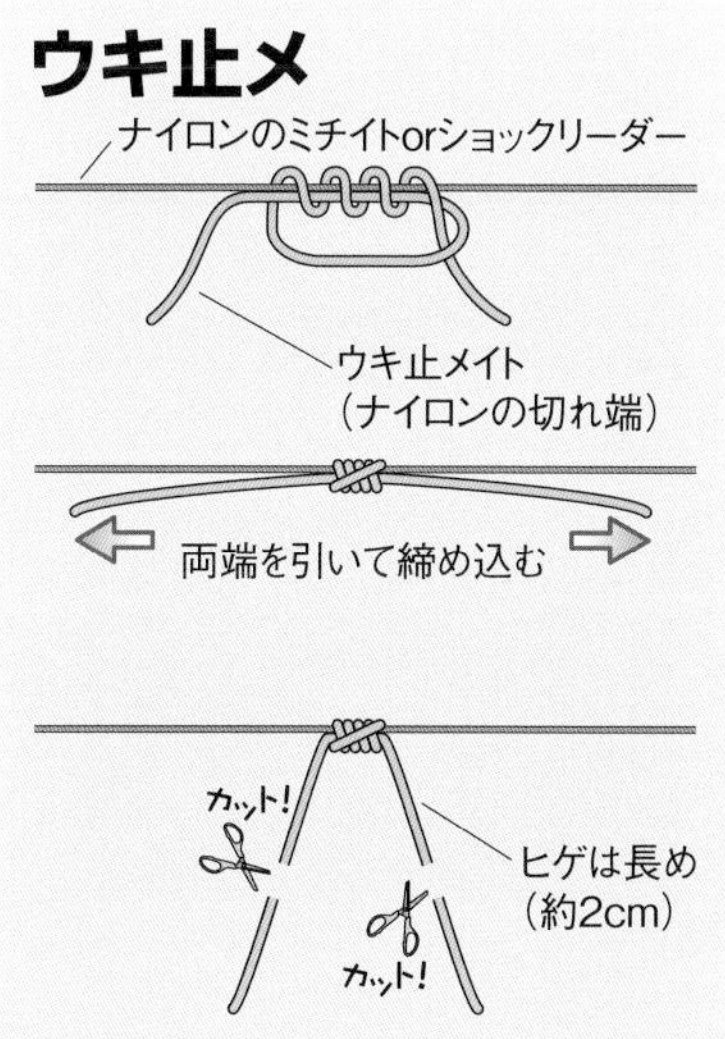
ウキ止メ
ナイロンのミチイトorショックリーダー
ウキ止メイト
(ナイロンの切れ端)
両端を引いて締め込む
カット!
ヒゲは長め
(約2cm)
カット!

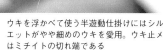

カラマン棒（ウキ止メストッパー）

滑らず高視認性を重視

潮の流れや仕掛けの馴染み方を判断するのに非常に重要なアイテムです。仕掛けは固定されているものほど敏感に動きます。ハリスが馴染んでどっちの方向に動いているか？　それを確認できるのがカラマン棒なのです。大切なのは視認性です。よく見える大きいものを選ぶことです。そのほうがウキもしっかり止まります。

私が愛用しているのは「Jフィッシング」というメーカーのウキゴムの大。カラーはイエローです。ゴムを挟むのはダイソーの爪楊枝。１００円でものすごい量が入っています。10年前に買った楊枝をいまだに使い切りません。木は吸水をして膨らみます。それがよくてストッパーの機能を果たします。大きなウキがガンガン当たるとゴムの位置がどんどんズレます。それこそアタリを合わせるたびにずれてしまう。それが嫌で爪楊枝を使うようになりました。竹ヒゴも試しましたが爪楊枝に比べると滑りやすい。また重すぎるのも問題です。ウキ止メゴムと爪楊枝の浮力が絶妙でいいんです。

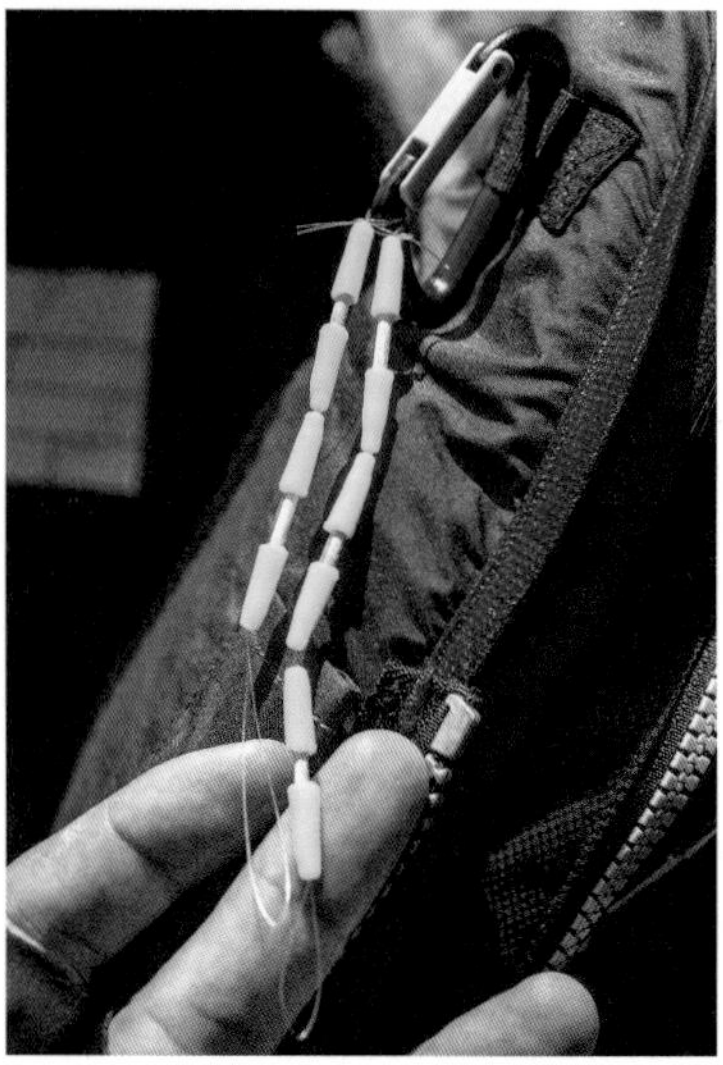

迅速にミチイトにセットできるようにベストにセットしたカラマン棒

爪楊枝の長さはゴムを2個挟んで、間の部分が5〜8㎜余るくらい。楊枝は頭のくびれている部分を切って、鉄やすりで磨きます。尖がっているほうをカットする際は、ひとつ見本を作り、その寸法に合わせて大量生産します。ストッパーは消耗品です。私は体積の大きなウキを使うことが多いので、ウキがゴムにぶつかるうち衝撃で破れます。そのうちパイナップルの葉っぱみたいになります。

ちなみにベストの胸にストックするウキ止めストッパーはフロロハリスの4号を輪にして安全ピンに止め、そこに3本分くらいずつをセットして使いやすいようにしています。

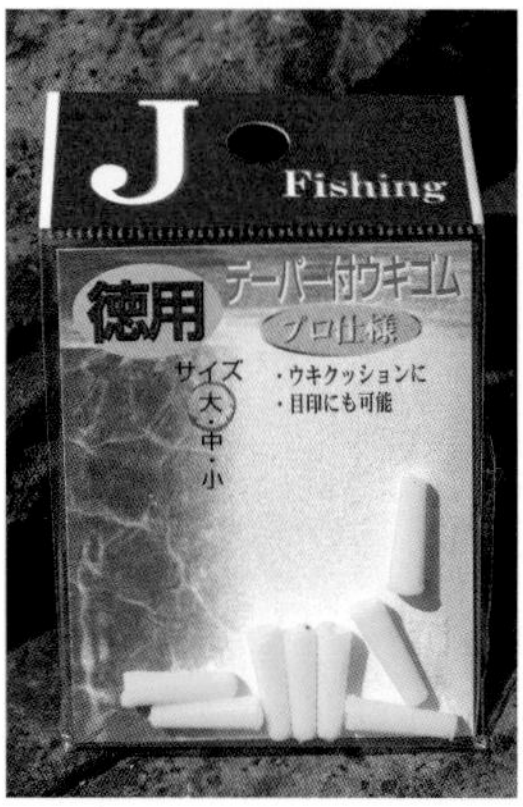

愛用のウキ止メゴム

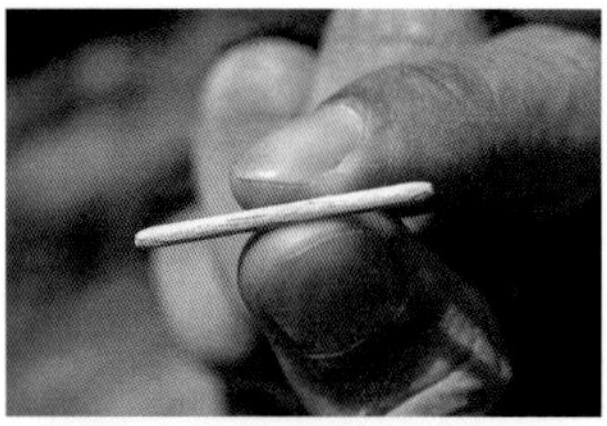

100円ショップの爪楊枝を使用。これが一番滑らない

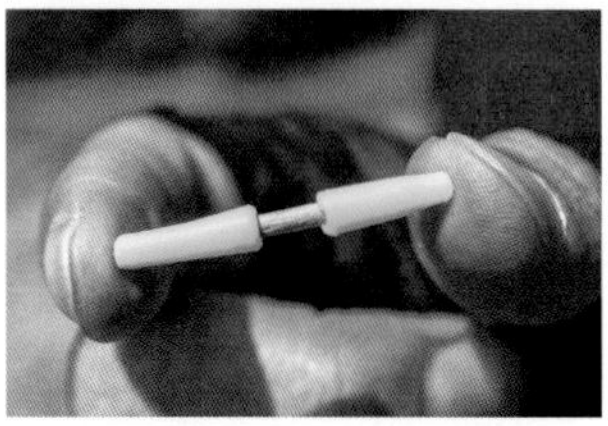

爪楊枝をカットする長さの目安は、ゴムを両サイドからハメ込んで間から5mmほど爪楊枝部分が見えるくらい

ハリ

ケン付きであること。たくさん入っていること

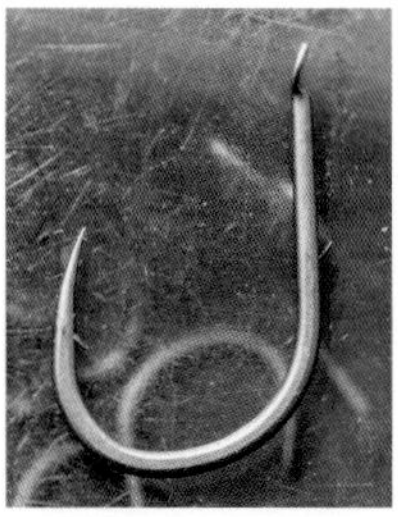

長年愛用しているオーナー「遠投ハヤテX」は、ケン付きが特徴。遠投時のハリ外れが少ない

愛用バリはオーナー「遠投ハヤテX」です。もう10年以上ほぼこれしか使っていません。まずリーズナブルで一袋に17本入っています。ハリこそ消耗品です。一投でフグに食われるかもしれないし、グレが飲み込んで取れないことも多々あります。無理に取ったら魚にダメージを与えるだけです。本数が入っているハリが絶対です。それと遠投の釣りにはケン付きが絶対によいです。ほんの小さなケンですが、エサの外れにくさは段違いです。

なぜ同じハリを使い続けるかといえば、コマセやハリスと同様に基準を作りたいからです。いろいろ使いすぎるとわけが分からなくなります。そのハリが効いているのかいないのか、基準がぼやけてしまうからです。ちなみに、このハリを使うようになったのは2007年です。ジャパンカップで初優勝するちょっと前のこと。「遠投ハヤテ」には「X」の付いていないノーマルタイプがあります。軸がだいぶ細く心もとない。全国大会で五島列島に行くとなり、よく釣りにご一緒するベテランで2007年の全国大会に一緒に勝ち上がった橋本善久さんが「遠投ハヤテX」というのがあるらしいと見つけてくれ、使ってみると非常に丈夫で安心感がありました。

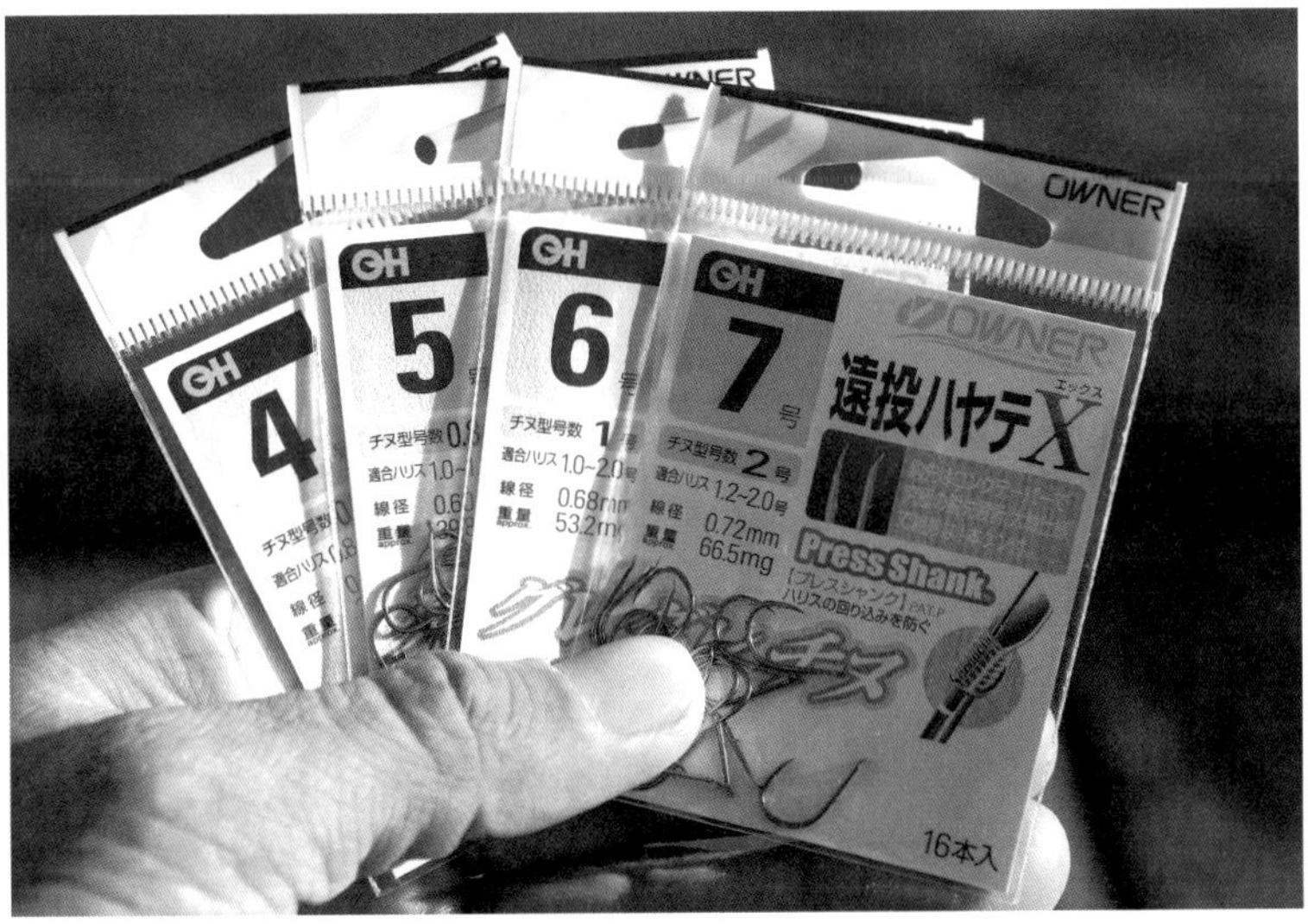

もはやこれしか使っていないというくらい愛用しているのがオーナー「遠投ハヤテX」4～7号の出番が多い

号数は4～7号がメインです。遠投する場合は6号です。5号だとハリが小さすぎてサシエが飛ぶ場合があります。7号になれば食いが落ちます。冬場のグレは食い渋り、ハリはどんどん小さくなります。そうなるとメインが5号です。よりフワフワさせて吸い込みをよくしたい場合は4号にサイズダウンします。ハリは口の中に入るものです。食い気と密接な関係があります。

ハリ使いで探求した例外としては練りエサにマッチするハリです。トーナメントの予選時期は春から秋が多く、エサ取り対策が釣果の決め手。よくあるシュチュエーションがアジやサバに包囲されて全く歯が立たない状況です。そんな時の強い味方が練りエサ。これを使えるようになればアジ、サバがいたほうがうれしいくらい周囲と差を付けることができます。ただ厄介なのはフッキング率の悪さ。原因を考えると魚の口に入り、合わせた際に練りエサからハリ先が出ず、口の中を滑ってそのまま外に出てしまう。細軸のメバルバリを使うと、多少改善されましたが、まだ満足のいくものではありません。いろいろなハリを試した時に練りエサにも使えるというオーナー「OH早掛グレ」に出会いました。このハリは優れたもので掛かりは実によくなりました。形状が変わっていて、軸がS字を描くような曲線で、ハリ先が少しネムっています。

これか！　と思い釣具店に駆け込み、このような形状のハリをひたすら探すとムツバリが目に止まりました。半信半疑で使ってみると、今までの苦労が吹き飛ぶほどいとも簡単に掛かります。合わせ方もオキアミを使っている時と全く同じ感覚です。私が考えるにムツバリは練りエサが残っていても、口の中を滑って口もとに達すると、その独特なネムリ形状からハリ先がしっかり立つものと思われます。それからというもの、決して一軍入りはしないが、名脇役のポジションにムツバリが加わっています。

余談ですが、私はハリを外掛けマクラ結びで接続します。練りエサを使う場合ハリ軸にハリスを巻く回数を多くします。通常は5回で練りエサ使用時は8回。この結び目によって軸に練りエサがしっかりと残るようにするためです。

練りエサ使用時に威力を発揮するムツバリ。ハリ先がネムっているのが最大の特徴

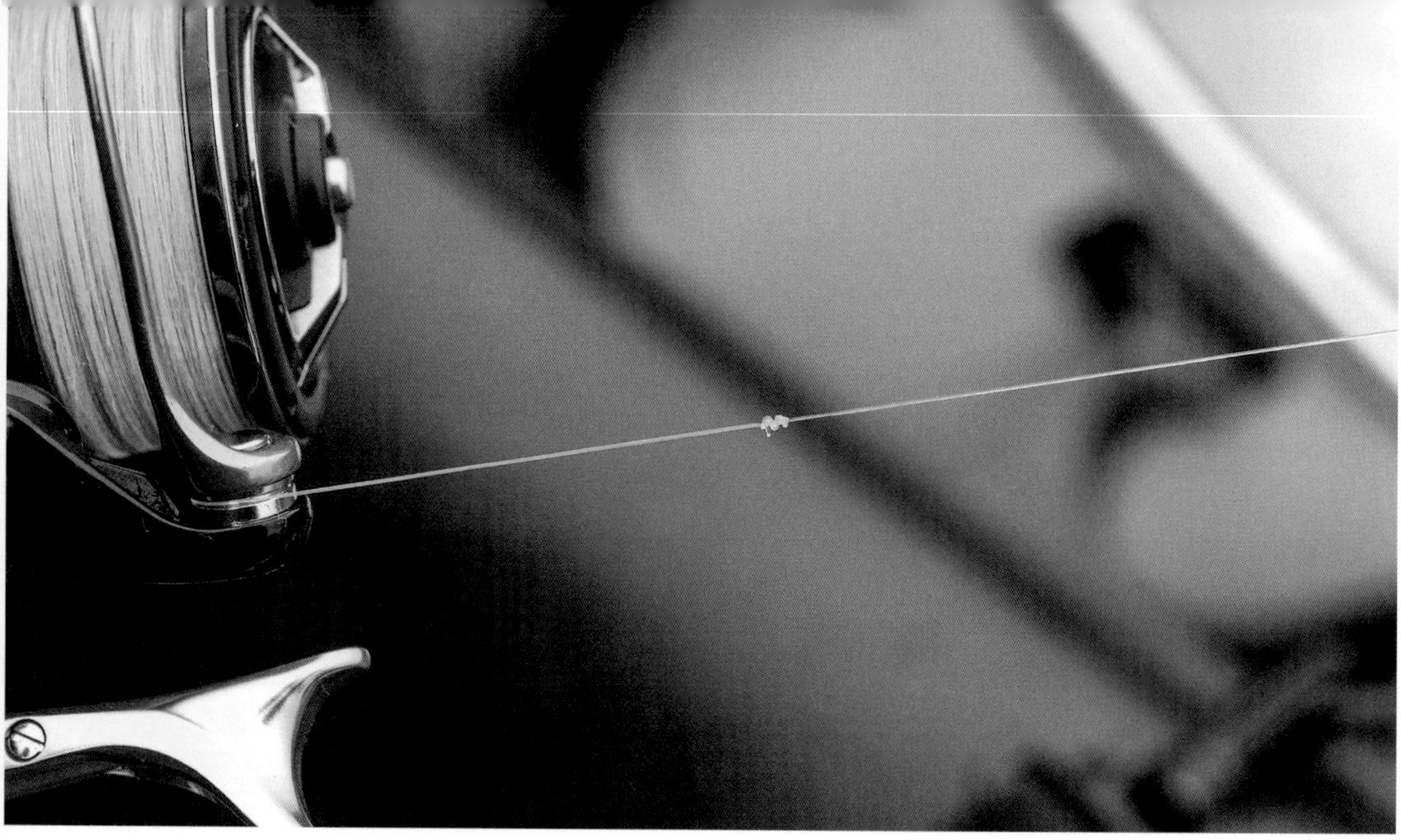

イトの結束法

安定した強度の出せる結びを求めて

磯釣り仕掛けの結束は簡単に結べることが第一。そこそこの強度を出せて何回結んでも安定した強度をだせるかどうかが重要です。私がナイロンミチイトを使っていた時代は長らくブラッドノットでハリスを結んでいました。たわら結び、トリプルサージャンズノットと強度の高い結びは知っていましたが、私には安定した強度を出せなかった。そのうち愛読誌の月刊つり人で「ストロングノット（三原結び）」を知ります。下図の結びの強度実験で検証された非常に強い結びです。安定した強度が数値で示されていたことに感銘を受け、簡単なので愛用するようになりました。

試行錯誤段階のPE結束

ナイロン時代の結びはシンプルでしたが、PEラインを使うとそうはいきません。結びが複雑で手間もかかります。PEラインの特性として滑りやすいことが挙げられ、編まれた繊維のどこかが潰れると一気に強度が低下します。それこそ摩擦系と呼ばれるPEならではの結びが重宝されるわけです。しかし手返しが重要なグレ釣りにおいて時間のかかる結びは致命的。まず覚えたのが電車結び＋ハーフヒッチでしたが、現在はより結び目が小さくなるノーネームノットでショックリーダーを接続します。とはいえ現場で手早く結べません。競技会で高切れした時はトリプル8の字で応

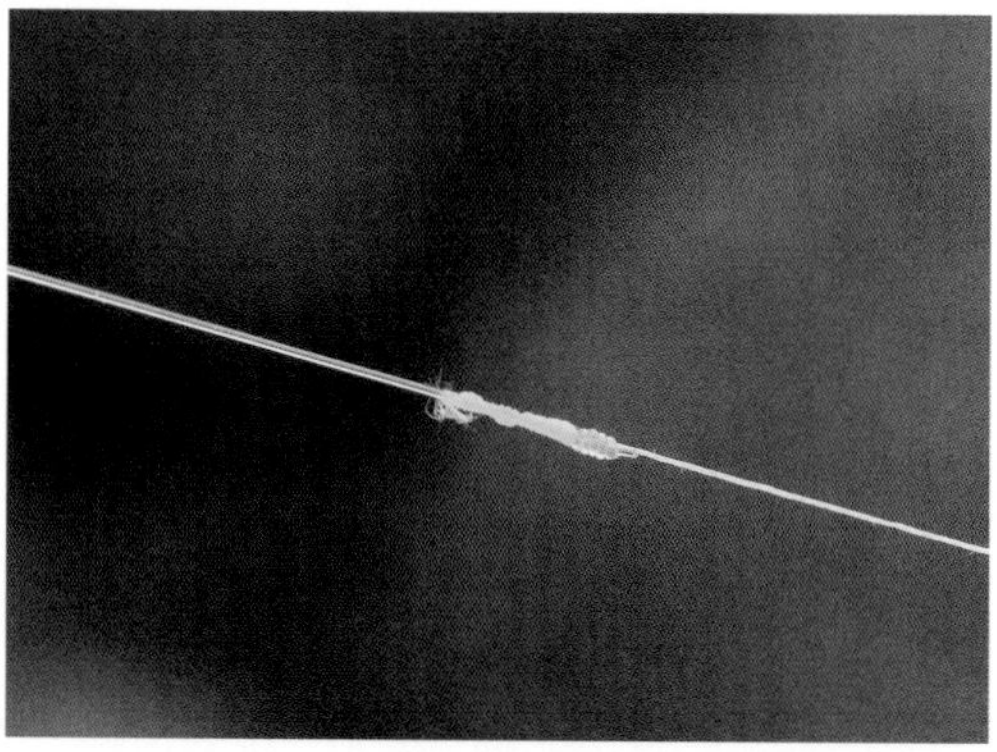

PE結束は摩擦系ノットの強度が高いが、スピードを求められる磯釣りではタイムロスが多い。より簡単な結びを求めて写真の電車結び＋ハーフヒッチを使うことも多かったが、現在は結び目が小さくなるノーネームノットがお気に入り。スプール内に巻き込む結びなので、結び目は小さいほどよいのだ

イトの結び方による強度の違い

（ナイロン2号×フロロカーボン1.5号）

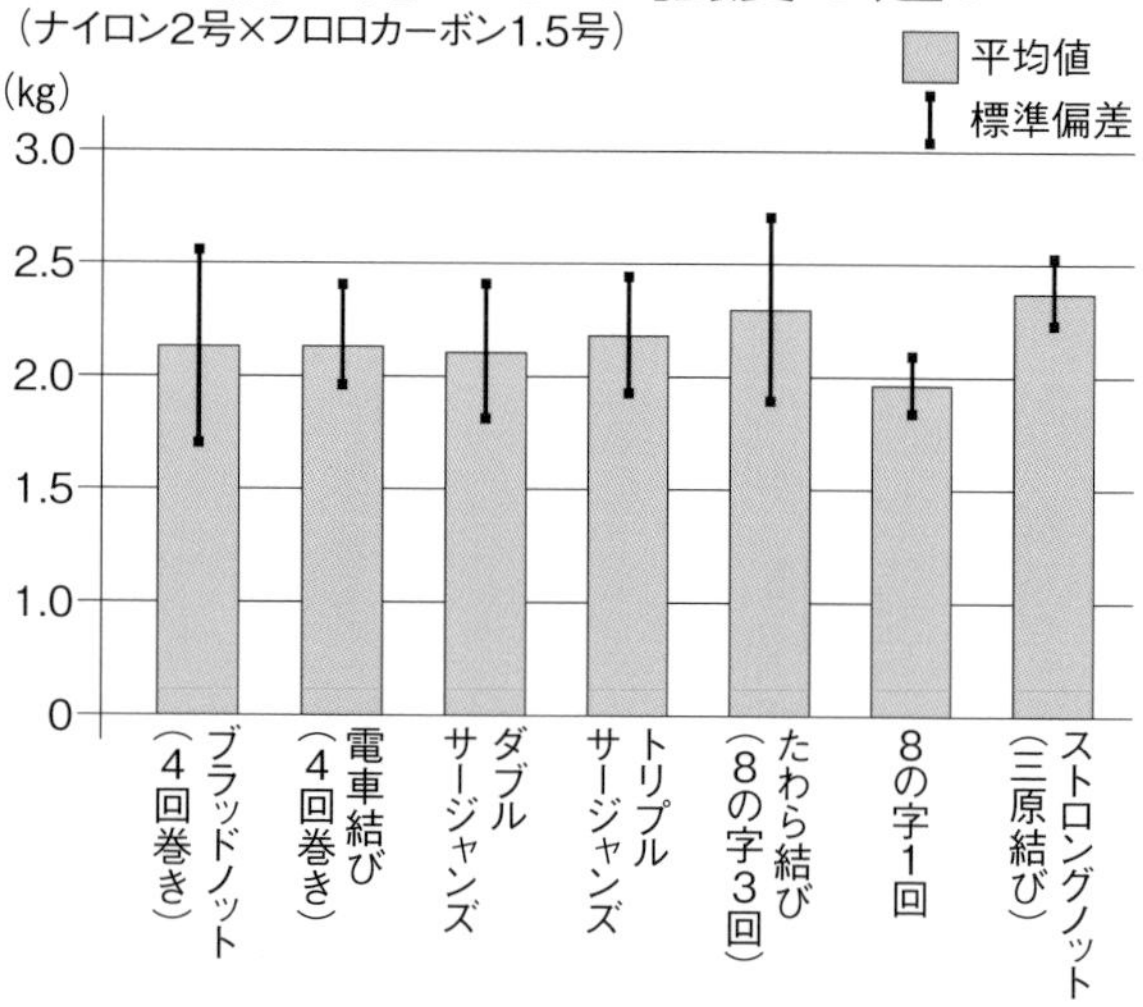
平均値
標準偏差
(kg)
3.0
2.5
2.0
1.5
1.0
0
ブラッドノット（4回巻き）
電車結び（4回巻き）
ダブルサージャンズ
トリプルサージャンズ
たわら結び（8の字3回）
8の字1回
ストロングノット（三原結び）

ストロングノット（ナイロンミチイトorショックリーダーとフロロハリスの結び）

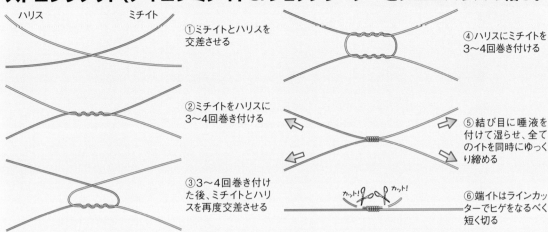

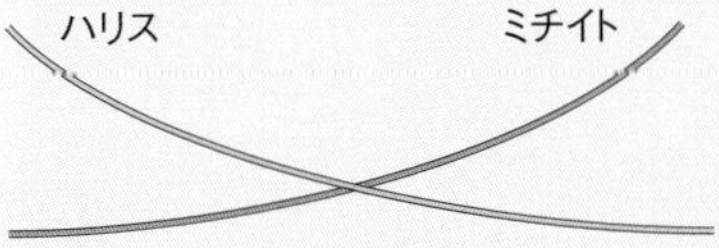

①ミチイトとハリスを交差させる

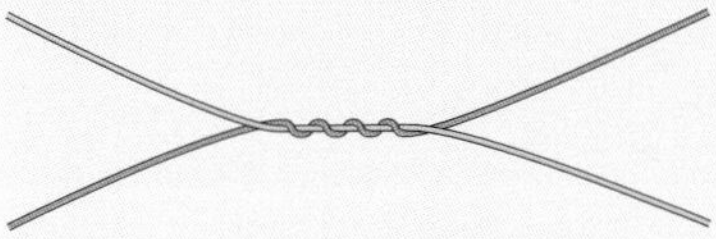

②ミチイトをハリスに3〜4回巻き付ける

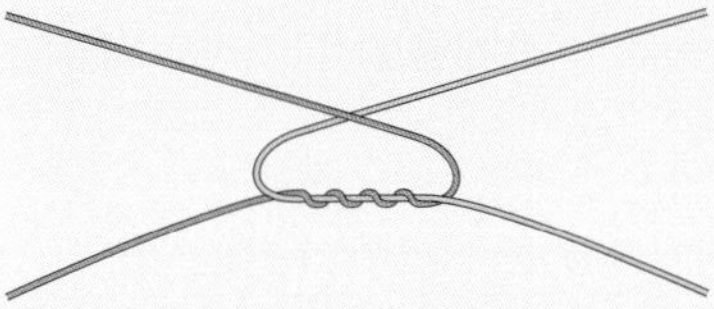

③3〜4回巻き付けた後、ミチイトとハリスを再度交差させる

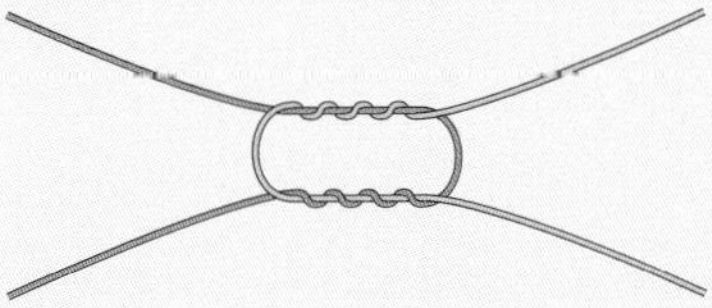

④ハリスにミチイトを3〜4回巻き付ける

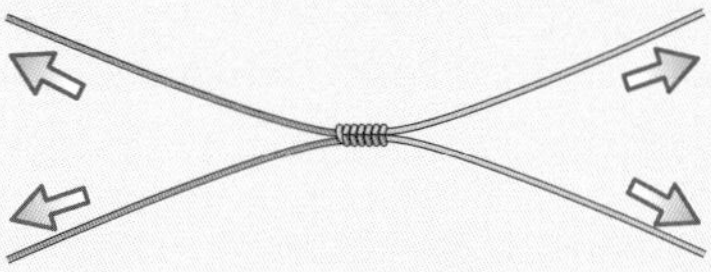

⑤結び目に唾液を付けて湿らせ、全てのイトを同時にゆっくり締める

⑥端イトはラインカッターでヒゲをなるべく短く切る

ノーネームノット（PEミチイトとショックリーダーの結び）

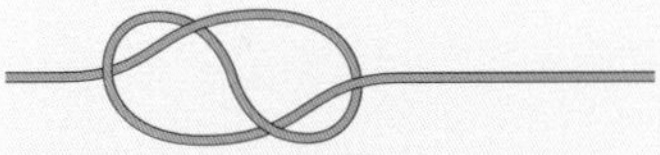

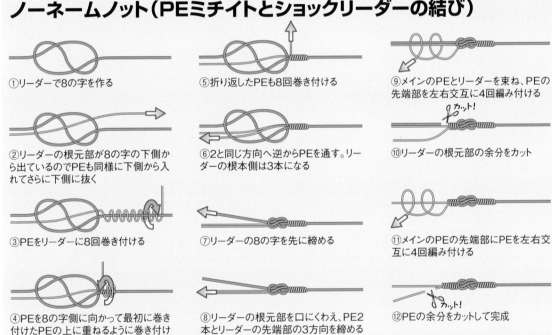

①リーダーで8の字を作る

②リーダーの根元部が8の字の下側から出ているのでPEも同様に下側から入れてさらに下側に抜く

③PEをリーダーに8回巻き付ける

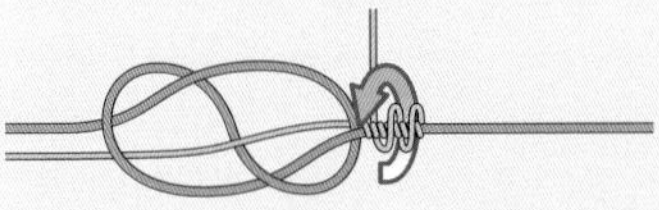

④PEを8の字側に向かって最初に巻き付けたPEの上に重ねるように巻き付けていく

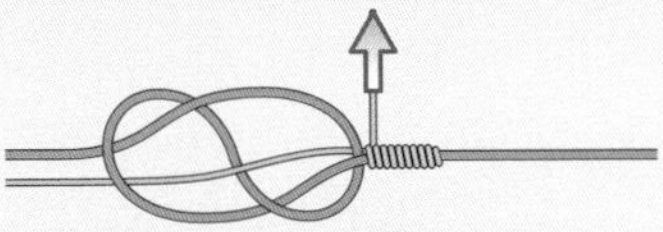

⑤折り返したPEも8回巻き付ける

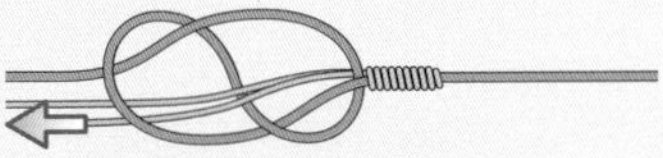

⑥2と同じ方向へ逆からPEを通す。リーダーの根本側は3本になる

⑦リーダーの8の字を先に締める

⑧リーダーの根元部を口にくわえ、PE2本とリーダーの先端部の3方向を締める

⑨メインのPEとリーダーを束ね、PEの先端部を左右交互に4回編み付ける

⑩リーダーの根元部の余分をカット

⑪メインのPEの先端部にPEを左右交互に4回編み付ける

⑫PEの余分をカットして完成

電車結び＋ハーフヒッチ（PEミチイトとショックリーダーの結び）

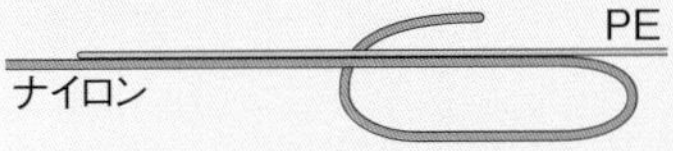

①まず端イト同士を重ねてナイロン側の端イトを折り返して輪を作る

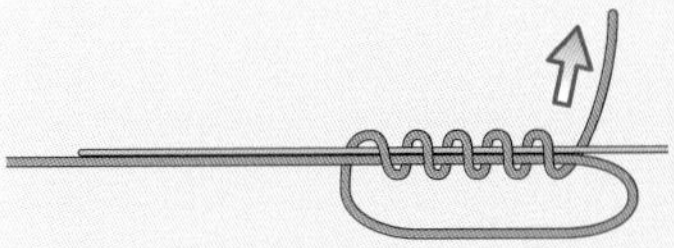

②その輪に端イトをくぐらせる。PEの本線を巻きこむようにして5回巻き付けてからゆっくり締める

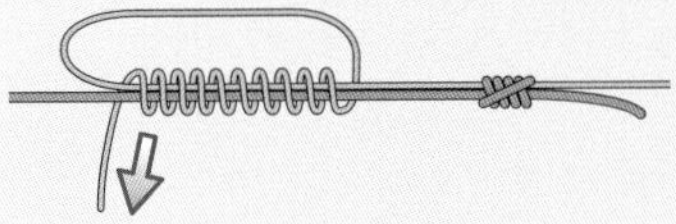

③PE側の端イトも同じ要領で巻き付けるが、回数を9〜10回と多くする

④両端のイトを引っ張ると結び目がくっつく。そこからPEの端イトをリーダーにハーフヒッチ

⑤交互上下にくぐらせる方向を変えてハーフヒッチを8回行なう

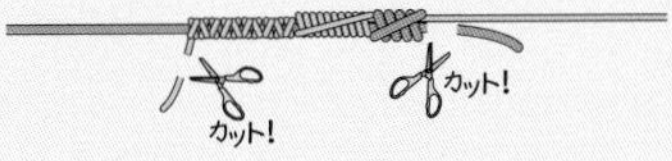

⑥端イトをカットすれば完成

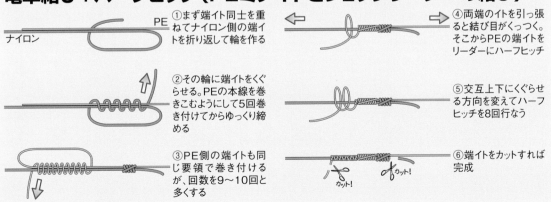

外掛け結び

基本的なハリの結びのひとつ。ハリ軸とハリス本線に端イトを外側から巻き付ける
通常は5回巻きだが手返し重視の時合のタイミングやトーナメントでは4回巻きの時もある

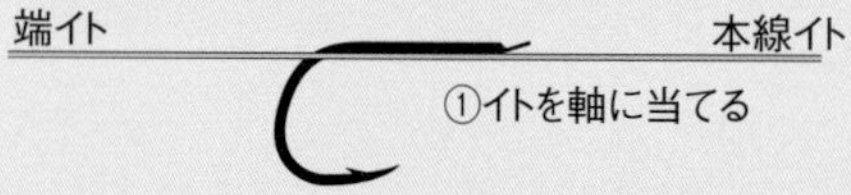

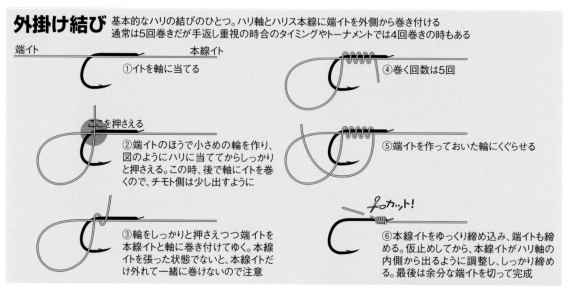

①イトを軸に当てる

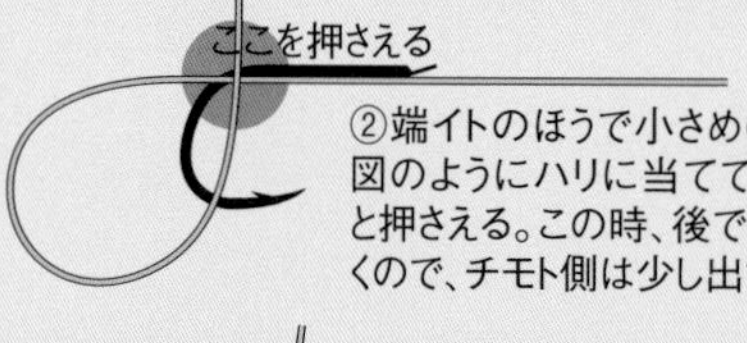

②端イトのほうで小さめの輪を作り、図のようにハリに当ててからしっかりと押さえる。この時、後で軸にイトを巻くので、チモト側は少し出すように

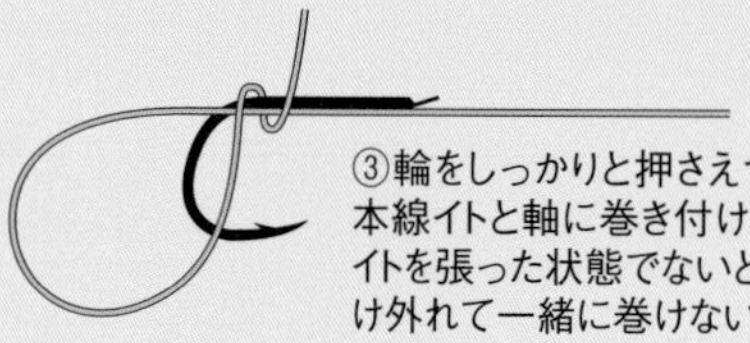

③輪をしっかりと押さえつつ端イトを本線イトと軸に巻き付けてゆく。本線イトを張った状態でないと、本線イトだけ外れて一緒に巻けないので注意

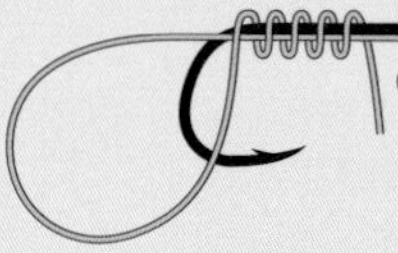

④巻く回数は5回

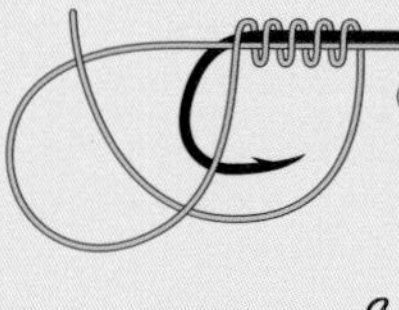

⑤端イトを作っておいた輪にくぐらせる

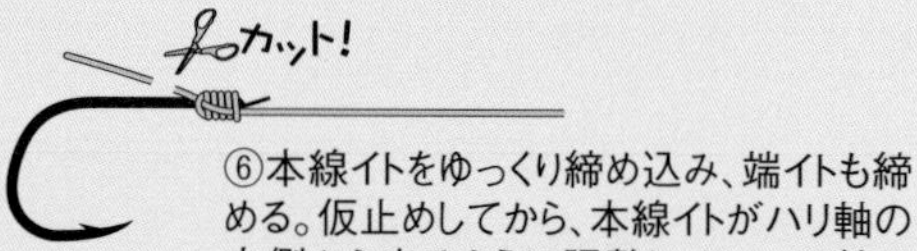

⑥本線イトをゆっくり締め込み、端イトも締める。仮止めしてから、本線イトがハリ軸の内側から出るように調整し、しっかり締める。最後は余分な端イトを切って完成

外掛けマクラ結び

外掛けで巻く最後の端イトをハリ軸に1回チモトの側で巻き付ける
結び目がミミにズレにくい

①～④までは外掛け結びと同じ

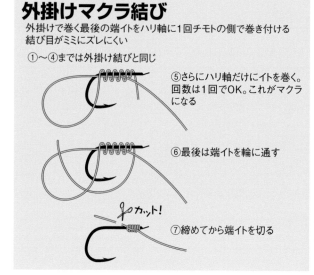

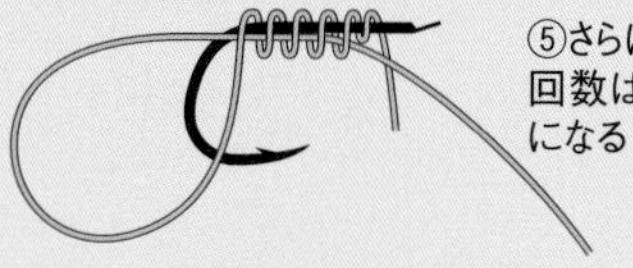

⑤さらにハリ軸だけにイトを巻く。回数は1回でOK。これがマクラになる

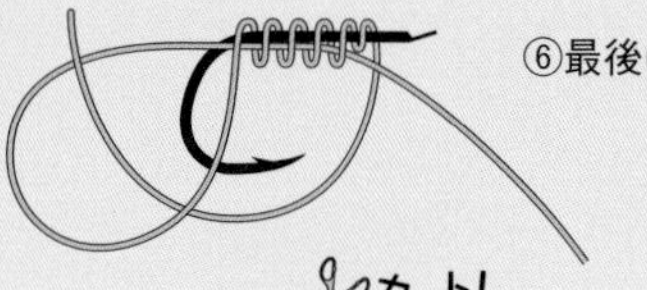

⑥最後は端イトを輪に通す

⑦締めてから端イトを切る

上がFGノット、真ん中がノーネームノット、下がトリプル8の字。PEの結びは模索段階である

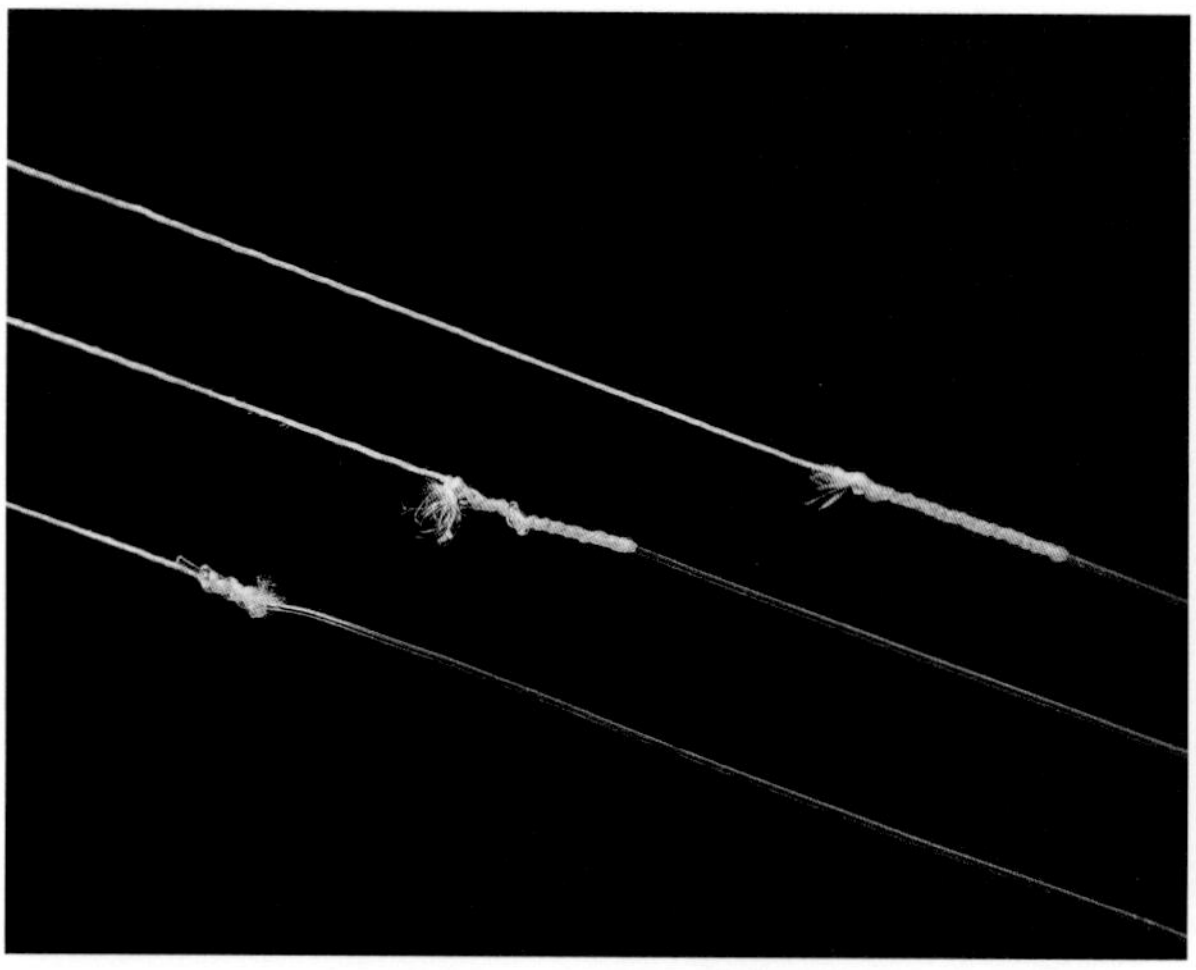

トーナメントでの結びはスピードが第一優先

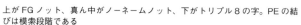

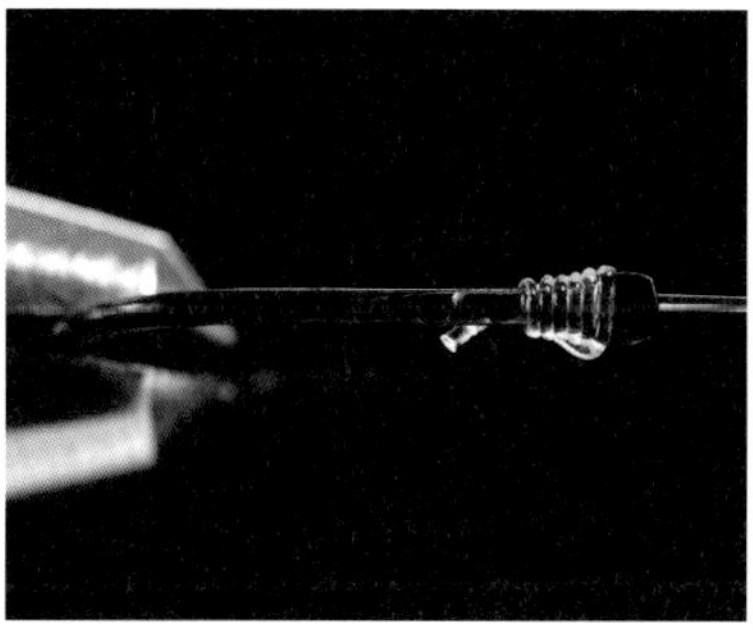

こちらは普通の外掛け結びに、同じく限界近くまで負荷をかけたもの。イトが回転することはなかったが、結び目がミミに強く当たっているのが分かる。このままいけば、ミミと擦れて切れてしまうはずだ

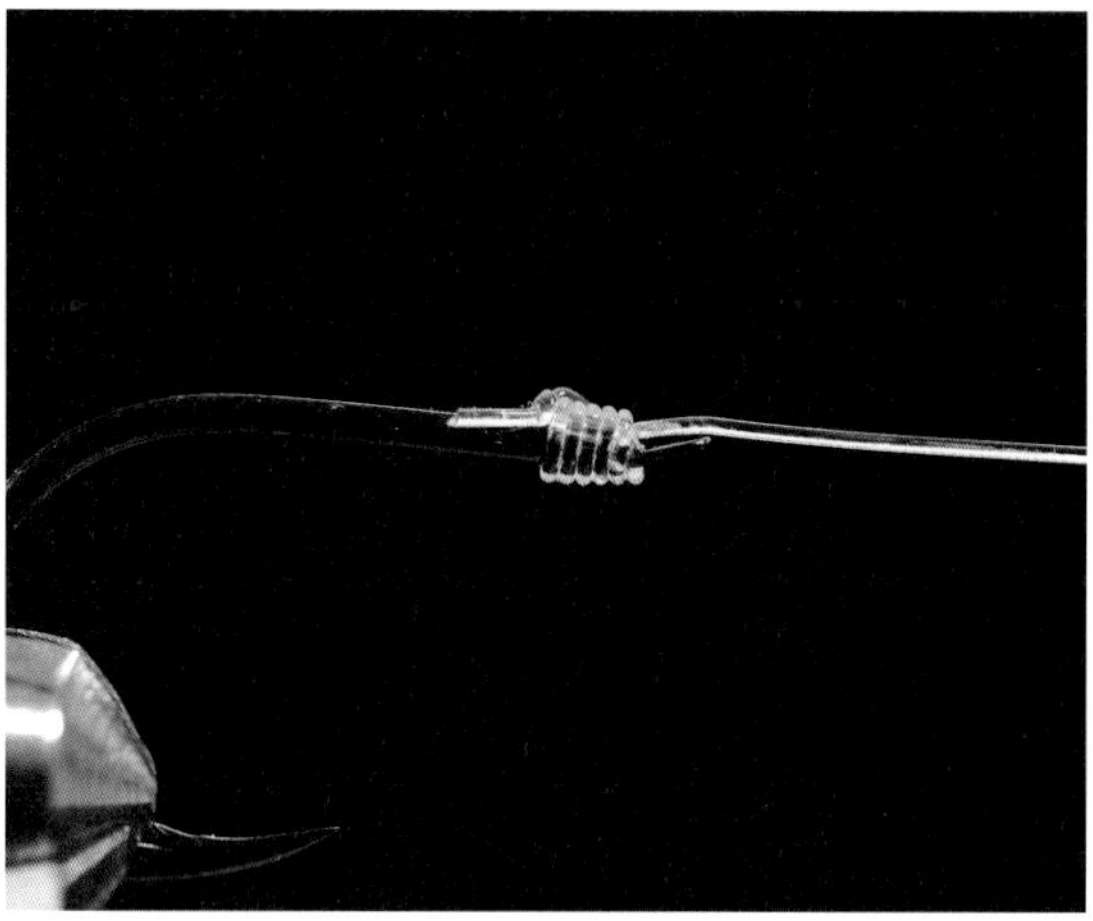

２号フロロの外掛けマクラ結びで、強度限界の直前まで負荷をかけたサンプル。途中でピンッと音がして、ラインがハリの外側（写真では上）に回り込んでいるのが分かる。その部分をよく見ると、ミミに擦れたと思われるあたりでラインが白くなり、傷ついているのが分かる。これが強度低下の原因だと思われる

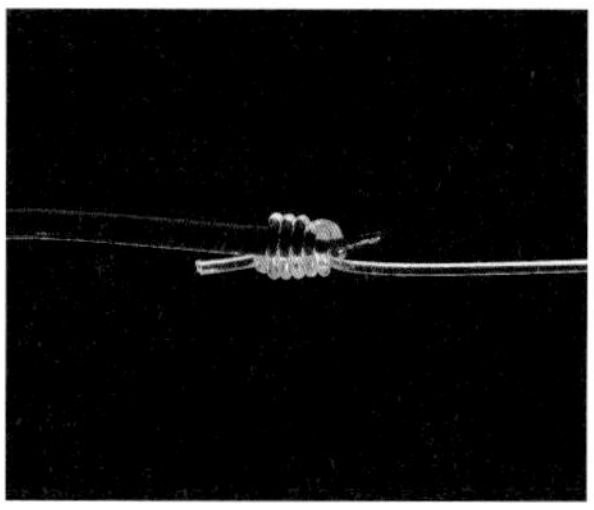

外掛けマクラ結びでも、結び最後の締め付けが上手くいくと、イトは回転しない。これも負荷をかけた状態だが、マクラ部分が本線イトとミミの間に入り、クッションのようになるのが分かる。すなわちしっかりと軸に密着させる結びが強いのである

急処置もします。それも強度の不安は否めません。今後はノッターを使ったFGノットも取り入れていこうかと悩んでいる最中で、PEの結びはまさに途上段階です。自動PE結び機を使うのもありのような気がします。簡単かつ早くて強い結びを求めてあれこれと試しています。

なおハリスを10mと長く取る私の場合、結び目のガイド抜けをよくすることも考慮している点です。ショックリーダーとハリスの結びは先述のストロングノットで行ないますが、結びの端イトはかなりギリギリでカットします。

マクラを入れると結びが安定しない？

ハリは外掛け結びで結束します。ハリスの巻き付け回数は手返しを重視するなら4回、落ち着いて結べる時は5回巻いて1回マクラを入れます。マクラはあったほうが構造的にもクッション効果が生まれ、イトが潰れにくく強度が高いと思います。しかし月刊つり人の結び実験では、マクラを入れると強度にかなりバラつきが出ています（下図）。マクラは確かにクッション効果があります。一方でハリ軸に結び目が密着しにくいという現象も生じます。締め込んだはずの結び目が、マクラが緩衝材となることで緩み、上にずれてハリのミミにぶつかる。これにより切れやすくなるという記事でした。もうひとつその記事で分かったのは巻き数を多くしすぎてもダメなこと。4、5回巻いておけば充分ということです。理由としては結び目が締まりにくく緩くなり回転してハリのミミに擦れる。そうして切れやすくなるようです。魚を釣ってハリの結び目が軸の外側にグルッと回っているようだと結束時の締めこみが弱いといえるでしょう。

グレのやり取りは柔軟なサオが助けてくれます。結びに大きな力がかかりにくいので、そこそこの強度でも切れにくい。たとえばジギングのやり取りはサオをまっすぐにしてリールを巻いていることもあるくらいで、結束部に大きな力が掛かります。それこそ綱引きのようなもので、サオの粘りもなにもない。それに比べると磯釣りの結びは超重要ウエイトではないことがよく分かります。

外掛け結びのマクラの効果

（フロロカーボン2号）

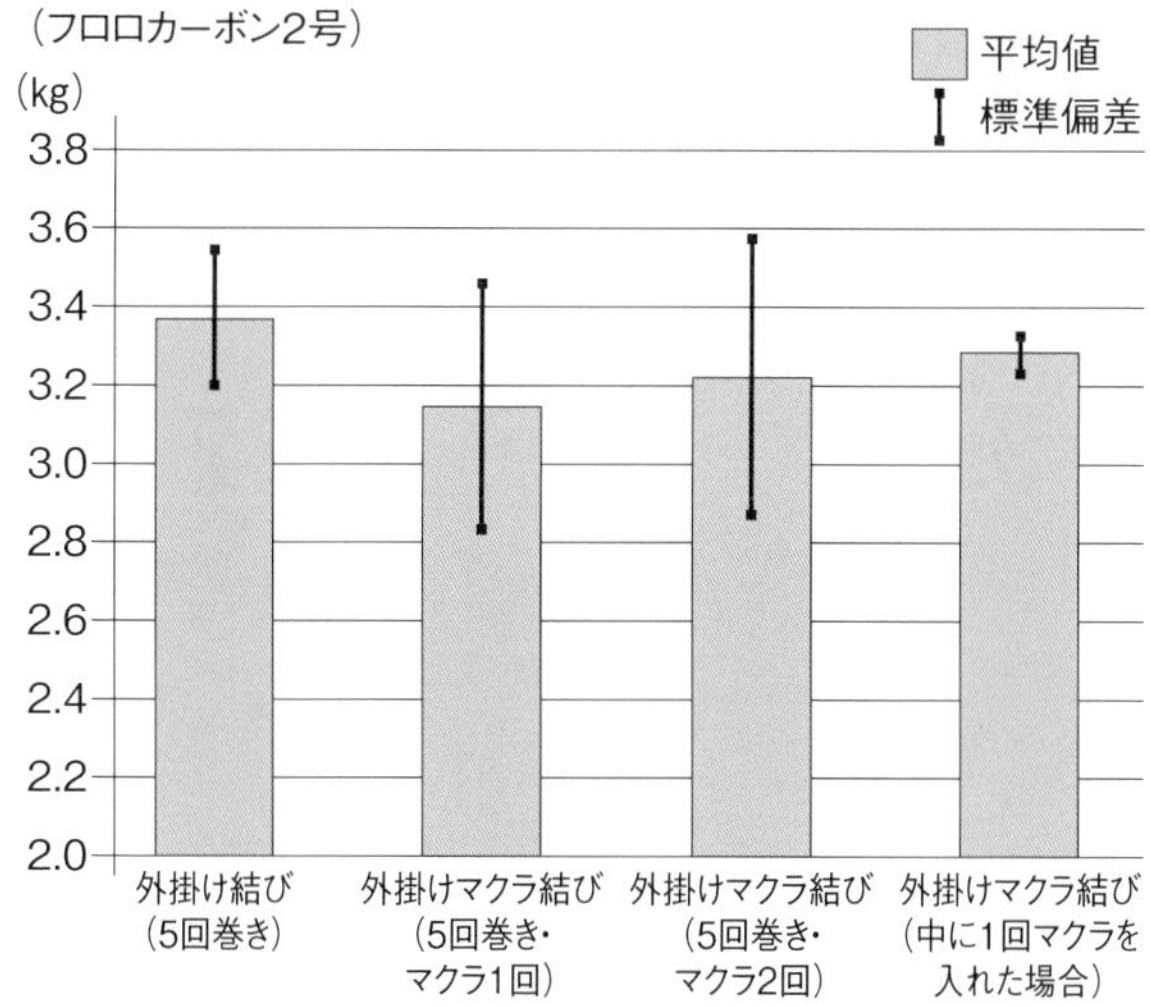
平均値
標準偏差
(kg)
3.8
3.6
3.4
3.2
3.0
2.8
2.6
2.4
2.2
2.0
外掛け結び（5回巻き）
外掛けマクラ結び（5回巻き・マクラ1回）
外掛けマクラ結び（5回巻き・マクラ2回）
外掛けマクラ結び（中に1回マクラを入れた場合）

タモはたわまず、角度がなくても振り出しやすく、ブレないものがスムーズな取り込みを可能にする

タモ

愛用のタモの柄は「ファイアブラッドタマノエ」。ちなみに枠は地磯用の30cmワンピース

汎用性と安全性を求めるなら6mの柄がおすすめ

タモは魚を取り込む必需品です。タモには柄、枠、網があって価格帯はピンキリです。悪いタモの柄は振り出しが悪く、波に揉まれてグワングワンとしなりすぎて取り込みにくいのです。よい柄は振り出しがスムーズでシャキッとした張りがあります。

柄の長さを選ぶのに汎用性という意味では6mがおすすめです。大は小を兼ねます。5mは軽いですが長さが足りない場面が多々あります。地磯や堤防は足場の高い釣り場があり、離島や沖磯ではタモ入れに一歩降りたり、前に出たりするリスクを避けたい。這い上がる波が危ないのと、海に落ちるリスクもあります。汎用性と安全面を考えると6mがベストなのです。軽さを求めるより、頑丈で硬いモデルがよいでしょう。私が愛用しているタモの柄は「ファイアブラッドタマノエ」で、固着しないのが素晴らしい。固着すると二進も三進もいかなくなります。タモはサオ以上に固着することが多いので注意してください。お気に入りのタモの柄も長年使用すると振り出しの合わせ部分が摩耗して固着しやすくなります。そういった時は瞬間接着剤またはエポキシ系の接着剤を合わせ部分に線上に8ヵ所ほど塗ると固着し難くなります。当然ですが必ずタモの柄を分解してから接着剤を塗り完全に乾いてから組み立てて下さい。

タモ枠はグレなら40㎝あれば充分です。60㎝クラスの超大型であってもすくえます。枠が大きくなるほど波を受ける抵抗も大きくなりますから40㎝が手ごろです。すくい取るのに問題なのは枠よりも網の深さです。青ものなどの長い魚を釣る時は、枠の大きさより深い網が必要です。魚体が半分以上出てしまうくらいの深さだとすくえません。私はワンピースのタモ枠が好きです。フカセ釣りをやりだした時にワンピースを持っているベテランを見て「かっこいいなあ」と憧れました。特に木枠のワンピース枠には和の魅力というか、スタイリッシュな魅力を感じてかなりの憧れを抱いたものです。四つ枠タイプは使っているうちに形がつぶれた感じになってしまうのがすごい嫌です。ちなみに私が愛用しているのはチタンのワンピース40㎝です。ただし地磯の釣りでは軽さを最優先して、薮を歩いても引っ掛かりにくい30㎝枠を使います。これは地磯の釣りの項目でもあらためて解説したいと思います。

網の底は網目が細かいほうがウキを落とした時もすくえます。しかし横や上部になるほど網目は粗いほうがよく、取り回しが全然違います。編み目が細かすぎると水抵抗を思った以上に受けます。波が強くて高い時はタモがもっていかれるほどです。

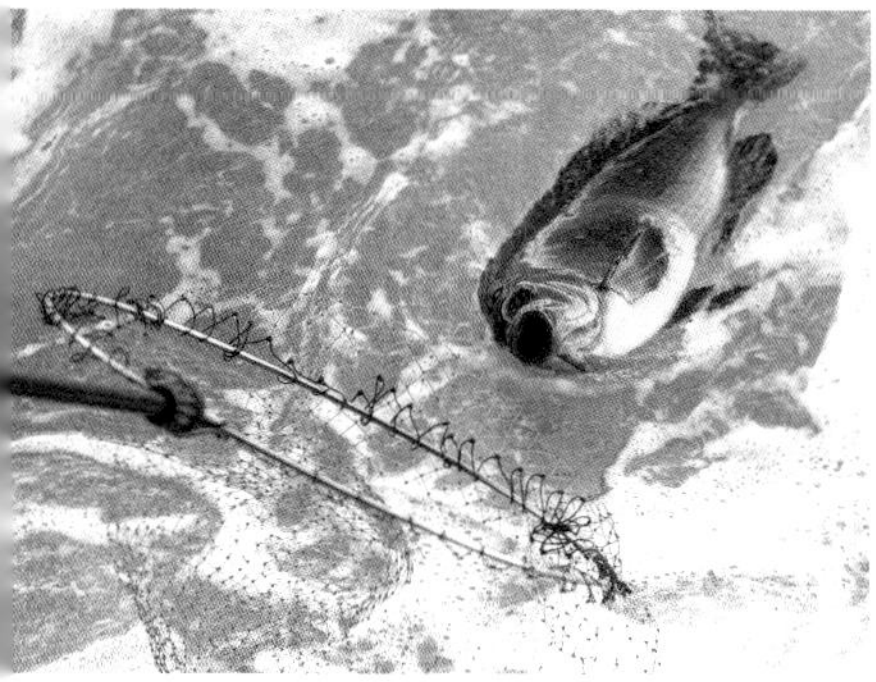

枠は40㎝があれば充分。網は横や上部の目が粗く、底が密になっているものがベスト

バッカン

40㎝コマセバッカンと50㎝キーパーバッカン×2

当然ハードバッカンがよいです。生地が硬くなければコマセを固めにくいし遠投もできません。効率よくコマセを撒くには、全体がシャキッとしていることが重要になります。また、私の細かいこだわりとして四隅が角張りすぎていない曲面になった製品がおすすめです。というのもエサを押し当てる時に角を使ってふんわりまとめることがあり、曲面のほうがやりやすい。また角張りすぎているとエサも取りにくいです。

ハンドルは立った状態をキープできるタイプが安心感はあります。波が這い上がった時に咄嗟にバッカンを持ち上げて救いたいからです。サイズは40㎝がよいでしょう。コマセを満タンに入れて、だいたい半日の分量になります。1日釣りをする場合は40㎝バッカン2杯分となります。

私のスタイルではキーパーバッカンが必需品です。魚を入れる容器ですがコマセを混ぜるためのコンテナにします。当然大きいほうが混ぜやすい。シマノのキーパーバッカンは50㎝をラインナップしています。昔はキーパーバッカンといえば40㎝バッカンがギリギリ入る45㎝や43㎝しかありませんでしたが、50㎝の大型化によって非常にエサを混ぜやすくなりました。また私はエアーポンプを入れるポケットを、米ヌカを入れる分量の目盛り代わりにしています。50㎝バッカンの

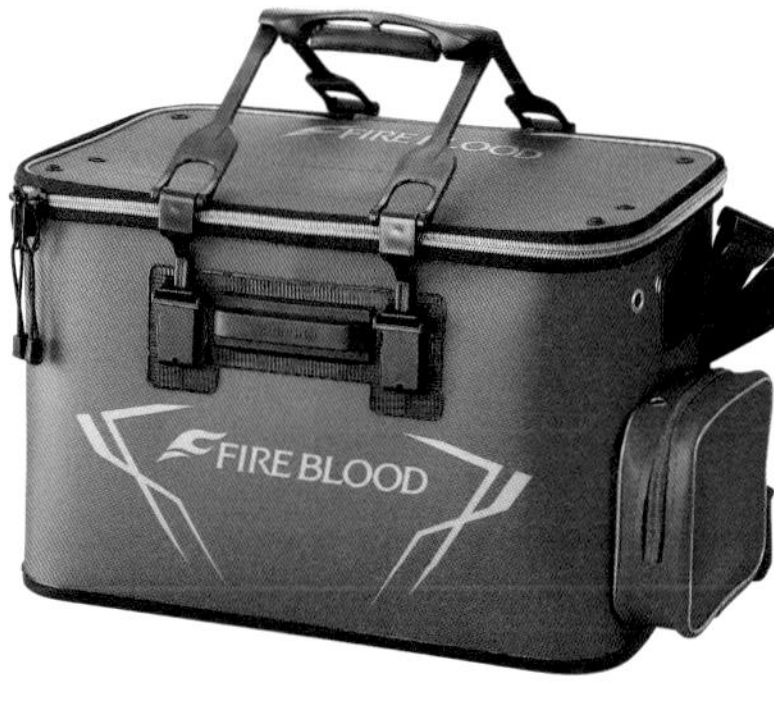

50㎝キーパーバッカン。サオ立てが付いたモデルがおすすめ

半日分のコマセが入るハードバッカン40㎝。曲面のあるフォルムがよい

基本的にタックルバッグを使わないのが私のスタイル。50㎝のキーパーバッカン2つを用意して、釣りで使う必需品を詰め込んでいる

ポケットスレスレにヌカを入れると分量がちょうどい い。詳しくは第3章のヌカパンコマセの作り方を参照ください。

なお50㎝のキーパーバッカンは2つ活用します。1個は40㎝バッカンと重ねてオキアミを入れます。これはコマセを混ぜるためのバッカンです。混ぜ終わったところで洗い、キーパーバッカンに使います。もう1個のバッカンはヌカ、パン粉、食料その他を入れる磯バックの代わりです。50㎝バッカンには隙間にいろいろなものが入ります。夏場は凍ったオキアミを入れてジッパーをきちんと締めておけばクーラーボックスの代用にもなります。なるべく空気の層ができないようにしバッカンの外側にヌカとパン粉を配置して熱気を遮断するのです。50㎝バッカンが2個あれば磯バックは必要なくなります。特に地磯・堤防は持っていける荷物が限られますから、このスタイルがおすすめです。

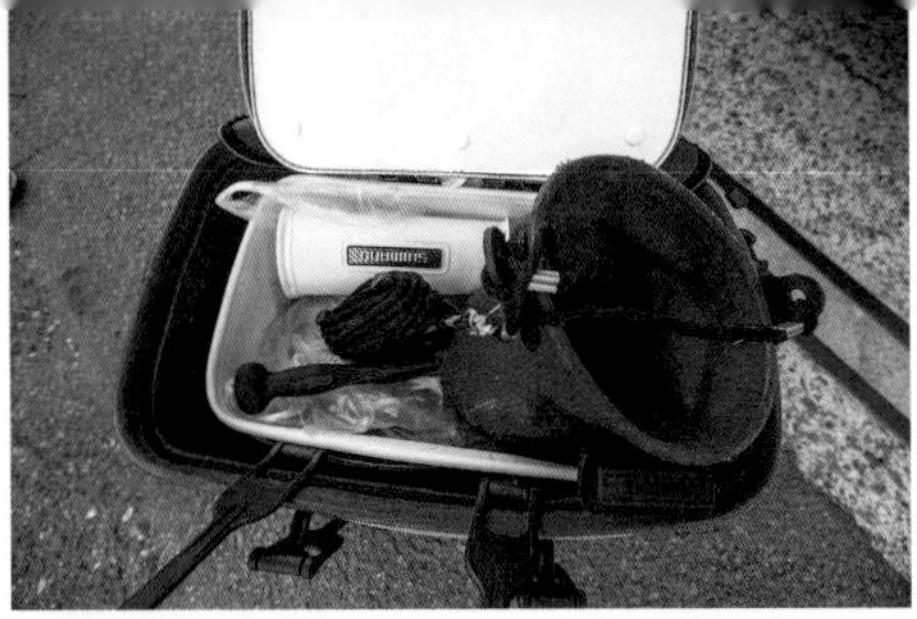
運搬時のキーパーバッカンのひとつ。コマセバッカンを重ねて入れ、バケツ、マゼラー、ヒシャク立てなども一緒に。汚れやすい半解凍のオキアミもこちらのバッカンに収納

もう一方のキーパーバッカンにはヌカやパン粉、解凍されていないカチカチのオキアミ、食料などを入れるのに使う。ヌカは45ℓのゴミ袋に入れ、一日分なら50cmキーパーバッカンの半分くらいの量を目安に持っていく

磯釣りのウエア

オールシーズンOK 専用レインウエア

磯釣りで絶対やめたほうがいいのは半袖、短パンスタイルです。紫外線対策というのもありますが、肌を露出していると怪我をしやすく危ないのが一番の理由です。

私の場合は冬場も防寒着は着ていません。積極的におすすめもしません。1年中着られる高機能の磯釣り用レインウエアを買ったほうがよいでしょう。磯はギザギザしていますから頑丈な生地でないとすぐに破れます。磯釣り用レインウエアの高級品は尻当てをせずとも破れにくい分厚い生地で水も簡単には通しません。ゴアテックスのような透湿性に優れる生地なら夏場もある程度は快適です。

そして中に着る服を工夫してください。着ぶくれをしないように、ユニクロのヒートテックなどのアンダーウエアを上手く重ねれば快適に過ごせます。レイヤリングの基本は、空気を包むもの、それを逃がさないものというぐあいに重ね着をします。

帽子はあったほうがいいです。暑い時期は熱中症対策としても機能しますが、ないと偏光グラスが見えにくくなってしまうのが大きな理由です。偏光機能を高めるだけなら、サンバイザーもよいでしょう。

こだわりといえば靴下です。磯は基本的に足場が悪く、少しでも疲労を軽減してくれる引き締まる靴下を愛用します。ただし分厚い靴下を履くのは考えもの。汗が引き、乾くのが早ければよいですが、地磯などよく動く釣り場では汗をかきます。これが乾かずに冷えると非常に寒くなります。

ハードな使用に耐えられるレインウエアがおすすめ。防寒はインナーを工夫すること

磯釣りは波しぶきを浴びることも多いためレインウエアは必需品

釣りを快適にするウエア選びを心掛けてほしい。釣り専用のシャツは吸水速乾性やストレッチ性能などあらゆる面で優れている。グローブは５本カットを愛用し、ソックスも釣り専用タイプが快適だ。私はシューズの中敷きも毎回外して洗い、シューズを履く前に入れる

シマノ「DUFFLE BAG LIMITED PRO」はフローティングベスト、防寒ウエア、キャップ、着替えなどが、すっきり入る。内側は濡れたものにも対応できる防水仕様

グローブは5本カットで感度を高める

魚をキャッチした時に手を切ると釣りになりません。グローブはこれを保護する目的がひとつ。あとはコマセ遠投時の保護です。遠投時は瞬間的にヒシャクを強い力で握ります。この時グローブを付けていないと皮が剥け、血豆ができる原因になります。グローブをしたほうがグリップ力も高まるでしょう。

グローブには3本カットと5本カットがありますが、私は5本カットしか使いません。オープンベールで仕掛けを流す時にイトをパラパラパラと送ります。私の場合、中指の腹でスプールのミチイトを押さえて薬指と小指でリールシートの下部を支えています。3本指のグローブだと薬指と小指から伝わるサオの僅かな振動や重みを感じることができないのです。小指と薬指に布がかぶっていると違和感があります。

グローブにマグネットがついているタイプがあります。ここにハリがストックできるのはとても便利で、仕掛けを替える時にハリの置き場所になるのもよいです。手返し重視の大会中は特に重宝しますが、普段の釣りではハリをしまうことは稀です。すぐに潮を浴びてハリが錆びてしまうからです。

偏光グラス

タマヅメでも暗くならないレンズがよい

地磯・堤防ではタマヅメまでみっちりとサオをだします。グレの時合は圧倒的に夕方です。この時に暗くなりすぎる偏光グラスは使い物になりません。このためレンズカラーは明るいものが好きです。シマノ製でいえばイエローかイエローミラーの使用頻度が高いです。個人的には大きなフレームが好みで、ウエリントンタイプはお気に入りです。

履き物

防水性の優れた磯シューズが最高

ブーツとシューズどちらがよいか？　私は断然シューズ派です。軽くて動きやすく、蒸れにくい。昔は水が入るのが嫌でブーツ派でした。足が濡れると最悪でした。釣りが極めて不快になり昔のシューズは素晴らしく、全く水が入りません。また、最近のフィッシングウェアの一部は足首に浸水防止の生地が配置され足首まで波を被ってもブーツの中に水が入り難くなっています。また中敷きも大切で昔はスポーツ用の衝撃吸収タイプに替え、突き上げ感を解消していましたが、今の磯シューズは中敷きも優れています。

ソールはフェルトソールに耐滑性の合成ゴムと高硬度ステンレスピンが埋め込まれたタイプが最も機能的です。渡船の上はもちろん、一枚岩盤、海藻帯とフィールドを選ばずどこでも滑りにくい。フエルトスパイクは一枚岩の磯で滑りますが、ゴムが入っているとグリップ力が向上します。苔の生えた濡れた磯はフエルト、磯に少しでもヒビが入っていればスパイクが利く。ただ一点フエルト採用ソールの難点といえば水を吸って重くなることです。

足もとはなるべく軽快にしたい。メーカーにはスニーカー感覚のシューズを目指してほしいです。たとえば地磯の下見に行く時は運動靴でサクッと磯を見ることがありますが靴が軽いと極めて楽です。運動靴で磯釣りができれば最高なのにといつも思います。

ゴアテックス製の磯シューズが快適だ

グリップ力、屈曲性に優れたフレックスカットラバーピンフェルトのソールはあらゆるフィールドで動きやすく安心感がある

フローティングベスト

ベストに身に付けるのは釣りの一式

選ぶ基準は第一に物が取り出しやすいかどうか。次に機動性です。脇の切り返しが深めになったシマノのフローティングベストは一度着ると、ほかのベストが着れなくなってしまうほどロッドワークやコマセワークが快適になります。腕の可動範囲が劇的と思えるくらいに変わりました。

左写真のとおりベストに身に着けるのは釣りの一式と思ってください。列挙するとウキ、ハリ、オモリ、カラマン棒、ハリス、ショックリーダー、メジャー、ガン玉外し、ラインカッター、時計、フィッシュグリップ、手拭きタオルというぐあいです。私の場合、サオを右手で持つのでベストの左側によく使うものを配置しています。特等席順に言うと左上→左下→右上→右下の順番です。最も使用頻度が高いハリが左上、次いでハリスが左下、ガンダマが右上、一番交換頻度の低いウキが右下といったぐあいです。

こだわりといえばラインカッターを3つ付けています。ラインカッターはごくまれに壊れます。刃を溶接しているタイプだと、歯が外れてバラバラになることがあり、ハリを結んでチモトのギリギリでハリスを切

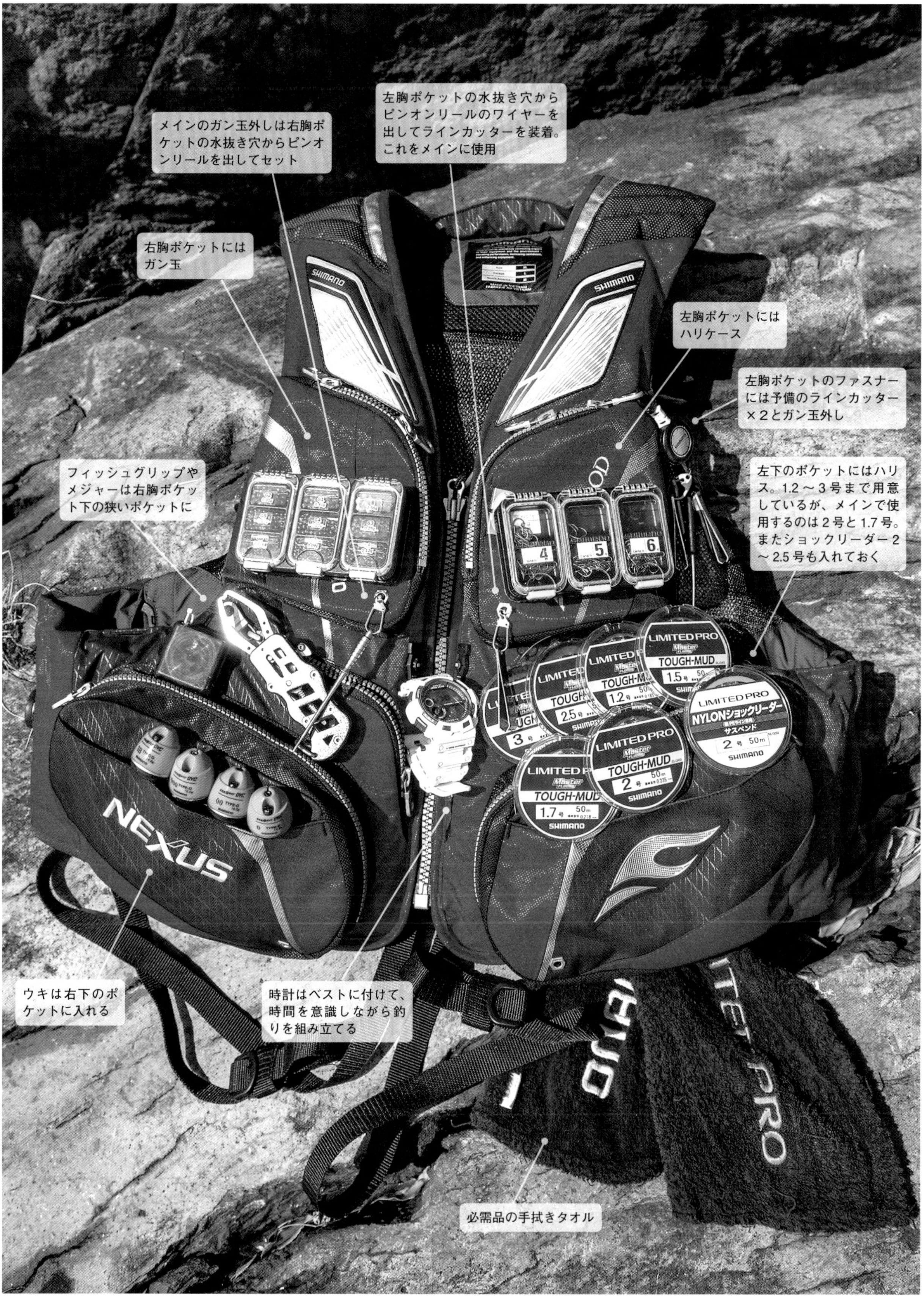
メインのガン玉外しは右胸ポケットの水抜き穴からピンオンリールを出してセット
左胸ポケットの水抜き穴からピンオンリールのワイヤーを出してラインカッターを装着。これをメインに使用
右胸ポケットにはガン玉
左胸ポケットにはハリケース
左胸ポケットのファスナーには予備のラインカッター×2とガン玉外し
フィッシュグリップやメジャーは右胸ポケット下の狭いポケットに
左下のポケットにはハリス。1.2～3号まで用意しているが、メインで使用するのは2号と1.7号。またショックリーダー2～2.5号も入れておく
ウキは右下のポケットに入れる
時計はベストに付けて、時間を意識しながら釣りを組み立てる
必需品の手拭きタオル
LIMITED PRO
TOUGH-MUD
NYLONショックリーダー
サスペンド
NEXUS
SHIMANO

ウキはフロートポーチなどに入れず直接ベストの中に入れておく。メインの０～000は予備も多め、半遊動０～５Ｂは各１個

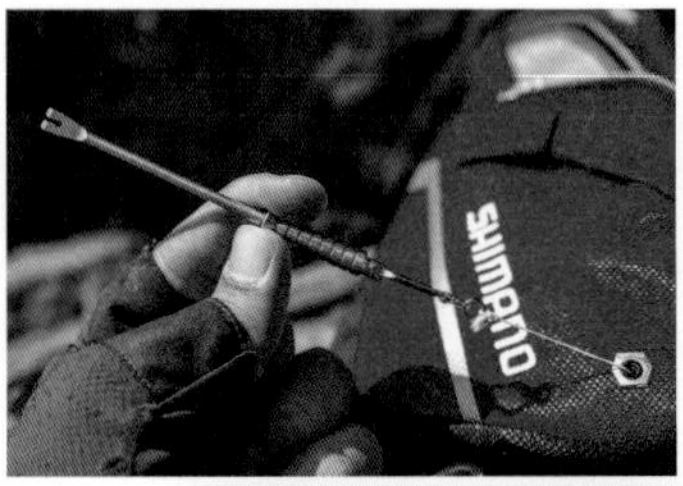

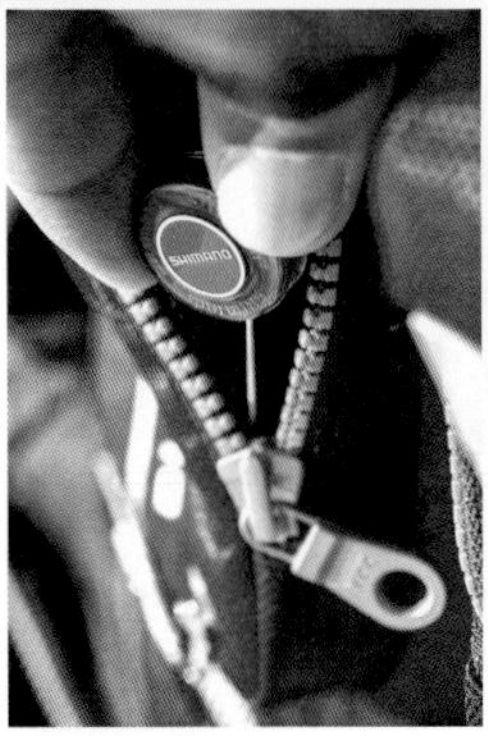

右胸ポケット内部にセットしたピンオンリールとガン玉外し

左胸ポケット内部にセットしたピンオンリールとラインカッター

ろうと思っても、切るものがなければ焦ります。歯ではギリギリのところで切ることはできません。お腹の前に着けているのがメインで使っているカッターですが、ピンオンリールを胸ポケットの内側から付け、水抜き穴の先からクリップが出るようにカスタムしています。こうしてピンオンリールを取り付けるのは、外れて紛失することが多いからです。渡船で並んで荷物をいっせいに持って積み込む際や、荷物を運んでいる時にピンオンリールがボロッと落ちてしまうことが多々あります。両手にバッカンを持って、ロッドケースなんかを斜め掛けにすると一発で落ちます。こうしてラインカッターを付けたピンオンリールを今まで何回も落としています。大会中にハサミがなくなるのは最悪です。ピンオンリールが外に出ているよりは、ポケットの内側にあると邪魔になりません。ピンオンリール自体にイトが絡むことだってあるのでおすすめです。またガン玉外しもごくまれに紛失することがあるので２個身に付けています。

ずっと使っていると刃がこぼれます。そうなるとメインのカッターを新品に交換し刃がこぼれたものをサブ①、サブ①を②に交換します。

ごく常識的なことですが、安全のためにベストの叉ヒモは必ず装着してください。海に落ちた瞬間にベストがスポっと脱げてしまうことがあります。釣り具を身に付けると同時に命を守るのがフローティングベストの役割です。

ハリケースには号数表記のシールを貼っておく。メインは４～６号だが、不意の大もの回遊に備えて9号までは持参している

ガン玉ケースには号数だけでなくグラム表示をしたシールを貼る

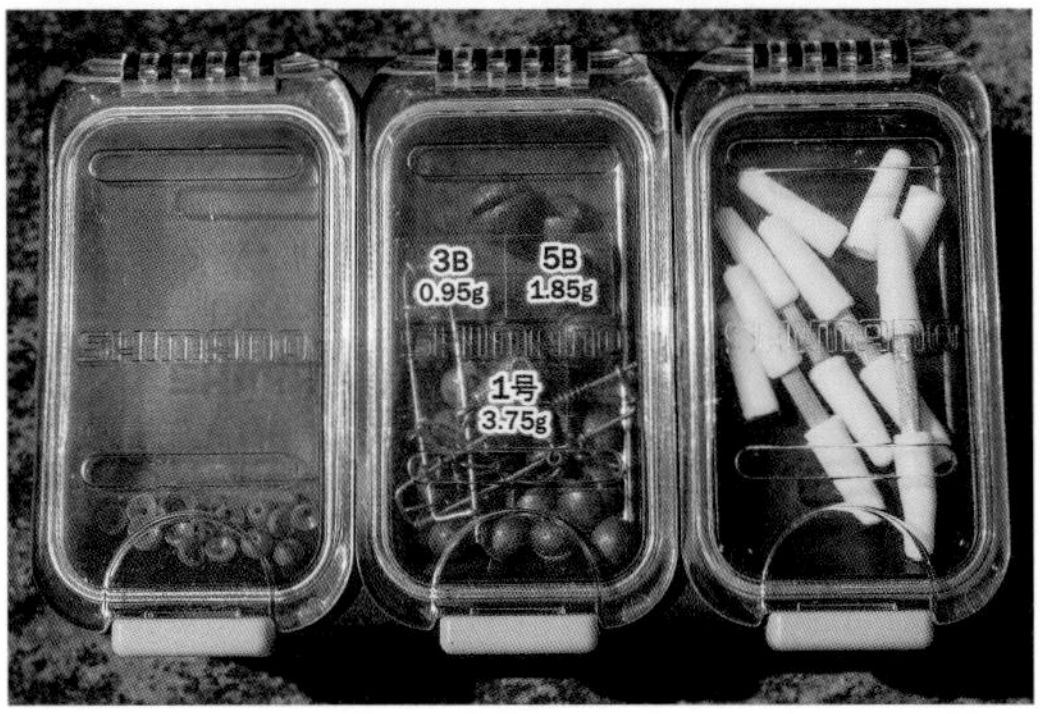

半円シモリ、大型ガン玉、カラマン棒の予備も小物ケースに入れておく

サオとリールはソフトケースに入れたうえでさらにロッドケースにしまう

穂先が折れた時、応急処置でガイドをはめ込むのに使用するホットグルー（応急固形型接着材）も携帯している

ロッドケースは荷物入れにもなる。大きめのサイズがよく私が愛用するのは内寸 140cm のタフ＆ウオッシュ仕様

医療品

日焼け止めと瞬間接着剤

必ず持っていく医療品は日焼け止めです。私は肌が強くない。日焼けをするとしんどいのです。コマセやオキアミで手が汚れてしまうのでスプレータイプを愛用します。夏場はひんやりするクールタイプの日焼け止めもいいです。また暑い季節はクールスプレーを重宝しています。

もうひとつ必ず携帯しているのが瞬間接着剤。手が切れた時に使います。魚のエラやヒレの棘でケガをすることは結構あります。フカセ釣りはオープンベールでアタリを待ちますから指の腹に切れ目があるとイトが入って痛くてたまりません。アタリが出ればイトが走ります。その瞬間に激痛が走るのだから困ります。瞬間接着剤は力士（相撲取り）も使っているそうです。冬場になると足がアカギレする力士も非常に多く、接着剤を塗って対応していると聞いたことがあります。ほかにもさまざまなアスリートが愛用しています。

日焼け止めはスプレータイプとクールスプレーを重宝

瞬間接着剤とテーピングは常備

釣り具の片付け

私はマンション住まいで釣り具の洗い場が風呂場しかありません。バッカンなどは釣り場でなるべくきれいにしたうえで、帰宅後は道具と一緒にお風呂に入ります。レインウエア、ベスト、シューズ。それからサオ、リール、タモ、バッカン、シューズにいたるまで汚れたもの全部を風呂場で洗うことが毎釣行の日課です。まずは真水で洗い、汚れが落ちなければボディーソープをアルミが付いたスポンジに付け、ごしごしとこすり落としてきれいにします。バッカンにカビが生えてくれば風呂場用の塩素系のカビ取りスプレーをして、しばらく置いてから水洗いをすると見違えるほどきれいになります。衣類は最後に洗濯機に入れて洗い、これで一日の釣行が終わります。正直ぐったりしてしまいますが、汚い服で釣りをしだすのが嫌です。釣りの最中に汚れるのはよいですが、さあ釣りをするぞという時に白い汚れムラが残っていると「うわ～」とげんなりします。なおレインウエアは洗濯後に乾燥機をかけると撥水力が復活することも覚えておいてください。

第3章

「ヌカパン」コマセを使う

グレ釣りはコマセでポイントをつくります。さらにコマセとサシエを同調させることでヒットに導くのです。私の場合、調子が悪い、よく釣れない時は大抵コマセの状態が悪いのです。ではどんな状態がよいのか？　ここでは作り方から撒き方まで我流のヌカパンコマセの使い方を教えます。

コマセに求める大切な要素

コマセの視認性は大切です。昔のグレ用配合エサは、なぜか赤いエサばかりでした。今でこそ白い配合エサも出ていますが、赤いコマセは水の中に入ると見えません。人間が見にくければ、魚からも目立ちにくいと思います。コマセは目立ったほうがアピール度は高く、見えたほうが釣り人にとっても絶対によいです。フカセ釣りはコマセとの同調がキモですから、コマセの帯の動向を見極めて仕掛けを合わせるには、見えたほうがよいに決まっています。ヌカとパンとオキアミでつくる私のヌカパンコマセはたまたま白くてよく見えたのです。いわば視認性に関しては偶然の産物です。

コマセとサシエを同調させるにはコマセの視認性も重要だ。ヌカパンコマセは写真のように白い煙幕が広がり、どこでコマセが利いているのかも分かりやすい

視認性以上にグレ釣りのコマセで重要視されるのは拡散性と粘りです。これは相反する要素です。粘りがあれば飛ばせますが固めすぎてダンゴにしすぎるとグレを浮かせにくい。そこで拡散性が重視されます。フカセ釣りはグレを浮かせて釣るのが基本です。私のコマセはフワフワに仕上げることがキモです。粒子を潰すと団子になります。フワフワと空気が多く入っていたほうが締めやすくもなります。キュッと締めやすいが、締めきってはいない。着水すれば開く。そのバランスに仕上げたい。練ってしまうと粒子が潰れてダンゴで落ちます。深ダナにエサを利かせたい時はよいですが、海面から拡散しなくなります。拡散させる時はライナーで打ち、エサ取りにコマセを食いつくされないようにする時と深ダナをダイレクトにねらう時はコマセを固め、団子のまま沈めます。

フワフワに仕上げるための作り方

半日分のエサである40㎝バッカンをすりきりいっぱいにするコマセの分量はオキアミ2枚（6kg）、パン粉2kg、ヌカ適当が目安です（体積比でいえばパン粉1：ヌカ2）。エサ作りで失敗しないためには、最初にオキアミにたっぷり水を吸わせることです。水加減の調整は最初の水入れで100％終えます。シマノの細長い17㎝の「水汲みバッカンLIMITED PRO」を使って、なみなみ1杯分の海水から1・5目盛り減らした分量の海水を入れるのを目安にしています。

オキアミがひたひたに海水に浸ったところでパン粉を入れ、パン粉にもたっぷりと水を吸い込ませ、最後にざっくりヌカを入れます。作り方はたったそれだけ。シンプルですがまとまりをよくするような調整剤が入っていないので加減が難しい面もあります

私のコマセ作りはヘラ釣りのグルテンエサに近いイメージです。紀州釣りをする人は分かると思いますが、熊手のようにして粉を左右にバーッと掻くだけ。そうするときれいに混ざる。練ってはいません。エサ全体に水を均等に含ませるだけのイメージで、マゼラーで掻き回すのです。

エサを混ぜる50㎝のキーパーバッカンの中には水を

ヌカパンコマセの使い方イメージ

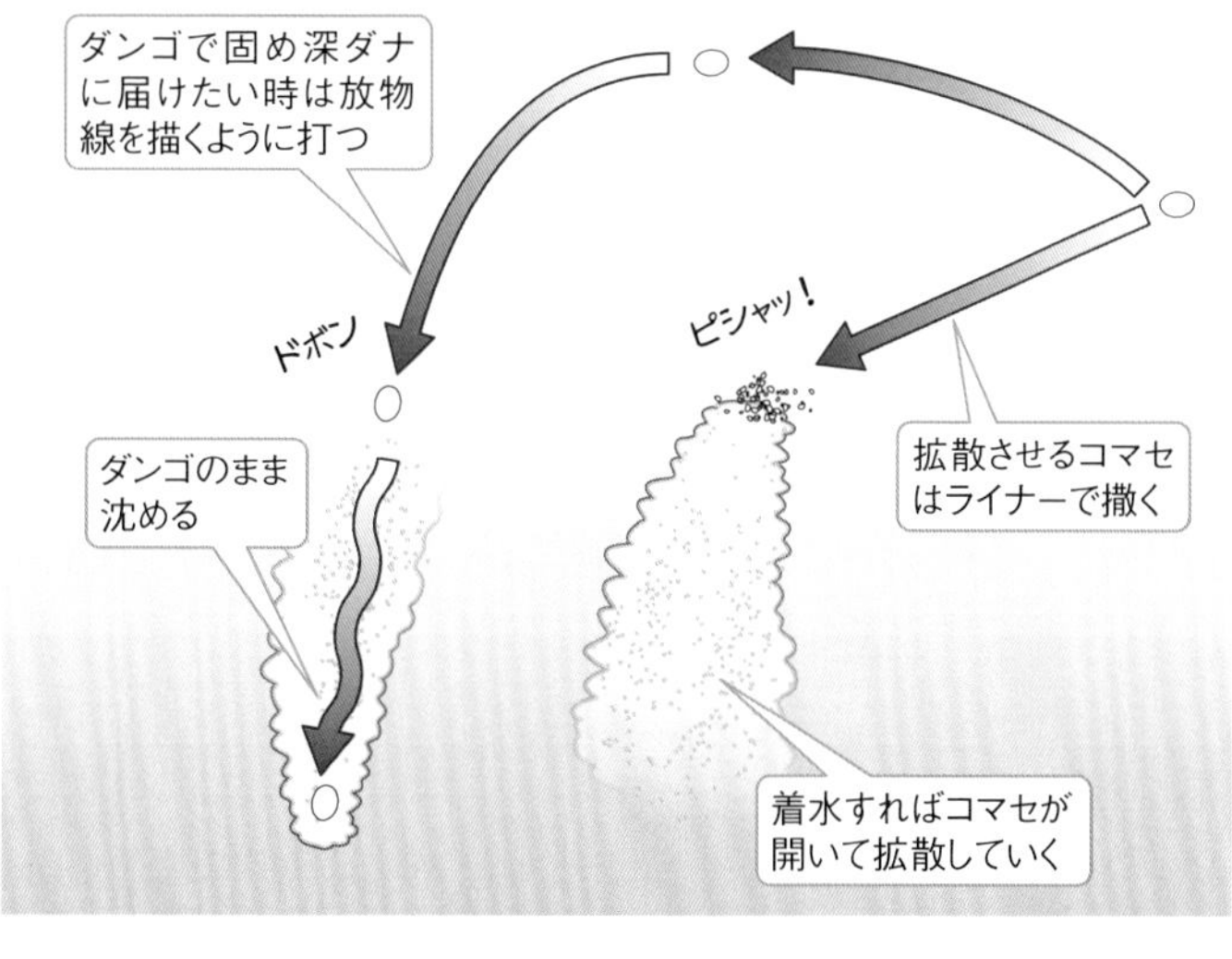
ダンゴで固め深ダナに届けたい時は放物線を描くように打つ
ドボン
ピシャッ！
ダンゴのまま沈める
拡散させるコマセはライナーで撒く
着水すればコマセが開いて拡散していく

ヌカパンコマセの作り方

大漁パン粉

半日分のコマセはオキアミ3kg板×2、パン粉1kg×2にざっくり米ヌカを混ぜる

コマセを混ぜ合わせるのはキーパーバッカン 50cm サイズ

マゼラーはシマノ「ファイアブラッド コマセミキサー 3D」。力が入りやすく混ぜやすい。練り込みすぎない形状なのもよい

オキアミを1角ずつ砕く。粒を潰し過ぎないように注意する

解凍しきっていない硬い部分はサシエ用にエサ箱の大きさにカットして取っておき、また1/3角は混ぜ合わせたコマセの上に乗せる用に取っておく

２角分を砕いた状態

愛用の水汲みバケツは17cmの「水汲みバッカン LIMITEDPRO」分量は下図を参照

ご覧のようにオキアミ全体が海水に浸る。こうしてたっぷりとオキアミに水を吸わせるのがキモ

パン粉 2kgを加えて混ぜ合わせる。パン粉にも充分に水を吸わせること

オキアミとパン粉が水を吸った状態でなお水溜まりが残るくらいの水分量が必要

オキアミ6kg+パン粉2kgに対する水の分量

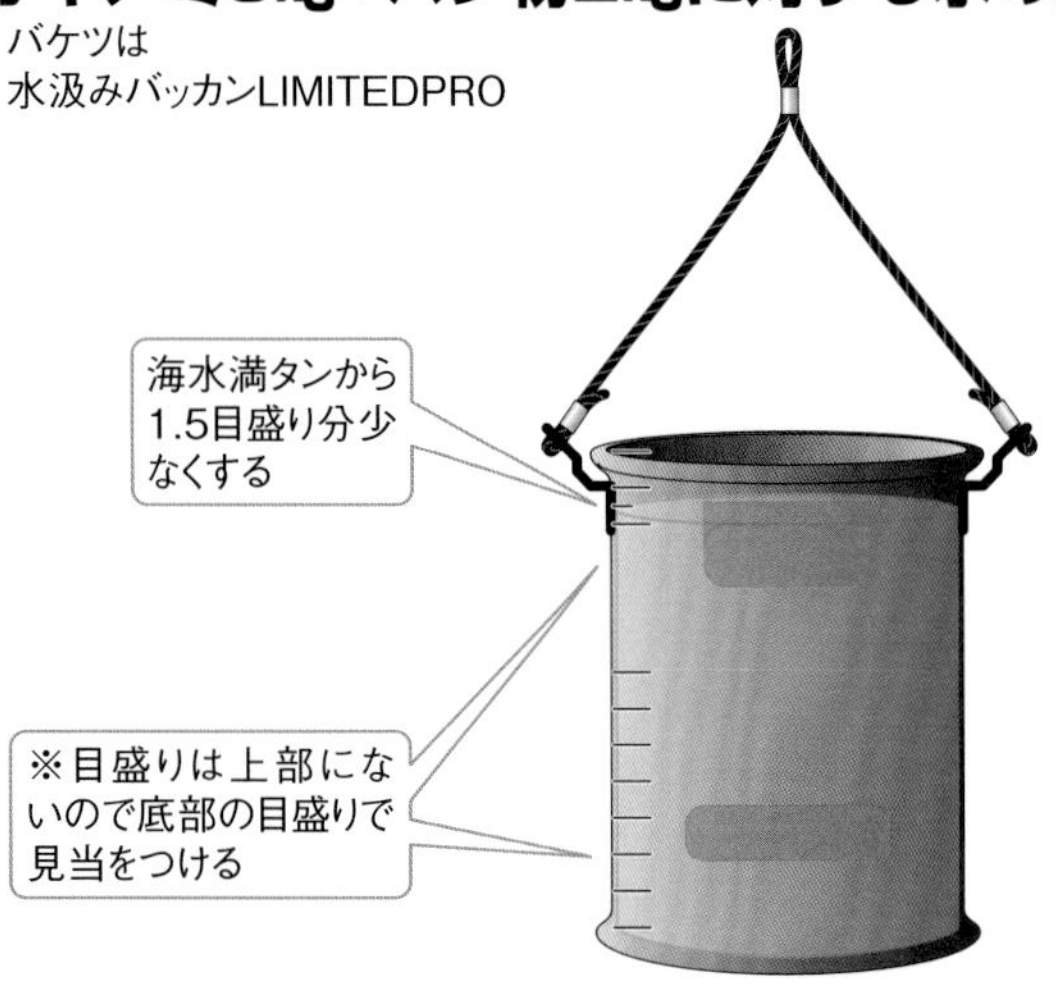

バケツは
水汲みバッカンLIMITEDPRO
海水満タンから1.5目盛り分少なくする
※目盛りは上部にないので底部の目盛りで見当をつける

含んでびちゃびちゃになったオキアミとパン粉があります。その上にヌカが乗っています。下からびちゃびちゃのエサを持ち上げ、ヌカの上に持ってくる。それを左右にばらけさせる。スコップ式のマゼラーでもできますが、持ち上げる際に重くて力が必要です。シマノのマゼラーはその点すごく混ぜやすい。ただし下のエサを上に持ち上げることをやりすぎると、エサが練られすぎてフワフワに仕上がりません。私は端から順番に混ぜていく。バッカンの端から上に持ち上げ、固まりのところを上でさっとマゼラーでタテに切るようにして分散させます。それを何回も繰り返す。そうすると端のほうが掘れてきます。崖みたいになってくる。その崖を徐々に壊し、半分くらいやって右サイドが終わったら、左サイドに移る。まだ全く混ざりきってはいませんが、それでよいのです。

ヌカを入れる。私が目安としているのは50㎝キーパーバッカンのエアレーションポケットの上部。ここまでヌカを入れるとちょうどいい塩梅のヌカ量になる

両サイドのどちらからでもよいが、オキアミを掘り起こすようにして、反対サイドに持っていく。この時はまず右側を底からすくった

持ち上げたオキアミとパン粉にヌカをまぶすようにマゼラーを熊手のように掻く。オキアミとパン粉が吸った水分をヌカで締めるイメージ

右サイドがある程度掘り起こされたので、今度は反対サイドの左の底からオキアミとパン粉を持ち上げて右側に返す

ダマになっているようなパン粉とオキアミはマゼラーをタテに使って切るようにする。両サイドの底をひっくり返して、オキアミとパン粉にある程度のヌカがまぶされたところで

キーパーバッカンから半分ほどのコマセを、40cmのコマセバッカンに移す。すると写真のようにヌカが混ざっていないオキアミとパン粉がボロッと底から出てくるが、これでよい

コマセバッカンに移したコマセを切るようにマゼラーをタテに使って散らす

キーパーバッカンに残った半分のコマセも同じようにして混ぜ合わせる。ただし練り込まないことが大切

キーパーバッカンに残った半分をコマセバッカンに移す

軽く切るようにしてヌカを全体にいきわたらせる。キモは練らない潰さないこと。空気の入った状態でなるべくフワフワに仕上げること

あらかじめ切っておいたオキアミ1/3角を乗せれば完成

今度は50㎝バッカンから、40㎝バッカンにエサを半分移します。下からびちゃびちゃのオキアミとパン粉が現われ、移したほうのエサの上にドバンと出てくる。まだびちゃびちゃのエサですが、左右に散らしてヌカに水分を吸わせていく。するとフワフワのエサに仕上がります。残ったキーパーバッカンのエサは広いスペースにだいぶ減った状態になる。こうなると非常に混ぜやすくなります。これを均等に混ぜ、水加減が足りないとなれば追い水をすることもありますが、ほんの少しで足ります。これが一日の初めにする半日分のエサ作りです。

こうしてできたコマセの上にあらかじめカットしておいたオキアミ1／3角を乗せます。それを少しずつコマセに混ぜていきながら、常時オキアミの粒が入るように撒く。混ぜたコマセの中にオキアミの粒が常に見えている状態にするのが大切です。見えていなけれ

コマセを作ったキーパーバッカンはすぐ洗う

ヌカは乾くと落ちにくい。そこでコマセ作りを終えたら釣りをする前にキーパーバッカンを洗ってしまうのが私のルーティーン

ばオキアミがヒシャクに入りません。グレはオキアミで寄せる。だから必ず粒を撒くことを意識してください。たとえば最初の段階でオキアミの量を半分にするとコマセの中にオキアミの粒が見えなくなります。オキアミ1枚（3kg）でパン粉2kgの分量にヌカを混ぜると「オキアミはどこ行った？」と思うくらい粉にまぎれて見えなくなります。

次にタマヅメや渡船時に追加のエサを混ぜる場合は、キーパーバッカンでなく40cmのコマセバッカンの中で作ります。これはイメージとしては半分の量でいいです。オキアミ1枚（3kg）、パン粉1kg、水も半分。ヌカの分量が難しいところですが、イメージとしては40cmバッカンの半分よりもちょい上くらいになる分量

釣り座周りのレイアウト

釣り座周りのレイアウトはこんな感じ。私は左でコマセを打つので左にコマセバッカンを置き、背後にはキーパーバッカンを置いておく。タモはキャストの際にハリが引っ掛からないように寝かせておく。足場が狭い釣り場はこの限りではないが、基本的なレイアウト。

バッカンレイアウトはこんな感じ。バッカンの右側に私は立ち、ヒシャク立てが前で手もとに近い右寄りにセット。エサ箱は手前。コマセを固める前のスペースはなるべく広くする

右）ヒシャク立てからヒシャクを取り
左）そのまま短いストロークでコマセを取って押し当てる。一連の動きをスムーズにしたいのでヒシャク立てはバッカンの前側に付ける

上右）硬く団子状に仕上げたい時は曲面のないバッカンの前壁でコマセを押し当てる
上左）フワッとしたコマセに仕上げたい時は曲面のある角を使って、斜めに押し当てこんもり山なりにまとめる
左）角で固めたエサ。右半分は圧縮されきっておらずフンワリなっている

でつくると上手く仕上がることが多いです。50㎝のキーパーバッカンで作るよりはきれいに混ぜにくいのですが、まずまずの仕上がりにできます。

私はコマセを作ったキーパーバッカンを一回作るごとに洗います。となると、まめにキーパーバッカンを使うのも面倒といえば面倒なのです（笑）。

エサ箱

エサ箱は大きいほうがよいです。なぜなら切り取ったオキアミをなるべくブロックのまま入れたい。完全解凍されたバラバラのオキアミはすぐに潰れてぐちゃぐちゃになります。特に夏は問題です。できるだけ凍った部分をエサ箱と同じ大きさにきれいに削ってスポンと入れる。全解凍よりも半解凍のフレッシュな一角を切り取ってください。エサ箱はバッカンの手前側にセットし、すばやく取り出しやすいようにします。

ヒシャク立て

ヒシャク立ては必ずバッカンの前方外側に付けています。多くの人は手前もしくは横に付けています。バ

バッカンレイアウト

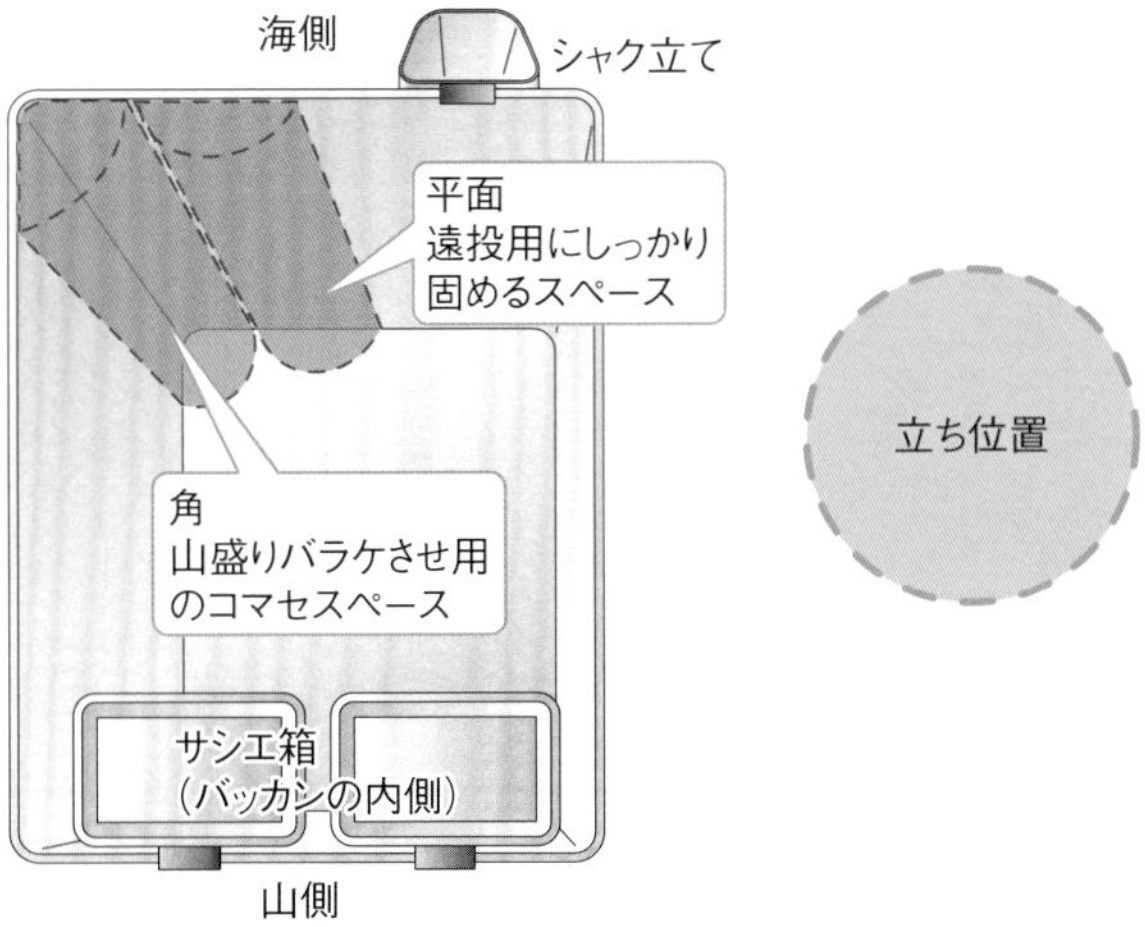

海側
シャク立て
平面
遠投用にしっかり固めるスペース
角
山盛りバラケさせ用のコマセスペース
サシエ箱（バッカンの内側）
山側
立ち位置

愛用のヒシャク

愛用は「FIRE BLOOD コンペエディション遠投ヒシャク」。シャフトに対し後方9度に角度が開かれた軽量カップを採用していて、振り抜いた瞬間にコマセにポップ回転が掛かる。ブレにくく反発力が強いシャフトによって飛距離もぐんと伸びて正確にコントロールもできる。

ヒシャク使いのフォーム

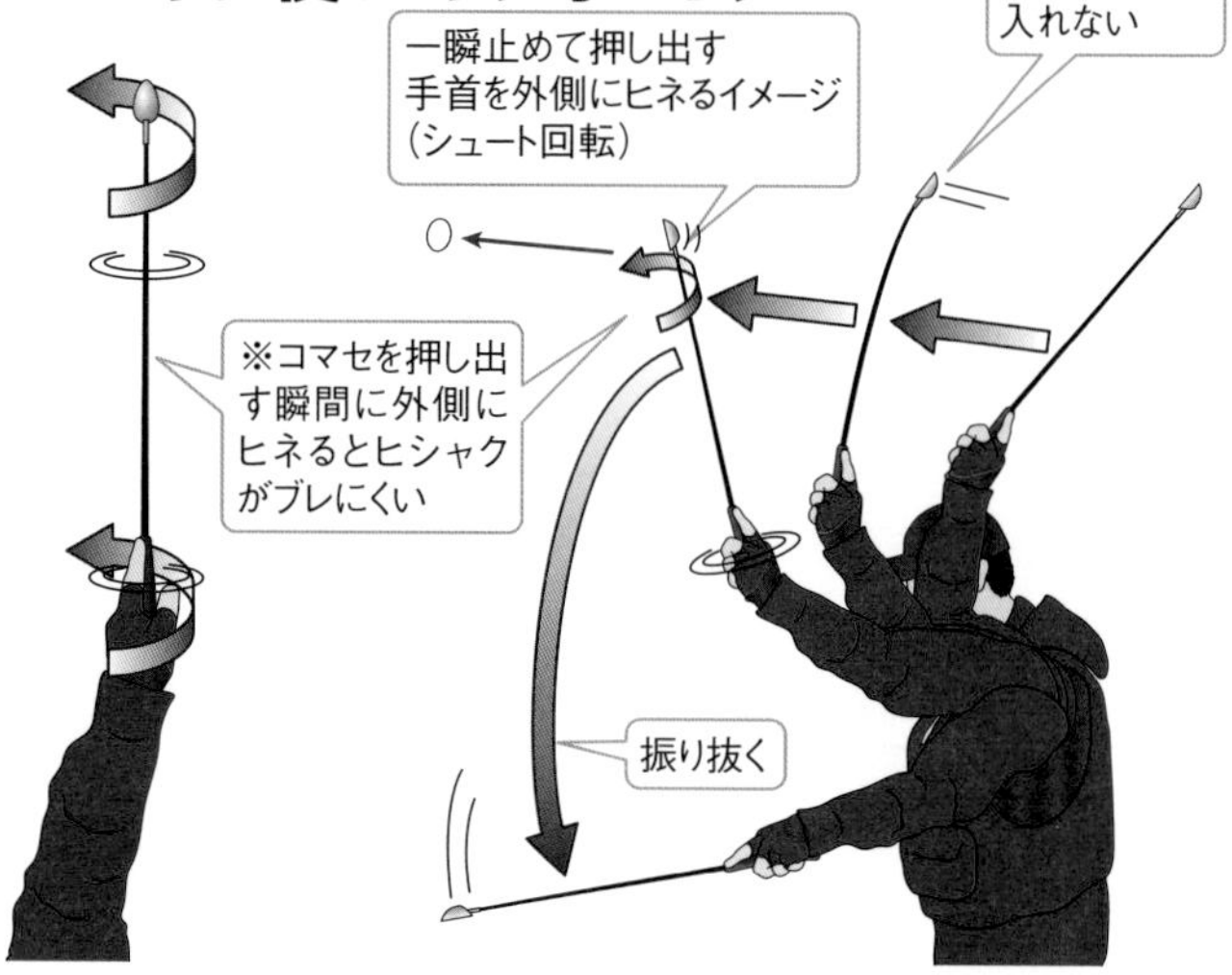
振る時は力を入れない
一瞬止めて押し出す
手首を外側にヒネるイメージ
(シュート回転)
※コマセを押し出す瞬間に外側にヒネるとヒシャクがブレにくい
振り抜く

ッカンの前方はコマセを押し当てる際に邪魔になり、ヒシャクを海に落とす恐れがあるのでセットする人は少ないのですが、ヒシャク立てを前方に付けることはコマセをすくう場所が近くなるのが利点です。コマセは基本的に前からすくい取ります。そしてバッカンの前に押し付ける。そうして前のコマセがどんどん減っていくと後ろのコマセの山を前に倒していく。この前にもっていく動作の時にコマセ上部に乗っけていたオキアミの粒を混ぜやすい。最低限の動きでコマセがすくえるのです。

コマセを早くすくって撒けないと、ウキや仕掛けから目が離れている時間が長くなります。たとえばメンディングの場面で隙ができる。ミチイトが変な方向に流れているのにしばらく修正できないのです。半遊動の重い仕掛けであれば修正は容易ですが、オモリを使わない軽い仕掛けはミチイトの置き方が極めて重要で素早く修正しなければ馴染まず、きちんと流せません。だからヒシャクホルダーの位置にも気を遣います。さらに細かくいえば、ヒシャクは前側の真ん中よりも自分寄りになるようにセットします。私はコマセを左手で撒きますから、バッカンは自分の左側に置き、シャク立ては自分の前方のやや右側にセットしています。そうして左の前面をちょっとでも広く使えるようにしておくのです。

コマセのすくい方

コマセを押し当てる時もバッカンの前か角かでコマセの盛り方が変わってきます。たとえばコマセをカップにこんもりとすくい取って角に押し当てると、隙間となる角に当てた部分はふわっとした状態になります。すると、より拡散しやすいコマセになります。

コマセを拡散させたい時はライナーで撒き、コマセが水面で跳ねて飛び散るようにします。なるべく底で利かせたい時は固めてダンゴ状にします。玉になった状態で底ダナに利かせたい時はコマセを強く押し固めて、放物線を描くように投げるとよいです。

力を抜いて振り被ったヒシャク

前に押し出した際の45度くらいの角度の位置で小指と人指し指にクッと力を入れる。さらには手首をアウトサイドにひねるようにするとコマセ離れがよくなる

ヒシャク使いのフォーム

コマセを正確に打つためにはフォームが大切です。エサを飛ばす時のフォームが一定でなければコントロールの精度は上がりません。たとえば仕掛けを投げてからコマセを追い打ちします。5投くらい追い打ちをするとして、ウキの真上にコマセを撒きたい。でも1投目はウキのちょっと手前に落ちてしまった。ならば次の1投はちょっと強めに撒かなければいけない。しかしフォームが変わってしまうと力を強くしたところでまた違うところに飛んでいくのです。つまり強弱だけでは調整できない。一定のフォームを意識することは、ゴルフでも野球でも一緒です。フォームをものすごく意識して練習しているわけです。ただ単にバットを振ったり、ボールを投げたりしているわけではありません。それと一緒です。遠くの磯からでも上手な釣り人は一発で分かります。それはフォームが一定だからです。

ヒシャクグリップの握り方は、人差し指を伸ばして添えて、親指とその他の指で軽く包むように握る

私のフォームはひじを痛めないためにヒシャクを振り抜くことを基本にしています。さらにコマセにシュート回転をかける方向にちょっとだけ腕をひねるんです。ただ単に振り抜いているわけではなく、2段階に力をかけています。コマセがヒシャクから離れる直前に一瞬止めて、そこで振り抜くというよりも押し出す。この押すイメージがけっこう重要です。押す時にシュート側のほうにちょっとだけ手をひねるとホップ回転が掛かって飛距離が伸びる。手首はシュート側(外側)にはひねりにくい。でもカーブ側（内側）にはひねりやすい。で、内側にひねるとヒシャクがブレてコントロールが悪くなります。シュート側であればブレにくいので安定して振り抜きやすい。

ヒシャクの持ち方は人差し指を立ててグリップに添えています。そうして伸ばした指の軸と手の軸を合わせることを意識します。指の軸がズレると安定しません。これも意識しています。あと大切なのは握力の使い方です。ヒシャクを振りかぶる時はブランブランのフリーです。力が入っていない。2段モーションの一瞬止める段階で小指、薬指と人差し指にぎゅっと力を入れます。学生時代にドラムを叩いていたのですが、ドラムは薬指のあたりの力加減がとても重要です。力の入れ方はその原理です。ドラムをやる時に手をガチガチにしていると絶対きれいに叩けない。ブラブラ状態で叩く瞬間だけキュッと力を入れます。それは叩いているというよりも、小指と薬指の間をクッと握るだけなのです。

そのままフォロースルー

力を入れずに振り抜く。キモは瞬間的にアウトサイドに開くように投げることだ

第4章

地磯を釣る

地磯の魅力はなんといっても釣りの時間を自分で決められること。朝から夕マヅメまで、その気になれば夜通しでもフルで釣ることができます。日の長い夏至のころは日没となる19時ころまでサオをだします。磯上がりはかなりいい時間です。というのもグレの時合は夕マヅメに多いのです。そして待望の夕マヅメを釣ることがいかに楽しいかを教えてくれるのも地磯です。船頭任せでなく、自分の足でポイントにたどり着き、コマセを撒いて釣りを構築していく自己完結の釣りが楽しめる。ここでは地磯の釣りの特徴に始まり精度の高いキャスティング方法まで解説していきます。

持参する道具はなるべく軽く

地磯は時間が無制限といっても持ち込めるエサには限りがあります。運べるのはオキアミ（3kg）を4枚まで。それ以上になるとヌカとパン粉の比率も変わります。オキアミを増やせばすべてのエサが多くなるため、物理的に不可能です。前にフルセットのコマセを背負子に乗せて重量を計測したことがありますが、なんと35kgもありました。

持参する道具はなるべく軽くしたい。最低限の釣り具にします。サオは予備ザオ含めて2本。タモは1本。リールは予備含む2機。タモ枠は軽いほうがよいので30㎝にするのが私のスタイルです。地磯の場合は道中に森を歩き、藪を漕ぐ場所も結構あります。前述のとおり私はワンピースのタモ枠が好きですが、40㎝だと大きすぎて枝や葉に絡みます。だから30㎝と小さくします。４つ折り式ならこんな面倒なことにはなりませんが、男のロマンを優先しているのです（笑）。

必需品なのがヘッドランプです。夕マヅメを釣り、帰るころには真っ暗ということが多々あるのが地磯。この時ライトがないと非常に危険な思いをします。

背負子のカスタム

背負子もまたシンプルイズベストです。ベーシックなＬ字型でＯＫ。タイヤや折り畳み機能が付いた背負子もありますが、重くなりますし破損の原因にもなります。ただし、あまりに安い背負子は壊れやすく、折れたことも多々あります。磯を歩いたりへつったり

することもあるため、命に関わるアイテムです。買い替えることもないので慎重に選んでください。

　なおバックルには工夫が必要です。50㎝バッカンをふたつ背負うとなると付属のバンドでは短くて届きません。そこで、登山用品店やホームセンターでバンドとバックルを別に購入しています。バッカンを2段乗せた時にどれくらいの長さが必要かを測り、ホームセンターで購入します。バンドはまめに調整します。50㎝バッカンを段積みした上の隙間にレインウエアの中に着るダウンや防寒着を挟み込むことも多いです。冬場とはいえ防寒を着たまま地磯を歩くと汗をかき過ぎて、それが冷えると非常に寒くなってしまう。また食事を入れて膨らんでしまい、重すぎて途中でバッカンを1個外して岩を下りることもあります。そういう時に長さをまめに調整するのです。またバンドは上下だけでなく。下のバッカンは横から回して固定する横のバンドを付けると安定感がかなり違います。またバックルとセットでバンドを止める金具もがズレたり取れていることが結構あります。折り返したバンドをさらに止めるためにサイドリリースバックルも付けておくと万全です。

私の地磯装備はこんな感じ。タモは30㎝枠にしてロッドカバーの被せる

背負子を置いて背負い、立ち上がる瞬間が最もしんどい

必需品がヘッドランプ

大半の地磯は潮が巻き込む釣り場

　地磯は片潮になりやすく、エサ取りも多い。そして半島周りでガンガンに潮が通すところは少ないといえます。だからこそ技術を磨くのに好場所です。ミチイトがきれいに流れてくれないのです。

　ホームグラウンドの伊豆半島では、東伊豆に豊富な地磯が連なります。指を広げたみたいな岬があちこちにツンツンと張り出していて、岬の先端に潮がかすめています。斜め沖に向かって流れる本流に乗せて仕掛けを延々流せるかといえばそうはいかない。たいがい本流筋から外れるのです。ミチイトが弾かれ、膨らんで仕掛けを徐々に手前に引っ張っていく。本流が通す離れ小島であれば、きれいに流すことができますが、潮から外れるのは地に着いた磯だからです。やがて陸地の方向に巻き込まれてしまう。巻き込むとはつまりミチイトが取られていくから生じます。これを防ぐにはどうすべきか。ミチイトが取られにくいところに置く。それがキモで、巻き込まれていくのなら置き直すしかない。最大限の集中でミチイトを操作していかな

バックルおよびベルトは付属品よりも太いものに付け替える。そうしないと50cmのキーパーバッカンを2個重ねて背負うことはできない

背負子ベルトの調整はマメに行なう。荷崩れするとケガのもとだ

何年も愛用している背負子は実にシンプルなL字型。機能は少ないほうが軽くてよい

地磯の釣りは潮に仕掛けを乗せにくい

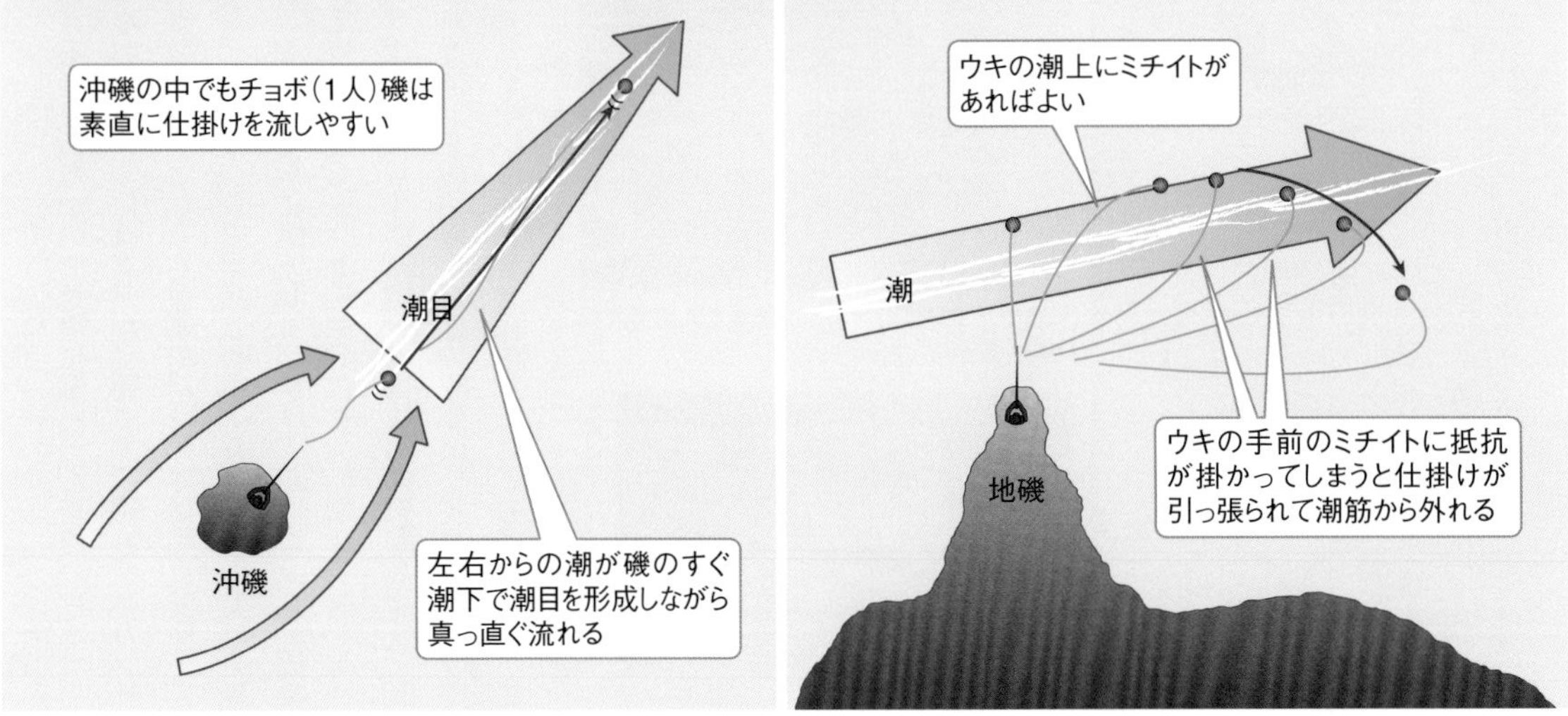
沖磯の中でもチョボ（1人）磯は
素直に仕掛けを流しやすい
潮目
沖磯
左右からの潮が磯のすぐ
潮下で潮目を形成しながら
真っ直ぐ流れる
ウキの潮上にミチイトが
あればよい
潮
地磯
ウキの手前のミチイトに抵抗
が掛かってしまうと仕掛けが
引っ張られて潮筋から外れる

いと釣果が出ない。

このミチイト管理こそ私の考えるウキフカセ釣りの核心部です。流れに干渉しない、ウキを引っ張らない位置はどこか？　キャスティングをして直後にラインをどっちに置くのかが重要になる。普通に仕掛けがきれいに流れる状況ならラインは潮上に置くのが基本ですが、1パターンにならない。ケースバイケースでパターンは多彩すぎます。

考え方としてはウキにブレーキをかけないことです。自分で意図してブレーキをかけるのは誘いですが、上手く仕掛けが流れていないと意図せずブレーキがかかる。そこにミチイトを置いてはダメなんです。フカセ釣りは仕掛けをふかす釣りです。潮に馴染ませ、乗せていく釣り。馴染ませるためには邪魔をされたらダメです。ミチイトのないエサがどう流れるのかを考えてください。そして自然状況の中の風を使うのか、サラシを使うのか、潮を使うのか、また上手くラインを置ける立ち位置を変えるのかというぐあいに考えていくわけです。ミチイト管理のさまざまなパターンは第7章でも解説します。ここではミチイト管理の基礎となるキャスティングについて解説していきます。

カーブフォールとフリーフォール

オーバースロー、たすき振りなどの基本キャストの方法は写真や図を見ていただくとして、その精度を高めるには練習あるのみです。私が上達したのはエビ撒き釣りをよくやっていたのがきっかけです。正確にい

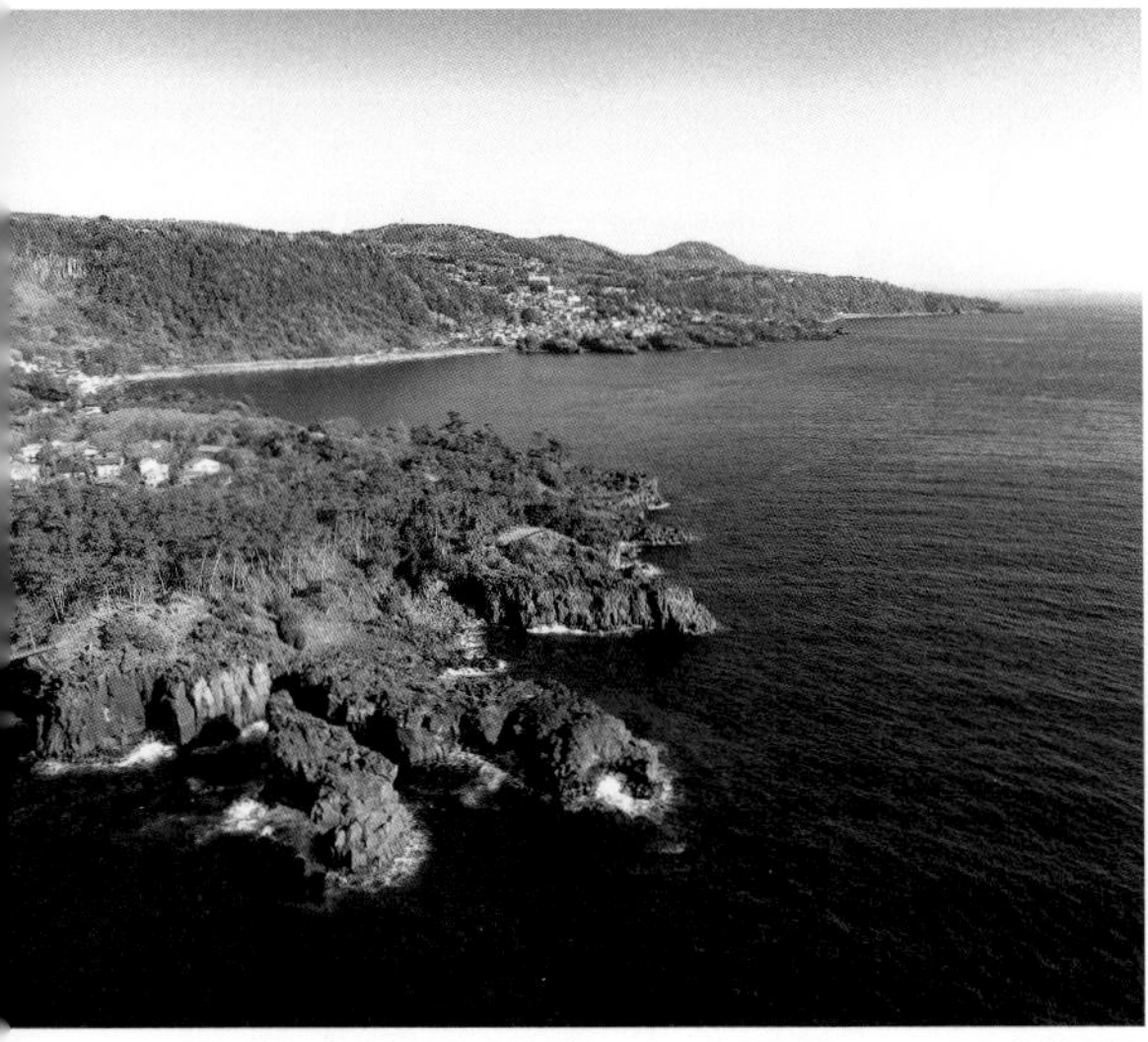

東伊豆の城ヶ崎は指を広げたみたいな岬が連なる。その先端を潮がかすめる地磯の好釣り場が多い

地磯の特徴

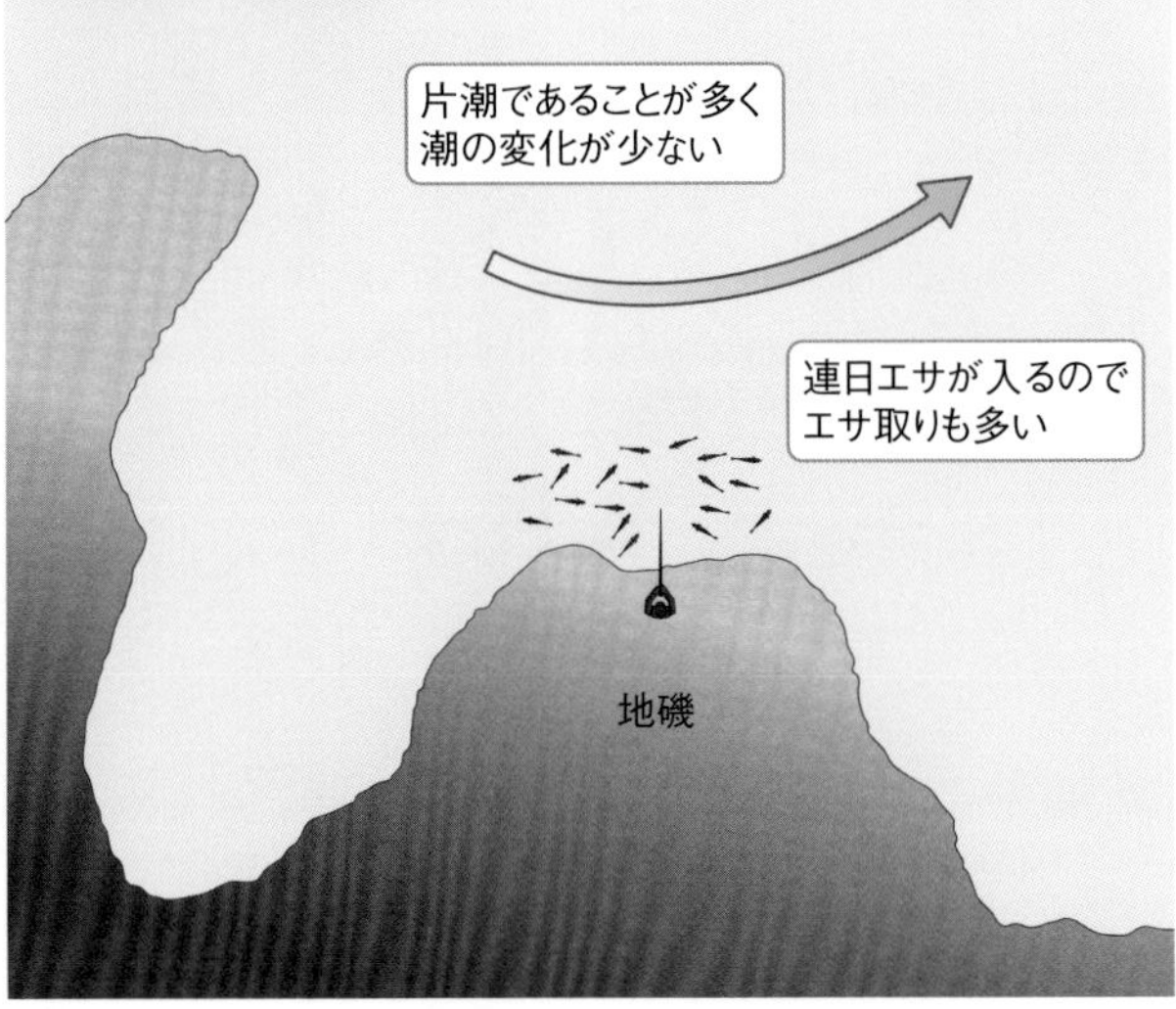
片潮であることが多く
潮の変化が少ない
連日エサが入るので
エサ取りも多い
地磯

オーバースローの一連

サシエを付けたところで仕掛けを後方に振りかぶる

後方に流れた仕掛けが真っ直ぐになったところで振り下ろす

仕掛けの重さを一番感じる部分で押さえていたミチイトを放す

沖に飛んでいく仕掛け。着水直前にサミング

必ずサシエも目で追い、外れていないか、どこに落ちたか確認すること

穂先を下げてミチイトを海面に置く

ふくらまないようにピンと真っ直ぐに張る

オーバースローの基本

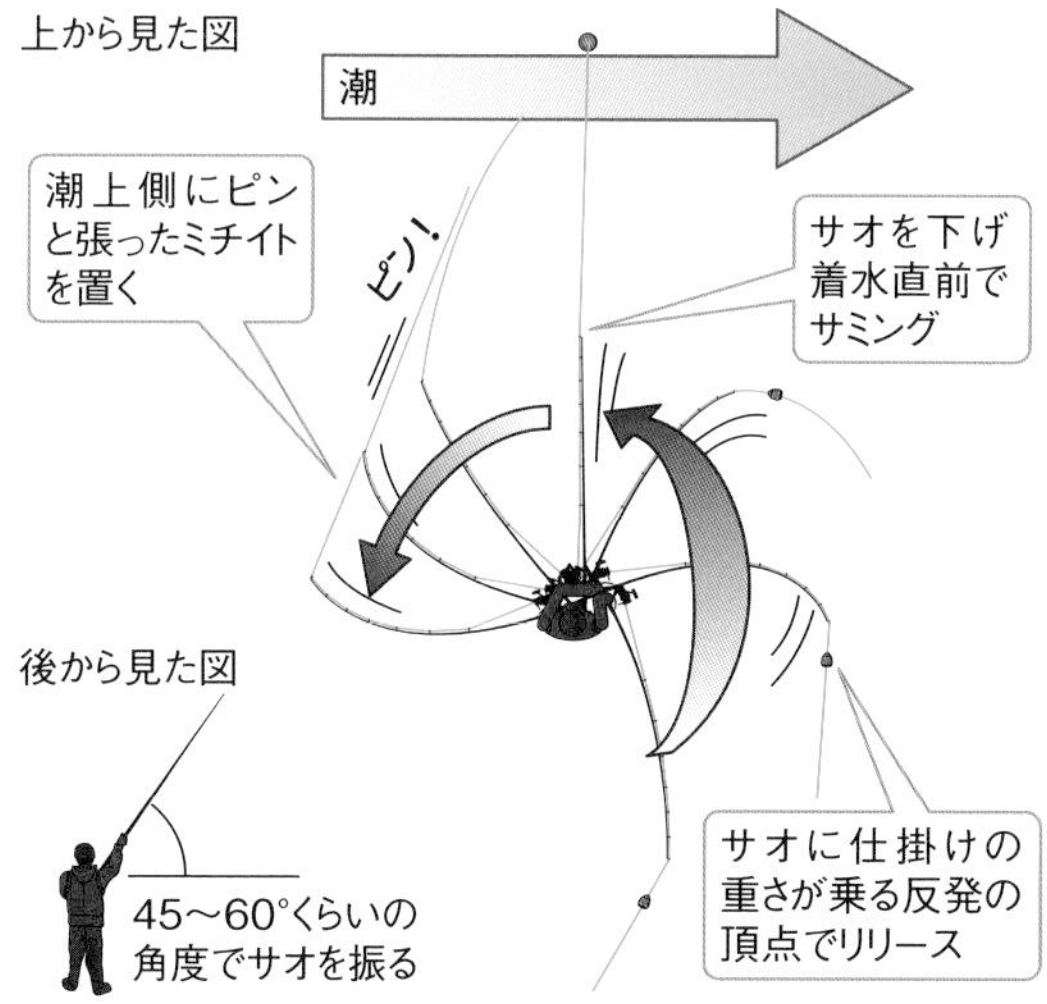
上から見た図
潮
潮上側にピンと張ったミチイトを置く
ピン!
サオを下げ着水直前でサミング
後から見た図
45〜60°くらいの角度でサオを振る
サオに仕掛けの重さが乗る反発の頂点でリリース

たすき振りの一連

後ろに崖が迫っていてサオを大きく振れない時のキャスト。穂先からウキまではある程度距離があったほうが投げやすい

サシエのやや上のハリスをつまみ、ミチイトを張ってサオを振りかぶる

サオを前に倒した瞬間、仕掛けの重さを一番感じるタイミングでハリスを放す

ハリスを放してからもそのままフォロースルー

仕掛けとサシエの着水を確認するまで目で追う

着水の直前にサミングして余計なイトフケを出さないようにする

ミチイトをピンと張って穂先からウキまでを真っ直ぐにする

たすき振り

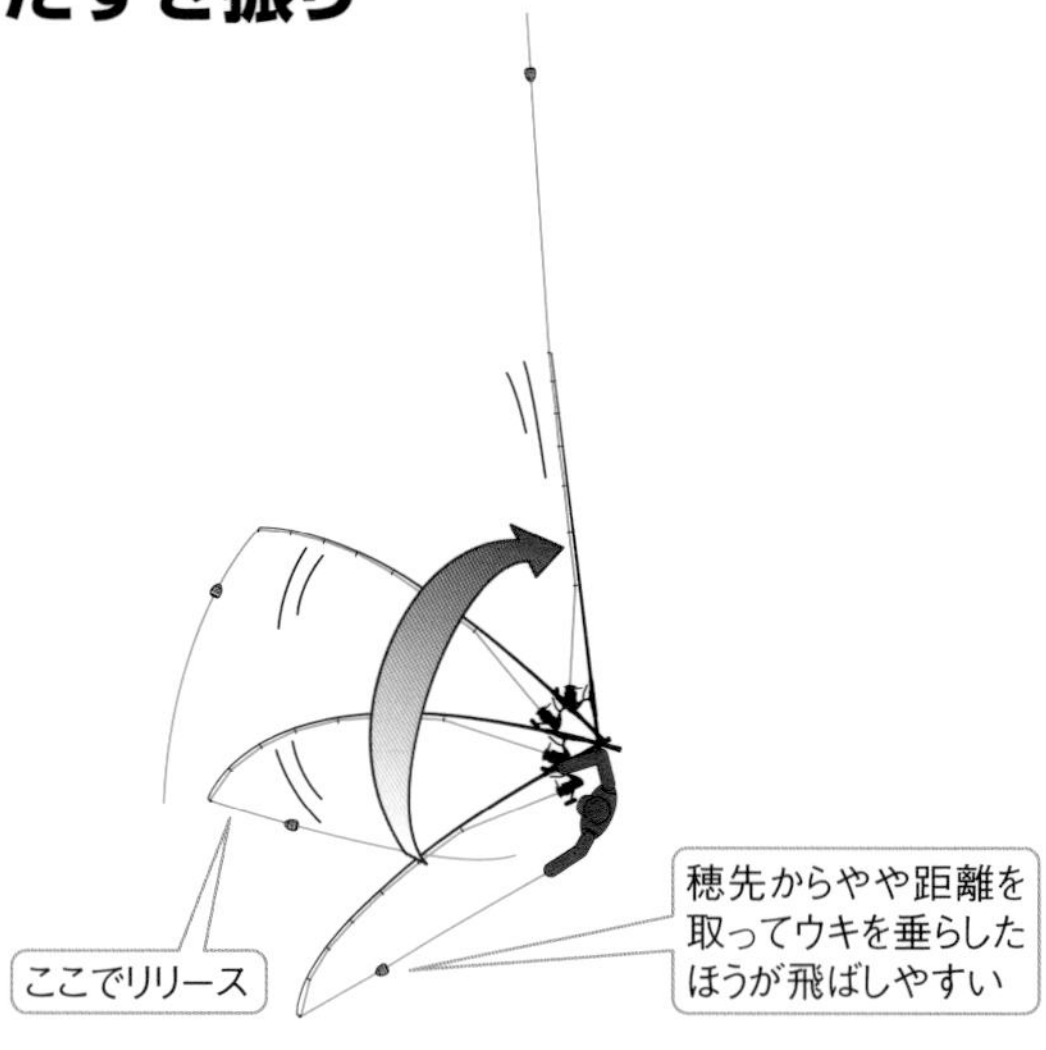
ここでリリース
穂先からやや距離を取ってウキを垂らしたほうが飛ばしやすい

オーバースロー（正面）の一連

基本は左右からの振り被る方法と同じだが、より簡単に真っ直ぐ投げられる

真上から振りかぶり、まっすぐ正面に振り下ろす

仕掛けの重さを一番感じるところでリリース

着水直前にサミングをしてラインを真っ直ぐにする

えば、エサのモエビ（関西で言うシラサエビ）を採りに近所の野池に通い、モエビでブラックバスを釣っていたのがきっかけでした。木の下にモエビの付いた仕掛けを投げてブラックバスを釣るのですが、こういう遊びが自然と練習になったのです。また、大学時代にはパンコイ釣りをよくやって、川幅5mほどの流れで釣りました。そんな小さな川でもコイがエサを食べる流れの筋があります。これを外すと釣れない。コイは何でも食べるようで、非常に賢い魚です。ちゃんとした筋に仕掛けを入れて自然に流し、コイの口もとにエサを運ばないと釣れません。こうした流れに的確に仕掛けを置くことも練習になったのだと思います。

さて、現代トーナメンターが身に付けているキャスティング技術といえばフリーフォール＝ノンサミングキャストです。投げて着水直前にサミングすればハリスがウキの沖側に落ちる。いわゆる「サミングキャスト」になってしまう。勢いよく仕掛けを引き戻すと当然そうなる。沖にピンと真っ直ぐ伸びたハリスが沈下すればエサはカーブフォールします。そしてフリーフォールとは、このサミングを強くしすぎないようにするのがキモです。

通常、投げれば重たいウキが先に飛びます。そのまま着水させると、サシエはウキより手前に落ちます。これが「ノンサミングキャスト」ともいえます。放物線を描くテンプラキャストは誰もがノンサミング状態をつくりやすいと思うのですが、空中で余分にイトが出すぎてしまう。したがってラインがふくらみ、後々の管理ができなくなります。そこで着水直前のサミングの仕方にキモがあります。イメージとしてはルアーフィッシングの応用です。たとえばルアーを投げてブラックバスがいるところにバシャーンと落としたら、魚が逃げます。バス釣りの名手はルアーをふわりと落とせます。なにをやっているかといえば着水とほぼ同時くらいのタイミングでサミングする。フカセ釣りでもこの要領でキャストをする。ウキが着水するギリギリ直前でブレーキを掛けます。ほんとのギリギリです。と、ウキのすぐ近くにサシエが落ちてフリーフォールしやすくなるのです。

練習方法としては投げるたびにサシエがどこに落ちたのかを見ておくこと。これはノンサミングができているかというよりも、サシエが飛んで外れていないかの確認にもつながるので毎投意識したほうがよいです。下手をするとキャストの瞬間に磯にエサが当たって外れます。私はサシエの着水が確認できない時は、不安になって回収します。見失った時も「大丈夫か？」と思って回収します。それくらいサシエは着水直前まで見ておかなければダメです。せっかくコマセを打って、上手くミチイトが管理できたとしても無駄な流しになってしまう。サシエがウキの沖側に落ちているか？　手前か？　右か左か？　と確認していると、それを軸にもっと早くにサミングすべきか遅くすべきかも判断できます。

たとえば右から振りかぶってオーバースローで投げます。サミングをすると左沖のほうにサシエが落ちる。この場合考えられることとして、風が右から左に向かって吹いている。だからウキの左にサシエが落ちる。左側から振りかぶって右側に投げると、普通は右沖に落ちるはずなのに風に負けてウキの側に落ちやすくなる。海は風がないという状況はほとんどありません。だから風向きに応じてサシエが右に落ちるのか、左に落ちるのかをしっかりと見定める。すると風を利用したノンサミングキャストもできるようになります。もちろん立ち位置によって異なり崖が迫っているような場所は片側からしか投げられない状況もありますからケースバイケースです。

たとえばウキの真上にサシエを落として馴染ませます。ウキは左に流れているのにサシエは右のほうに流れてしまった。そうなればサシエをウキの真上に落としてもダメです。サシエはウキの左に落とさなければいけない。そうしないと馴染むのが遅い。つまりフリーフォールで落とし込むのが不正解という状況です。刻一刻と変化する状況に合わせてどっち側にサシエを落とせばよいのか。軽い仕掛けでアタリを出すにはそこが重要です。それで仕掛けが馴染むかどうか、馴染む時間が変わってきます。だから一概にウキの真上に落とせばよいというものでもない。ノンサミングがすべての条件にハマるわけではないのです。最終的に仕掛けをちゃんと馴染ませるのが大切であり、どのタナで食わせたいかという戦略しだいでやり方は違ってきます。早く馴染ませて浅ダナで食わせたければ、そうなる位置にキャストしなければいけません。

フリーフォール釣法といっても仕掛けが馴染むまでの過程で食わせたいのか、馴染ませた後に食わせたいのかでキャスト位置が変わる。もし馴染ませた後に食わせたいのであれば早くサシエを落とせるような位置にキャストをし、フワフワとフォールしている最中に食わせたいのであれば、より長くフリーフォールする場所にサシエを落としたほうがいいのです。

天候や潮流。立つ磯を大きな視点で俯瞰する

地磯は安全面でもかなりの注意が必要です。波に飲まれると誰も助けてくれる人がいません。渡船のほうがよっぽど安全です。釣行前にチェックすべきは当たり前ですが風向きです。その日はどっちから風が吹くか、途中で風が変わるのか。今はよくても風が変わった時のリスクを意識しなければいけません。時間とともに危険になっていくことも考えられるし、安全になっていくこともあるでしょう。磯釣りをするなら風をしっかりと読まなければいけない。自分のいる場所がその風に対してどういう場所なのかを知ることが大切です。風を背負える場所ならば、なんぼ風が強く吹こうとも影響はありません。

アンダースロー（近距離ねらい）の一連

サシエの上のハリスを持って

ねらい定めた位置にサシエを放す

サオをやや上流に持ちあげるようにしてサシエを送り込む

地磯はねらい方によっては沖磯以上に安定した釣果がでる

フリーフォールの方法

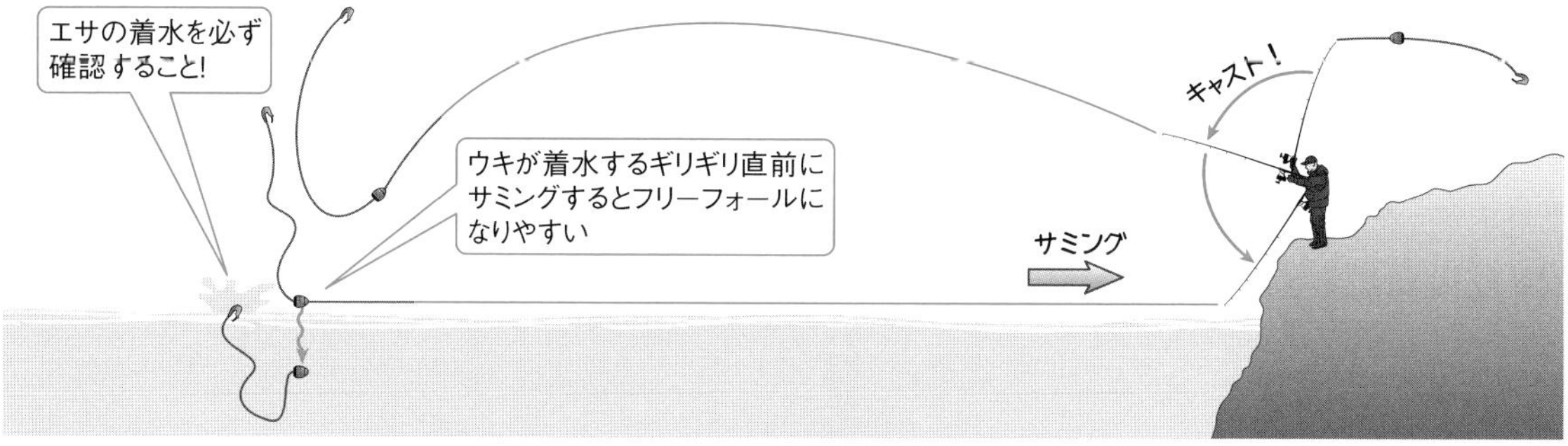

エサの着水を必ず確認すること!
ウキが着水するギリギリ直前にサミングするとフリーフォールになりやすい
キャスト!
サミング

フリーフォールとカーブフォールの違い

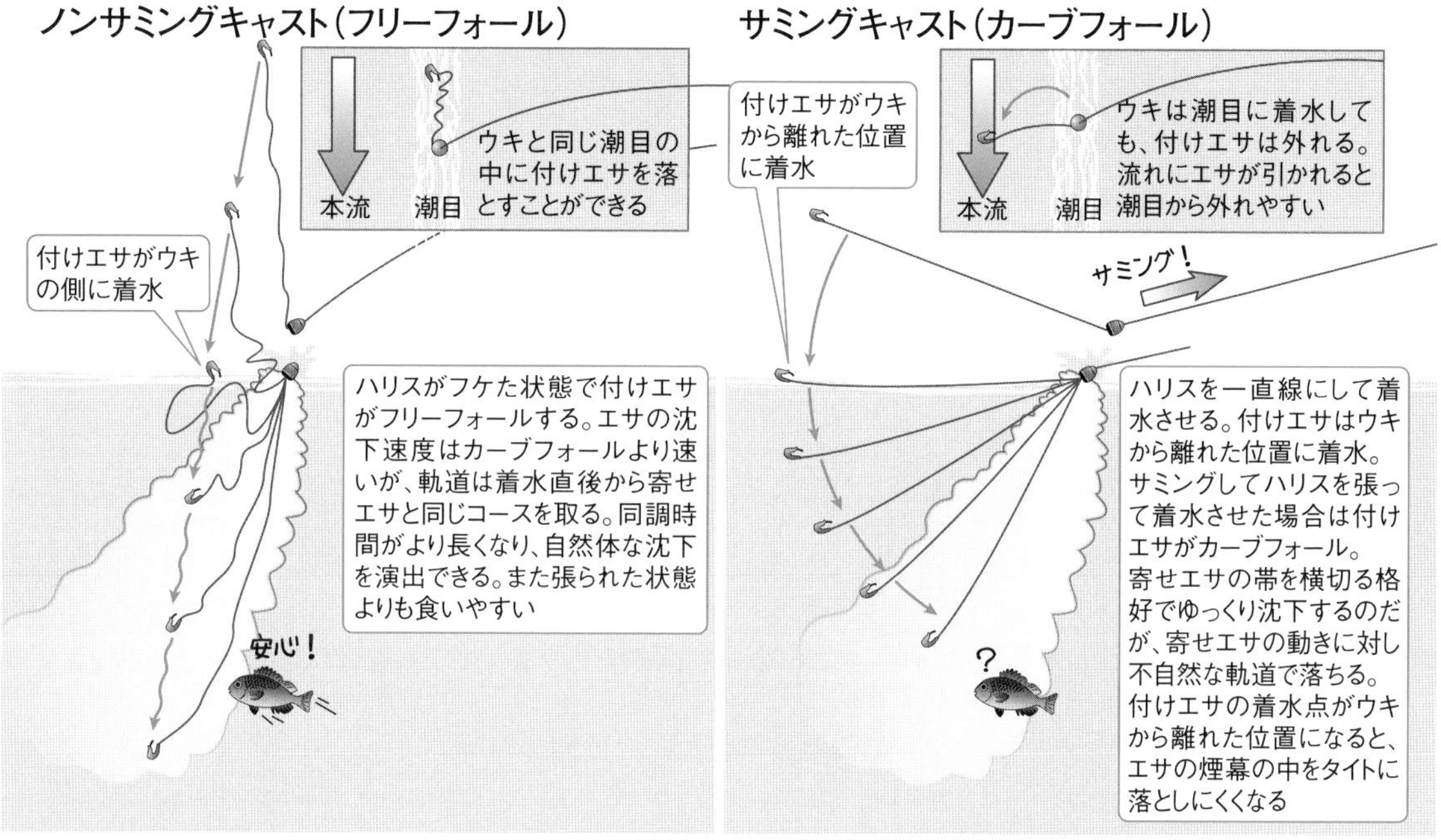

ノンサミングキャスト(フリーフォール)
本流
潮目
ウキと同じ潮目の中に付けエサを落とすことができる
付けエサがウキの側に着水
ハリスがフケた状態で付けエサがフリーフォールする。エサの沈下速度はカーブフォールより速いが、軌道は着水直後から寄せエサと同じコースを取る。同調時間がより長くなり、自然体な沈下を演出できる。また張られた状態よりも食いやすい
安心!
サミングキャスト(カーブフォール)
付けエサがウキから離れた位置に着水
本流
潮目
ウキは潮目に着水しても、付けエサは外れる。流れにエサが引かれると潮目から外れやすい
サミング!
ハリスを一直線にして着水させる。付けエサはウキから離れた位置に着水。サミングしてハリスを張って着水させた場合は付けエサがカーブフォール。寄せエサの帯を横切る格好でゆっくり沈下するのだが、寄せエサの動きに対し不自然な軌道で落ちる。付けエサの着水点がウキから離れた位置になると、エサの煙幕の中をタイトに落としにくくなる
?

風と潮が逆向きのシチュエーションでは風上にキャストするとフリーフォールを演出しやすい

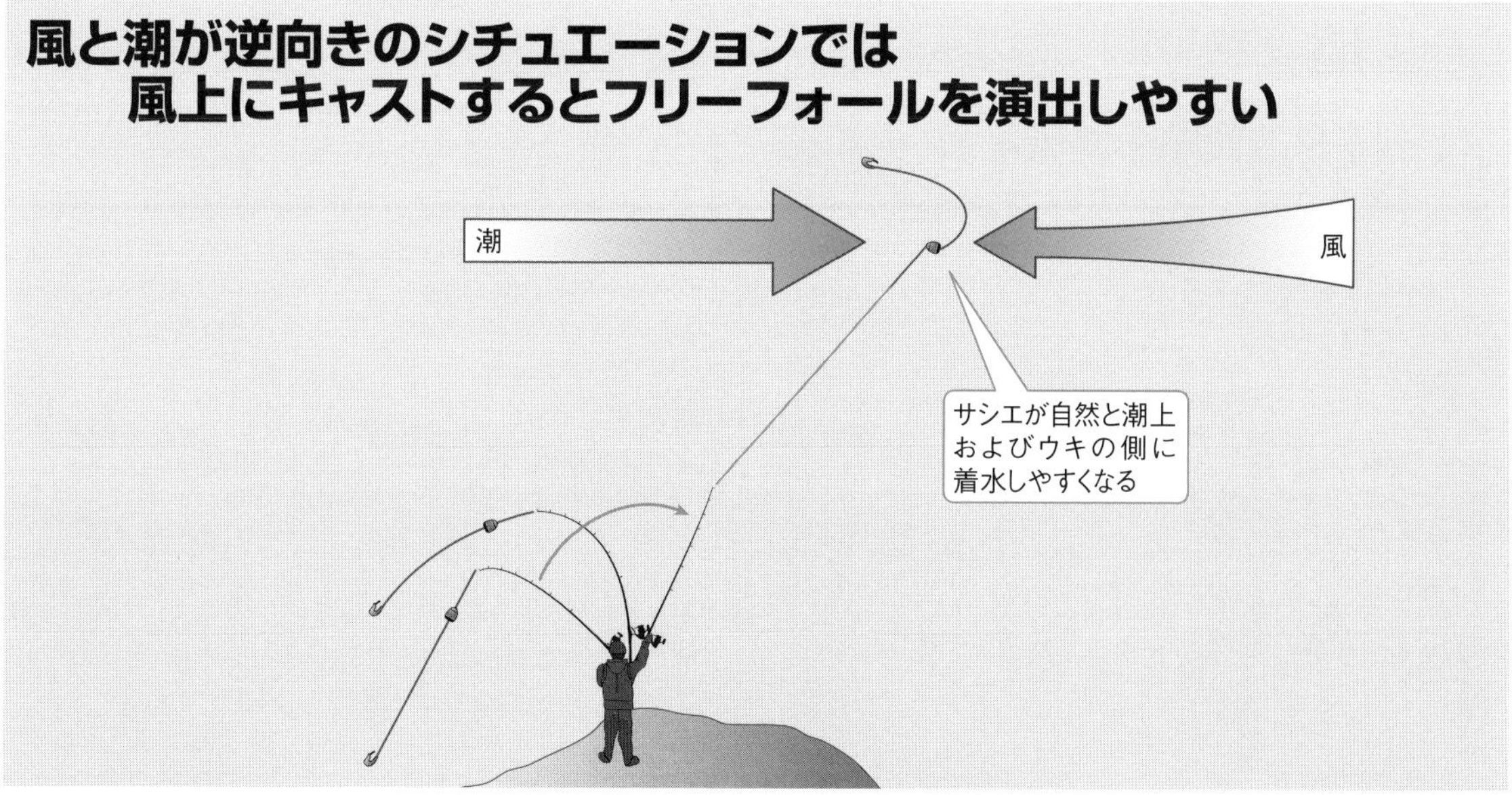

潮
風
サシエが自然と潮上およびウキの側に着水しやすくなる

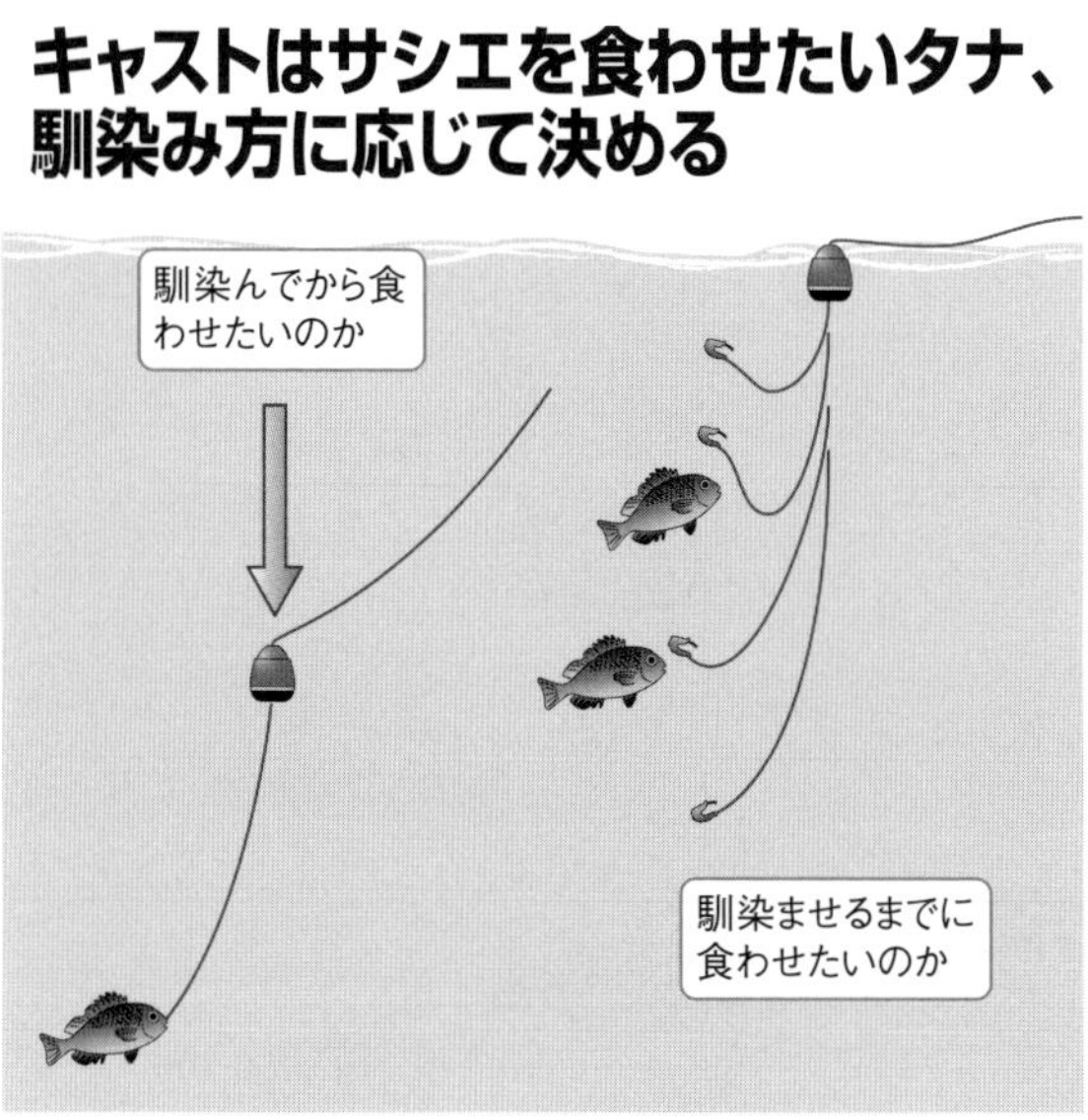
キャストはサシエを食わせたいタナ、
馴染み方に応じて決める
馴染んでから食わせたいのか
馴染ませるまでに食わせたいのか

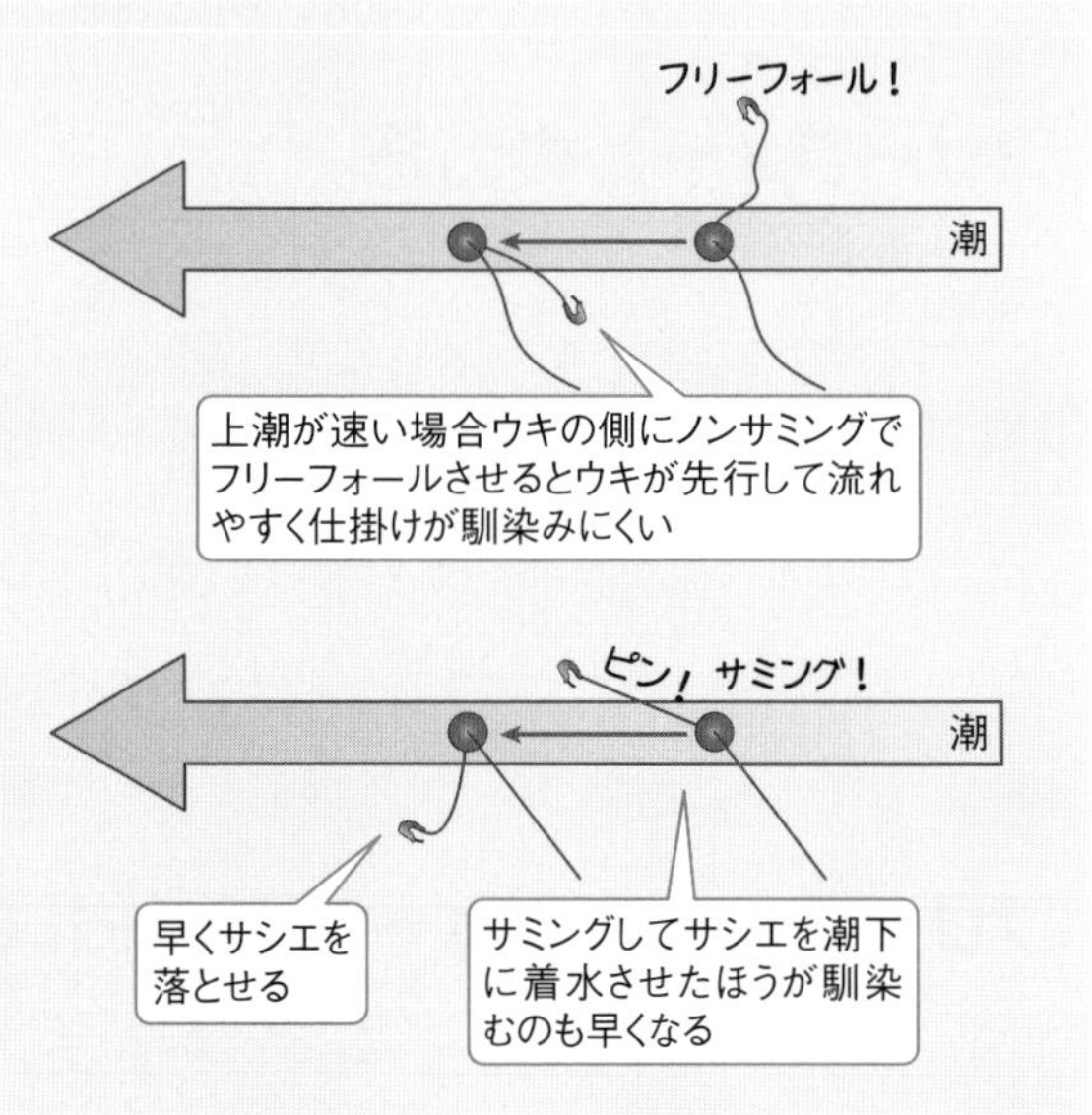
フリーフォール！
潮
上潮が速い場合ウキの側にノンサミングでフリーフォールさせるとウキが先行して流れやすく仕掛けが馴染みにくい
ピン！ サミング！
潮
早くサシエを落とせる
サミングしてサシエを潮下に着水させたほうが馴染むのも早くなる

「Windy」というアプリがあります。釣り場の風向きが細かく分かり、現代磯釣りマンにとっては心強い無料のアプリです。しかしこのアプリに頼りすぎて天気図を見なくなるのはよくない。私はもともと天気予報士の夢を抱いていました。それくらい天気を知り、予測するのが面白かった。気圧、潮流、水温の変化。磯に立つにあたって、大きな自然を見つめる、地球の動きというか、そういう大きな目線で釣り場をとらえると釣りの深みがさらに増すのです。

たとえば伊豆半島であれば西と東があり、北西の風が吹けば西面に当たります。その視点をもう少し深め、西の風が吹く時はどんな状況なのかを気圧配置で考えます。風は高気圧から低気圧に向かって吹きます。日本の東側に高気圧、西に低気圧があれば東から西に向かって風が吹き下ろしてくるので東伊豆に風が当たり荒れます。逆に西伊豆に風が当たるのは西側に高気圧があり、東に低気圧がある時です。左ページの図のよ

地磯でも 40㎝オーバーが日並みによってはよく当たる

穴場地磯の見つけ方

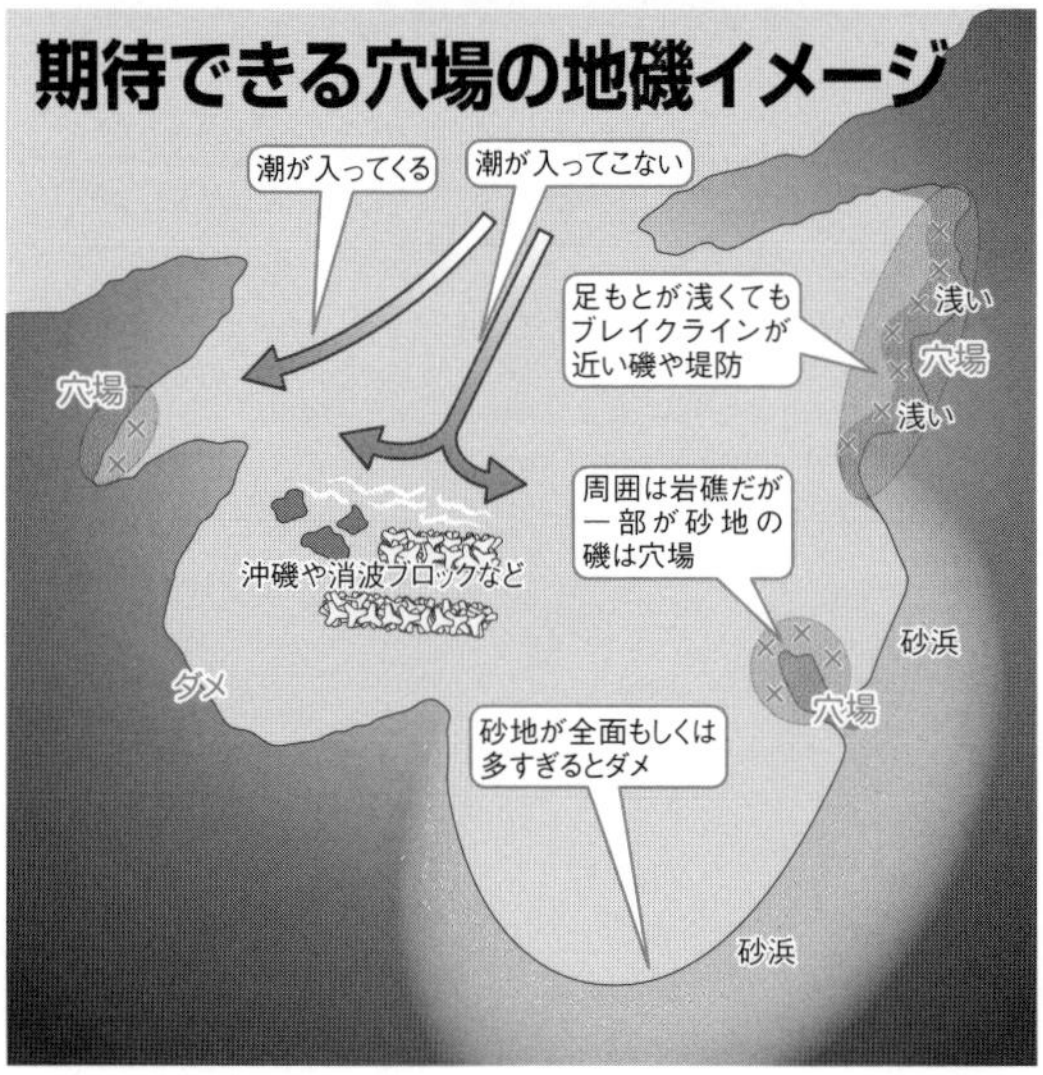
期待できる穴場の地磯イメージ
潮が入ってくる
潮が入ってこない
足もとが浅くてもブレイクラインが近い磯や堤防
浅い
穴場
浅い
穴場
周囲は岩礁だが一部が砂地の磯は穴場
沖磯や消波ブロックなど
ダメ
砂浜
穴場
砂地が全面もしくは多すぎるとダメ
砂浜

●ワンドの奥

潮が入ってくる場所なら釣果は充分に期待できるが、潮がブロックされてしまいそうな沖磯があると期待は薄い。それでも水深があれば可能性はある。また足もとは底が丸見えの浅場であっても、沖でガクンと深くなるブレイクラインが射程距離にあれば穴場になるほか、浅くても一部に海溝があれば寒の時期に良型が付きやすい。

●砂地の多い場所

海底が砂地の釣り場は当然ながらポイントになりにくい。ただしツブ根が点在するような砂地と岩礁が入り混じったエリアは、コッパが意外と少なく、大型に出会えるチャンスはある。

●ダイビングスポット

ダイバーの有無は見逃せない。ダイバーが潜る釣り場は魚が付いている根が多いのと釣り人が嫌がる傾向がある。ただしダイバーがあまりに近い距離に潜っている最中は釣りをやめるなどの配慮も必要。

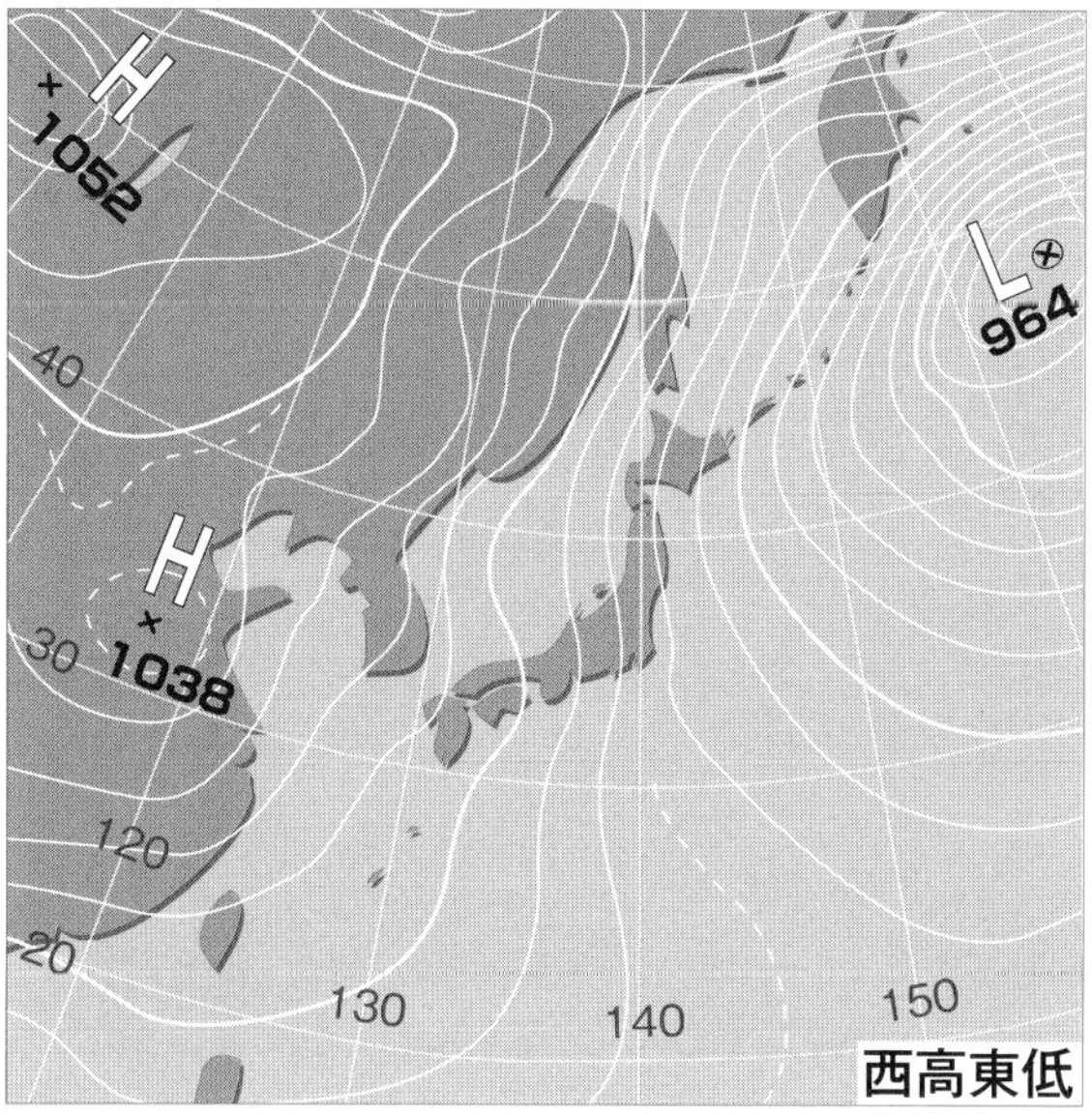

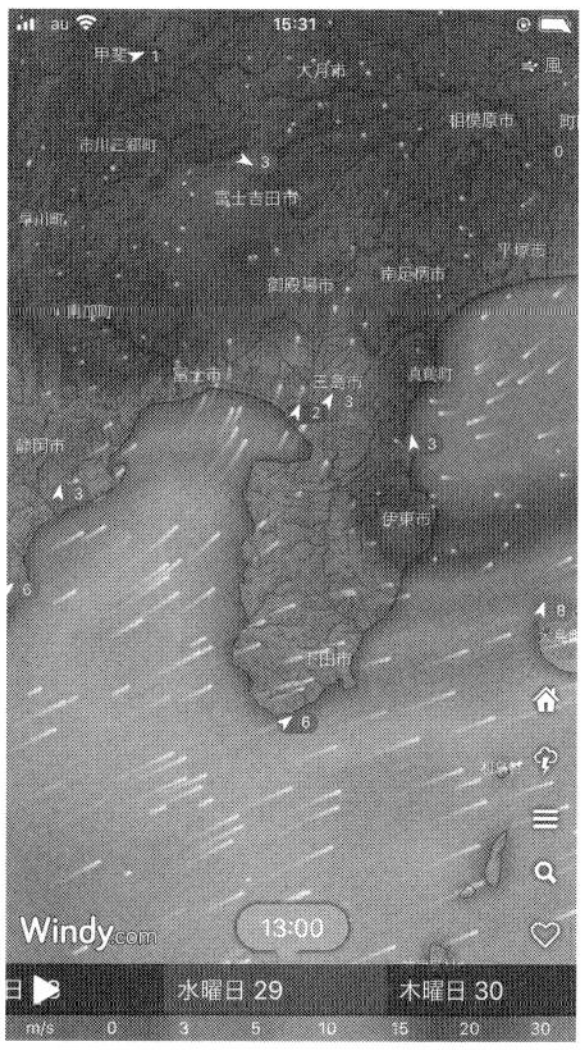

風向きや雨などを詳しく釣り場でチェックできるのがWindy

うな西高東低です。そうやって気圧配置を見て、自分が立つであろう磯がどんな気象条件になるのかを想像します。危ないのか、危なくないのか判断するのです。

今度は風ではなく潮について知りましょう。グレ釣りは概して「黒潮」を知ることだと思います。日本海側もグレ釣りは成立しますが、メインフィールドは圧倒的に太平洋が多いです。その黒潮の流路がいまどうなっているのか。それによって水温がどのように変化するのか。黒潮が近づけば水温は上がり、外れていくと下がる。黒潮の流路がどこを流れているのか注視していくと釣りのデータを面白く取ることができます。毎日見る必要はないですが、定期的に見ると面白い。私の場合1週間に3回くらいは黒潮流路のチェックをします。「お気に入り」にいれて、黒潮の流路と定置水温の変化を見ながら釣り場の妄想を膨らませているのです。

なお伊豆半島は黒潮が当たっていると東面より西面のほう水温が高くなります。透明度も断然西のほうが高くなり、南方系の魚も多くなります。イサキの分布も西伊豆のほうが北部まで勢力を伸ばしてくる。それが東伊豆だと下田辺りでイサキは確実に減ります。

半島周りの東西で海のようすが変わるのは紀伊半島も同じです。潮岬を境に西と東で海が驚くほど変わり西側の海には巨大イスズミがすごく多い。どこに行っても見えますが、潮岬より東側に行くといないわけではないものの海面まで浮いて見える場所は減ります。西と東で数キロしか離れていないのに水温が3℃くらい変わり別世界になります。東側は冬になると15℃くらいまで下がりますが、西側は18℃を割り込むことは稀でサンゴもいっぱいあります。漁港の中にもテーブルサンゴが普通にある。まさに南方の海となります。これは四国の足摺岬と室戸岬でも同じことが言えます。四国の足摺岬は黒潮の影響が室戸岬より大きくオナガ場として有名な沖の島や鵜来島も足摺岬の近くにあります。

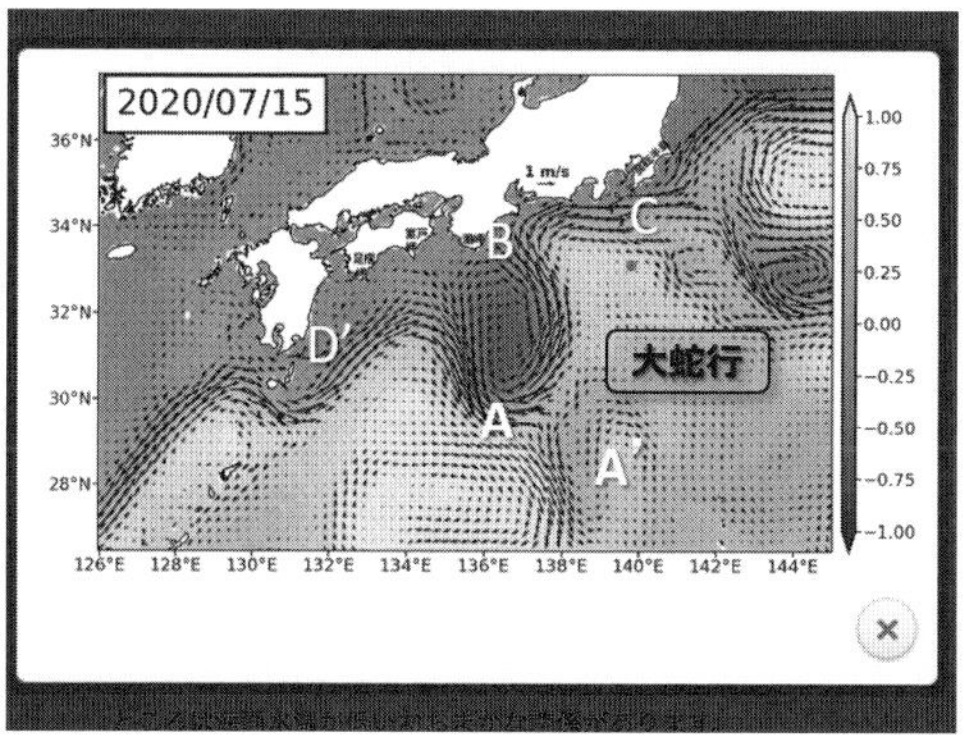

黒潮流路や海水温の変化に日ごろから注意していると、釣りのデータを取るのも広がる

第5章 グレ釣りの四季

一年中グレを釣っていると、魚の行動パターンも見えてきます。私が実感してきたグレの四季に応じた行動を磯釣りの開幕となる秋から順に追って解説します。

乗っ込みに向けてグレがどう動くのか?

グレの1年の行動を理解するとポイント選びに大いに役立ちます。クチブトとオナガでは若干の違いがありますが、その行動でキーポイントになるのは産卵です。すべての生き物が子孫繁栄のために行動をします。そしてグレは産卵に向け体力を付けるために浅場に入ってきます。この浅場に魚が入ることを「乗っ込み」と呼びます。産卵できる個体は概して大型。つまり型のよい魚が群れなして浅場に回遊する最盛期が乗っ込みの季節です。グレの産卵は冬~春にかけてです。水温が低くエサ取りも少ない時期だけに本命がヒットしやすい時期です。それでは、グレの季節ごとの動きを見ていきましょう。

秋（家探し）

2タイプの湧きグレをどう攻略するか？
シーズン初期は地方《じかた》磯がねらいめ

グレ釣りファンにとって秋はシーズン開幕時期です。水温が下がるたびにワクワクします。9～10月になるとクチブトは海面直下で大きな群れを作り、沖の潮目を浮遊してプランクトン等を食べて生活します。これがいわゆる湧きグレです。その群れが水温低下とともにしだいに磯近くを回遊するようになります。遠投すれば何とか探れるエリアです。水温でいえば22℃以下が目安で、湧きグレの回遊頻度が増えるのです。

海面に青ものなどのナブラとは違う、不自然なモワモワ（皺）ができている時は湧きグレである可能性が高い。周囲一面が湧きグレということもある

さて、その湧きグレには2つの行動様式が存在します。

1つ目は捕食行動をしている湧きグレです。潮目に現われる湧きグレは浮遊物を捕食するため集まっていると考えられます。このような魚を釣るには驚かせないように群れの沖まで仕掛けを遠投し、水面直下のタナをキープしながらルアー釣りのようにゆっくりサシエを引いてくるとよいです。コマセを撒くと群れは驚いて散りますから、サシエのみで釣ります。

2つ目は移動です。磯際に寄った湧きグレの中には全くエサに反応しない群れがいます。そういった群れは回遊しながら乗っ込み（産卵）に向けて、体力を付ける必要があります。エサとなる海藻が生える、居心地のよい場所を探していると考えられます。捕食が目的でなく、移動しているだけなので食い気は全くありません。目の前をサシエが通っただけで逃げだす魚もいるほどです。このように秋はグレが大きく移動する季節というのを頭に入れて、釣り場を選びます。湧きグレとなって回遊している魚が磯に付いているか、まだ回遊過程なのかを見極め、磯に付いている場合は、迷わず地方《じかた》の磯を選ぶとよいです。「シーズン初期は地方から」と昔の釣り人が言うように、地方のほうが水温は下がりやすくエサとなる海藻が生えるのも早いです。回遊の湧きグレは地方にまず付く傾向があります。さらに地方は回遊グレ以外にも周年磯に付いてる居着きグレが数は少ないもののいるのです。とはいえどこがよいのか分かり難いところですが、渡船利用なら船長に情報を聞けばよいのです。

地磯なら釣り仲間から情報を聞く以外は運任せになります。磯に湧きグレが付いておらず回遊している場

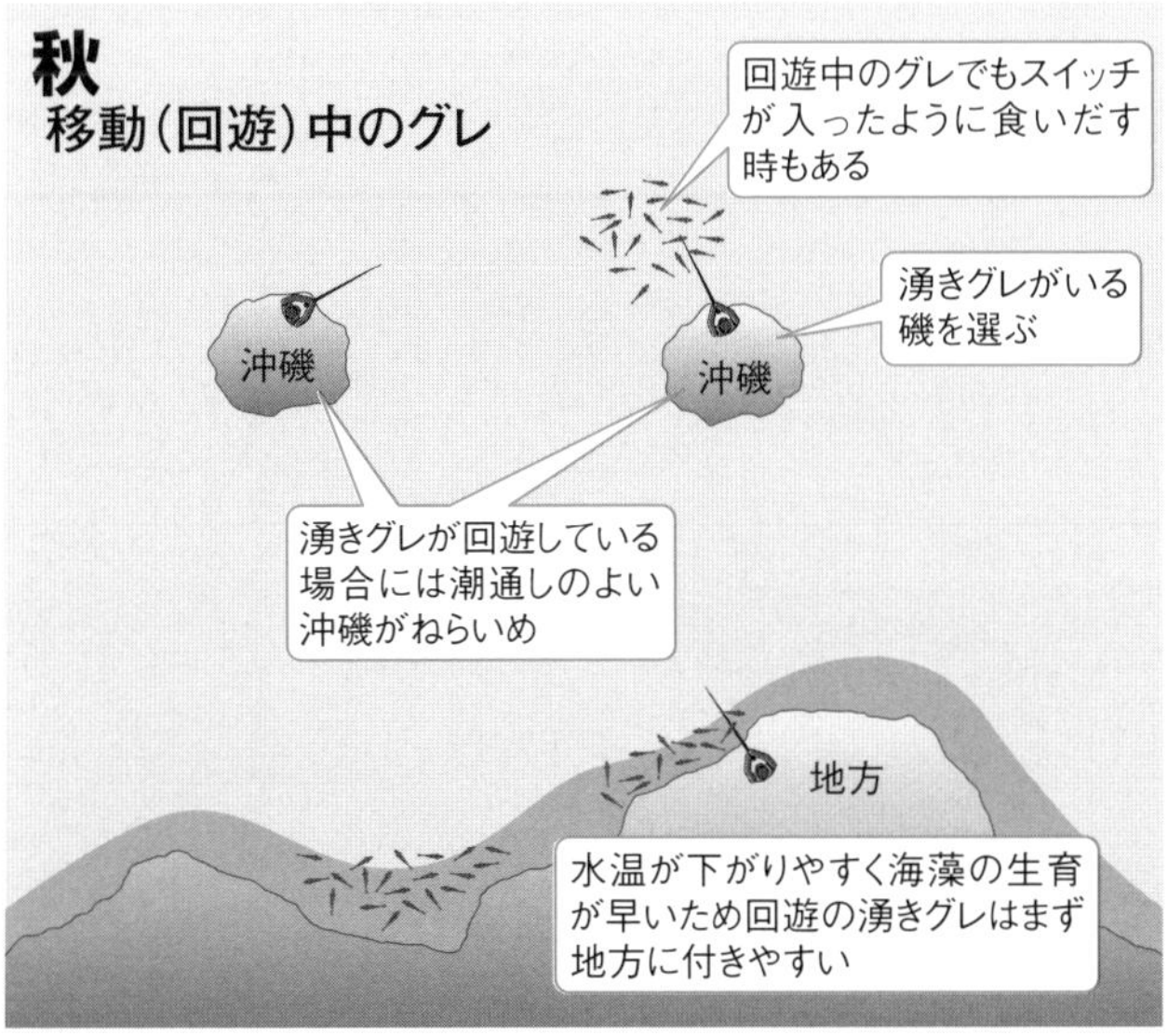
秋
移動（回遊）中のグレ
回遊中のグレでもスイッチが入ったように食いだす時もある
湧きグレがいる磯を選ぶ
沖磯
沖磯
湧きグレが回遊している場合には潮通しのよい沖磯がねらいめ
地方
水温が下がりやすく海藻の生育が早いため回遊の湧きグレはまず地方に付きやすい

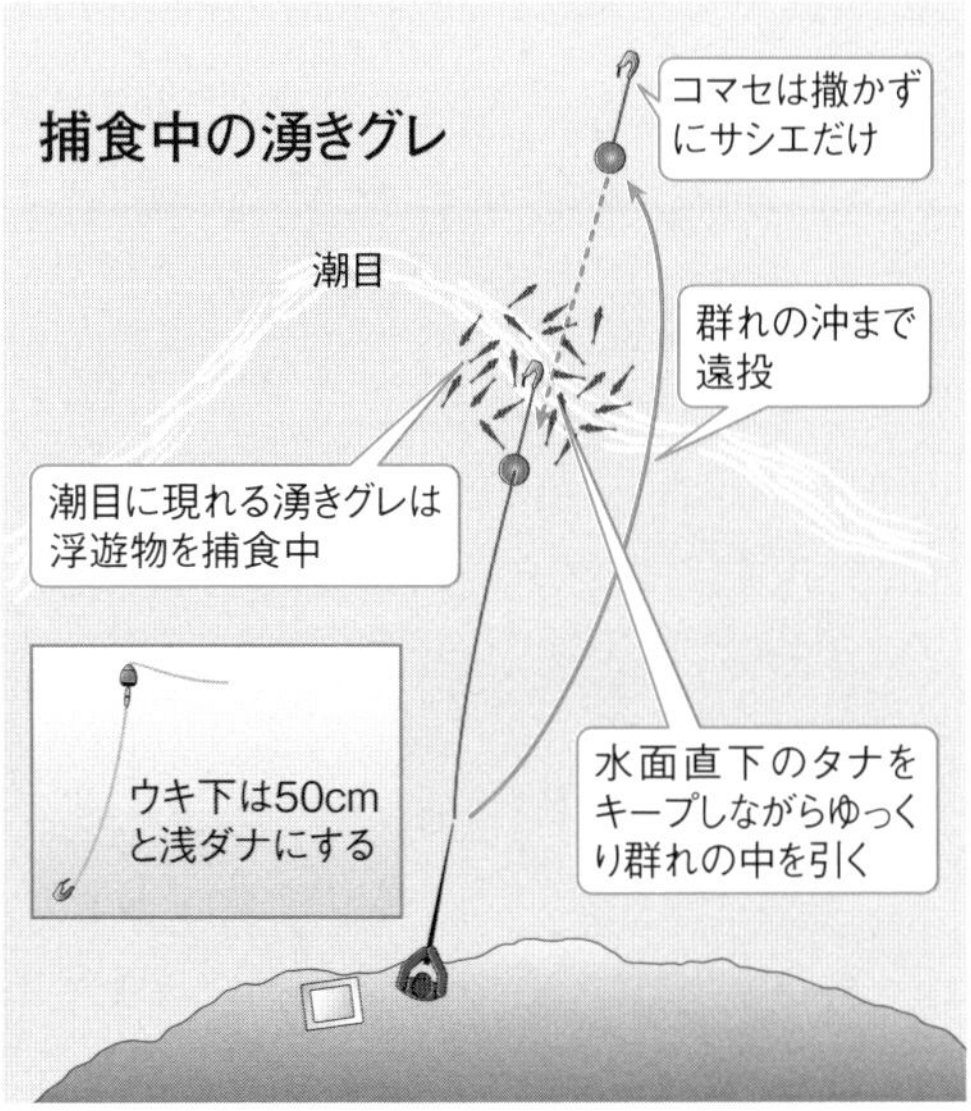
捕食中の湧きグレ
コマセは撒かずにサシエだけ
潮目
群れの沖まで遠投
潮目に現れる湧きグレは浮遊物を捕食中
ウキ下は50cmと浅ダナにする
水面直下のタナをキープしながらゆっくり群れの中を引く

合は潮通しがよい沖磯がねらいめです。回遊しながらエサを全く食べないわけではなく、時としてスイッチが入ったように食いだす時もあるので、湧きグレがいる磯を選ぶようにするとよいでしょう。

ちなみにオナガの湧きグレは見たことがありません。オナガはクチブトに比べ遊泳力が強いのと、肉食性も強い傾向があります。このことからクチブトのように流れてくる物を捕食するより、自ら泳いで、動くものを捕食する傾向が強いように思います。水温が高く磯際にノリが生えていない時は磯周辺を泳ぎ回ってエビや小魚を食べているように感じるのです。よってオナガグレを釣るには、潮の流れを利用して広範囲を流す釣りをしたほうがねらいやすいといえます。

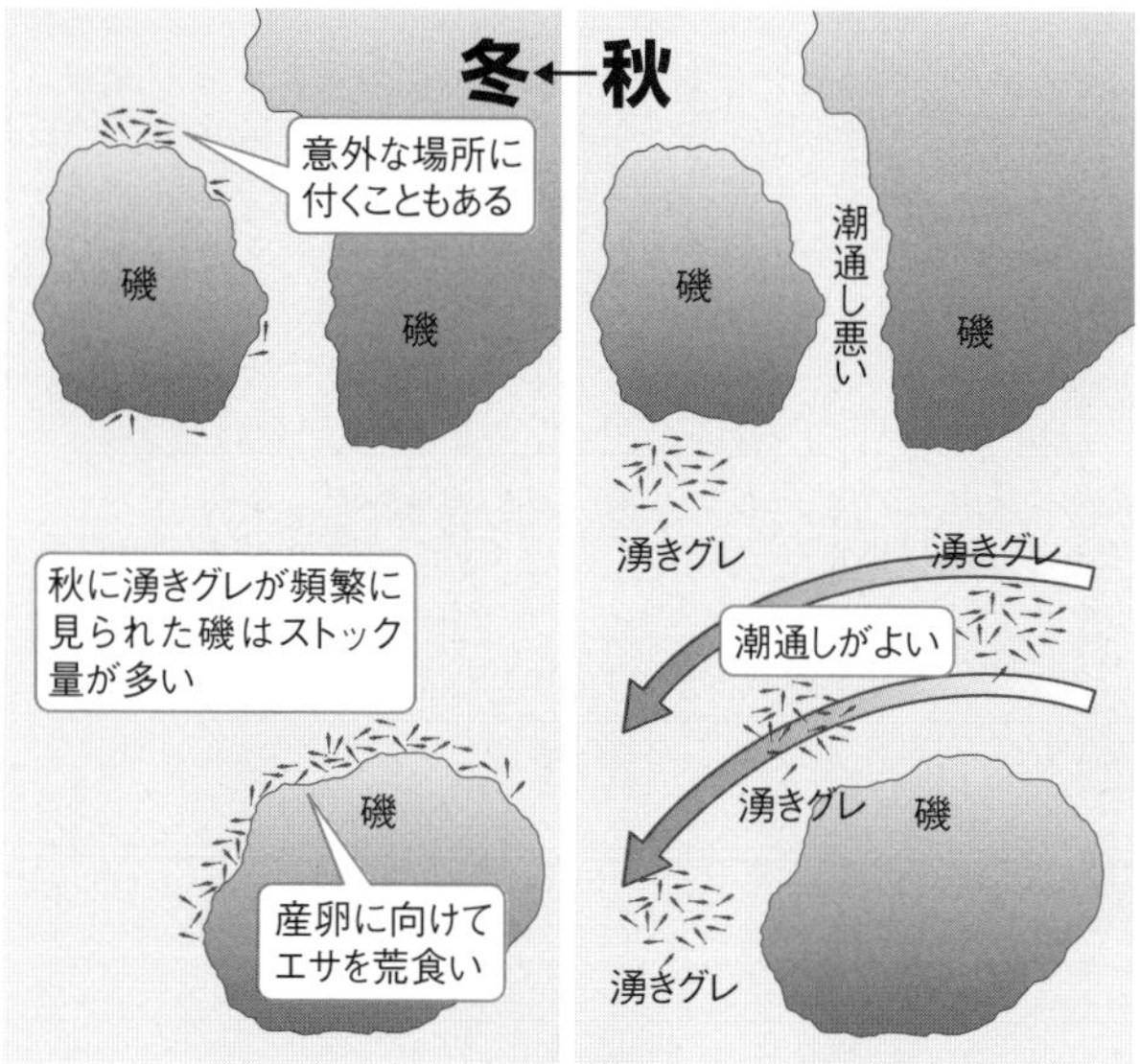

冬（荒食い）

秋の湧きグレが頻繁に見られる磯は乗っ込み期もストック量が多い

冬こそグレの盛期で、数・型ともに磯から釣りやすくなります。

秋に回遊した湧きグレが根に付くと、産卵に向け磯周りのエサを荒食いします。私の実感として秋に湧きグレが頻繁に見られて、群れの数が多い磯ほどそこはグレのストック量が多いです。そして概ねそうした釣り場は潮通しがよく、エサが豊富な一級磯であることが多いです。ただし、年によって意外な場所にグレが付くこともあり、実績がない磯も「今年はよく釣れた」ということがしばしばあります。冬場は最盛期だけに磯に付くグレも多い時期ですが、水温の低下とともに食い渋りも顕著になります。面白くも難しい時期となるのです。

アオサノリの生えた港のスロープ。厳寒期にはこうした港の内側でも大型が釣れることがあり、磯もまたノリが生えているとグレの生息環境としては非常によい

産卵期のクチブトグレ。腹がぽってりとして重量感たっぷり

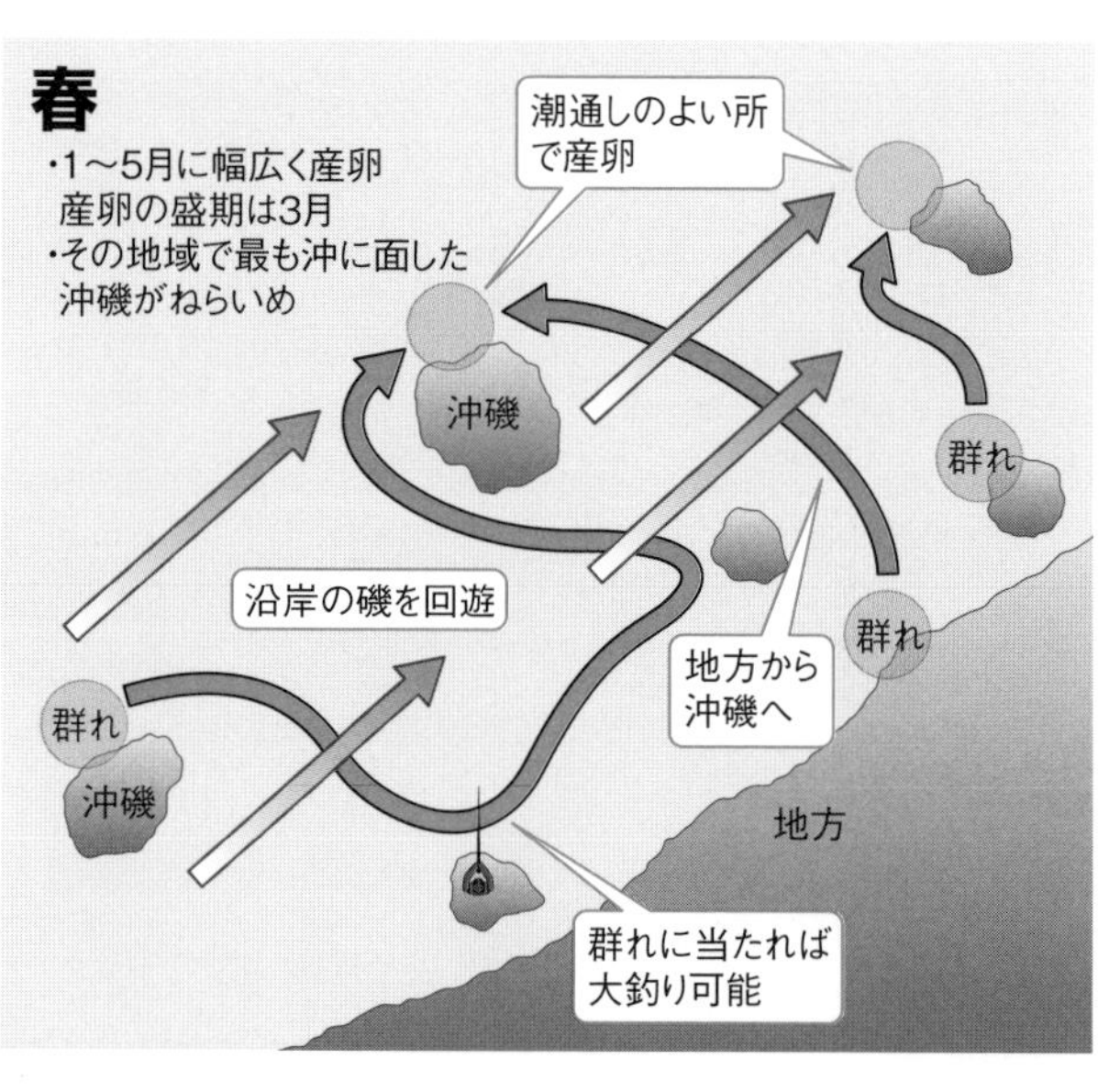

夏の磯はパラソルを立てて釣りをする人も多い。浅ダナを攻略するのが基本だ

産卵期は潮通しのよい磯が好場所になる

春（産卵）

その地域の最も沖に面した潮通しのよい場所が有望

産卵期にグレは再び動き出します。お腹がパンパンに膨れたグレはしだいに群れとなって沿岸の磯を回遊します。この群れに当たれば大釣りできますが、群れが去った磯は閑古鳥が鳴きます。

グレは浮遊性分離卵といわれる卵を成魚で30～40万個ほど生むのです。より広範囲に子孫を広げたいという本能から潮通しのよい場所で産卵を行ないます。その時期には地方から沖磯に群れが移動していきます。その地域の最も沖に面した、潮通しのよい磯がねらいめです。すべての個体が一斉に産卵するわけでなく、1～5月に幅広く産卵します。地域によって差はありますが、産卵の盛期といえるのが3月くらいで、勤めを終えた個体は一時的に食いが落ちます。それも6月頃に水温が上昇すると、再び沿岸の磯近くで捕食をはじめます。いわゆる梅雨グレに当たる時期です。

夏（エサ探し）

海底近くにはおらず水面直下の浅ダナに大群がいる

梅雨グレが終わる7月下旬には磯近くの海藻が少なくなります。すると再びグレは群れとなって沖の潮通しのよい場所で浮遊して流れるプランクトンや魚卵を捕食するようになります。こうした浮遊物を捕食している時期はタナが浅いのです。ダイバーの知人に話を聞いたことがありますが、夏の海に潜るとグレの大群をよく目にするそうです。それも水面に近い非常に浅い場所で群れをなしていて海底近くはほとんどグレの姿を見ることはないそうです。このように高水温期は浅ダナと潮流を意識した釣りを心掛けるようにすると、釣果が伸びるのです。

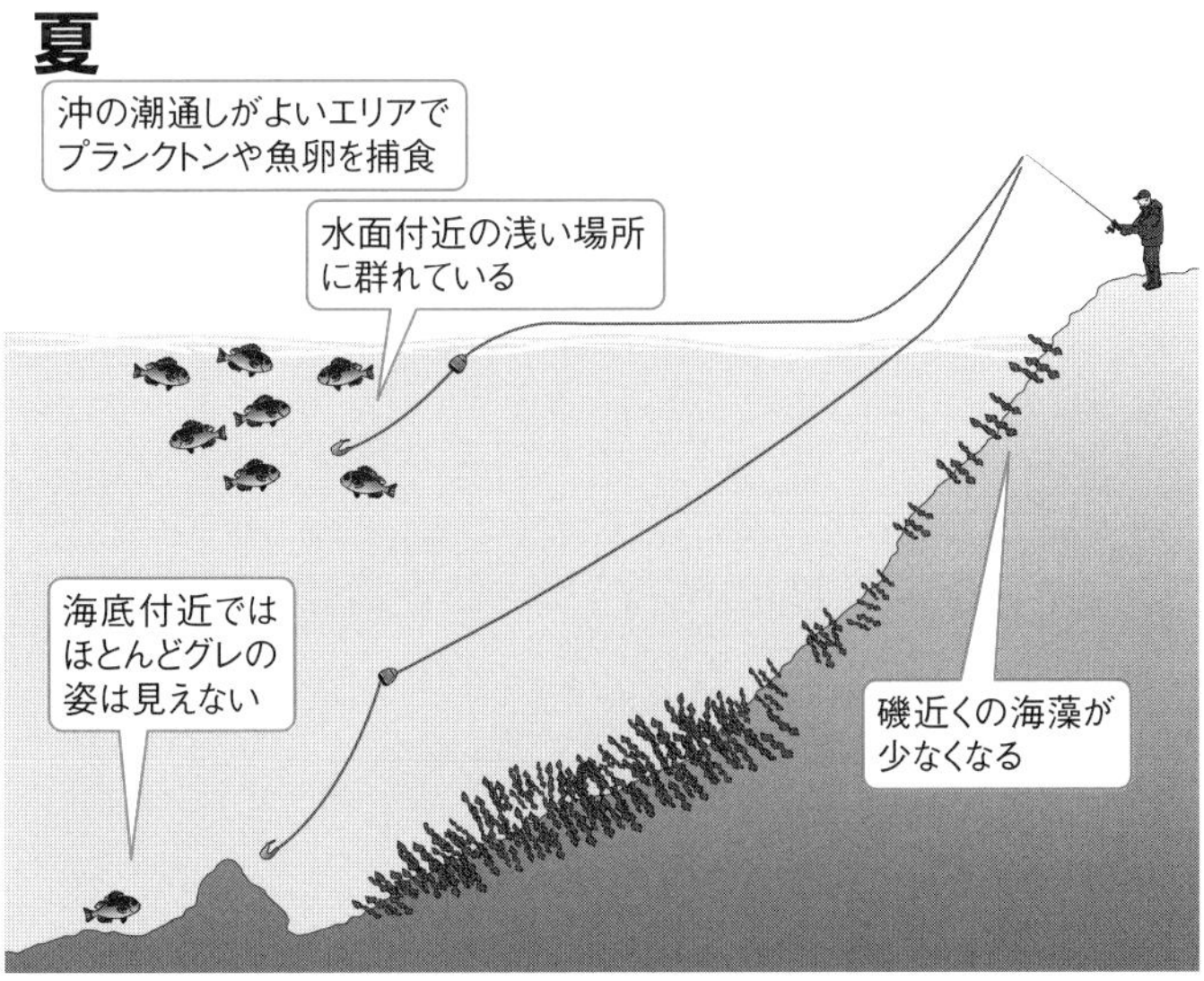
夏
沖の潮通しがよいエリアでプランクトンや魚卵を捕食
水面付近の浅い場所に群れている
海底付近ではほとんどグレの姿は見えない
磯近くの海藻が少なくなる

第6章

沖磯の釣り

渡船を利用すれば、歩いてはアクセスできない場所でサオがだせます。地方《じかた》から独立した磯、もしくは岬の先端で釣りができます。潮通しがよい、深場に面している、変化に富んだ根といったぐあいに多彩な要素が絡み合うポイントは、釣りの組み立ても楽しいもの。もちろん大型魚の期待も高まり、それが沖磯の魅力です。しかし豊かなポイントはグレ以外の多くの魚もエサを取ってきます。ここではエサ取りの対策も含めてまとめていきましょう。

沖磯釣行の心得

沖磯釣行ではまずエリアを絞ることから始めます。私のよく行く伊豆半島は渡船エリアが大きく南と西に分かれます。東は先に述べたように地磯が充実しています。たとえば半島最南端に行きたいと思えば石廊崎といったぐあいにエリアを絞るのです。

次に渡船店を調べます。ほとんどの渡船店がHPをもっています。ネット検索だけでも多くの情報が得られ、一昔前からすれば飛躍的に情報を入手しやすくなっています。1つのエリアに数軒の渡船店がある場合がほとんどなので、調べた情報をもとに、まずは好みで選んでください。私の場合は全く知らない場所であればインターネットで調べると同時に友人からも情報

を聞きます。同じエリアに数軒ある場合は、何度か同じエリアに通って釣行毎に違う船を利用すれば船長の人柄や客層が分かります。

伊豆の渡船店の中でも私が懇意にしているのが中木の「重五郎屋」です。理由として船長の人柄のよさ、釣り人のレベルを見極める眼力が気に入っています。たとえば初めてのお客さんには、釣ってもらうために釣れている磯に渡してくれ、常連の上級者には癖のある難しい磯に渡してくれます。釣り人の要望を少しの会話から見極めているところに船長としてのセンスを感じます。

渡船店が決まり、釣行日が決まったところで船長に連絡します。理想は2、3日前には連絡することです。

渡船はチームワーク。荷積み、荷下ろしは協力し合うのが基本。自分の荷物を渡してもらった人には必ずお礼を言って気持ちよく釣りを楽しんでほしい

その時に人数と「グレねらい」であることを伝えます。初めてその渡船を利用するなら、必ず「初めて利用します」と伝えて下さい。磯の選定が船長任せの場合は、人数と対象魚が分かったところで船長が頭の中で大まかな場所を考えてくれます。加えて必ず聞いたほうがよいのは「最新の状況」はもちろん、「駐車場の位置」、「集合場所と時間」、「出船および帰港時間」、「弁当の有無」です。HPに詳しく記載されていれば問題ありませんが、港に着いてから場所が分からず、深夜にさまようこともよくあります。また、釣行前日に「明日は出船できそうですか？」という感じに再度確認の電話を取ることです。天候がよくても風やウネリの入り方で出船できないことは多々あります。前日の連絡は欠かさず行なってください。なお、船長の多くが17時以降の天気予報を見て出船を判断します。できれば18時以降の確認が理想です。ただし船長は早朝からの仕事となるので、夜遅くの電話は迷惑ですし、つながりません。遅くとも20時までに連絡を取ってください。

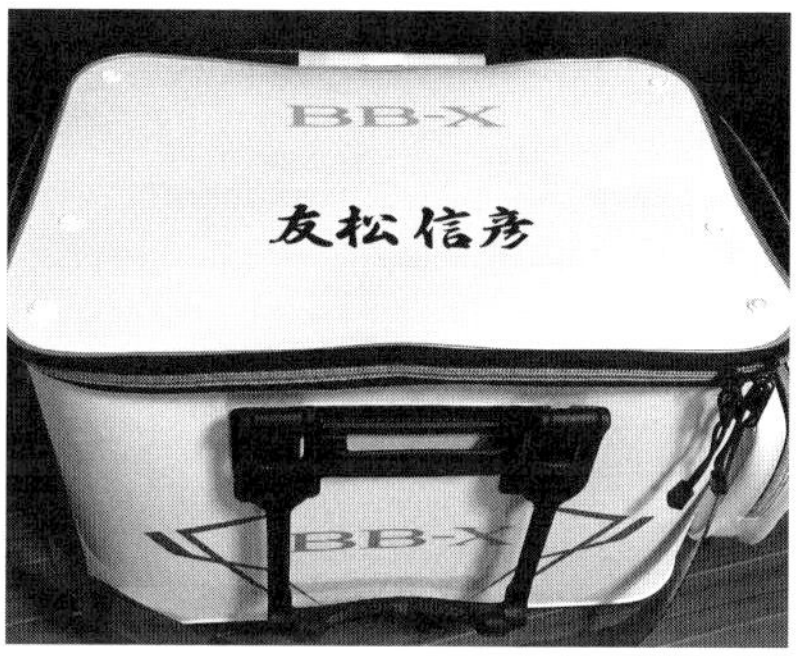

同じようなバッカン、ロッドケースが船に積まれる。このため必ず名前は書いておくこと

中木の渡船店「重五郎屋」。釣り人の技量を見て磯を決めてくれる３代目船長の山本英司さん

低い磯での注意点

私はチャラン棒を買ったことがありません。低い磯の多い渡船区では船長か知り合いに借ります。チャラン棒があれば荷物は当然そこに掛けます。地べたには置きません。あとはロープで荷物を一周させる。万が一流れても荷物がまとまっていれば回収できます。全部の荷物をバケツのロープで一周しておけば、ちょっと波が来たくらいなら生き残ってくれる。何かが岩に引っ掛かっていれば落ちませんので、絶対くくり付けたほうがいいです。あとはクーラーボックスを持っていかないこと。

私が経験した中では、高知県室戸岬の磯が半端なく小さな磯が多かった。ホンマもんのチョボ磯でいざ渡礁と思えば岩がない。岩が見えておらず、海面から突き出たチャラン棒の近くに船が寄る。すでに磯に設置されたチャラン棒はあるのです。そのチャラン棒の根本を見ると、たとえていうなら沖ノ鳥島くらいの磯がある（笑）。こうした磯でも慣れない人はクーラーボックスを持っていきます。室戸岬はグレがめっちゃ釣れるのですが、サイズは揃って35㎝前後。もう無限に

朝一番は磯際でヒットすることも多い

高知県室戸岬のチョボ磯。低い磯ばかりのエリアで磯にはあらかじめチャラン棒が設置されている場所も多い

釣れるのです。初めての人はいっぱい持って帰りたい。だからクーラーボックスを持って磯に上がる。大抵の人は開始30分くらいでクーラーが流されます。だからこうした低い磯ではドンゴロスもしくはフィッシュバッカンを上手く活用してください。

渡船後の最初の一投、どこをねらう?

渡礁して最初に釣りをどう組み立てるのか? 根際と沖、どちらを最初に探るかといえば、私はまず沖の潮を釣ることが多い。なぜなら沖の潮の動きを軸に釣りを組み立てるからです。着眼点としては、沖に引かれる潮が手前にあるか、沖の潮と手前の潮が反対ではないか、そしてどの辺りでコマセが溜まるのかを見極めポイントを構築するのです。そうしてミチイトの管理がきちんとできる立ち位置を見極め、コマセがしっかり溜まるところがポイントになります。それを探っていくのが最初のリサーチです。

ただし朝一番は磯際にいい魚が付いている可能性もあります。このため手前のポイントを数投探ってみる価値はある。こうした朝の時合を釣り人は「モーニングサービス」と呼んでいます。手前だけでなく沖でもモーニングサービスはあります。手前に執着せず、リサーチは数投でOK。私の場合すぐ沖に投げて沖の潮がどう流れているのか情報収集に移ります。朝は魚が沖にも出張しています。

モーニングサービスの好例をひとつ挙げます。三重に梶賀《かじか》という地区があります。コマセがボイルオキアミしか使えないのが特徴で、紀伊半島屈指のデカクチブト釣り場です。しかし寒の時期はとにかくアタリがない。1日やってアタリが1発あるかないか。もはや修行ですが、当たればでかい。船長が「絶対ハリスは落とすな。4号は使え」と言います。この磯は柱状節理の岩が多く、魚が取りにくい。前に出にくいというのもありますがバラしやすい。だから4号というのです。配合エサが禁止ですから遠投もできない。必然的に磯際しか探れない。ところが朝一、沖の潮目に仕掛けをポーンと投げてサシエだけを落とすと食ってきます。しかも結構浅いタナにいる。「なんでなん?」と不思議で仕方ありません。もちろんいつも釣れるわけではありませんが、朝のグレが出張している好例です。たぶん沖の潮目に漂っている浮遊物を食べているのでしょう。

エサ取り対策

多くのエサ取りは小さく、グレに比べ遊泳力がありません。エサ取り対策の基本的な考え方は「手前にエサ取りを集め、その沖を釣る」のです。多くの磯場は沖にいくほど水深が深くなるので根(ストラクチャー)からの距離も遠くなります。小さい魚にとっては身を隠す場所がなく、捕食者にねらわれる可能性も高まります。そしてある程度の沖まで出ていくが、出ていかないボーダーラインがどこかにあるのです。それが10m沖か20m沖か、極端をいえば1km先なのかは分かりませんが、絶対どこかにある。そのラインを見つけ出し、エサ取りが出ていかない沖側、そこにポイントを作るのが第一段階の考え方です。沖に投げてエサが残る。手前でエサが取られる。沖のエサが取られない位置から、順に手前に探っていくとエサが取られるラインがあるはずで、そのラインを捜します。なおこの境目はグレの活性に応じて変わり、ポイント構築の考え方は次のようになります。

1、グレの活性が高ければ、エサが取られない沖にポイントをつくる。

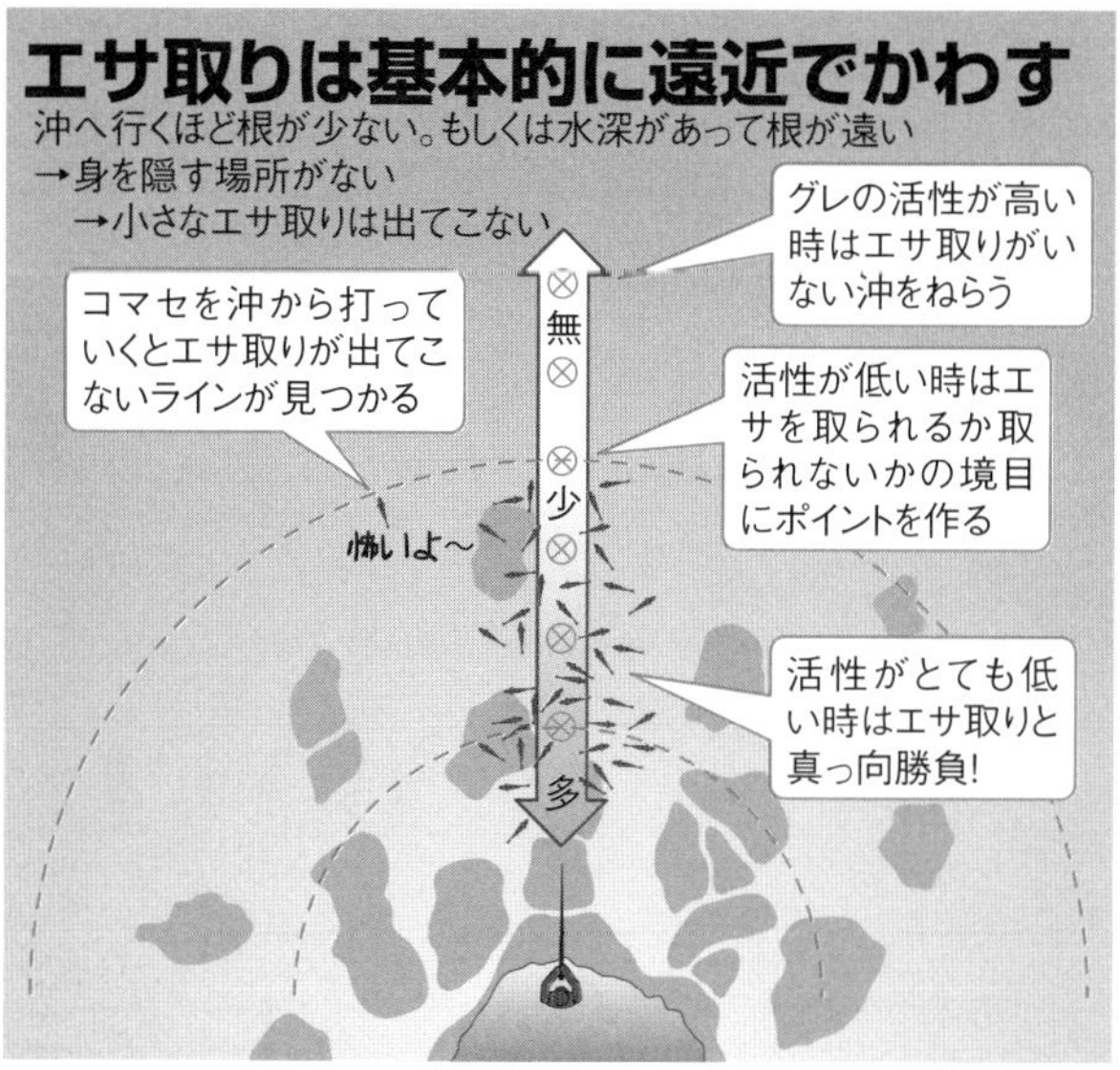
エサ取りは基本的に遠近でかわす
沖へ行くほど根が少ない。もしくは水深があって根が遠い
→身を隠す場所がない
→小さなエサ取りは出てこない
グレの活性が高い時はエサ取りがいない沖をねらう
コマセを沖から打っていくとエサ取りが出てこないラインが見つかる
無
活性が低い時はエサを取られるか取られないかの境目にポイントを作る
少
怖いよ～
活性がとても低い時はエサ取りと真っ向勝負!
多

小型エサ取りの代表格
スズメダイ
ネンブツダイ
タカベ

2、グレの活性が低ければ、エサが取られるか取られないかの境目にポイントをつくる。

3、さらに活性が低く、エサ取りのいるゾーンからグレも出ていかない場合はエサ取りと真っ向勝負する。

コマセをズラして大型を釣る

エサ取りと真っ向勝負をする場合、ポイントは基本的に足もとの狭い範囲になります。そこでエサ取りより先にグレが出るのか、エサ取りより後に出るのか、またエサ取りよりもグレの活性が高いか低いかを見極めます。コマセをポンと撒いて、ちょっと横にコマセを撒いた時にでっかいグレが我先に出てくれれば、活性は高いのです。こんなシチュエーションであれば、コマセをズラして撒き、すばやくサシエと合わせる「ズラす」釣りが成立します。

それでもエサ取りのほうがはびこるようであれば、エサ取り用の最初のコマセと次に投げるコマセの距離をどんどん縮めていきます。そうしてグレが先に反応する位置を見極めます。近付けてもなおエサ取りばかりなら、グレの活性が低いと判断しエサ取りと本命のポイントを逆転させるのも手です。

最初に撒いたエサ取り用のコマセの位置を本命ポイントにし、離して撒いたコマセポイントをエサ取り用にします。この場合、エサ取りのほうが高活性なので、2度目に撒いたコマセの位置にパッとエサ取りが動きます。1投でエサ取りすべてを移動させるのは無理なので移動するまでエサ取り用のポイントに追加のマキエを撒き続けます。そうしてエサ取りを移して最初のポイントを本命用にするのです。文章にすると簡単なようですが、実際に釣るには非常に高等テクニックです。しかし堤防や地磯ではこのコマセワークが釣果を引きだすキモになることは間違いありません。

エサ取りの活性とグレの活性が現在どうなっているのかを判断することが最初のステップです。どこを本命用にして、どこをエサ取り用にするか、意図をもってポイントを構築しなければグレ釣りは面白くありません。やみくもに釣っても仕方なく、それで結果が出るのか分かりませんが、意図をもって釣りをするのが重要です。

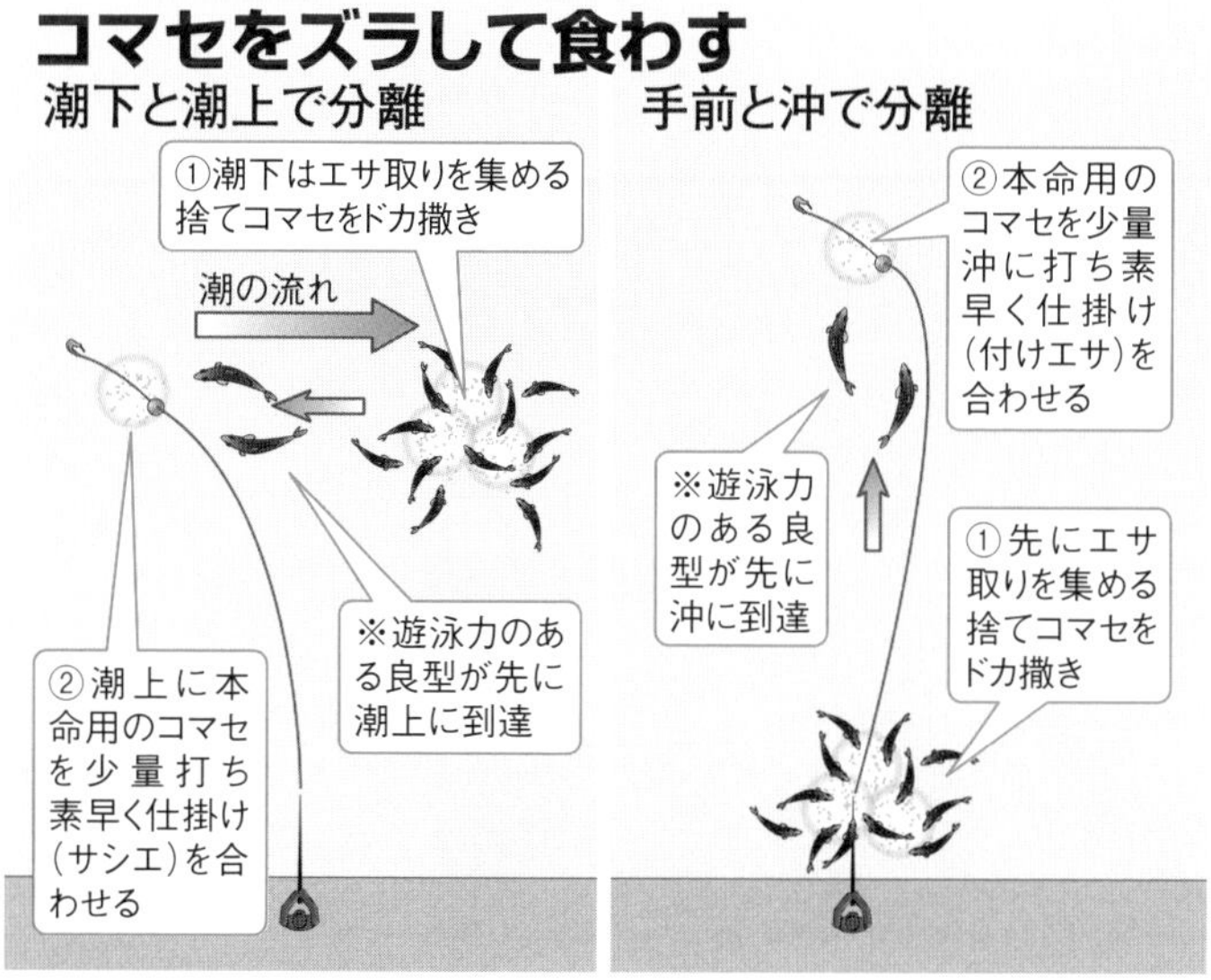
コマセをズラして食わす
潮下と潮上で分離
①潮下はエサ取りを集める捨てコマセをドカ撒き
潮の流れ
※遊泳力のある良型が先に潮上に到達
②潮上に本命用のコマセを少量打ち素早く仕掛け(サシエ)を合わせる
手前と沖で分離
②本命用のコマセを少量沖に打ち素早く仕掛け(付けエサ)を合わせる
※遊泳力のある良型が先に沖に到達
①先にエサ取りを集める捨てコマセをドカ撒き

コッパ対策

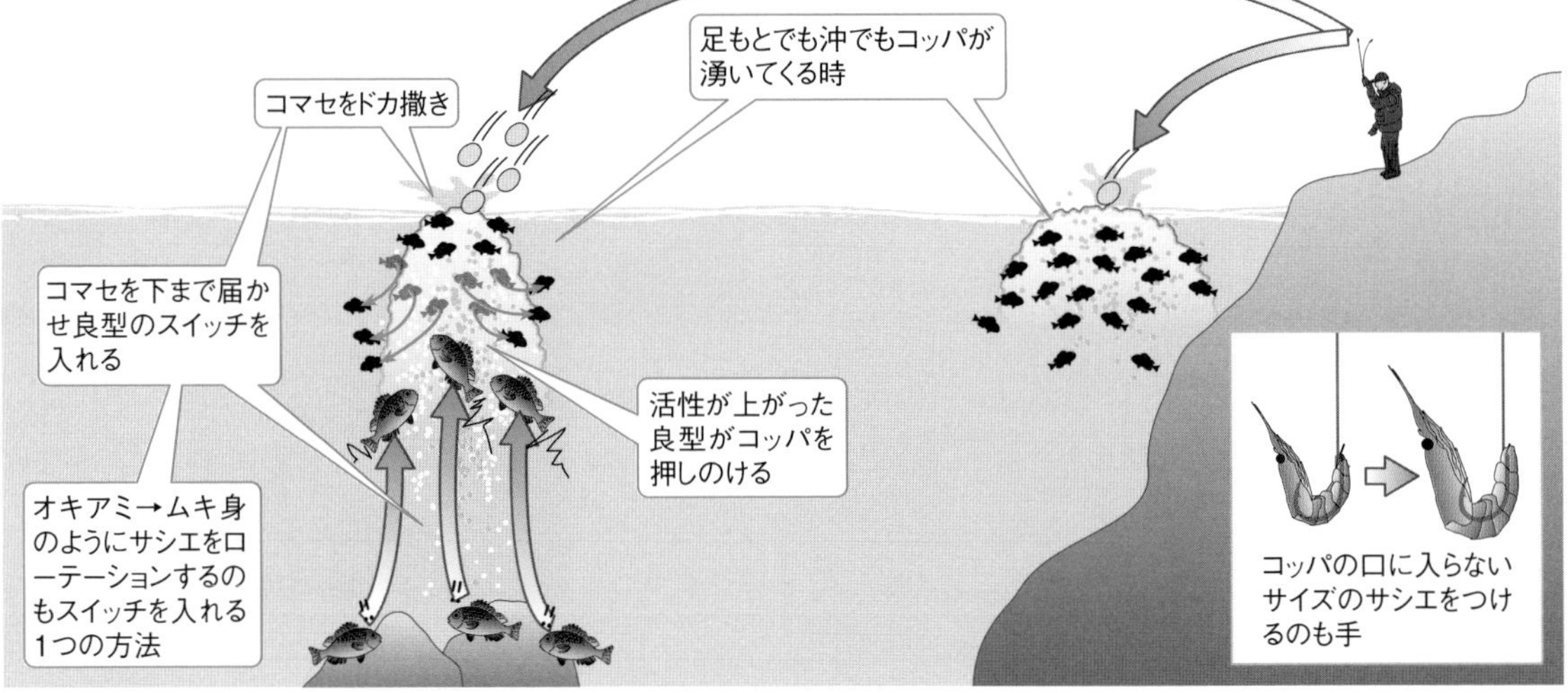
コマセをドカ撒き
足もとでも沖でもコッパが湧いてくる時
コマセを下まで届かせ良型のスイッチを入れる
活性が上がった良型がコッパを押しのける
オキアミ→ムキ身のようにサシエをローテーションするのもスイッチを入れる1つの方法
コッパの口に入らないサイズのサシエをつけるのも手

魚種別エサ取り攻略法

◎コッパグレ

コッパは同じグレだけに厄介です。コッパが元気で沖まで出ていく時は難しく、沖に打ったコマセに波紋が立つような時、つまり水面まで沸いてしまうような状況なら最悪です。まず遠近で釣ってみて、分けられるならOK。ダメならコッパが上層でエサを食い尽くしている可能性があり、ドカ撒きをするべきです。ドカ撒きをして、下にいるだろう良型にもコマセをしっかり届ける。そうして食い尽くされないようにする。下にいる良型のスイッチさえ入れれば、上層に突き上げてコッパを押しのける力が絶対にあります。

また、サシエの工夫でもサイズを上げることは可能です。たとえばコッパが口に入らないような大きなムキ身やボイル、ネリエを使うのです。そういった場合はサシエのローテーションが非常に重要になってきます。コッパの中にいる良型は毎投サシエを見ています。同じサシエばかり使っていると捕食のスイッチが入り難くなります。オキアミで10投して次の1投をムキ身にすると一発で良型が食ってくることがありますが、そういった時はまさに捕食のスイッチが入った時です。ムキ身で数投して結果が出なければまたサシエを替える。このローテーションを上手く利用して良型を釣っていきます。

コッパは同じグレだけに手強いエサ取り

アジ・サバ・イワシ・イサキ対策
図1 V字状に切れ込んだ「割れ」での釣り

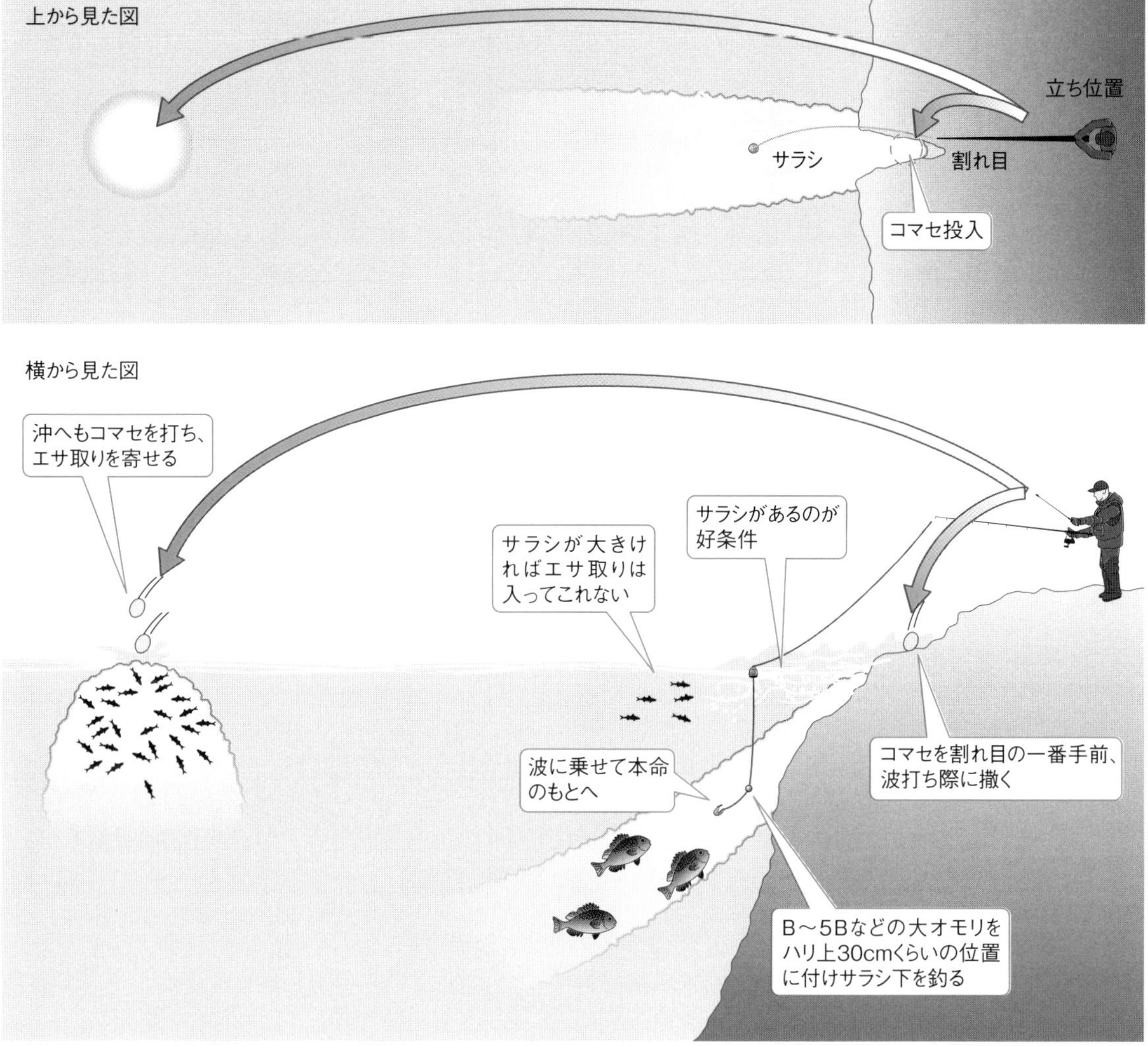
上から見た図
立ち位置
サラシ
割れ目
コマセ投入
横から見た図
沖へもコマセを打ち、
エサ取りを寄せる
サラシがあるのが
好条件
サラシが大きけ
ればエサ取りは
入ってこれない
コマセを割れ目の一番手前、
波打ち際に撒く
波に乗せて本命
のもとへ
B～5Bなどの大オモリを
ハリ上30cmくらいの位置
に付けサラシ下を釣る

◎アジ・サバ・イワシ

青ものは足が速い魚です。小型といえどもグレがいくら頑張ったところで遊泳力は向こうが上です。コマセを遠近に打ち分けても、簡単にかわすことができません。となると根際をねらうしかないのです。根のベタ際、ハエ根の切れ目、ゴロタの隙間というふうに岩にエサを這わせたり、穴にエサを突っ込んだりとそういう釣りをします。この場合、軽い仕掛けはお話にならず、大切なのはオモリワーク。早くサシエを落とすことです。大型グレのいるタナにサシエが届くオモリを打ち、食い込みを考慮するのは2の次。サシエが取られてしまえば釣れないので、本命の口先にエサを届けることを最優先に考えます。

　ガン玉を打つ位置はハリから30㎝上くらいでしょう。口ナマリに近い感じでオモリを打ちます。目安はB以上。3B、5Bを付けることも珍しくありません。ハリスの真ん中に打ってもダメです。オモリが速く沈

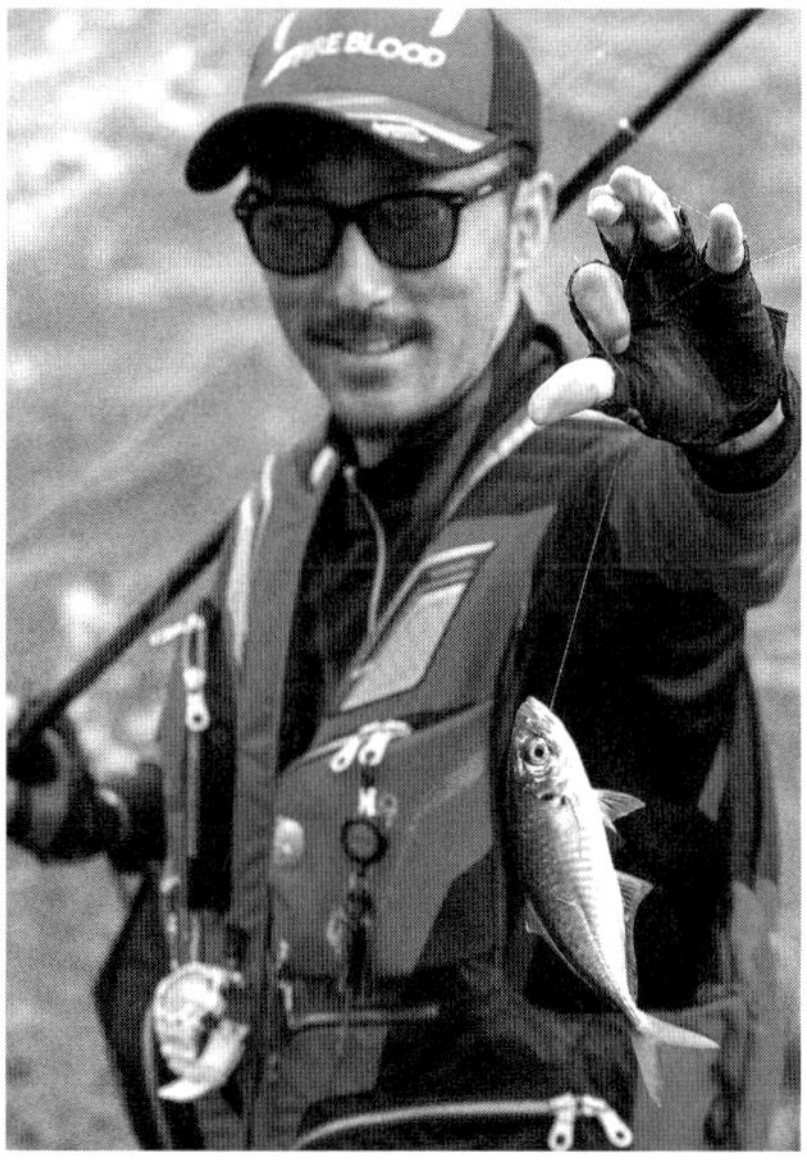
アジは全層を泳ぎ、分離することが難しい魚

んだところでサシエはまだ上にあり、すぐに取られてしまいます。場合によっては1号を2、3個付けることもします。いわば穴釣りみたいなものですが、小サバ地獄の時はこれくらいしないと釣りにならないことも多いのです。

こうした口ナマリの釣りをするには、ハエ根が延びてその先がスコンと落ちているスポットや、磯際がV字に割れている所がやりやすい。サラシがあればなおさら好条件です。磯際が手前にV字状に切れ込んだ「割れ」で釣る場合、コマセはV字型の根の上に乗っける感じで撒きます。すると波が上がってきた時にコマセを水中に引き込みます。それを本命用のコマセとして、エサ取りである青もの用のコマセは沖にバンバンと打っておく。すると手前は比較的青ものが少なくなるはずで、特にサラシが大きければ青もののエサ取りは突っ込んできません。しかしサシエを止めなければいけないので、大オモリが必要です（前ページ図1）。

初夏の名物ともいえるエサ取りの小サバ。コマセワークではかわしきれない難敵だ

アジ・サバ・イワシ・イサキ対策

図3 ゴロタ場の穴を釣る

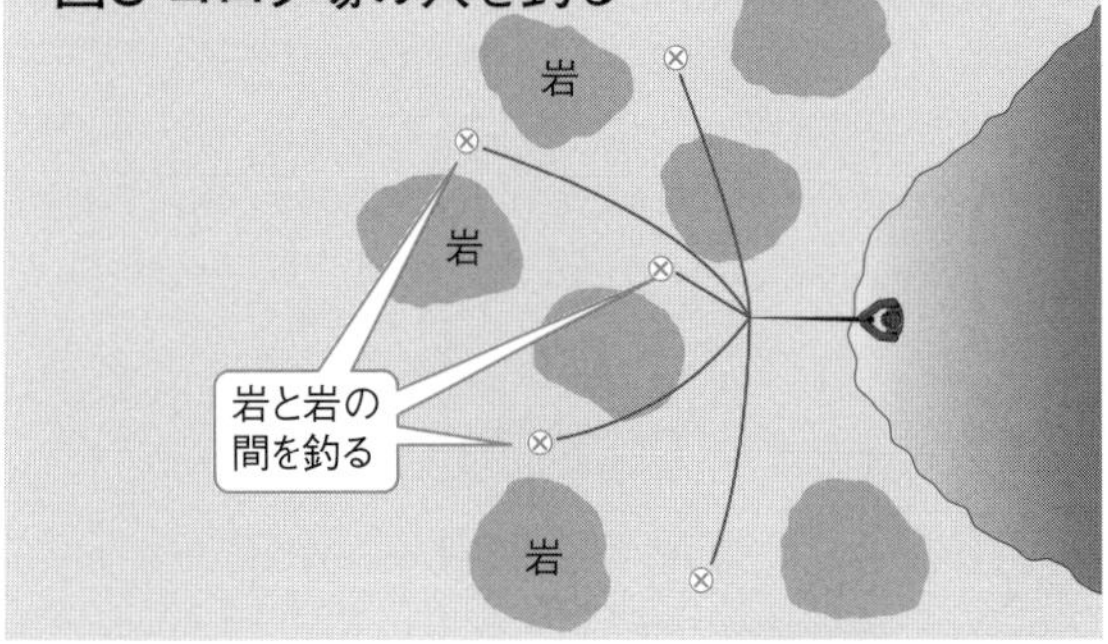
岩
岩
岩
岩と岩の間を釣る

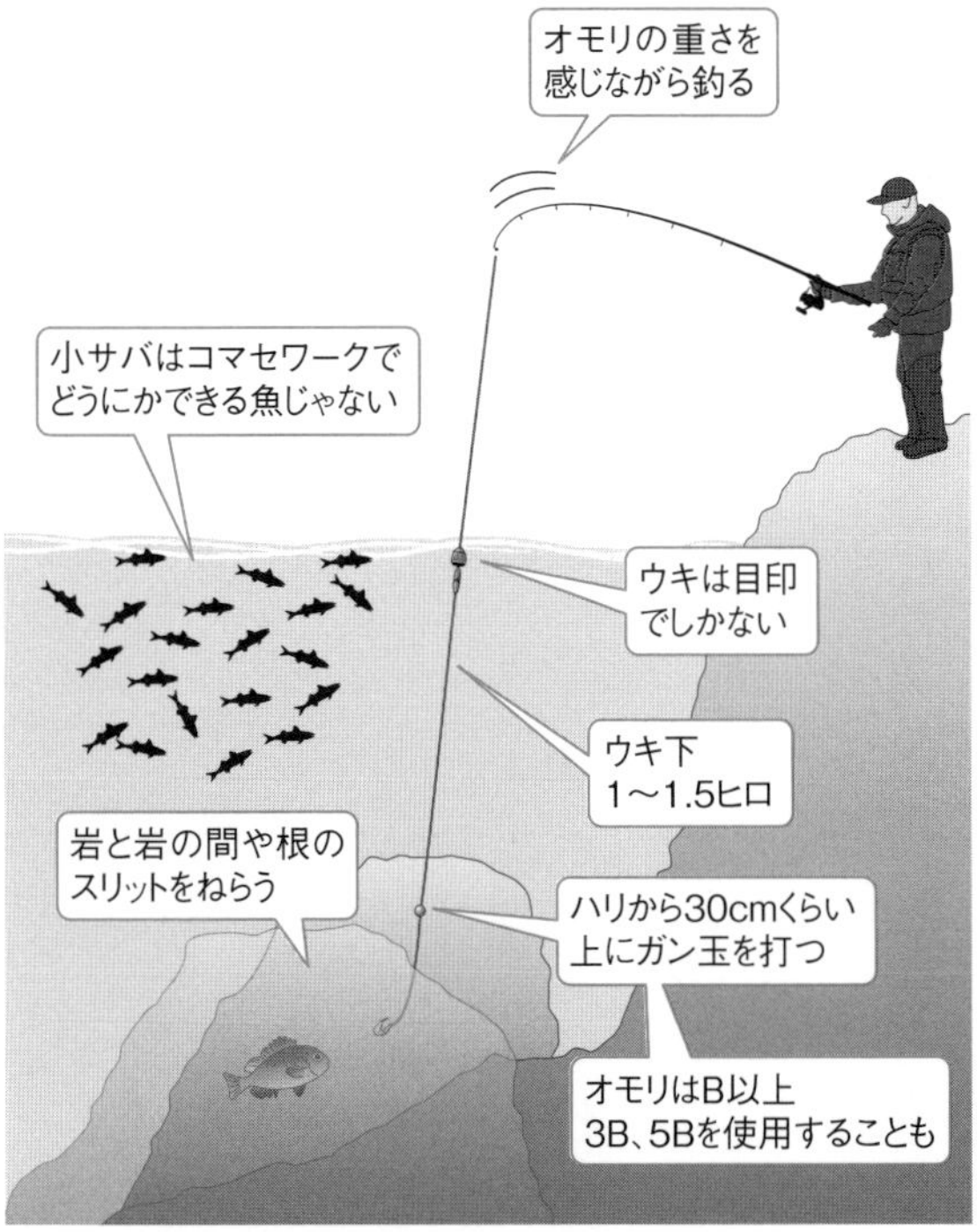
オモリの重さを感じながら釣る
小サバはコマセワークでどうにかできる魚じゃない
ウキは目印でしかない
ウキ下 1〜1.5ヒロ
岩と岩の間や根のスリットをねらう
ハリから30cmくらい上にガン玉を打つ
オモリはB以上 3B、5Bを使用することも

図2 ハエ根際のオモリ転がし釣法

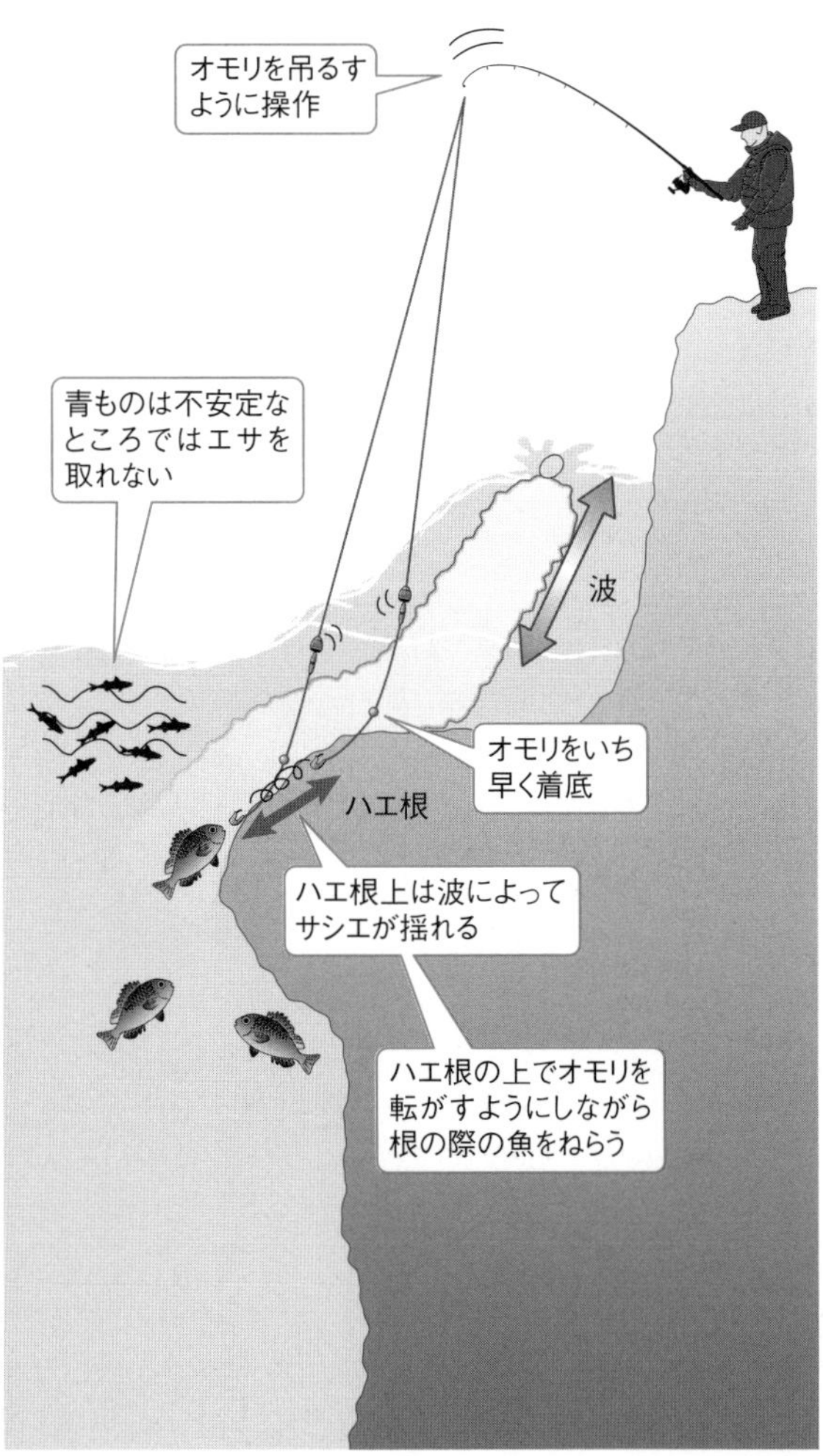
オモリを吊るすように操作
青ものは不安定なところではエサを取れない
波
オモリをいち早く着底
ハエ根
ハエ根上は波によってサシエが揺れる
ハエ根の上でオモリを転がすようにしながら根の際の魚をねらう

ハエ根の際を釣る時は、根の上にいち早くサシエを着底させることです。ハエ根上は波があると横に揺れます。そんな不安定な場所で青ものはエサを取れません。特にアジ、サバは1ヵ所に定位しにくい魚です。だからオモリをハエ根の上で転がすような釣り方をしています（図2）。

ゴロタであれば、岩と岩の隙間にエサをストンと入れてしまう。完全に根掛かりを覚悟した釣りですが、ウキ下は浅くするのがキモです。というか浅場でなければ成立しない釣法です。サバがいて磯際で釣る時はウキ下の目安が1〜1・5ヒロです。穂先の下でオモリを宙に吊るして操作するためウキは目印としての役割しかありません。イメージはイシダイの南方宙釣りです。穂先が常に曲がっていて、ゴツンと入ればアタリです。トーナメントの予選会は小サバのうるさい初夏が多いです。小サバはコマセワークでどうこうできる相手ではない。よって、この釣り方を知っている人は強いです（図3）。

オモリワーク以外にも他のエサ取りを利用する方法もあります。多くの魚は群れる習性があります。それも同じ習性の魚は種類が違っても群れやすいのです。青ものとグレは群れとしては全く違う種類なので決して同じ群れで行動しません。この習性を利用します。磯際によくいる代表的な魚（スズメダイ・ネンブツダイ・チョウチョウオ）ならなんでも構いません。足もとに可能な限りスズメダイ等のエサ取りを集めその境界線をねらいます。それでも小サバの猛攻でダメならスズメダイの群れのど真ん中をねらうとサバをかわすことができます。

◎イサキ

近年、南伊豆の沖磯は長期的にイサキが群れなしコマセが利くと絨毯のようになることが多々あります。これをかわすのは非常に苦しい。イサキは私の中で青ものと一緒です。小サバをかわす時と同じような場所を釣る。磯際であったり、サラシ場であったり、ゴロタの穴の中であったり……。イサキは群れが大きいので型が小さくてもグレより勢力が強くなってしまう。イサキが湧きすぎるとグレが潮の中に出なくなってしまう。だからグレの住処の近くを釣る。つまり根にコンタクトするような場所です。

イサキとグレが混在している状況も多いですから、群れが大きくない時はどちらも同じような感じのパターンで入り乱れて釣れます。あとは時合でイサキが急に湧き出したり、消えたりということもあります。沖を釣っていてグレが1尾でも混じるようであれば、沖を釣ってもよいです。それが百発百中でイサキが釣れるとなったら、根際の釣りをするしかない。潮変わりを待たない限り、沖でグレを釣るのは無理でしょう。そういう時は手前の釣りに集中するほかない。ただし、沖も見ておくべきです。潮が変わったタイミングで魚がガラリと入れ変わります。たとえばアジのサビキ釣りと一緒です。群れがいれば果てしなく釣れますが、

イサキ。食べて美味しい魚ながらグレを本命とするなら群れが大きいとかわしにくい

いなくなるとゼロです。イサキも潮が変わるといきなり消える。その変わり目がどこかにあるはずです。潮が緩くなった、強くなったと感じれば、沖も再度ねらってみましょう。ただし、イサキはかわすのが難しいエサ取りであることは間違いありません。

◎イスズミ

大型か小型かで、かわし方は変わります。大型であれば根に付いて沖に出ていかないので遠近で分けて釣ることができます。コッパイスズミは沖一面に出ていきますから手前で本命を釣ったほうがいいことが多いです。イスズミが大量に湧くと、グレは湧かなくなります。グレとイスズミは近種ですからコマセに反応する領域が一緒になりがちで、特に高水温期はグレの居場所を占領してしまう。最初の釣り始めはグレがいたのに、イスズミがどんどん増えると知らんうちにグレがいなくなる。そういうことがあり得るのです。イスズミを湧かすエリアと、グレを湧かすエリアを完全に分ける必要があります。

コッパイスズミであれば、最初に打ったコマセから沖、沖、沖とコマセを入れていく。イスズミの頭は沖に向いているので、その間に一発だけ手前に本命用のコマセをポンと入れ、引き続き沖にはコマセを入れ続ける。そうして手前のエサで釣る。すると手前には比較的イスズミが少なくなり、分けやすい。手前にイスズミが湧かない一瞬があれば、今度は一瞬だけグレが湧く時があります。この瞬間は、かなり明らかに分かります。そしてイスズミの群れの中を釣ってはダメです。イスズミゾーンと割り切って、グレと出会える確率は低いと思ったほうがいい。イスズミゾーンをどうやってコマセで動かすかを考えたほうがよいのです。

もうひとつの分け方は、最初に手前、足もとにコマセをドカ撒きします。10発くらい同じ場所に団子で撒く。ドンドンとコマセを入れて、コマセの柱みたいなものをつくる。そうするとイスズミが集まります。そのコマセの沖側に順々にコマセを打っていく。すると最初に撒いたコマセからイスズミが沖、沖、沖に出ていく。手前にコマセはまだ残っています。そのうちイスズミが沖に移動した後で、手前にグレが湧く。イスズミがいなくなると、「これはいける」と思ってグレが出てくるのです。キモは最初にドカ撒きしたコマセから、沖、沖と打つコマセのインターバルを極力スピーディーに行なうことです。速いほうがよく、エサを撒くのが途切れると、また手前に戻ってしまう。ただし、あまり沖まで撒きすぎると、手前と沖でイスズミの群れが分かれすぎて手前のドカ撒きコマセの位置にイスズミが戻ってしまう。その動きを見て、どこまで沖に出すかは決めたほうがよいです。できるだけ沖に出したほうが、グレが湧く確率も高いし、湧く時間も長くなるので釣りやすい。それをやりすぎると手前側の群れが戻ってきてしまうので注意する。どこまでストロークが取れるかは状況しだいなので、現場の判断力が重要です。それでもイスズミの群れを切り離せるのは10～15mが限度でしょう。ちなみにコッパグレとコッパイスズミであれば、まだイスズミのほうが分け

巨大イスズミ。私は夏の間、本命としてねらう。ダンプカーのような疾走が凄い

イスズミ（コッパイスズミ）対策

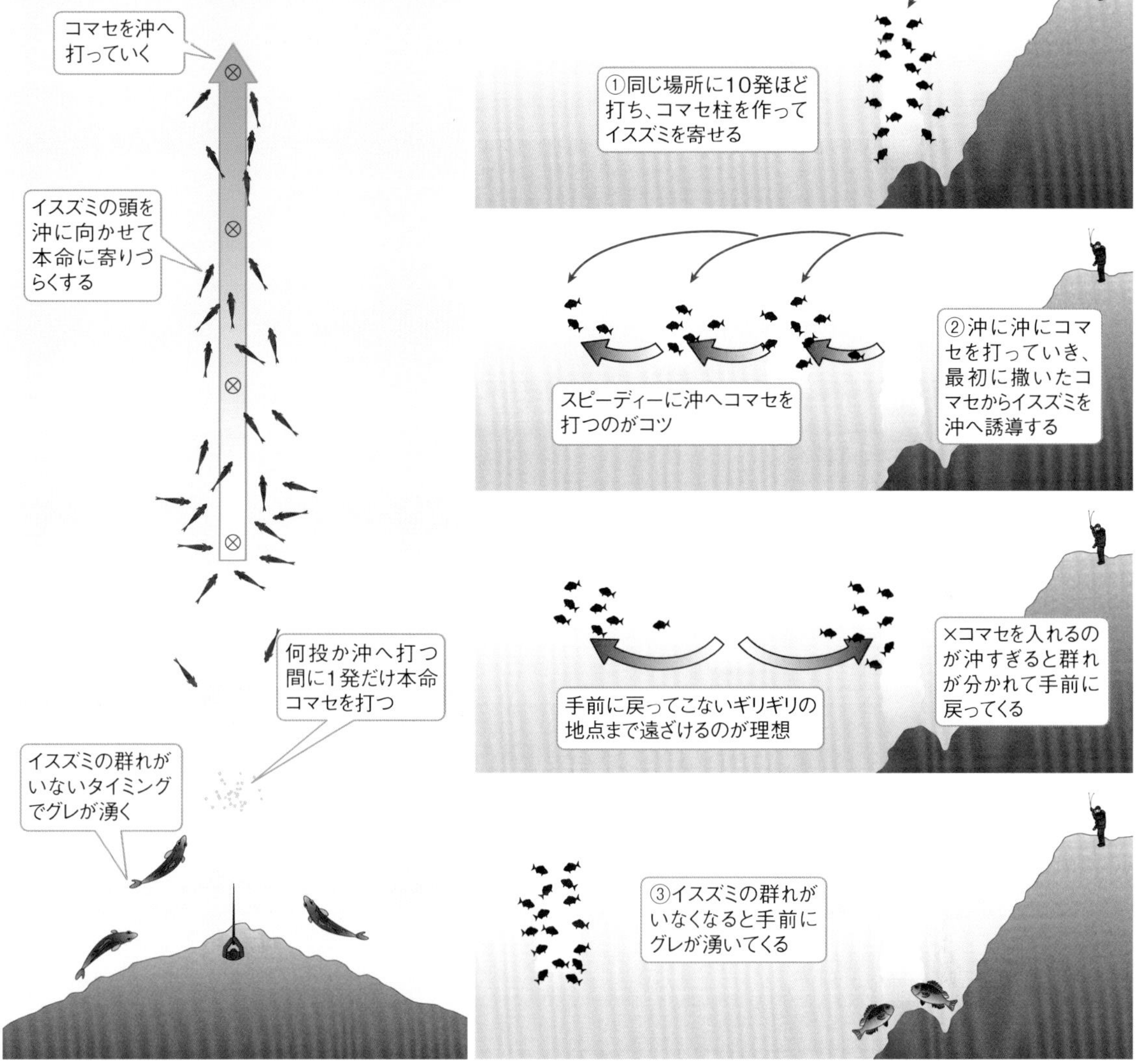
コマセを沖へ打っていく
イスズミの頭を沖に向かせて本命に寄りづらくする
何投か沖へ打つ間に1発だけ本命コマセを打つ
イスズミの群れがいないタイミングでグレが湧く
①同じ場所に10発ほど打ち、コマセ柱を作ってイスズミを寄せる
②沖に沖にコマセを打っていき、最初に撒いたコマセからイスズミを沖へ誘導する
スピーディーに沖へコマセを打つのがコツ
×コマセを入れるのが沖すぎると群れが分かれて手前に戻ってくる
手前に戻ってこないギリギリの地点まで遠ざけるのが理想
③イスズミの群れがいなくなると手前にグレが湧いてくる

やすいです。

◎キタマクラ

潮が速いところにはあまりいないエサ取りと思ってください。だからキタマクラが湧く状況では、とりあえず沖を釣る。少しでも遠投して沖の潮がある場所を探る。基本的に深く探らないほうがよい。タナでいえばサオ1本までを釣る。1ヒロ半から2ヒロまでで釣りたい。あとできるだけ軽い仕掛けにすること。沈下が不自然に速いとエサが目立って取られます。小バリにして、サシエも小さくすること。目立たないようにカモフラージュします。それでまず釣る。沖を探っても一面がキタマクラという海であれば手前を探るしかありません。手前に撒いてグレの活性を上げる。グレの活性さえ上がってくれれば、キタマクラは泳ぐのが遅い魚なので、すぐにどいてくれるはず。グレの活性が上がらないと厄介です。

もうひとつ重要なのがコマセを先打ちで利かせることです。仕掛けをそこに合わせたほうがいい。追いコマセはあまりしない。後打ちするとあまりよろしくない。先打ちのコマセで、ある程度キタマクラを沈ませてからサシエを追いかけさせたほうがいい。追いコマセはまた浮上させるきっかけになりかねません。

キタマクラ。地磯では一面がキタマクラの絨毯のようになることも

キタマクラ対策

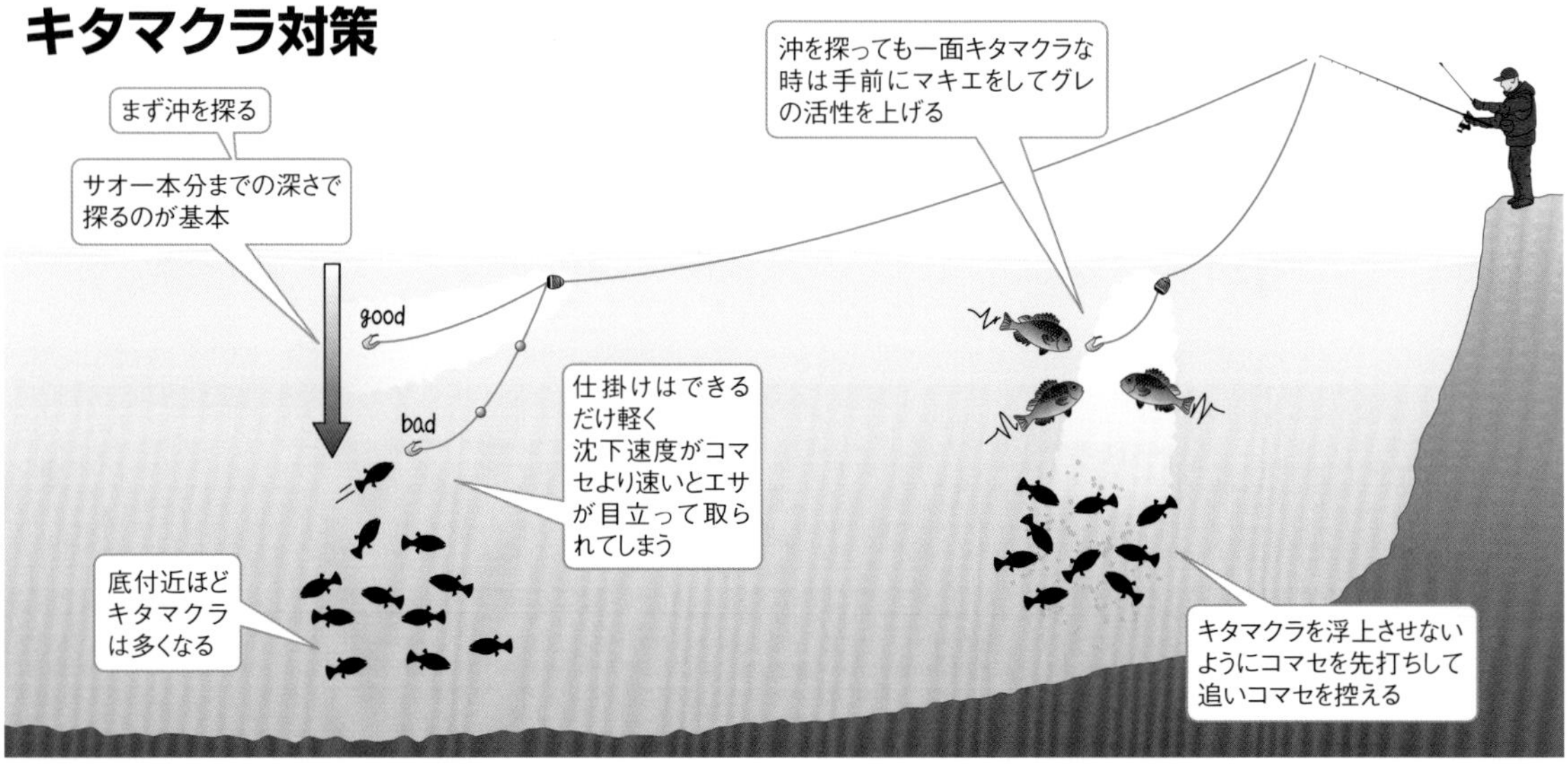
まず沖を探る
サオ一本分までの深さで探るのが基本
good
bad
仕掛けはできるだけ軽く
沈下速度がコマセより速いとエサが目立って取られてしまう
底付近ほどキタマクラは多くなる
沖を探っても一面キタマクラな時は手前にマキエをしてグレの活性を上げる
キタマクラを浮上させないようにコマセを先打ちして追いコマセを控える

◎イナダ、ソウダガツオ、ツムブリ

大型青ものが回遊している海は、グレが怖がって沖に出なくなります。その時はやっぱり手前を探るべきです。大型グレでさえも沖には出にくいのです。根際、もしくはチョイ沖を軸にポイントを組み立てます。

◎サンノジ

仕掛けを深く入れすぎるとヒットします。根をタイトに釣りすぎるとサンノジが食ってきやすい。かわすにはグレを根から離す。つまり浮かせて釣ることを心掛けるしかありません。浅ダナ攻略が決め手です。

◎アイゴ

伊豆半島周りでとても多いエサ取りです。アイゴの時合というのがあるのか、時にどこに投げてもアイゴばかりがヒットすることがあります。厄介なのは大型も浅ダナまで浮くことです。ただしアイゴは目立つ魚。いるかいないかは分かりやすい。ぐちゃぐちゃに群れだすとすぐに分かります。こうなれば、いない場所を釣るしかない。ポイントを変えてみるのが得策です。1ヵ所を釣り続けるとアイゴのマンションになってしまう。たとえばオセン（スズメダイ）とかネンブツダイであれば、同じ所を撒き続けているとグレの活性が上がり、追い散らすほどになります。それがアイゴマンションの場合、グレが毒針に刺さりたくないのか、その群れの中に出てこなくなるのです。だからそのポイントはやめます。できれば磯の表から裏、またその逆というぐあいに移動します。そうするとしばらくはアイゴをかわせるでしょう。そのうちアイゴが集まってマンションになってしまったなら再び移動します。焼畑農業釣法とでもいいましょうか（笑）。

◎サメ

エサ取りとは話が変わります。本命を食べてしまう存在です。サメが回遊する磯では原則として沖ねらいはいけません。磯際、足もとで勝負するしかない。それでも追っかけてくることがある。ゴリ巻きすれば小

イナダは秋口に遭遇率の高い青もの。これが回ると沖にグレが出にくくなる

通称「サンノジ」と呼ばれるニザダイ。尾ビレの付け根に3本のラインがある。ヒット後の初速が凄まじく速い魚である

アイゴがマンションのように群れだすとグレは釣れないと思って場所を変えるか休ませるほかない

さい魚は取れます。しかし大型は取れない。そのうち下からジョーズが現われ食われてしまう。なかなか浮かせられずにモタモタしているとガブリとやられます。かわす方法としてはサメがグレをロックオンして食べられると思ったらオープンベールでもレバーフリーでもなんでもいいのでイトを出してグレを思いっきり走らせる。根に向かって走らせるのが決め手です。サメは方向転換が下手なので、すぐには追いかけられない。根ズレによるバラシのリスクは高まりますが、どうせサメに食われるなら思い切ってグレに逃げてもらう。そのほうが取れるはずです。

地元の神戸にいたころ、真夏になると四国西南部の「西海」にイスズミを釣りに行っていました。お盆休みのころ、西海は60㎝くらいのイスズミが凄まじく群れなします。1日サオをだせば50発くらい掛けられるのですが、3mぐらいのサメが磯際にウロウロしていて、一発で食われてしまう。60㎝クラスのイスズミとなれば、相当なやり取りをしなければ取れません。バラシにバラしてどうすればいいのかと考えたのがイトを出して「逃げてくれ」と解放するやり取り。犬の首輪を外すように、グレを解き放ってあげます。

スマは本命と言いたくなるほど美味なる魚だが、こうした青ものが回っている時は難敵のサメも多い

潮が動き、ナブラが立つ。海がにぎやかな光景もまた楽しい。こうした海の多彩な変化を観察するのも釣りの組み立てに役立つことだ

第７章

友松釣法の核心部

グレ釣りの面白さはヒットパターンを見出して「連打」に導くことです。
そのカギを握るのがタナの把握であり、ミチイトの管理です。
ポイントを組み立てたうえで、サシエをいかに抵抗なく流し込むか。
そこにはグレ釣りの奥深さ、核心部があるのです。

ウキフカセ釣りはミチイト管理に核心部がある

私の仕掛けは軽い。極力オモリを打たずサシエを自然に潮に乗せて流す。それが面白いし、釣れる。私のメインの釣法です。

サシエを先行して流し、ウキから上のミチイトが邪魔をしないようにする。それが私の釣りの核心部といえます。言い換えればライン操作に核心部があるのです。フカセ釣りとは、すなわち仕掛けを潮に乗せてハリスをふかす釣り。それにはミチイトの管理が重要なのです。イトをどこに置くか、張り加減をどう調整するか。ウキからハリまでの仕掛けに変な抵抗が掛かれば、馴染まなくなります。馴染むまでに変な力をなくすのがミチイトの管理です。張りを入れたり、誘いをかけたりするのはミチイトが管理できたうえでの応用といえ、最初に理想の管理状態を作り出すのが先決です。ミチイトが先行しウキが引っ張られる状態では、サシエが引っ張られてしまう。抵抗を感じてグレは食い込まず、食っても吐き出します。こうならないために流れをどう読んでミチイトをいかに管理すべきか。これからいくつかのシチュエーションを例に挙げていきます。

条件1
沖にサラシが伸び、追い風が吹いている。

背中から風を受け、足もとからサラシが伸びていれば基本的に釣りやすい条件といえます。サラシは払い出しですからコマセを沖のポイントに運んでくれます。ところがミチイト管理の面で考えると、ミチイトのみが表層の払い出しに乗ってしまうことがあります。ウキおよび仕掛けは、馴染んだところで沈んでいく。しかし表層のミチイトだけが沖に伸びてしまう(図1)。上だけ押され、仕掛けが内側に入ってしまう状態が往々にしてあるのです。背中からの追い風が強すぎる場合も同じ現象が起きやすい。だからミチイトを管理しやすい好条件とは限りません。

徹底した管理をするには、サラシが払い出している場合、そこは避けてねらいます。たとえばサラシの脇に仕掛けをかわして入れる。払い出す力を避けられる位置を捜すのです。

図1 ～条件1～

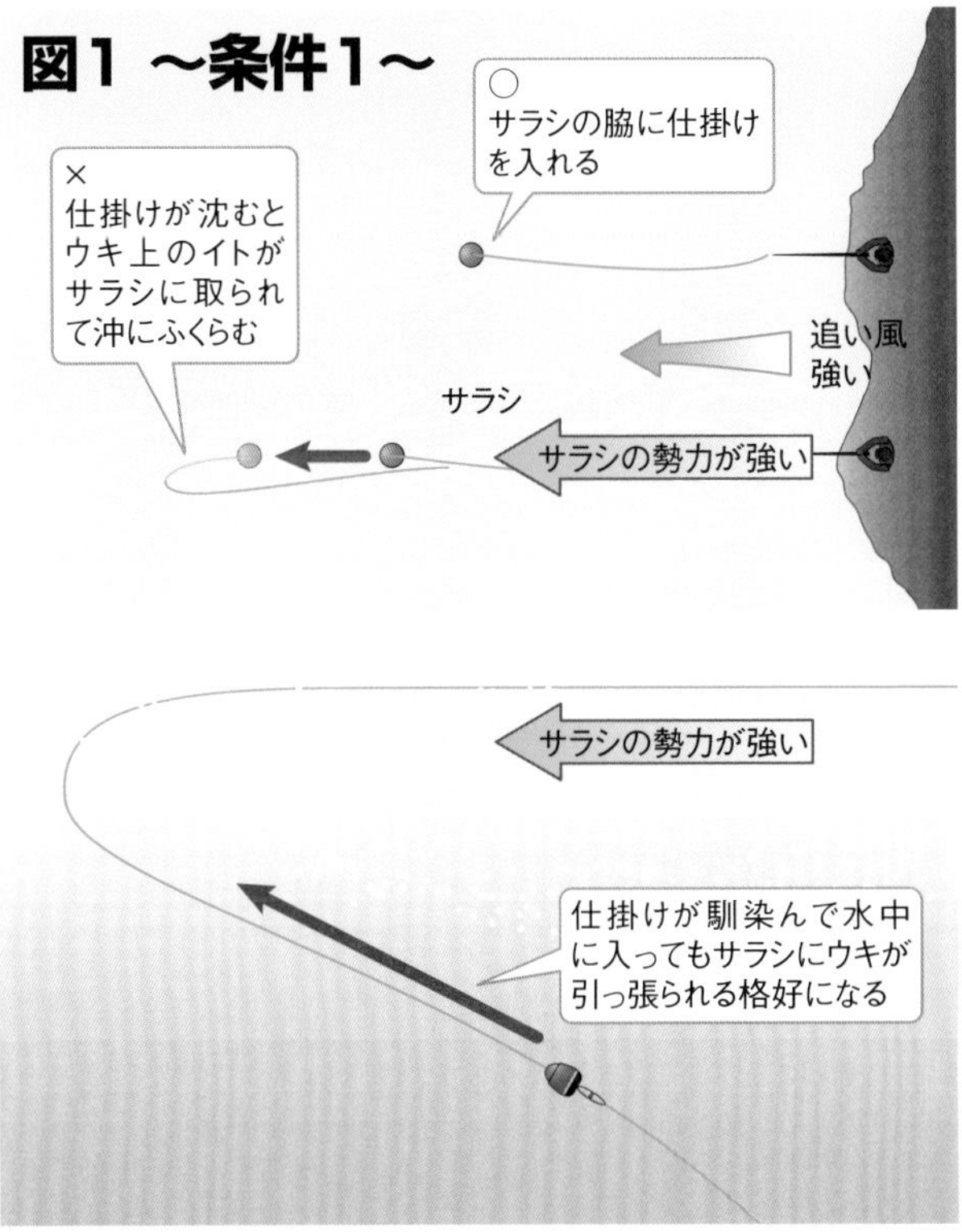
○
サラシの脇に仕掛けを入れる
×
仕掛けが沈むとウキ上のイトがサラシに取られて沖にふくらむ
追い風強い
サラシ
サラシの勢力が強い
サラシの勢力が強い
仕掛けが馴染んで水中に入ってもサラシにウキが引っ張られる格好になる

図2

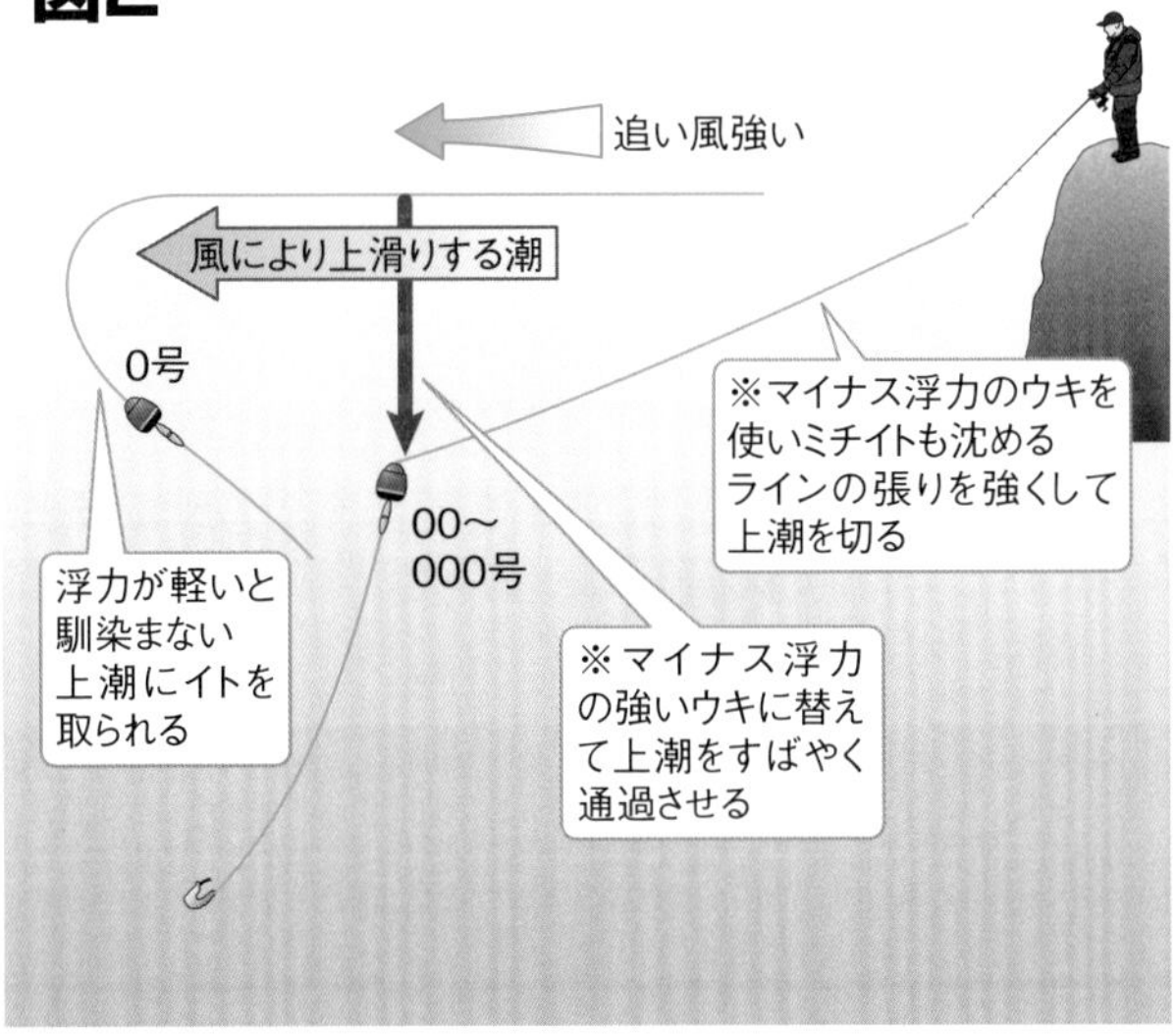
追い風強い
風により上滑りする潮
0号
00～000号
※マイナス浮力のウキを使いミチイトも沈めるラインの張りを強くして上潮を切る
浮力が軽いと馴染まない上潮にイトを取られる
※マイナス浮力の強いウキに替えて上潮をすばやく通過させる

図3

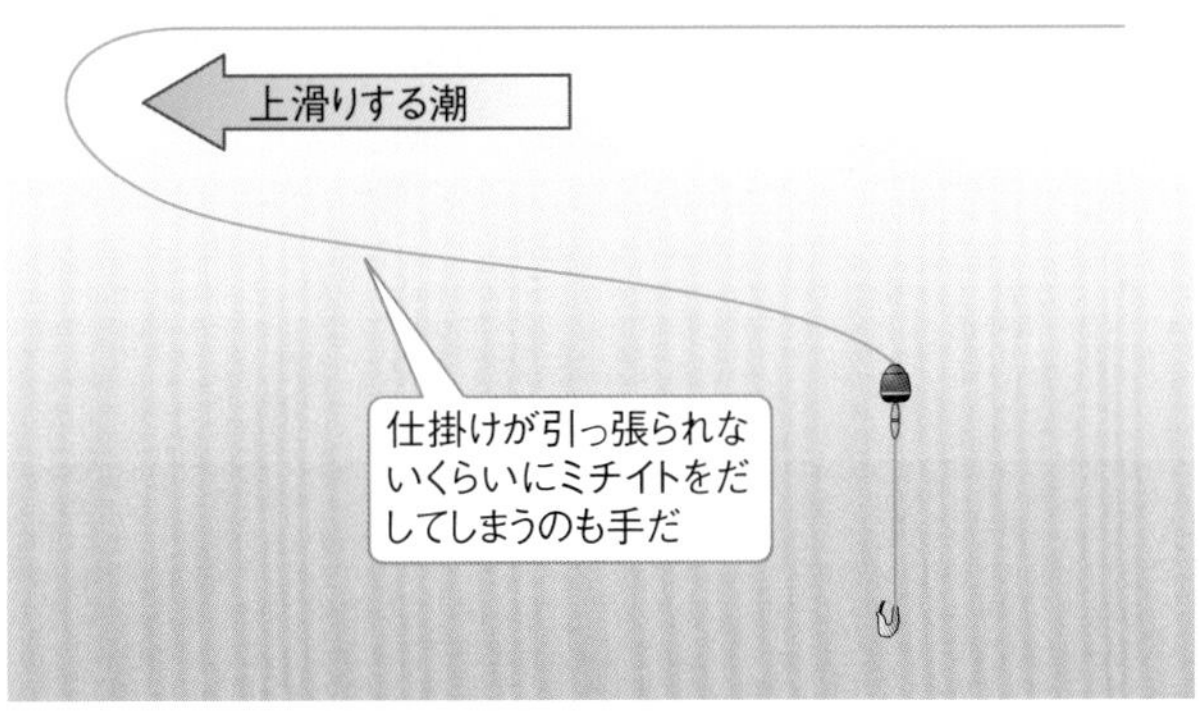
上滑りする潮
仕掛けが引っ張られないくらいにミチイトをだしてしまうのも手だ

基本の仕掛け

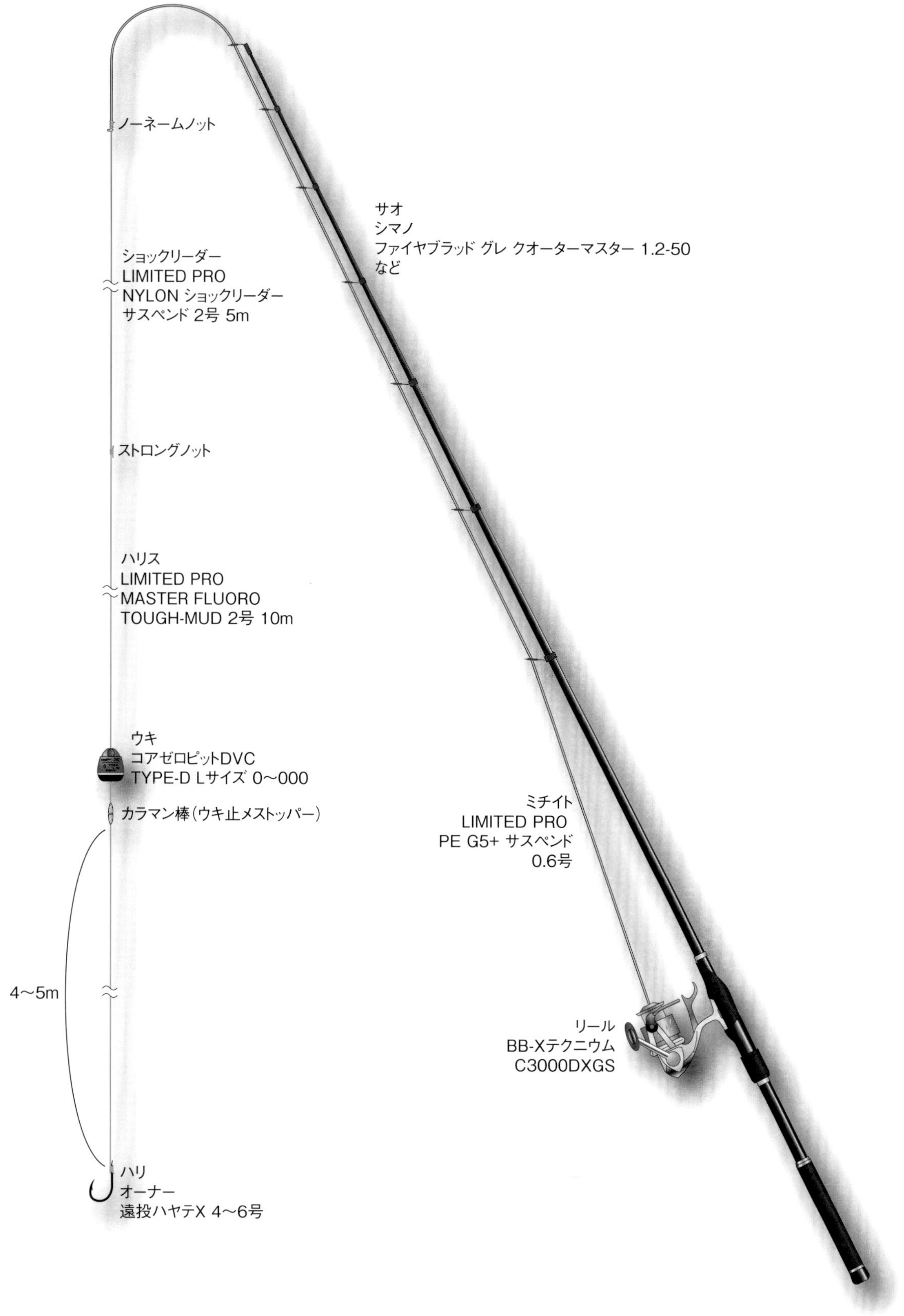
ノーネームノット
ショックリーダー
LIMITED PRO
NYLON ショックリーダー
サスペンド 2号 5m
ストロングノット
ハリス
LIMITED PRO
MASTER FLUORO
TOUGH-MUD 2号 10m
ウキ
コアゼロピットDVC
TYPE-D Lサイズ 0～000
カラマン棒（ウキ止メストッパー）
4～5m
ハリ
オーナー
遠投ハヤテX 4～6号
サオ
シマノ
ファイヤブラッド グレ クオーターマスター 1.2-50
など
ミチイト
LIMITED PRO
PE G5+ サスペンド
0.6号
リール
BB-Xテクニウム
C3000DXGS

追い風が強すぎる場合は上のミチイトが取られます。ウキを速く沈めれば、上滑りする表面の流れを突破しやすくなります。そこでウキの浮力を小さくする。0号なら00号に、それでダメなら000号に替え、浮力をマイナスに振って速く沈めます（P85図2）。

しかしミチイトが浮いている限り、ウキを沈めるだけでは対処できません。PEラインであれば穂先を海面に突っ込んで強制的に沈めます。その際、ミチイトを引っ張って沈めます。穂先付近の沈んだPEが海面に浮いている場所を目視で確認してゆっくりリールを巻き取るとPEが沈んでいくのを確認できます。この操作で強制的にミチイトを沈めます。ミチイト沈めの方法はまた後ほど解説します。

風が強すぎてどうしようもないという場面では、抵抗を感じないところまでイトを出してしまうのも手です。これでも糸電話の原理で、ある程度ミチイトが張られていれば、大きなアタリが出なくともミチイトには何かしらの変化があるはずです（P85図3）。

条件2 風は左から右に吹き、潮は右から左に流れる

横風の場合はどうなるか。たとえば風は左から右に吹いているのに対し、潮は右から左に流れている。通常のフカセ釣りではミチイトを潮上に置いて流すことを理想にします。そのほうが付けエサが先行して流れやすいからです。しかし風が強すぎる場合には、風上となる潮下に置くことも多々あるのです。風でミチイトが膨らんでしまえばその抵抗で仕掛けが馴染みにくくなります。風の強弱、ポイントまでの距離、仕掛けの馴染む速度を考慮してミチイトをどれくらい風上（潮下）側に置くかを判断します（図4）。横風が強い時はキャスト後に風上にサオを倒すのが基本です。ミチイトの軌道を投げた瞬間から整えていくのです。なぜなら仕掛けが馴染むまでの間、ミチイトに抵抗が掛かってしまうのが最もよくないからです。

ウキの浮力も大きく関連してきます。ミチイトが膨れてどうしても馴染まない場合はウキの浮力を落とします。それでダメならガン玉を打ってとにかく速く馴染ませるのです。

図4 ～条件2～

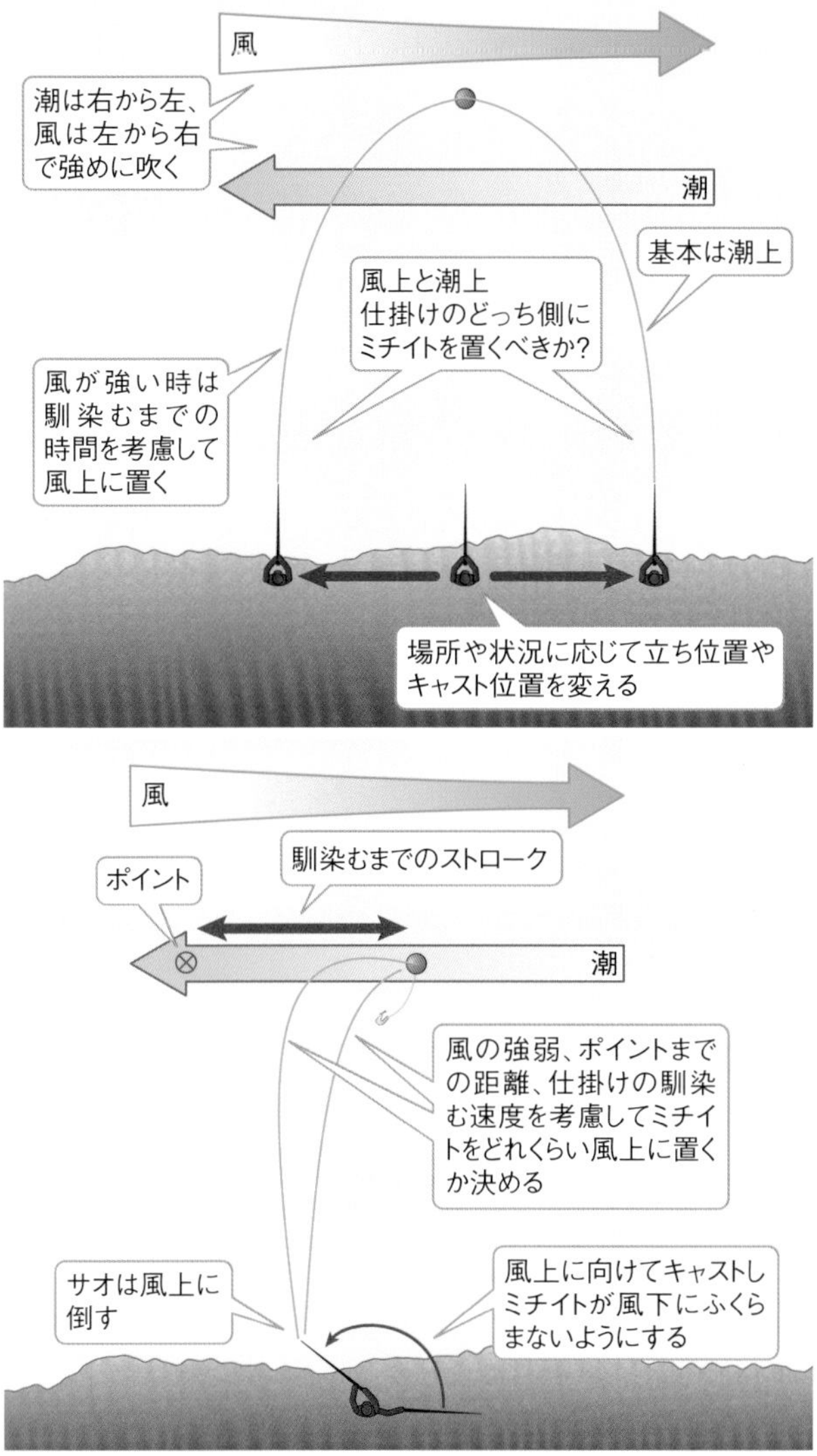
風
潮は右から左、風は左から右で強めに吹く
潮
基本は潮上
風上と潮上 仕掛けのどっち側にミチイトを置くべきか?
風が強い時は馴染むまでの時間を考慮して風上に置く
場所や状況に応じて立ち位置やキャスト位置を変える
風
馴染むまでのストローク
ポイント
潮
風の強弱、ポイントまでの距離、仕掛けの馴染む速度を考慮してミチイトをどれくらい風上に置くか決める
サオは風上に倒す
風上に向けてキャストしミチイトが風下にふくらまないようにする

横風がふくらむイトをいかにコントロールするかは、磯釣りをやっている人なら誰しも悩むところだろう

条件3 風が左から右に吹き、足もとから沖にサラシが伸びている

ミチイトを横に膨らませない方法としてサラシを利用した釣りがあります。かなり多くのシチュエーションで多用できますから覚えておいてください。要はサラシの払い出しにミチイトを当てて横風で膨らむのを防ぐのです(図5)。風が左から吹いているのであれば、サラシの左側に釣り座を構えミチイトが風で右に流されるのをサラシの力を利用して防ぐのです。サラシに仕事をしてもらうイメージです。サラシに対してどの位置に立てば、この操作ができるか。よい立ち位置を捜しましょう。磯ではかなりやりやすい操作です。サラシの出にくい堤防ではこの方法は使いにくいといえます。

図5 〜サラシを利用した釣り〜

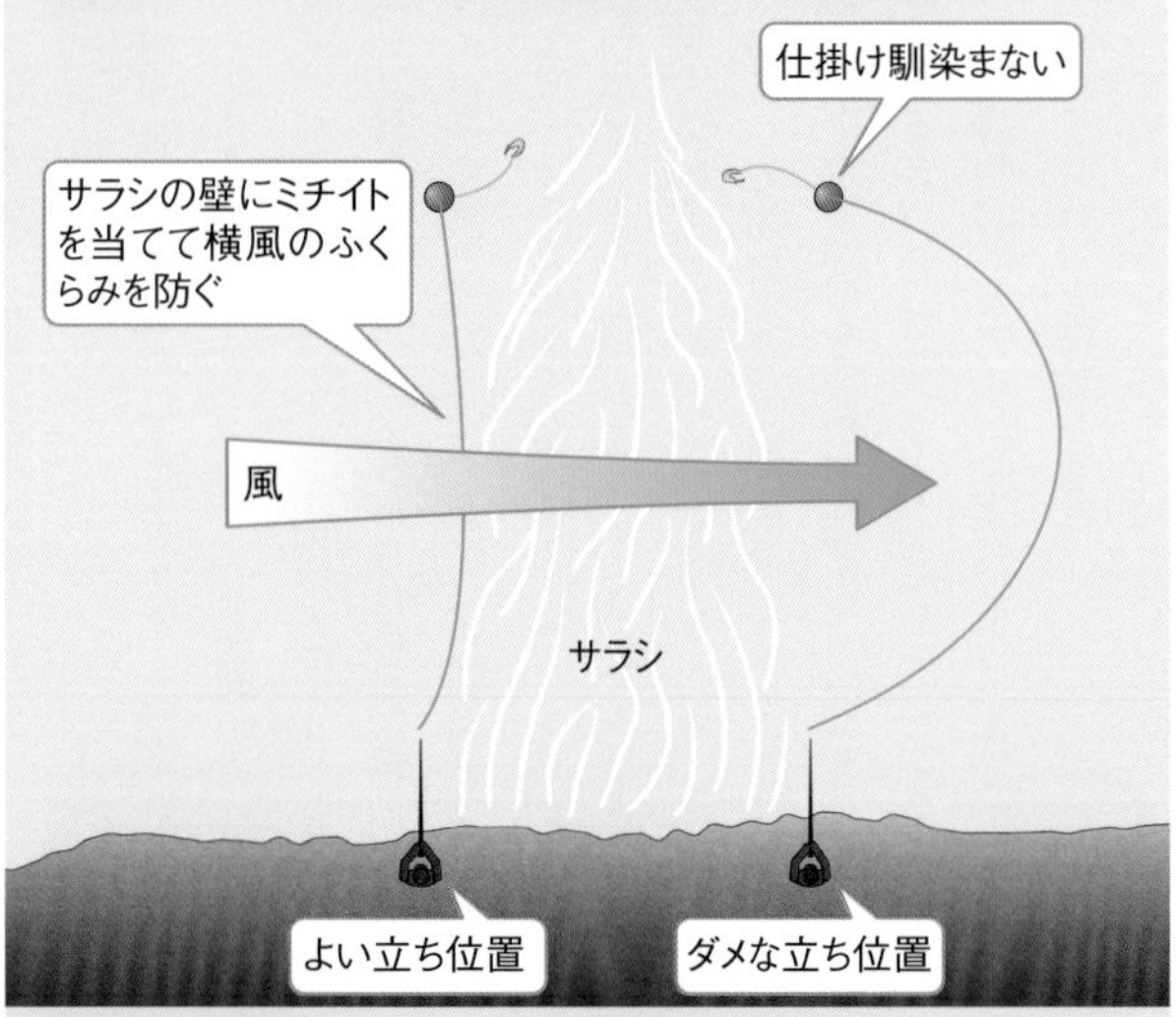
仕掛け馴染まない
サラシの壁にミチイトを当てて横風のふくらみを防ぐ
風
サラシ
よい立ち位置
ダメな立ち位置

条件4 左右のサラシの勢力が強すぎて仕掛けが馴染まない

サラシが足もとからではなく正面の右もしくは左から伸びているシチュエーションです。水の抵抗は横風以上に厄介です。サラシの勢いで仕掛けが全く馴染まないことが多々あります。こんな時はまず、シンプルに立ち位置を替えてみてください。岬の先端部のような磯なら反対側に行くのもひとつの手です。

それでもミチイトが取られてしまう、サラシが出ているようなら、再び立ち位置を替える。方向的に沖に払い出しているサラシのセンターに立って、まっすぐ探るのが重要です。右にも左にもいかない真ん中を捜すのです（図6）。磯の形状にもよりますが、立ち位置を5歩動いただけで世界は変わります。移動できない場合は穂先の位置を調整し対応する時もあります。

図6 複雑なサラシ場を釣る

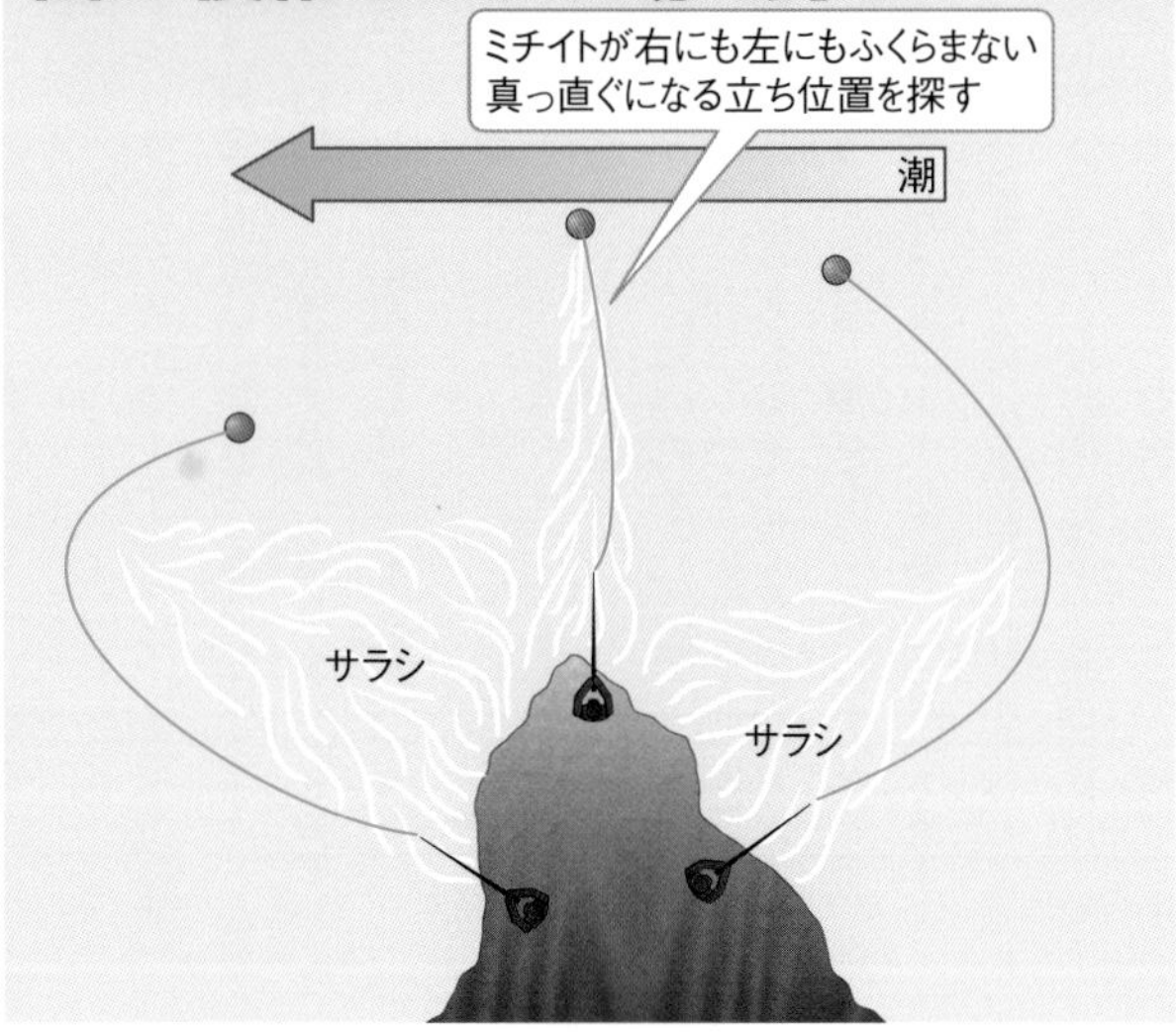
ミチイトが右にも左にもふくらまない
真っ直ぐになる立ち位置を探す
潮
サラシ
サラシ

サラシを釣るには立ち位置がすべて

条件5 二枚潮。表層と下層で流れが逆

表層と下層で潮の向きが異なる二枚潮は、追い風で説明した対処法と同じです。風か潮かの違いです。たとえば上の流れは左、下の流れは右という場合、グレのタナがどこにあるかで対応策は変わってきます。表層付近の浅ダナで釣れているのであれば、上の潮に合わせてミチイトは通常どおり潮上に置いてウキ下を浅

図7 ～二枚潮～
上潮を釣るか?底潮を釣るか?

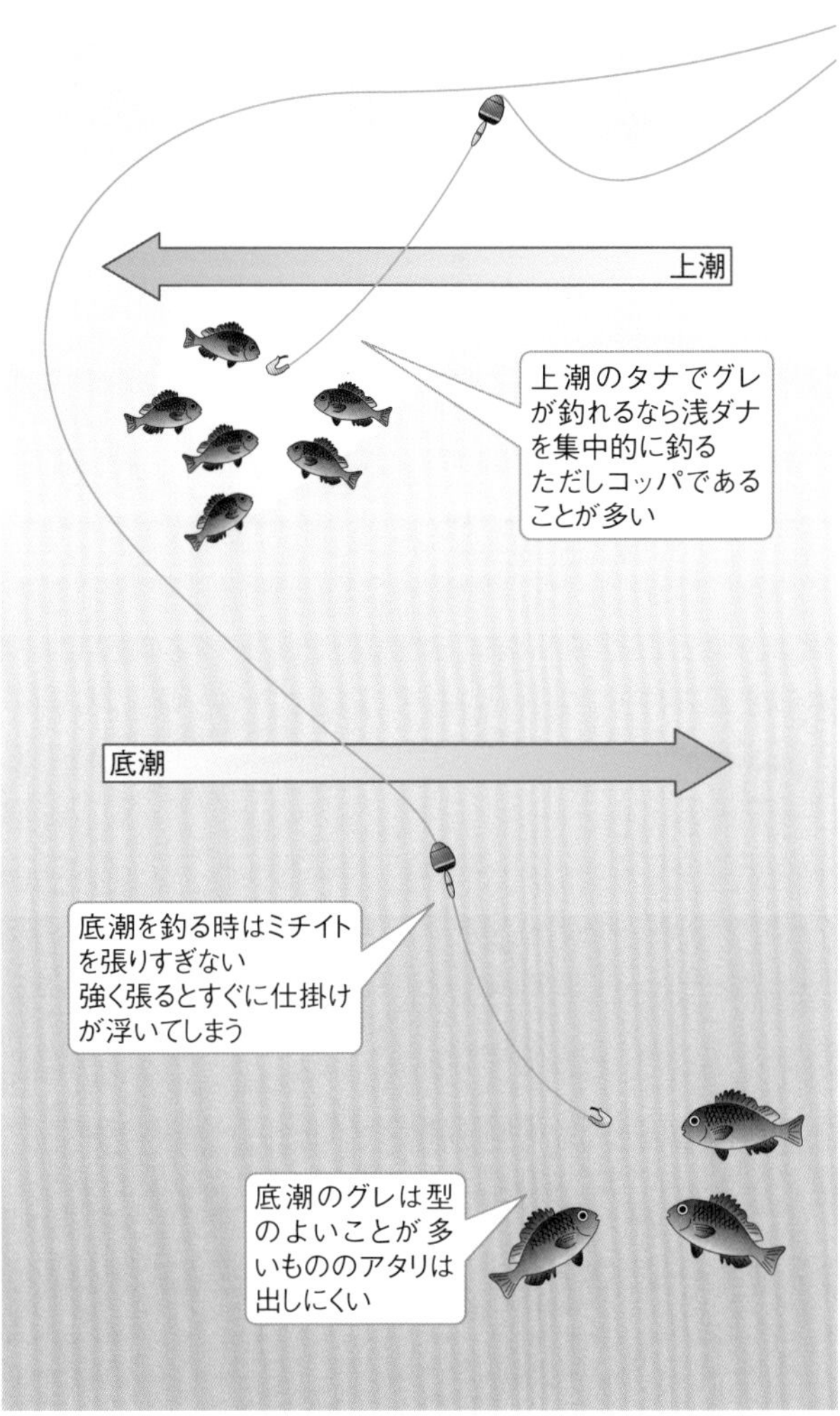
海面
上潮
上潮のタナでグレが釣れるなら浅ダナを集中的に釣る
ただしコッパであることが多い
底潮
底潮を釣る時はミチイトを張りすぎない
強く張るとすぐに仕掛けが浮いてしまう
底潮のグレは型のよいことが多いもののアタリは出しにくい

サイズアップさせるには二枚潮の下の潮も釣らねばならない状況がある

くし素直に釣ればよいでしょう。コッパの釣りであれば充分に楽しめます。しかし下層に大型がいる時は、速くウキを入れ込んだほうがよいです（図7）。この際ミチイトを置く位置は上潮の強さに応じて変わってきます。上潮の層を突破した時に仕掛けがいかに馴染むかを見てください。

　仕掛けが馴染んでいるかどうかの判断基準は回収時の感覚が重要です。リールを巻いた時にすぐサオに仕掛けの抵抗が感じられない（重さが乗らない）ようならば、イトが上潮によって取られ膨らみすぎている可能性が高いです。リールを巻いてフケが真っ直ぐになった時に初めてウキの抵抗が感じられるわけです。このような場合、底潮に馴染むまでに時間がかかりすぎています。ならばもっと速くウキを沈める方法を考え

図8 ～二枚潮の感じ方～

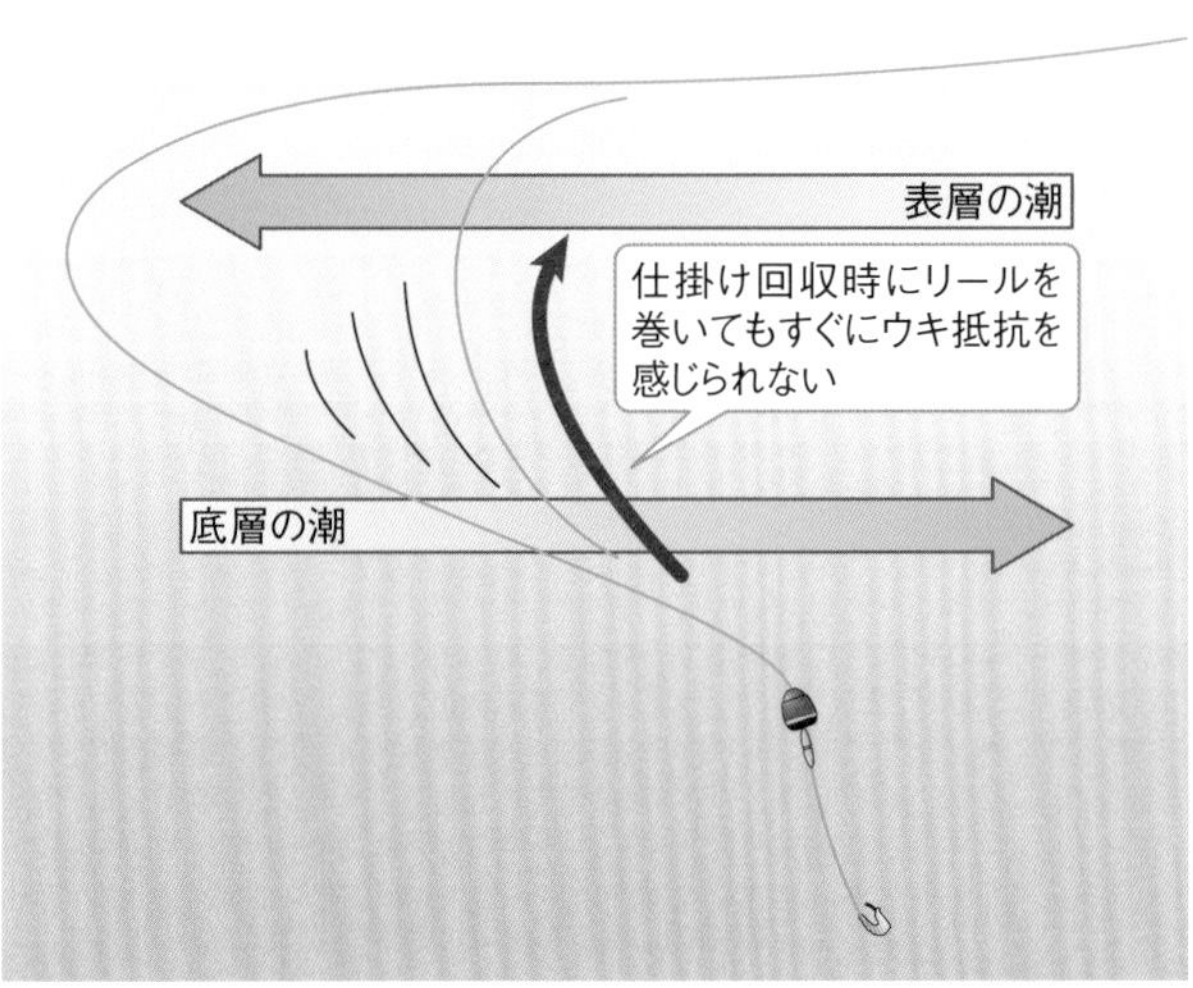
表層の潮
仕掛け回収時にリールを巻いてもすぐにウキ抵抗を感じられない
底層の潮

まとめ conclusion 二枚潮対策3ヵ条

1、上潮で釣れるかどうかを判断。釣れるなら浅ダナを重点的に釣る。表層流れを突破後、ウキがどれだけ入っているかを確かめるにはリールを巻いて回収時の抵抗で判断。上滑りする潮にイトが取られすぎていると抵抗を感じるまで時間がかかる。

2、表層流を突破するまでミチイトを表層流の潮上に置く。底潮に仕掛けが入ったらミチイトを張らない。張ると簡単に仕掛けが浮いてしまう。

3、ウキの浮力を替える。速くシモリすぎてタナを突破してしまうなら、DVCや板鉛でマイナス浮力を微調整すること。

ることです（図8）。しっかりと底潮に馴染んでいれば回収時に仕掛け抵抗を即座に感じられ、ウキが上がってくるのも速くなります。

タナを把握する。カウントダウンの重要性

私の釣りはじんわりと沈めてタナを探ります。まずは無段階に上から下まで広く探って、どこかで当たるだろうという運任せな釣りをします。たまたま一発ヒットすれば、その魚が釣れたタナの周辺を重点的に探るのですが、良型が掛かれば正解です。サイズアップをしなければさらに下層まで探り、ダメならもう一度上層を探るといったぐあいに釣りの「軸」を見つけていきます。これにはまず1尾を釣ることが重要です。1尾のヒントがないと次の展開にはもっていきにくい。これは仕掛けが半遊動であっても一緒です。

合格サイズは37㎝以上です。私は37㎝も40㎝も同じ大人のグレと考えます。31～33㎝はまだ大人に成りきっておらず、人間でいえば中学生から高校生くらいのイメージでしょう。血気盛んで、落ち着いていない。35㎝でも微妙です。だから30㎝台前半のサイズが釣れるタナには大人のグレが寄っていないと考えます。

大切なのは何メートルのタナを釣っているかイメージすること。それが分からないと漫然とした釣りになって、連発パターンをつかめません。ここまで何度も書いていますが、グレ釣りの面白さは再現性にあります。ウキを沈める釣法で大切なのがカウントダウン。仕掛けを投げてから何秒で釣れたのか？　私は毎投カ

～図9 カウントダウンでタナを探る～

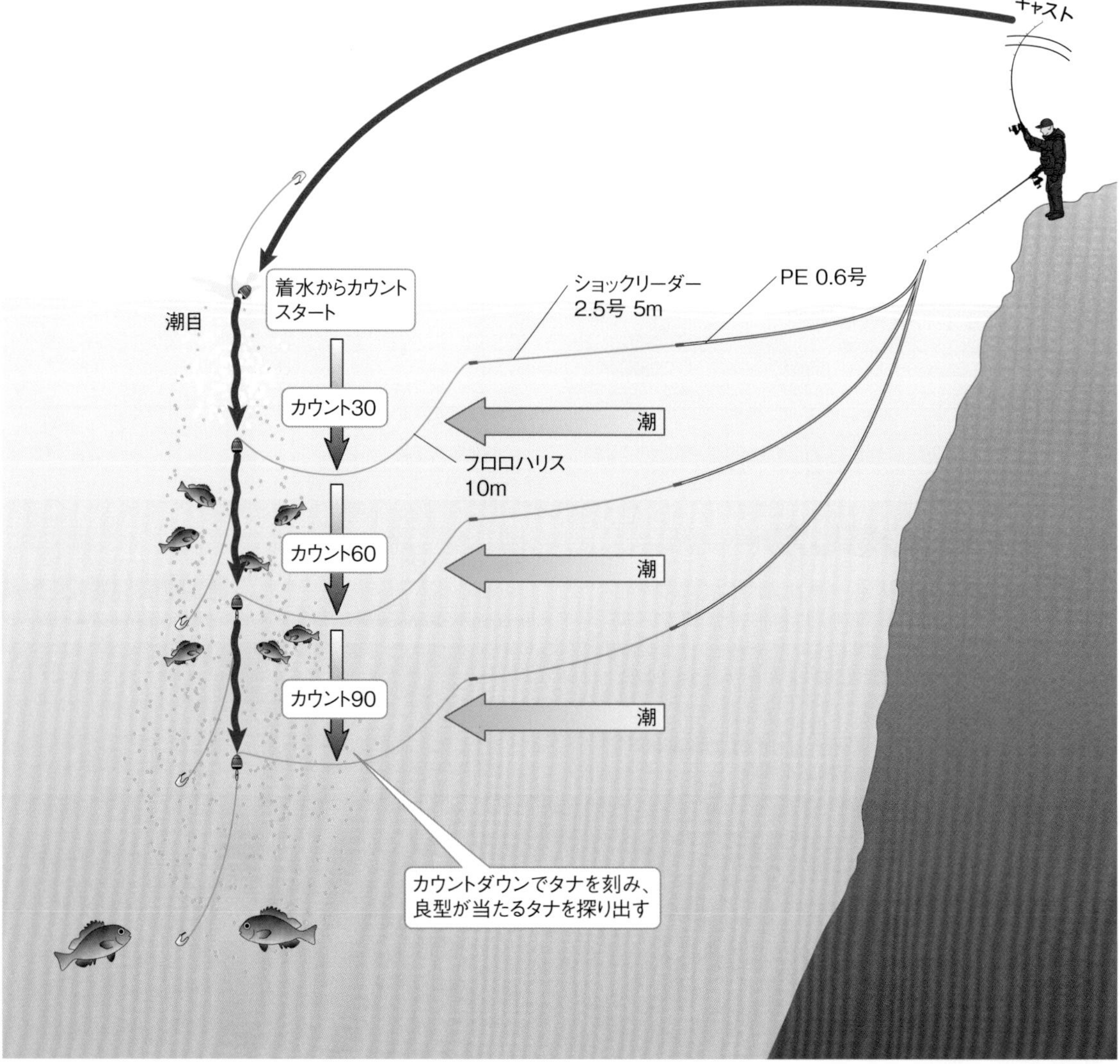
キャスト
着水からカウント
スタート
潮目
ショックリーダー
2.5号 5m
PE 0.6号
カウント30
潮
フロロハリス
10m
カウント60
潮
カウント90
潮
カウントダウンでタナを刻み、
良型が当たるタナを探り出す

カウントダウンで釣りを組み立て、再現性を高め連打に導くのが私の釣りだ

ウントします。仕掛け着水後60秒、100秒、どのカウントで当たったのか。ウキ下をきっちり決める釣りではないため明解なタナではありません。それでもカウントでイメージをすること、基準をもつことが大切なのです（図9）。

では仕掛け着水からカウントダウン100秒で釣れたとします。次の1投ではそのタナに留める操作をします。私の言葉でいえば「ホバリング」です。仕掛けが100秒に到達する前、だいたい80秒くらいからブレーキをかけだす。つまりミチイトの張りを強めます。基本はウキの重みが感じられるところまで張ります。するとホバリングの始まりです。ミチイトの張り加減は潮しだい。強く張っても入り込む潮が強ければホバリングできますが、その潮が弱いとちょっと張っただけで浮いてしまう。なので潮加減によって調整が必要です。80秒で張りを強めたものの釣れない(図10)。ということはミチイトの張り加減が、ウキがそれ以上入らない（沈まない）くらい張っている可能性があります。そして張りを弱めたところで釣れたとすれば100秒のタナまで仕掛けが入ったことになるわけです。極めて感覚的な話ですが、それこそ張り加減の基準です。

図10 ～ホバリング釣法～

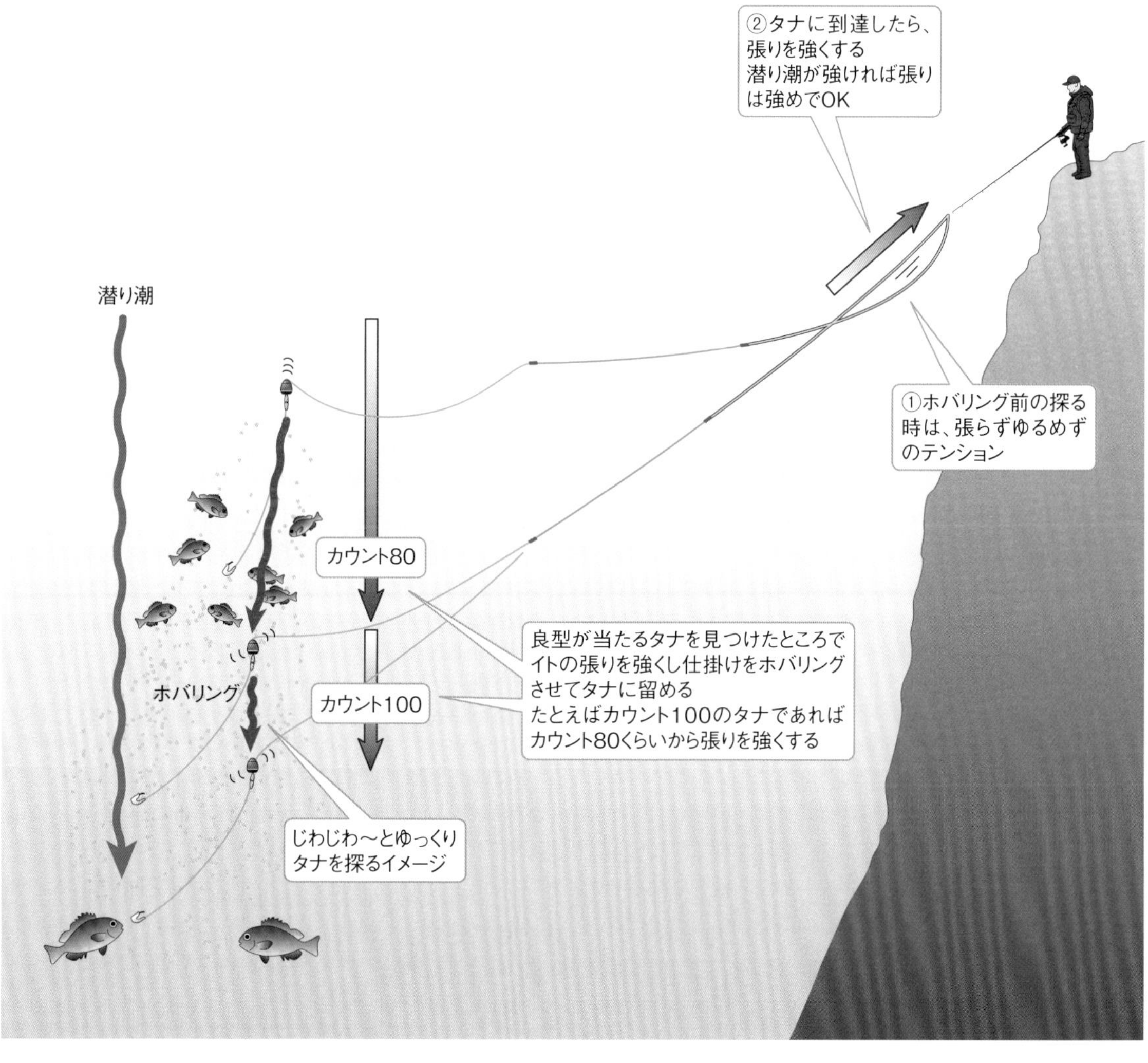
②タナに到達したら、張りを強くする
潜り潮が強ければ張りは強めでOK
潜り潮
①ホバリング前の探る時は、張らずゆるめずのテンション
カウント80
良型が当たるタナを見つけたところでイトの張りを強くし仕掛けをホバリングさせてタナに留める
たとえばカウント100のタナであればカウント80くらいから張りを強くする
ホバリング
カウント100
じわじわ～とゆっくりタナを探るイメージ

図11 ～ポイントの遠近でホバリングの張り加減は変わる～

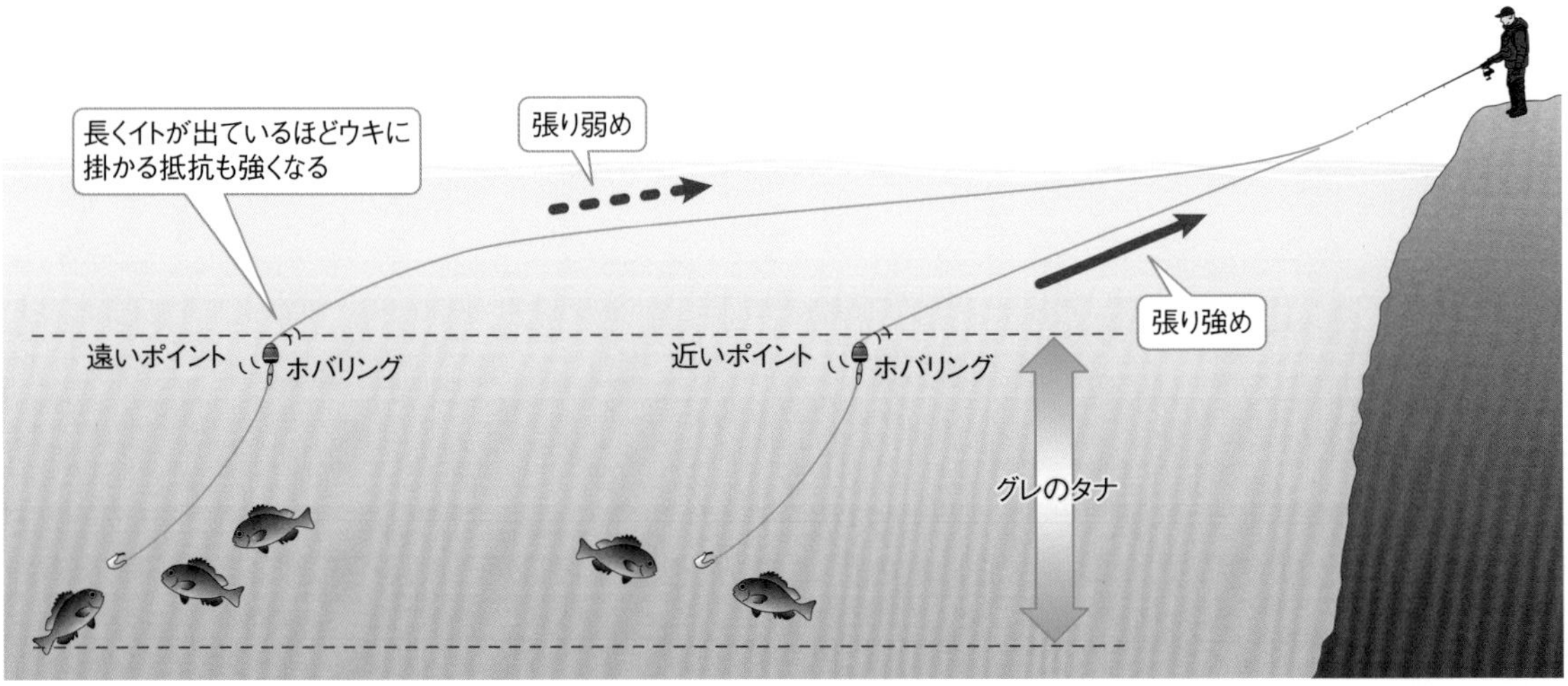
長くイトが出ているほどウキに
掛かる抵抗も強くなる
張り弱め
張り強め
遠いポイント
ホバリング
近いポイント
ホバリング
グレのタナ

遠投すればウキまでの距離が遠くなります。その抵抗は当然感じにくくなるわけです。ミチイトが長く出るほど潮や風などによる抵抗も自然と強くなっているわけで、距離が遠くなるほど張りは弱めでOKです。またミチイトが長く出ていればメンディングを緻密にしたところで、修正しきれず抵抗をゼロにはできません。イトを送るほど、いらん力がウキには掛かり、引っ張るとよくない方向に仕掛けが動いてしまう可能性があります。逆にウキとの距離が近ければ強めに張っても問題はないでしょう（図11）。

カウントダウンやタナのイメージは、経験を積まないと精度は上がりません。なにせイマジネーションの世界です。私の場合、ガンガン潮が流れている本流だとタナ把握のイメージがしにくいこともありますが、潮がタラッと流れている程度なら水中のイメージは概ね合っていると感じます。たとえば3Bのウキを使った半遊動仕掛けの釣り人と隣合わせにイサキを釣ったとします。私はいつもの仕掛けで釣っていて、半遊動の人はサオ1本半のタナで釣れていた。こういう情報交換をしながら自分のタナのイメージを合致させていきます。イメージの擦り合わせみたいなことを何度もやるうち、仕掛けの抵抗やカウントによるタナのイメージが出来上がっていきます。疑心暗鬼で釣っても再現性を高めることはできません。だからこそ私は1年中ほぼ同じ仕掛けで釣って、そのイメージを突き詰めています。「自分の釣りを持てるかどうか」はとても大切なことですが、それが私にとってこの仕掛けであったのです。何度もいうようですが、グレ釣りはパターンをつかんだら連打できる。すなわちパターンフィッシングが成立するのです。それは潮によって刻々と変わっていく。変わったらまた次のパターンを捜す。また当てはめる。グレのフカセ釣りでは連打をできた時が、一番「してやったり」と思える瞬間だと

誘ってサシエを目立たせる

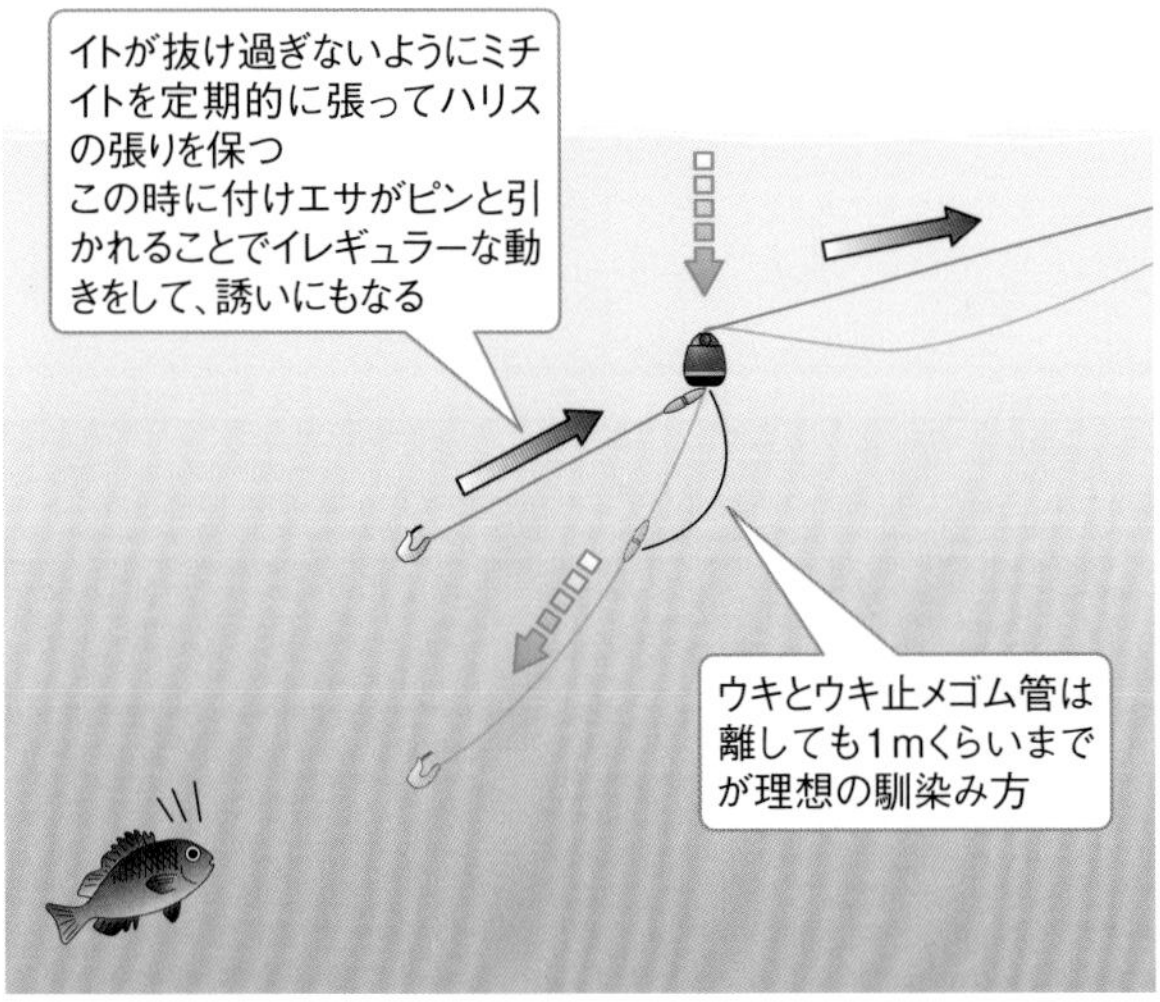
イトが抜け過ぎないようにミチイトを定期的に張ってハリスの張りを保つ
この時に付けエサがピンと引かれることでイレギュラーな動きをして、誘いにもなる
ウキとウキ止メゴム管は離しても1mくらいまでが理想の馴染み方

時には誘いを入れる

コマセとサシエがきれいに同調しているのにアタリが遠いことがあります。ホバリングで張りを強めるのとは違って、時にイトをピンと引いて誘いを入れると途端にアタリが出ることがあります。ウキ止メを付けない私の仕掛けは馴染んでいる最中はカラマン棒がウキから離れているのですが、それをウキまで引き戻すような操作をするのです。するとサシエが躍って目立つ。その操作の後で再び仕掛けを馴染ませた途端に当たることが多いのです。こうした誘いを入れてみるのもひとつの手です。

図12 〜沖の潮を釣るイメージ〜

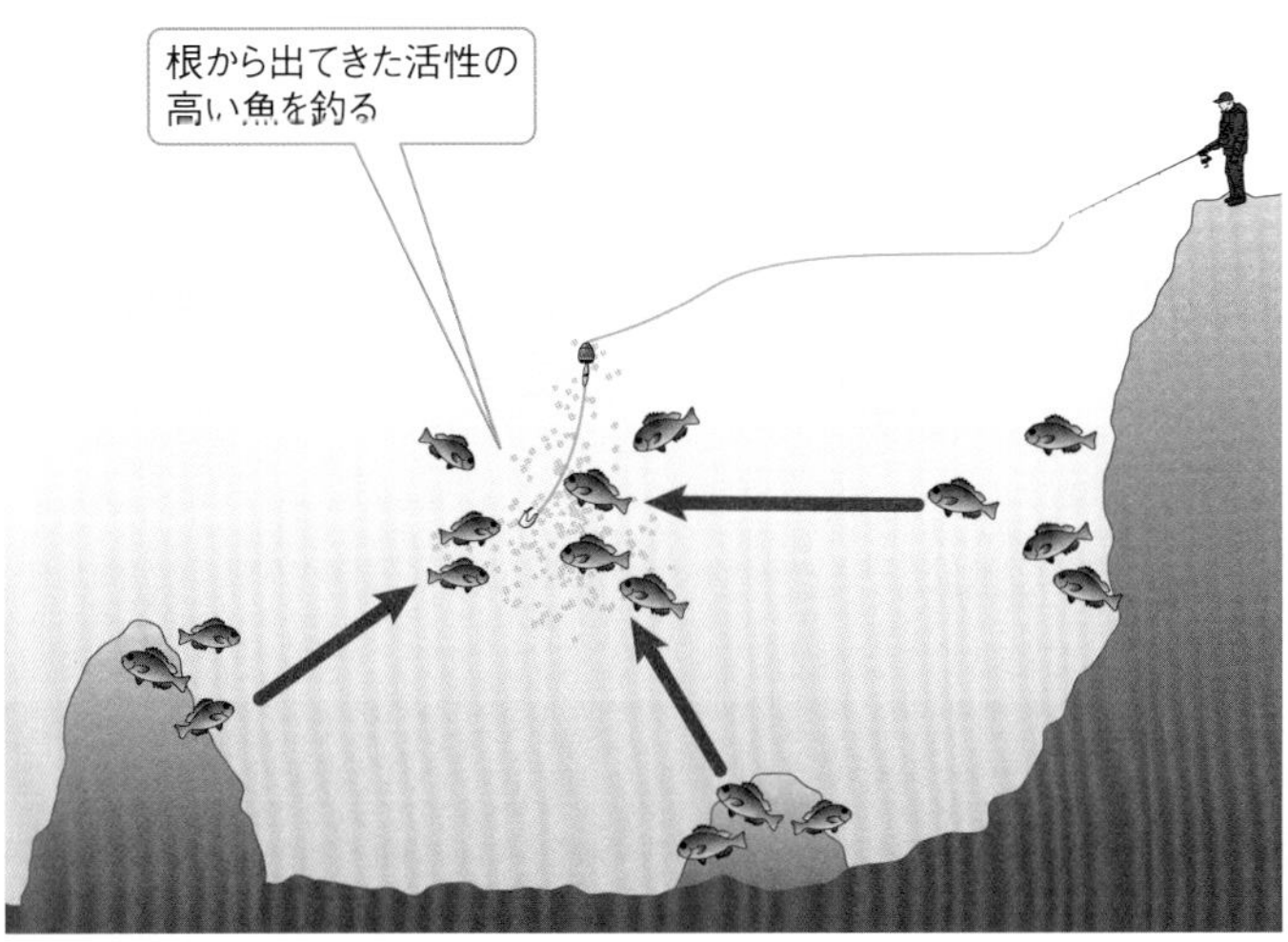
根から出てきた活性の
高い魚を釣る

思います。

私のようなウキ止メなしの沈め探り釣りではなく、半遊動仕掛けでウキ下を決め、もっと分かりやすく釣りを組み立てたいという人もいるでしょう。しかしその分かりやすさも私が半遊動の釣りを好まない一面です。遊動部分を1ヒロにして、ハリスを2ヒロにする。すると3ヒロのタナを釣るだけになる。次に4ヒロにしようとなれば、ウキ止メを上げなければいけない。そうしてウキ止メを動かしすぎるとミチイトが擦れてボロボロになります。それが沈め探り釣りだと、1投目は3ヒロのタナで釣っていました。次の1投は4ヒロで釣りたいとなった場合、イトの張り加減を変えるかウキの浮力を変えればいい。毎投いろんなことができます。手間が少なくパターンにはめやすい。厳寒期のシビアな時を除いてグレは水面直下から海底まで縦横無尽に泳いでいます。「今日のタナはウキ下3ヒロだった」などと釣り人同士でよく話しをしますが、釣れた瞬間が3ヒロだっただけで、グレはおそらく2ヒロでも4ヒロでもエサを食べているはずです。

ラインアタリの出し方・取り方

アタリをだすうえで理想のライン状態はウキから穂先までのミチイトを真っ直ぐにすることです。流して100秒で釣れました。となれば、100秒の時にウキから穂先までが真っ直ぐになるようにミチイトを置きたい。そうすればアタリが分かりやすい。

私の釣り方はウキに潮をつかませ、沖の潮を探る釣りです。基本的にシモリに付いているグレがコマセに寄せられ沖に出ていく。また1ヵ所の根だけでなくあちこちの根からグレが密集する。こうして沖に出ていくグレは活性が高い（図12）。だからいいアタリが出ます。「バチバチ」とラインが弾けるようなアタリが出れば正解。この釣法が上手くいっている証拠です。このバチバチアタリは誰でも取れる。それこそ目の覚めるようなアタリなので、寝ていても分かります。

薬指にかけたイトでアタリを感知する。PEのミチイトだからこそ分かる超感覚的な小アタリは、イトの重さが変わったり違和感が出たりする

問題はバチバチアタリが出ない時です。潮には出てきても食い渋る状況はあります。特に寒の時期は魚の動きが鈍く、ある一定のタナにしか魚が出ていかない。海の中の水温帯は層になっています。グレが好む層が絶対にあります。サオ1本のところにその層があれば、そこで仕掛けをホバリングさせます。

渋い時のグレは「コン」とくるアタリを合わせないと掛けられないことが多々あります。基本的にラインを送っていく時は穂先下のミチイトが『し』の字を描くくらいのイメージで、張らず緩めずのテンションで流します。それをホバリングさせるには少し張りを強くする。この張りをキープした時にアタリが出ます。穂先が「コン」となるくらい分かりやすいアタリもあれば、ミチイトが弾けるような微妙なアタリが出ることもあります。またイトが張ったまま戻らないというアタリも出ます。そうしたミチイトの変化を見逃さずに掛けアワセをするのです。またもっと小さいアタリを取る時はイトに伝わる手感で取ります。いわばイト電話の要領です。流す時はオープンベールでミチイトを薬指に掛けて保持します。この薬指に「コン」と伝わってくる僅かな変化を合わせていく。全く目では分からないアタリです。

序章にも書きましたが、私は大学生の頃に水温変化に応じてグレがどのように捕食するのか実験をしまし

図13 〜ラインアタリの一例〜

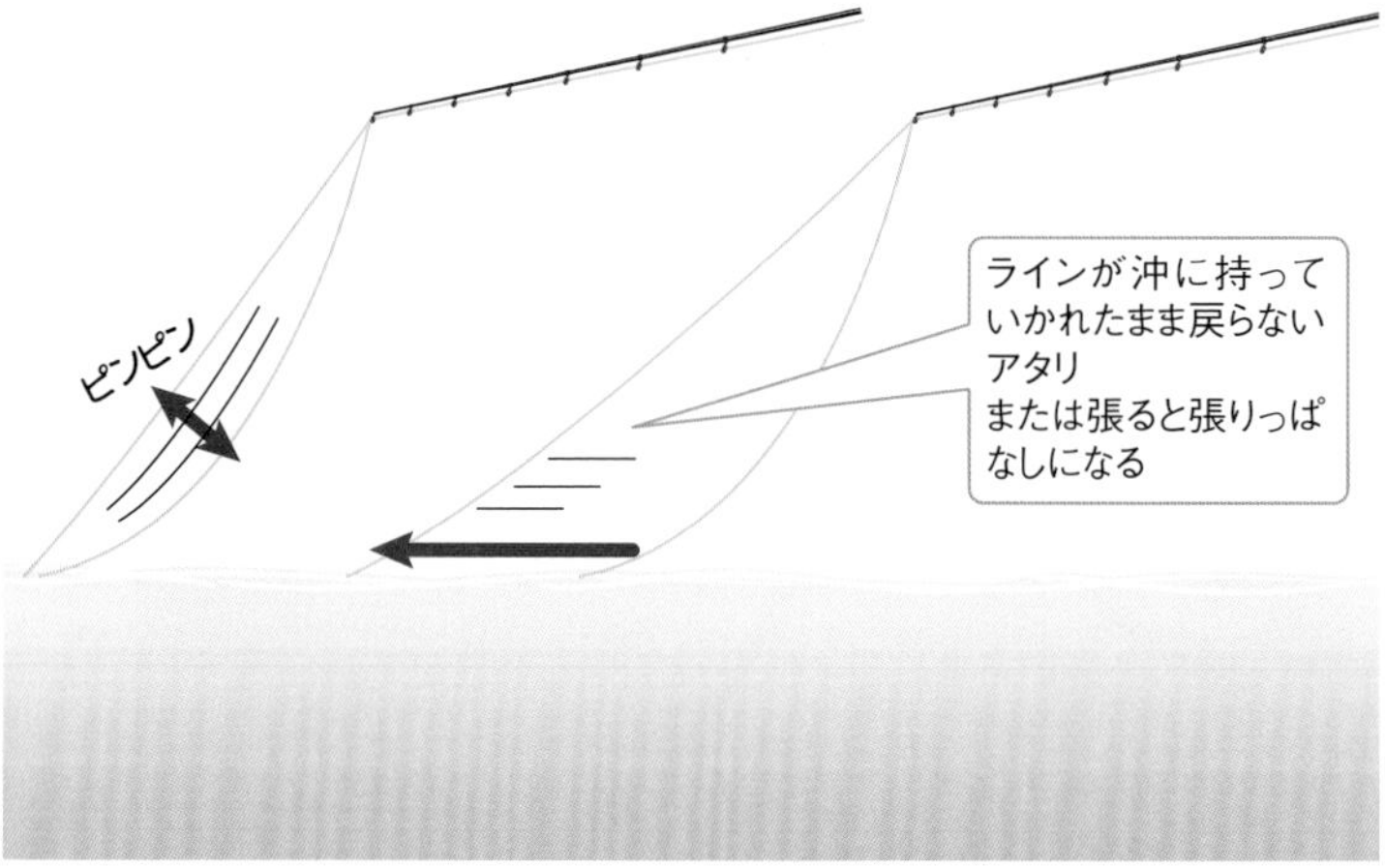
ピンピン
ラインが沖に持って
いかれたまま戻らない
アタリ
または張ると張りっぱ
なしになる

まとめ
conclusion

ラインアタリは主に4種

- ●バチバチとイトが出るアタリ。
- ●ラインを張ると戻らない。
- ●ピンピン小刻みなアタリ。
- ●指で感じる「コン」アタリ。

た。水槽にいるグレにペレットをあげ、どのように食べるのかを観察する。と、水温が高い時であれば口に入れたエサを離さない。それこそミチイトを張った時にそのまま張りっぱなしになるアタリです。水温が低くなって食い渋ると、エサを吸って吐いてを繰り返すようになり、エサをくわえっぱなしとはなりません。こうした捕食をしている時は、ピンピンとくる小アタリが出ている時です。吸ってプッと吐いてと繰り返すうちにエサが取れなければそのうちしっかりと吸い込んでくれることも多くなります。だから掛け合わせず、待ったほうが上手く掛けられる場合もあります。ピンという小アタリを取るか、イトの張りが「し」の字に戻らないアタリを取るかは状況しだい。どうやっても食い込んでくれないのなら、小アタリで掛け合わせるしかありません。

このラインアタリをイメージするには、コッパ釣りをしているとよく分かります。タナは1ヒロ半くらい。ウキがビューンと入っていくアタリが出る。合わせず放っておくとどうなるか？ ウキが深く入って戻らないアタリは完全にエサを吸い込んで放していません。でも食い渋ってくるとナビ（カラマン棒）が瞬時にブンと動くもすぐに止まる。こんなアタリはエサをすぐに放しているのです。エサをくわえたいけどすぐに放してしまう食い渋るグレのアタリです。ナビが動いた瞬間に掛け合わせないとヒットしません。これはコッパに限らず大型魚でも同じことが起きています。特に冬場になるほど、その傾向は強いと思います。第1章で「コッパ釣りから始めてみる」と書きましたが、応用編としてこのラインアタリのイメージも分かってくる。特にコッパ釣りは見釣りができるのでよく分かるはずです。

エサ取りが出すピンピンとラインを弾くようなアタリが出ますが、これを一度合わせてみるのもよいでしょう（図13）。それで乗らなければ次は即アワセをせずに、ミチイトがツーッともっていかれるまで待つ。そのアタリが何かを知るのも結構重要です。とある名手によくいわれたことで、魚釣りが上手な人はグレを釣るのも上手いし、アイゴやほかの魚もよく釣る。魚を掛けることは釣りを組み立てるうえで大切な情報です。たとえば掛けた魚がアイゴであればアイゴが湧いてしまったとも考えられる。ということは前の章で書いたように、ポイントを移動したほうがよいとなる。一方でピンというアタリがグレならばポイントを変えてはダメです。そこで続けないとダメ。そのアタリをどうやってハリに乗せるかということを考えるしかない。まずピンピンアタリが何かを知ること。そのためには掛けるためにハリを小さくしたり、サシエを小さくしたりという工夫も必要なのです。

アタリはミチイトの種類に応じて変わります。ナイロンはイトが重いので必ず穂先下のイトがたるみます。だから張った時にタルミができないのは何かしかの変化が出ている証拠です。というかこの場合しっかり食ってハリを吐き出さないアタリと判断できます。PEミチイトの場合は軽い。イトが垂れにくい、ないしはたるんだ状態に戻りにくく「コン」と手もとにくる小アタリにつながりやすいと感じます。「コン」と来なくても指に不自然な抵抗（違和感）が感じられるはずです。突っ張った感じというか、もたれというか、オープンベールで流している時、私はかなりイトの重みを意識しています。仕掛けがどうなっているのかを指で感じ、アタリも指で感じるのです。たとえるならイト電話なのです。

サオの上下でミチイトの張り＝ホバリングを演出

余計なミチイトを巻き取って張るには、リールで行なうのがひとつの手ですが、サオを立てる操作でもできます。近年私はサオをゆっくり立てていきアタリを取ることが多いのです。サオを立ててミチイトを張ったことによって「コン」というアタリにつながるかを聞くのと、サオでミチイトを張ることでホバリングさせる意味合いもあります。潮がゆるい時は特にホバリングの意味合いが強い。またサオを上下させるのは波の上下に合わせている時もあります。特に波が強い時はラインが弾かれてしまう。高い波が来た後の引き波ではラインがものすごく張られてしまいます。そこで波の上下に合わせて同じ張りをキープするんです。波が下がったタイミングでラインを持ち上げ、上がった波にラインを置きます（図14）。

アタリの出やすい状態にPEラインを整える

PEラインは表面張力が強いので比重が1・3あっても簡単には沈みません。イトを沈める努力が必要です。第一段階としてはキャスト後にサオを水面に突っ込んでラインを沈めていく。この時に注視したいのは沖にあるウキが動かないようにすることです。浮いたラインと海面の接点を見ながら、イトを巻いて浮いているラインを沈めていく。ただイトを巻きすぎてウキが動いてしまうとポイントからズレます。だからウキも見ながら注意してイトを巻きます。

ただし、全部のミチイトを沈めるのは不可能です。そこは割り切っています。また手前のミチイトを沈めてしまうとラインアタリが取りにくい。だからミチイトを沈め終えた後で、一回手前のイトは浮かす。「し」の字状態ができるところまでは手前のミチイトだけは意図的に浮かします。イトが水中に入っていく海面との接点は、いうなればウキみたいなものです。ここでアタリを取るのです（次ページ図15）。

ウキに仕事をしてもらう

ウキに求める仕事は4つあります。1番は潮をつかむこと、2番はタナを探るためウキを支点に仕掛けを沈めること、3番はタナに留めておくこと、4番は仕掛けをポイントまで飛ばすことです。

潮が緩い状況下でトリプルゼロ（000号）のウキを使った場合は仕掛けの沈下が速すぎます。タナをすぐに通過してサシエを食わせる間ができません。ミチ

図14 ～サオの上下でミチイトをコントロール～

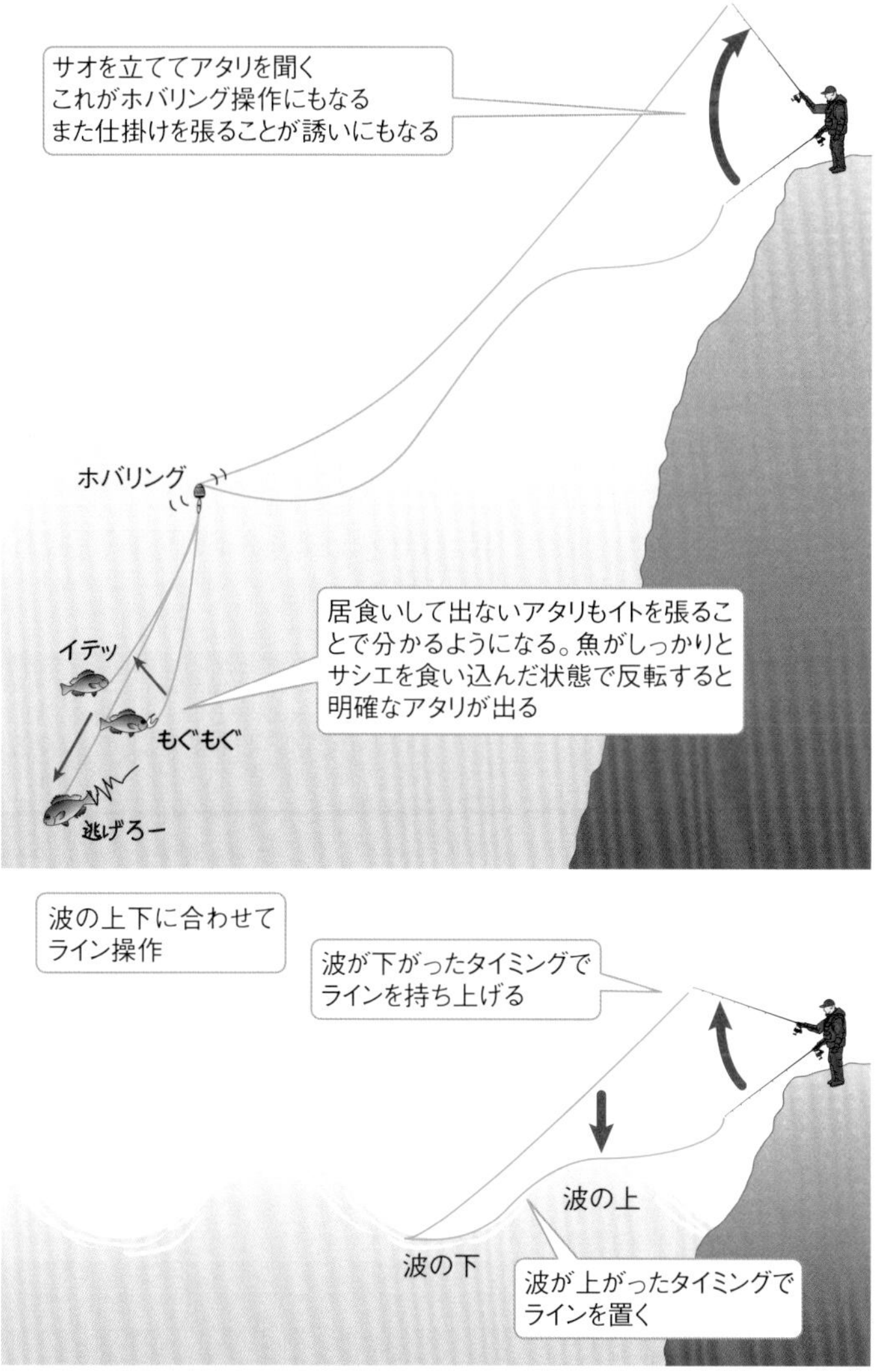
サオを立ててアタリを聞く
これがホバリング操作にもなる
また仕掛けを張ることが誘いにもなる
ホバリング
イテッ
もぐもぐ
逃げろー
居食いして出ないアタリもイトを張ることで分かるようになる。魚がしっかりとサシエを食い込んだ状態で反転すると明確なアタリが出る
波の上下に合わせて
ライン操作
波が下がったタイミングで
ラインを持ち上げる
波の上
波の下
波が上がったタイミングで
ラインを置く

図15 ～PE使いの段取り～

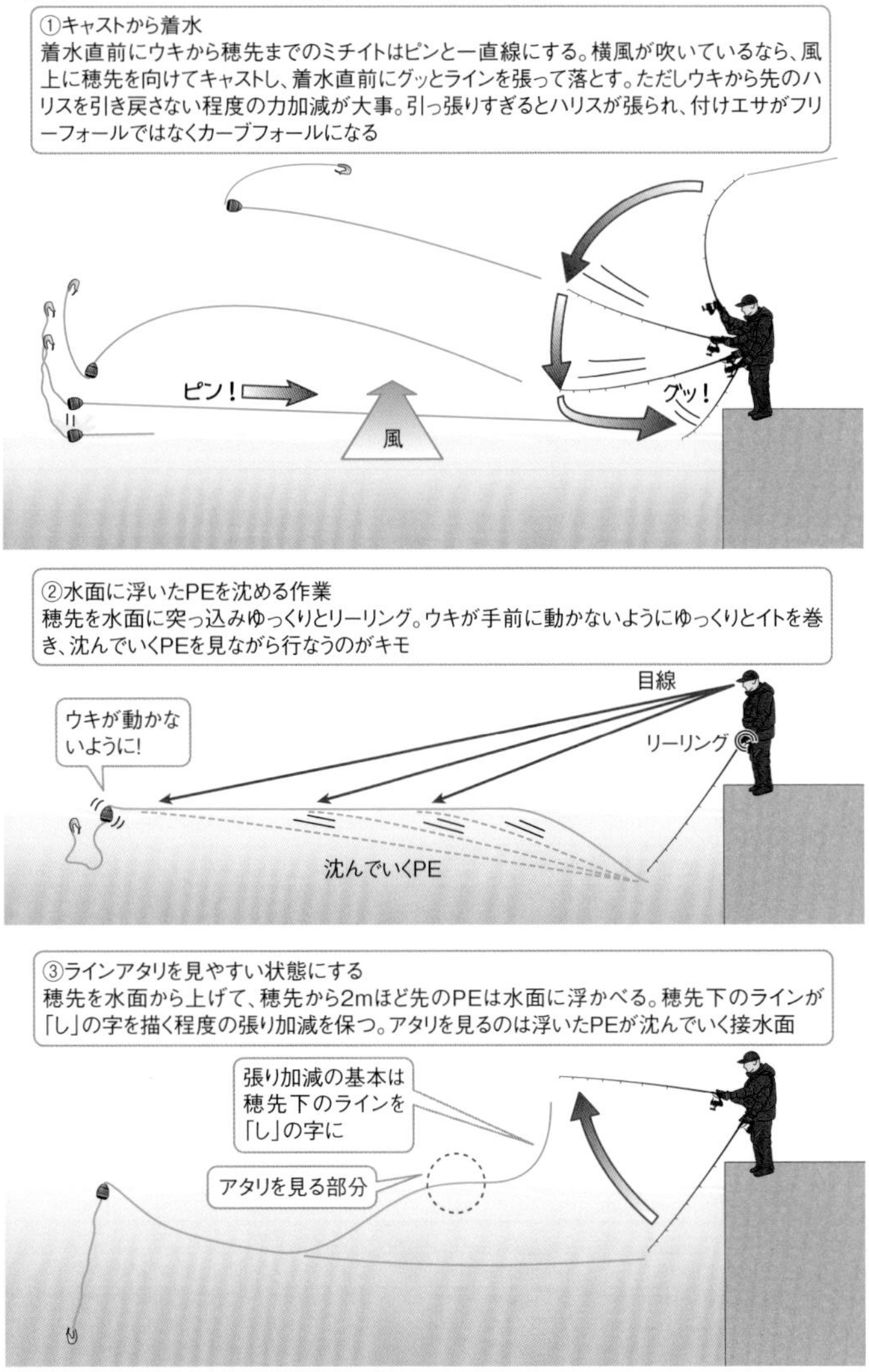
①キャストから着水
着水直前にウキから穂先までのミチイトはピンと一直線にする。横風が吹いているなら、風上に穂先を向けてキャストし、着水直前にグッとラインを張って落とす。ただしウキから先のハリスを引き戻さない程度の力加減が大事。引っ張りすぎるとハリスが張られ、付けエサがフリーフォールではなくカーブフォールになる
ピン！
風
グッ！
②水面に浮いたPEを沈める作業
穂先を水面に突っ込みゆっくりとリーリング。ウキが手前に動かないようにゆっくりとイトを巻き、沈んでいくPEを見ながら行なうのがキモ
目線
ウキが動かないように!
リーリング
沈んでいくPE
③ラインアタリを見やすい状態にする
穂先を水面から上げて、穂先から2mほど先のPEは水面に浮かべる。穂先下のラインが「し」の字を描く程度の張り加減を保つ。アタリを見るのは浮いたPEが沈んでいく接水面
張り加減の基本は穂先下のラインを「し」の字に
アタリを見る部分

パイロットウキの00号。ウキは沈むが下のハリスを持ち上げて張るだけの浮力はある

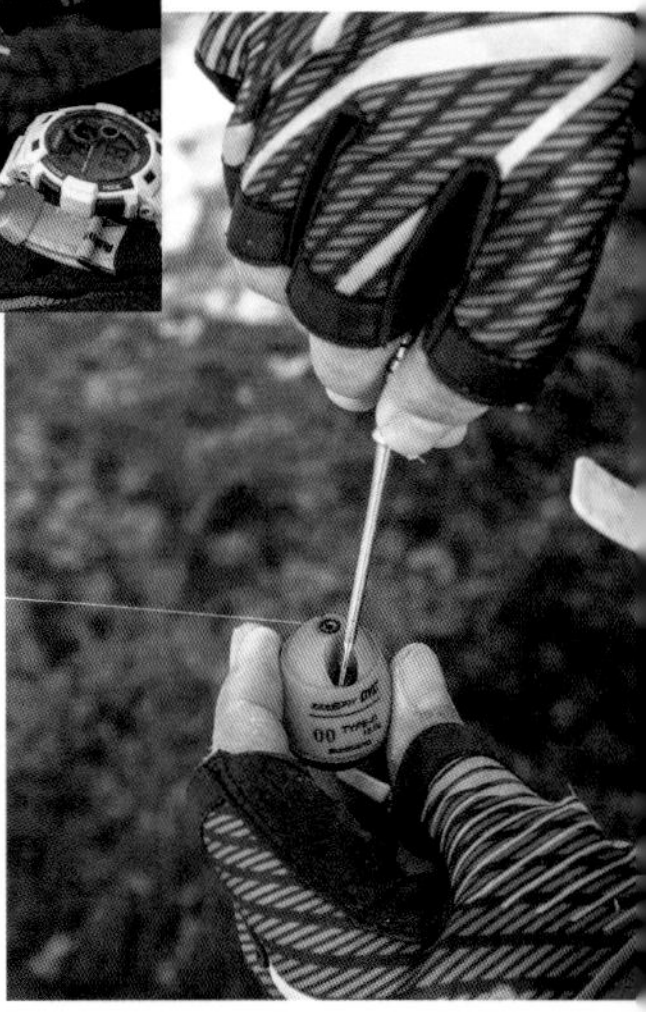

愛用ウキのDVCはシリンダーを回して浮力を微調整する。私は最大浮力の状態から半回転ずつ絞って調整していくことが多い

イトの張り加減の調整ではタナに仕掛けを留めることが難しくなってしまう。となれば浮力を上げて00号とか0号にウキを替えます。

仕掛けを投げてそのまま放置していれば食ってくれる。それで大量に釣れるのならばそれでいい。五島列島のジャパンカップは潮の中でグレが食います。マイナス浮力のウキをずぶずぶと沈め、ほったらかしにしても簡単に釣れてしまうグレがいる。ところが魚が薄いところに行けば、そう簡単には釣れません。トリプルゼロだとよい仕事をしてくれません。

ミチイトを張って管理ができるのであればウキの浮力が弱いほうが早くタナに入って管理もしやすい。自分のイトの張り加減ひとつ、止めればいいだけです。

それが風であったり、潮であったり、イトを張ったら影響を受けてしまう状況がある。張ってはダメな状態です。そのためにはウキに仕事をしてもらう浮力を見つけていく。それを手早くワンタッチでできるのがDVC（ダイビングコントロール）というシマノのハイテクウキです。

00号ウキがパイロット浮力なわけ

00号は仕掛けが馴染めば勝手に沈みます。強い潮目でなくともそれなりに沈んでいく。投げて放っておいて、それなりの仕事をしてくれる。浮力が全くないわけではなく、ウキ単体で浮力をチェックするとまだマイナス方向にいっていない。だからプラス側の上に引っ張る力が残っている。ウキから下のハリ（サシエ）まではハリスがある程度張った状態のややマイナスになっています。図16のように力学的な矢印を使うと、ウキ下方向への矢印がちょっと長い感じです。だからウキは沈んで、ある程度の張りをもたせてタナを探れます。ウキがある程度の仕事をしてくれるのです。だから私のパイロット仕掛けは00号がベースなのです。

000号ウキの出番。速く馴染ませビンビンに張る

しかしミチイトが潮や風といった大きな干渉を受けるとウキ下が引っ張られます。そうなると浮かそうと

図16 ～00号の使用イメージ～

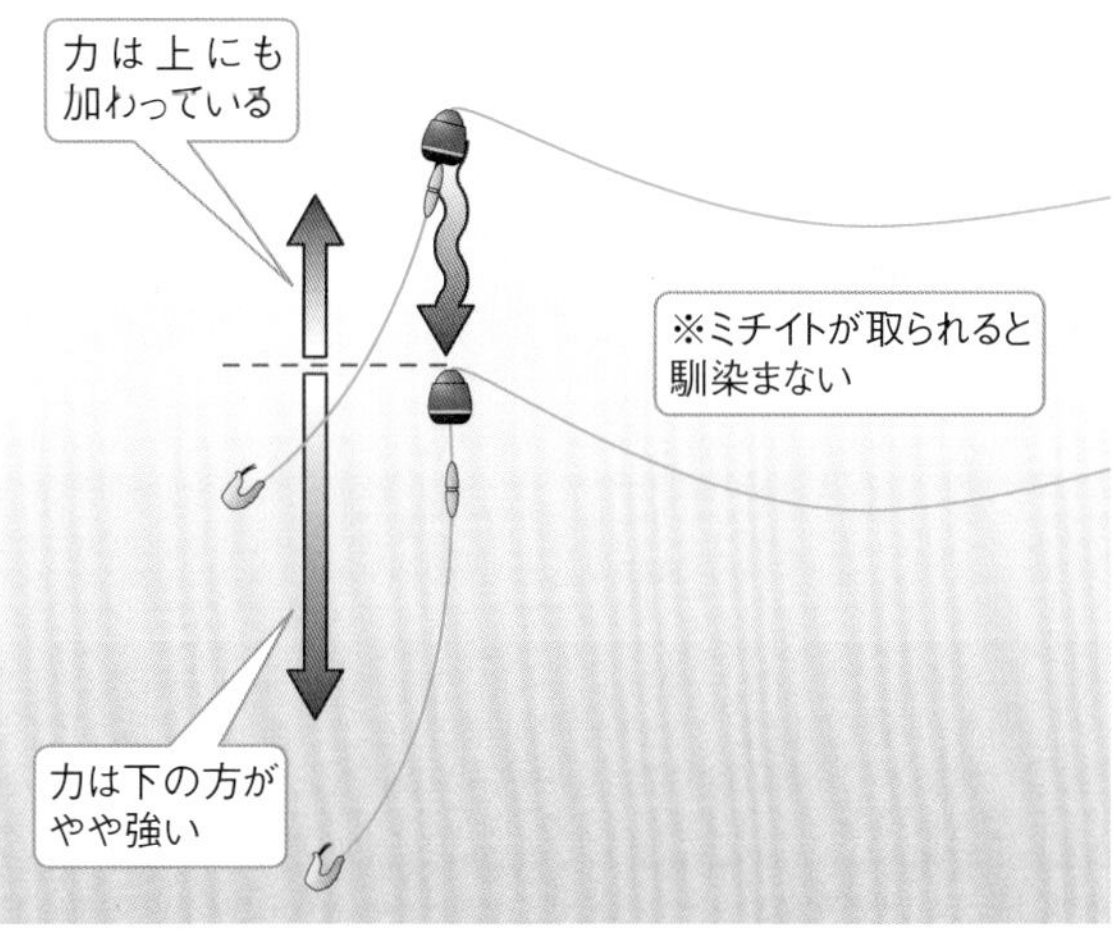
力は上にも
加わっている
※ミチイトが取られると
馴染まない
力は下の方が
やや強い

図17 ～000号の使用イメージ～

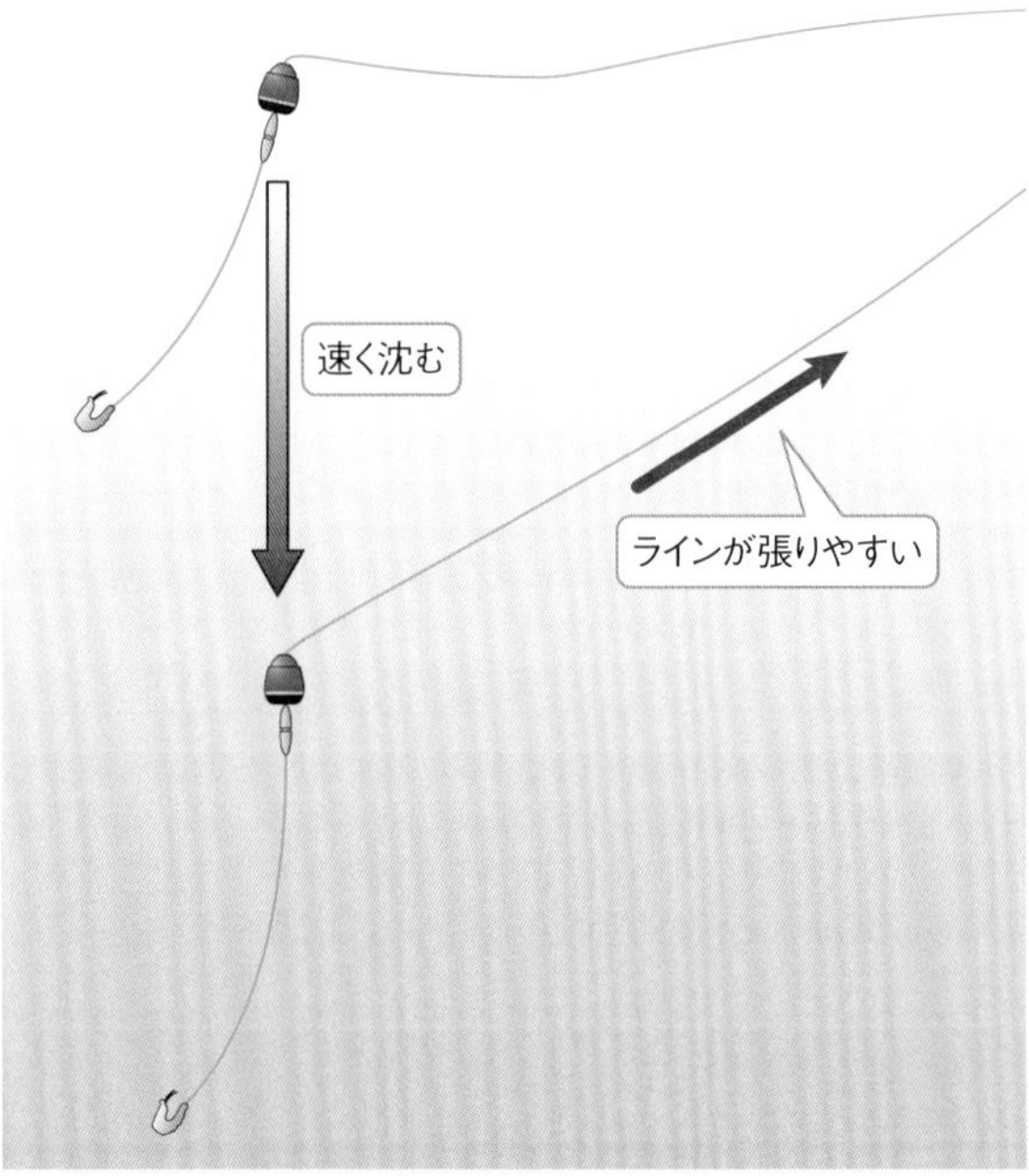
速く沈む
ラインが張りやすい

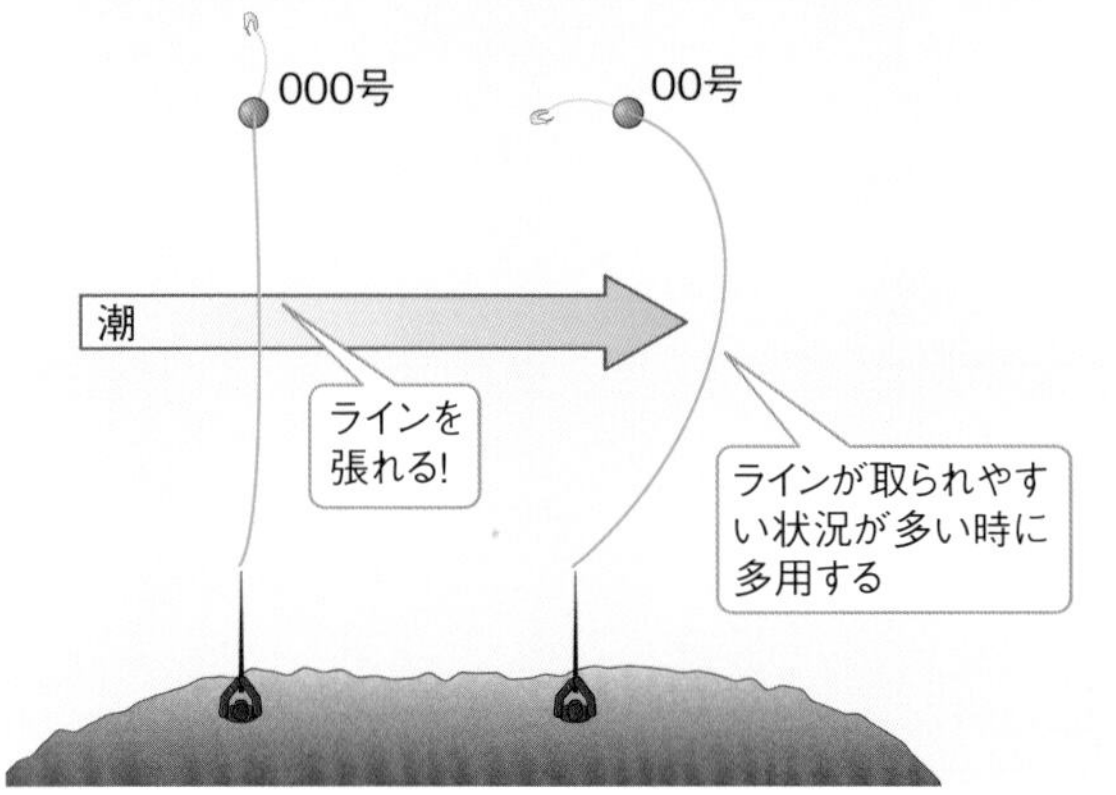
000号
00号
潮
ラインを
張れる!
ラインが取られやすい状況が多い時に多用する

する力が強くなってしまうのです。この馴染まない条件を克服するために000号の出番になる。つまり、より早く沈めて馴染ませたければ浮力を落としていくのです。もうひとつは、アタリをより取りやすくするためにミチイトを張りたい。ミチイトを張りやすくするのも、000号といえます。「コン」とくる微かなアタリを取るにはイトを張っていなければダメです。仕掛けが沈む力が強ければ、上に浮かそうという引っ張る力を多少かけてもバランスが取れます。ウキが浮いてこない。だからより強く張れる。イトがピンピンに張れることで小さなアタリも取りやすくなるのです。さらにいえばホバリングもさせやすい。

ミチイトの管理とは、仕掛けを自然に馴染ませること。アタリの創出に極めて重要です。いくらよいエサがハリに付いていようと、馴染まなければ魚は食い込まない。アタリは出ません。馴染むことがキモだとすれば、そのためのミチイトの管理がいかに重要かも分かるでしょう。ミチイトが管理できるから馴染む。それができなければ、ウキの仕事をどのようにさせるかが重要です。

0号の出番。ピンポイントの層でゆっくりサシエを見せる

0号ウキは00号に比べ浮力があります。より上方向に引っ張る力が強く、沈下時間もどんどん遅くなるわけです。馴染んでから沈むまで時間がかかる。ということは手返しも遅くなる非効率な釣りになる。00号と0号で、ウキとストッパーの離れ方を見てください。馴染み方の違いがよく分かります（次ページ図18）。私の釣りはウキ止メを付けていませんが、フロロカーボンの自重でウキが抜けすぎないように、ウキ下がある程度固定されるように探ります。ストッパーからウキが離れすぎるとぐあいが悪く、ウキ下のハリまでの距離がぼやけてしまいます。だからウキとストッパーが離れすぎないように、ミチイトの張り加減や置く位置に注意して調整し、ゆっくりとタナを探っていくのです。

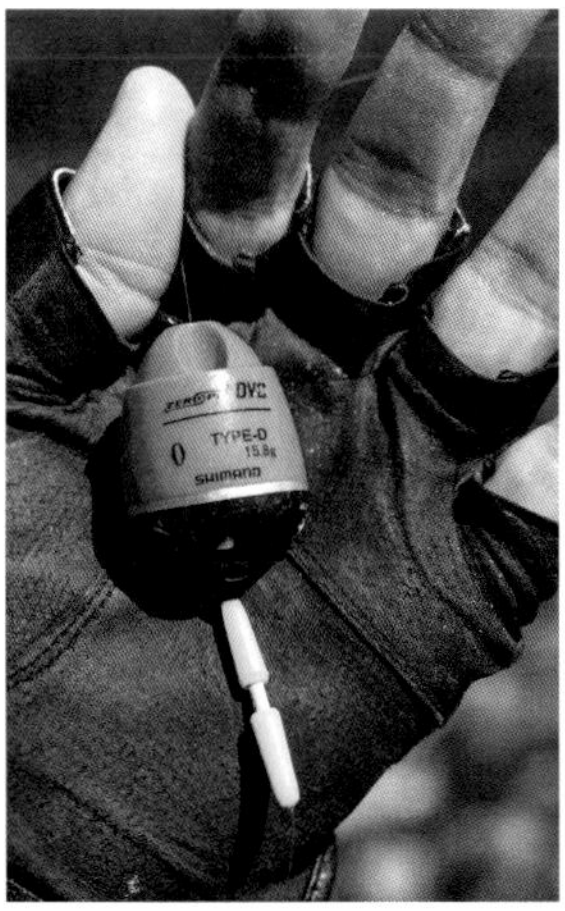
ピンポイントのタナにサシエを留めたい、長時間吊るしたい時は浮力0号の出番

ウキに仕事をさせてゆっくりタナを探ると、ピンポ

図18 ～0号の馴染みイメージ～

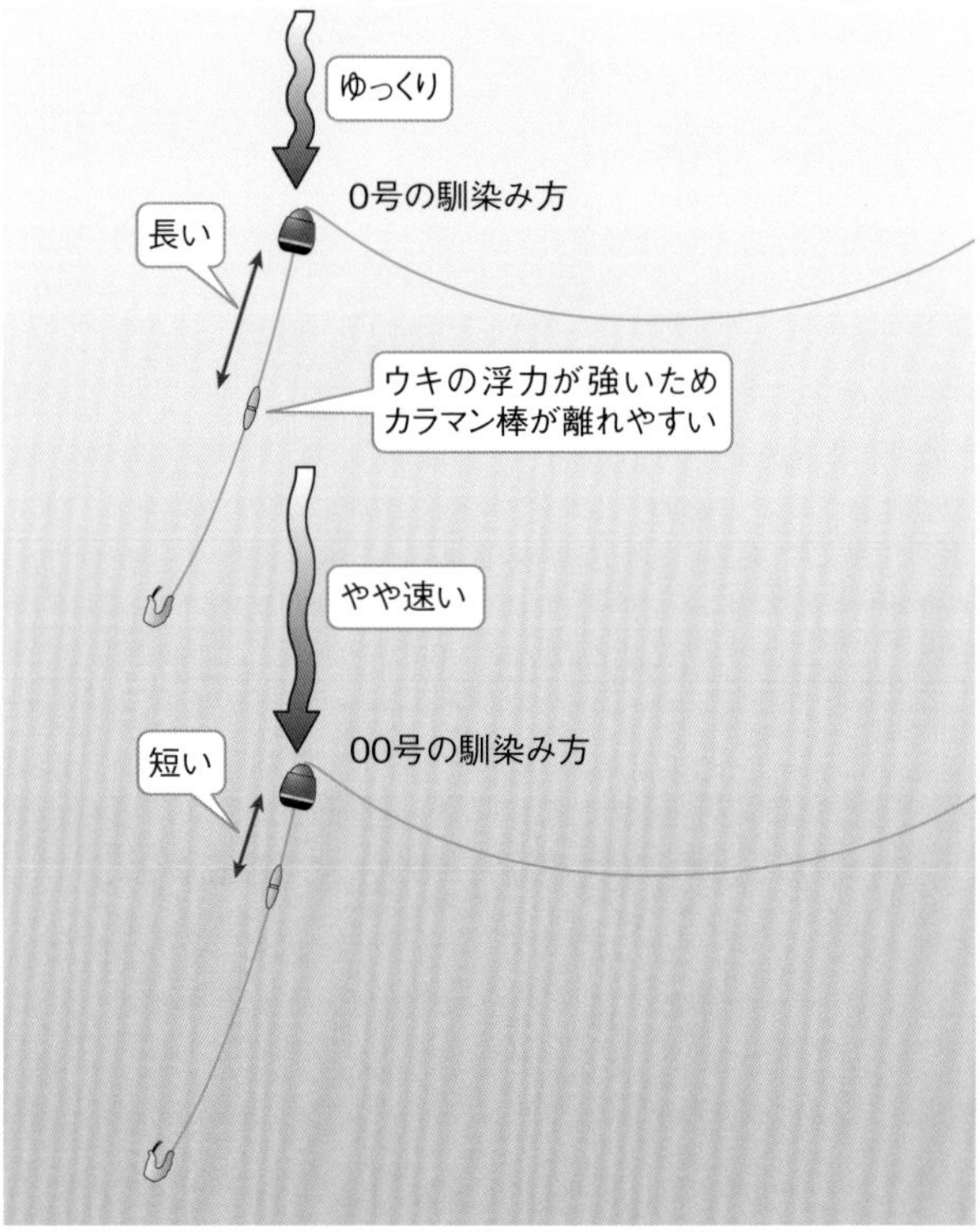
ゆっくり
0号の馴染み方
長い
ウキの浮力が強いため
カラマン棒が離れやすい
やや速い
00号の馴染み方
短い

図19 ～0号の使用イメージ～

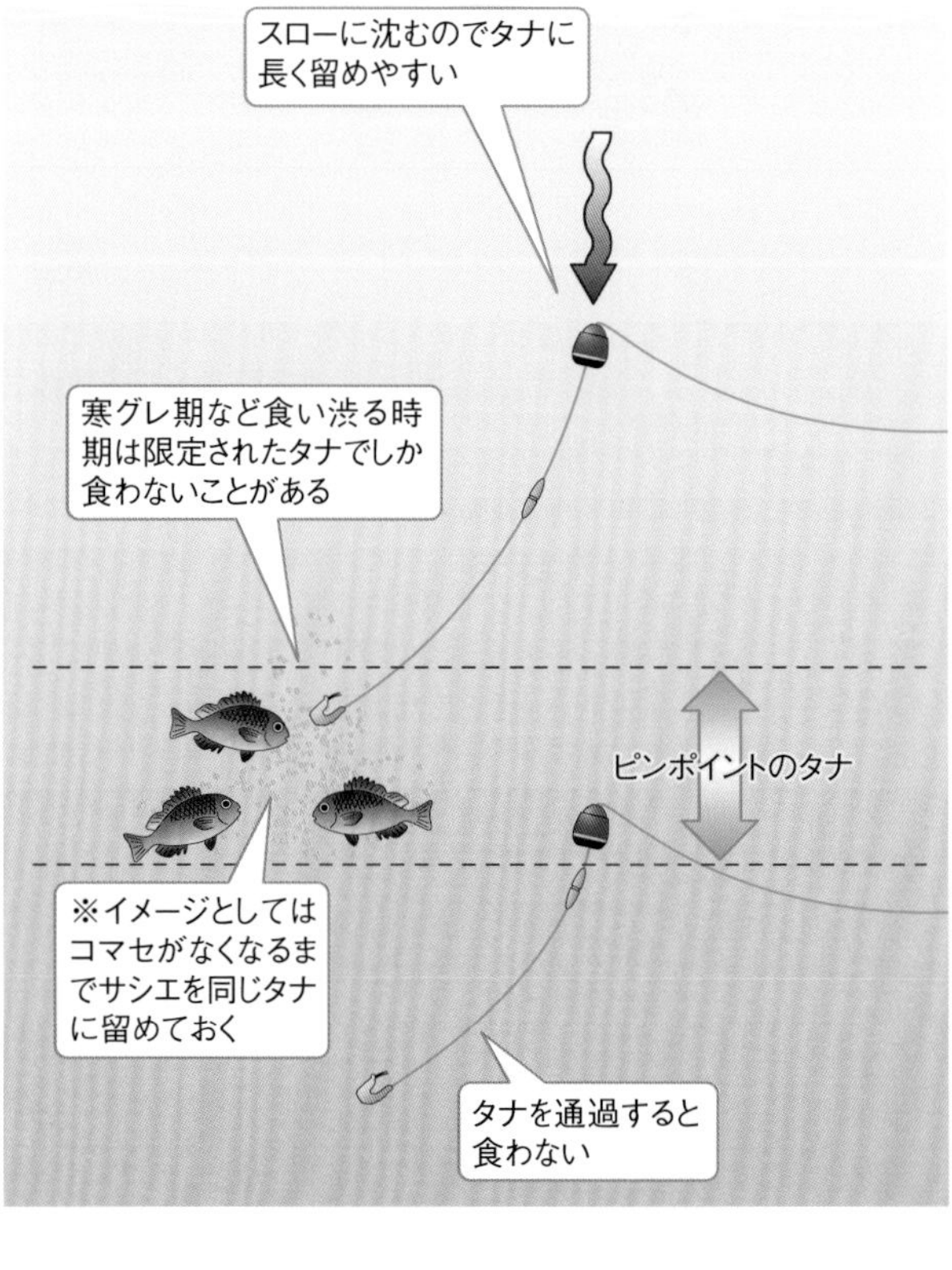
スローに沈むのでタナに
長く留めやすい
寒グレ期など食い渋る時
期は限定されたタナでしか
食わないことがある
ピンポイントのタナ
※イメージとしては
コマセがなくなるま
でサシエを同じタナ
に留めておく
タナを通過すると
食わない

イントの層にしか出てこないグレもねらい撃ちできるようになります。タナが上ずってもアタリダナを通過してしまうと釣れないグレは多いのです。もうひとついえば、そのタナにサシエが一瞬あるだけでは食わない。より長く留めておかないと食い込みません(図19)。いうなれば0号の釣りは半遊動仕掛けでサシエを吊るしておく状態に近いのです。イメージとしては、マキエを全部食い尽くして、サシエが一個になった状態で初めて食う。そういう魚をねらうためには、浮力を上げて、とにかく時間をかけてそのタナに入れていきます。このイメージは学生時代にパンコイ釣りをしていて気づいたことです。パンを撒くと、コイが山ほど群がります。パクパク食うのですが、毎日のように釣られているから頭がいい。ハリの付いているパンだけは食わず、サシエだけが残る。それがサシエのパンだけしか残らなくなると、我慢できないコイがたまらず食ってくる。コマセがなくなって、ようやくパクッと食うのです。グレもおそらくそのイメージに近い条件があるはずです。そして我慢できなくなって食った魚のアタリはでかい。サシエが全く取られないのに突然ドカーンとくるアタリの時は、そういう釣れ方です。また型もよいケースが多い。こんな渋い時に爆発すると気持ちがよく、「釣れた」のではなく努力で「釣った」という感じがします。

ハリスに打つガン玉について

沈め探り釣りの仕掛けでハリスに打つガン玉は、ウキ下に角度を付けることが目的です。もしくはミチイトの張りを強くしたい時にハリスが吹きあがらないように使います。

ハリスにはハリとサシエしか付いていません。ノーガンであれば基本的にウキから先はフケています。そこで横になったハリスを立てる意味があるのです。ハリスが吹き上がってしまえば、張るとよけいに吹き上がる。そうすると小さいアタリを取りにくくなってしまう。私の場合ハリスにガン玉を2つ打つことが多いのですが、上のほうがちょっと重く、下のほうが軽い。もしくは一緒の重さにしています。

重いガン玉といってもG5〜G6。最も多用するのはG8、G7です。この小さなオモリをグラム換算するとG8で0・07g、G7で0・09g、G5で0・12gしかありません。この0・1g前後の重さがイトの張り加減や仕掛けの馴染み、アタリの出方に直結するのですから、ウキフカセ釣りがいかに繊細かがよく分かると思います。

ハリスにガン玉を打つ位置は、上側がだいたいカラマン棒から30〜40㎝、下のほうはハリスの真ん中くらいです。何度もいうように基本的にハリスをふかせて釣りたいのです。このためハリスの真ん中より下には、極力オモリを打ちたくない。ハリスは真っ直ぐにしたほうがアタリは取りやすいのですが、食わないことには話にならない。だからフワフワとふかせるイメージも大切にします（図20）。

オモリを打ったほうが基本的に手返しは早くなります。仕掛けが馴染むのがスピーディーになり、タナまでの到達も速いわけです。だから競技会ではオモリをよく打つ。ただし、私のようにウキ止メを付けない仕掛けは、重いオモリを打つと、ウキとカラマン棒の距離がどんどん離れてしまう。そうなると仕掛けがどのタナに入っているのかイメージしにくくなります。タナに早く届いてバクバクと食うのであれば打つのもよいですが、食い渋れば打ってはダメです。

なお、オモリを打つとカウントダウンのイメージも当然ながら変わるのです。タナに届く速度が変わることも考慮してタナを把握しなければいけません。たとえばノーガンでカウント100秒のタナで釣れたとします。その後でハリスにG6とG8のガン玉を打った。すると100秒のタナが変わり、ノーガンの時より深ダナで釣れたイメージになるというぐあいです。しばらくして食わなくなれば、オモリを打ったことでサシエがフワフワとせず、それが原因で食ってこないとも考えられます。食うタナが分かっていれば、今度はオモリを外して120秒のタナを探ってみるのもよいでしょう（図21）。この場合、ミチイトを張るホバリングの調整も注意してください。オモリを付けていた時が80秒から張りを強めたとすれば、オモリなしの場合は100秒からにする。そんなぐあいに調整して釣りを組み立てていくのです。

半遊動の仕掛けならタナのイメージは簡単です。しかし私のような釣りをする場合はよりタナのイメージを描かなければダメです。釣りに再現性をもたせるには基準が必要です。そして見えない仕掛けを操るためにはカウントダウンが重要なのです。

図20 〜段シズの意味〜

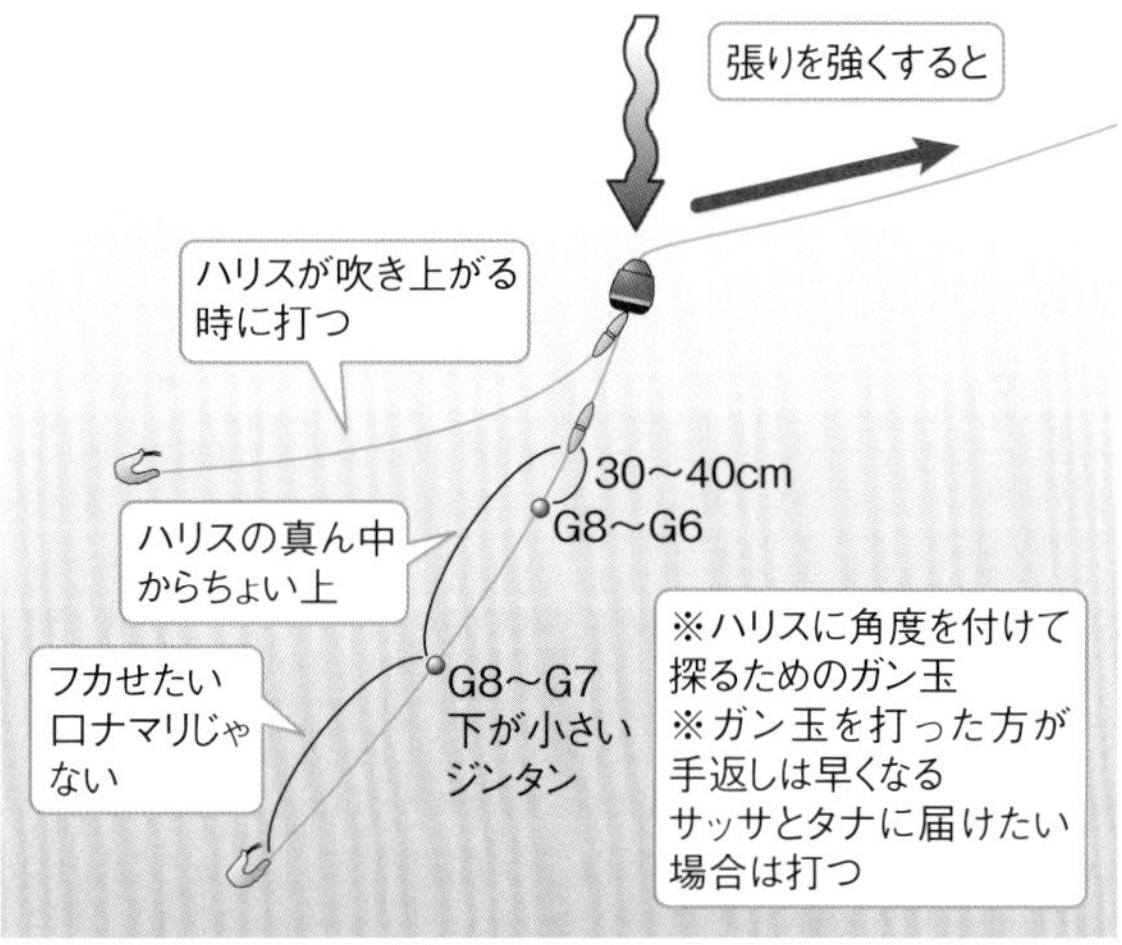
張りを強くすると
ハリスが吹き上がる
時に打つ
30〜40cm
G8〜G6
ハリスの真ん中
からちょい上
※ハリスに角度を付けて
探るためのガン玉
※ガン玉を打った方が
手返しは早くなる
サッサとタナに届けたい
場合は打つ
フカせたい
口ナマリじゃ
ない
G8〜G7
下が小さい
ジンタン

ハリスに角度を付けるための段シズ用には7〜8号と極小サイズを使うことが多い

図21 〜ガン玉を打った時のカウントダウンイメージ〜

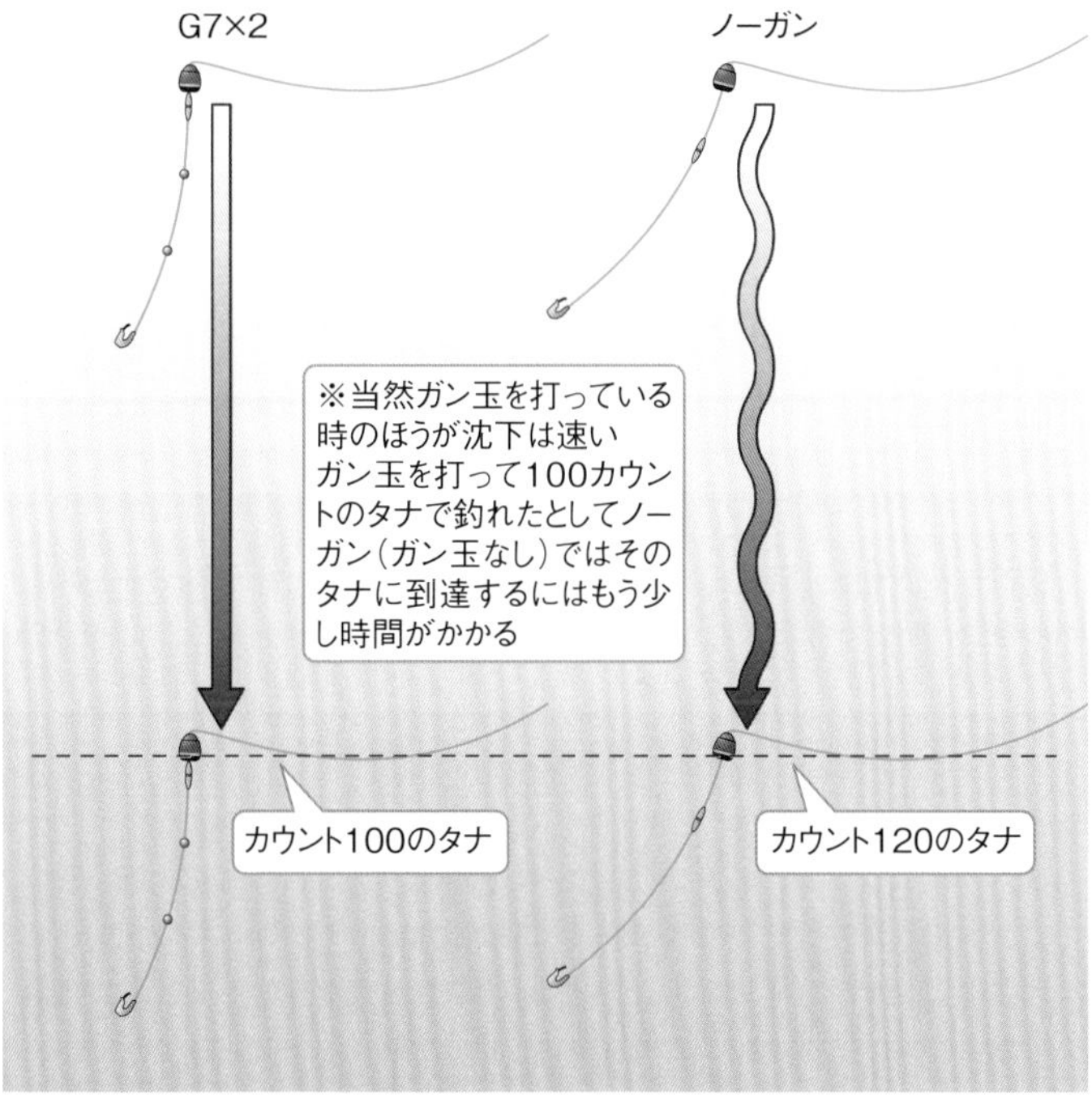
G7×2
ノーガン
※当然ガン玉を打っている
時のほうが沈下は速い
ガン玉を打って100カウン
トのタナで釣れたとしてノー
ガン（ガン玉なし）ではその
タナに到達するにはもう少
し時間がかかる
カウント100のタナ
カウント120のタナ

当て潮の釣り方

潮の跳ね返りを見つける

どんな釣り場に行っても常に釣りやすい条件であることは稀です。一番釣りにくいのが当て潮でしょう。そこでまず何をすべきか？　潮が磯に当たると右側に抜けたり左側に抜けたりしますが、大切なのは真正面から当たっている場所を見つけること。これこそ当て潮攻略の一番のキモといえます。潮がぶつかると跳ね返って潮目ができます。これをねらい撃ちするのです。磯にはいろんな形状があり、細い岬状になっている磯だとぶつかっても左右に抜けやすい。平行になっている面積が広い磯のほうが、より大きな潮目やサラシが生じやすく、釣りやすい。そしてこの跳ね返りは、ある程度広い磯でもピンポイントにしか生じない。美味しいスポットは非常に少ない。跳ね返りの潮目の探り方は3とおりあります。

競技会では当て潮を釣らなければいけない状況が必ずある。当て潮がぶつかって反発する潮を見つけることが重要になる

1、沖の潮から手前に当ててくる潮に仕掛けを入れ、サラシとの跳ね返りで生じる潮目を探る。
2、足もとに仕掛けを入れて跳ね返る潮に乗せて潮目までを流す。
3、潮目の真上に仕掛けを入れる。

3つの探り方は、いずれもやってみることです。そして仕掛けとコマセが留まるスポットがどこかを見極めてください。もうひとつの注目点はサシエの残りぐあいです。1はサシエが残りやすい探り方。エサ取りは根の近くほど多いもの。沖から探ればエサも取られにくいのです。ただし、沖の潮に仕掛けを乗せると横に向かう潮にも乗りやすくなります。仕掛けを潮目に留めることが難しく、左右に抜けてしまいがちです。その点、一番長く仕掛けを留めやすいのは手前から潮目に入れる2の探り方です。潮目までストロークがあれば、タナに留めやすくなります。問題はエサ取りが多いことです。そして3の潮目に直接振り込む場合は、沖から探るよりは仕掛けを留めやすくサシエも比較的残りやすいといえます。

こうしたピンポイントの潮目を釣るのに、サシエはウキのすぐ側に落とすことが重要です。特に沖から探っていく場合は要注意。たとえばウキよりもサシエが右の離れた位置に落ちてしまうと、ウキが潮目まで運ばれた後もサシエは右の流れに乗ってポイントに留まりにくくなるのです。当て潮を沖から探るのであれば、サシエはウキの手前の直近に落とすのが理想です。そのほうが潮目の中に先にサシエが入ります。より長時間、食うタナにサシエを留めておきやすくなります。

ウキがつかんでいる潮とサシエがつかんでいる潮が異なると、仕掛けの流れ方がちぐはぐになります。こ

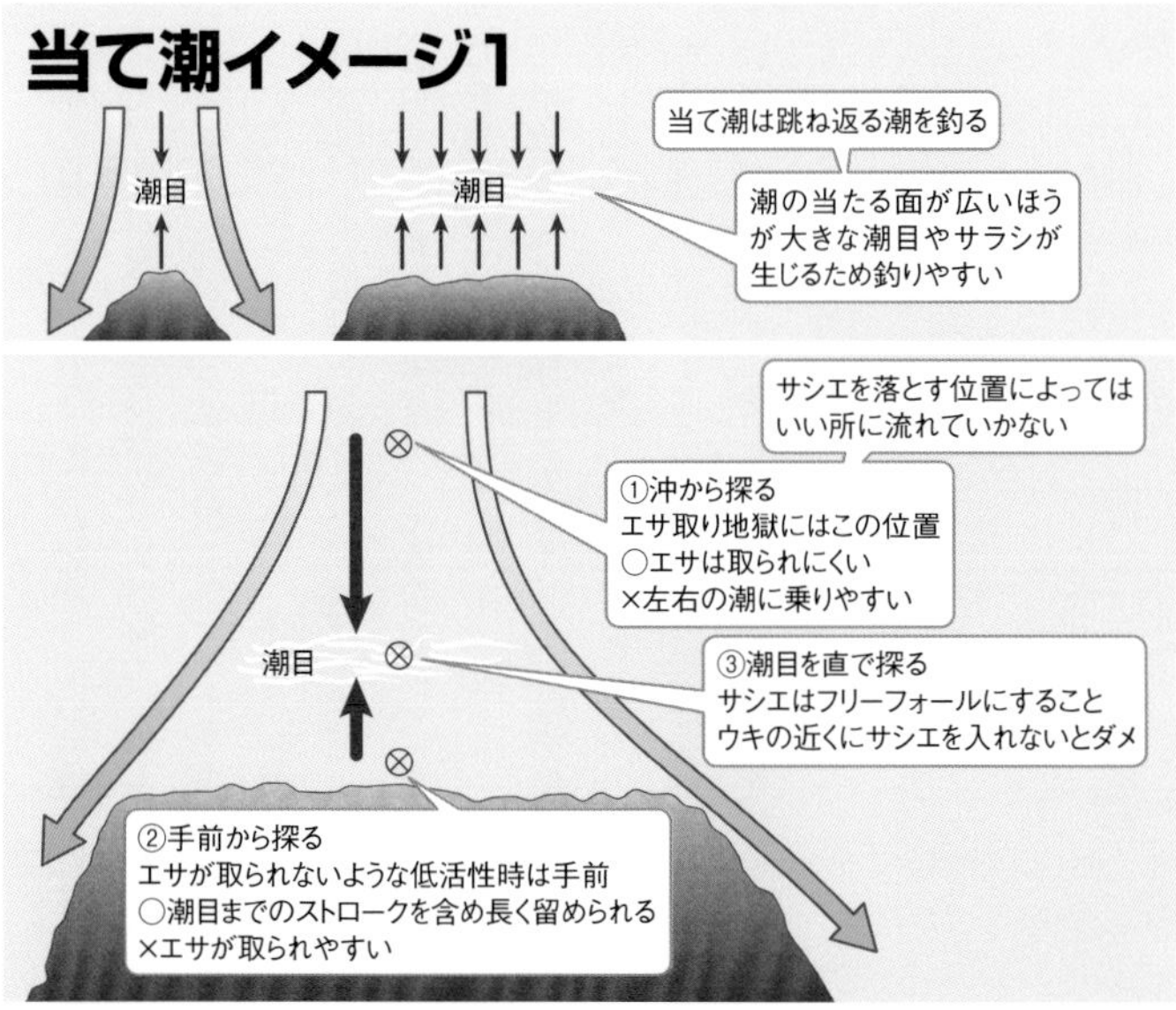
当て潮イメージ1
潮目
潮目
当て潮は跳ね返る潮を釣る
潮の当たる面が広いほうが大きな潮目やサラシが生じるため釣りやすい
サシエを落とす位置によってはいい所に流れていかない
①沖から探る
エサ取り地獄にはこの位置
○エサは取られにくい
×左右の潮に乗りやすい
潮目
③潮目を直で探る
サシエはフリーフォールにすること
ウキの近くにサシエを入れないとダメ
②手前から探る
エサが取られないような低活性時は手前
○潮目までのストロークを含め長く留められる
×エサが取られやすい

れは本流脇の潮目の狭いスポットを探る時も同じことがいえます。ウキが潮目に入ってもサシエが本流の流れのきつい場所に落ちると、エサの溜まる位置からズレてかつサシエにウキが引っ張られてねらいの筋から外れてしまいます。このため潮目を直撃する場合は、よりフリーフォールを意識したキャスティングが必要です。ウキの真上にサシエを落とすイメージです。そうして潮目の中で長時間、仕掛けを落とし込んでいくのです。

当て潮に効く「巻き巻き釣法」

当て潮は手前に仕掛けが流れることで張りを保てない状況です。ミチイトがどんどんたるみ、放置すればその部分が手前の潮をつかんでねらいの筋から仕掛けが外れる。そうならないように流れてたるんだ分のミチイトをちゃんと巻き取るのです。ではどれだけ巻き取るかといえば、使っているウキの重さを意識することが重要です。巻いて重さが掛かるのは、ウキ止メゴム（カラマン棒）がウキに当たっている状態です。それ以上巻き取ってしまうと仕掛けが浮き上がってしまう。重さを感じる瞬間のテンションを覚えておき、浮き上がらない程度の巻き加減が重要になります。

シマノジャパンカップ２０１６年大会で話題になった小谷さとしさんの「巻き巻き釣法」は、当て潮攻略で私も影響を受けました。それはサオを低く構え、仕掛けが浮上しない程度の絶妙な巻き加減でじっくり「巻き巻き」とリーリングしていくのです。常にイトを張っているので、細かいイトアタリもよく取れます。

私が応用したのはサオを立てていく方法です。穂先を下げた状態からリーリングのかわりにサオを起こしてミチイトを引っ張る。こうするとウキの重みも指で感じ取りやすいのです。サオを上げきったところで再び穂先を下げ、たるんだ分のイトを巻き取る。この繰り返しで手前に探ります。「巻き巻き釣法」は当て潮に限らず、潮の緩い時でも威力を発揮します。注意したいのはミチイトを常に巻き取っていることから、仕掛けやハリスが吹き上がりやすくなること。ウキはなるべく浮力が小さいほうがよく０００号を基準にし、慣れないうちはハリスにも極小ガン玉を段打ちするのがおすすめです。

競技会では絶対に潮上に入らざるをえない状況があります。マンツーマンの試合で半分半分の時間があって、半分の時間はすごさないとダメなのです。そこで無駄な時間をすごすのか、１尾でも多く釣るかというのは勝敗を大きく分ける要素になります。当て潮攻略はトーナメントで勝つためにも必ず会得したい技術でしょう。

当て潮イメージ2
小谷さんの“巻き巻き”釣法

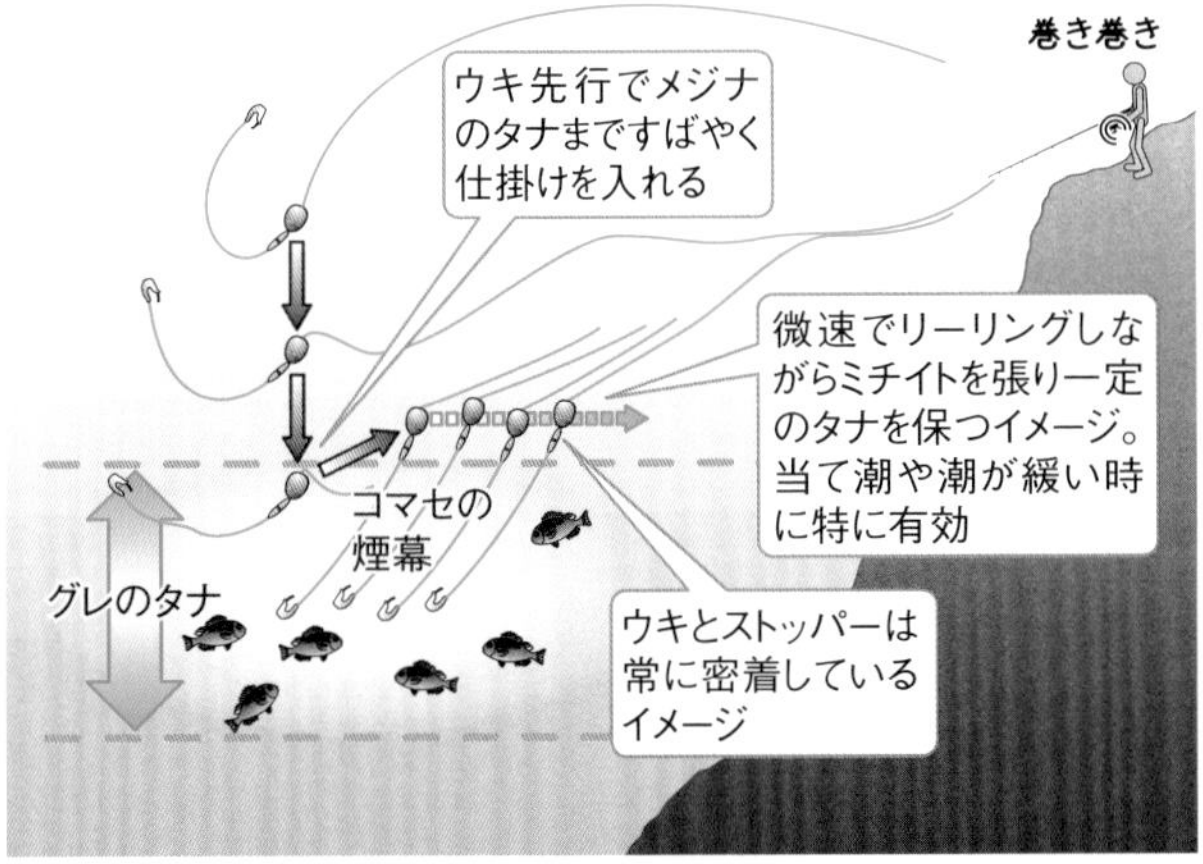
巻き巻き
ウキ先行でメジナのタナまですばやく仕掛けを入れる
微速でリーリングしながらミチイトを張り一定のタナを保つイメージ。当て潮や潮が緩い時に特に有効
コマセの煙幕
グレのタナ
ウキとストッパーは常に密着しているイメージ

サオの上下で引っ張る釣り

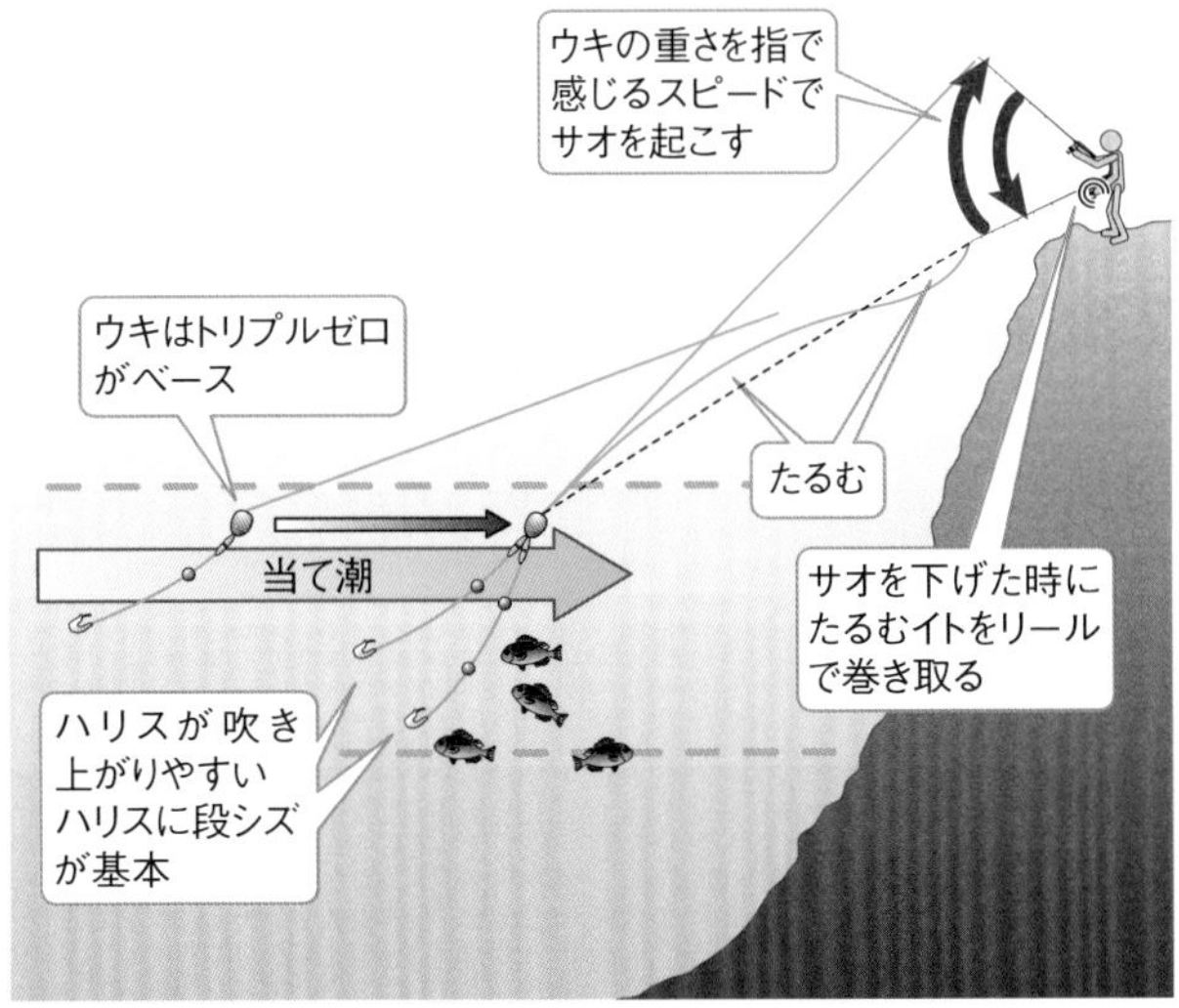
ウキの重さを指で感じるスピードでサオを起こす
ウキはトリプルゼロがベース
たるむ
当て潮
サオを下げた時にたるむイトをリールで巻き取る
ハリスが吹き上がりやすいハリスに段シズが基本

ジャパンカップ２０１６年大会で感銘を受けた小谷さとしさんの巻き巻き釣法

第8章

半遊動の出番

0号以下のスルスル仕掛けでは、
どうがんばっても上手く釣れない状況があります。
つまりミチイト管理ができない。
そんな時は半遊動の出番です。

近年、私の半遊動仕掛けはシモリ玉を使ってウキ止メから抜けないようにして探ることが多くなった。ナルホドウキ止メはウキが抜けた後に戻すのに一手間掛かる。それが嫌なのである

半遊動でなければ釣れない条件

ウキ止メを付けて、きっちりとタナを決めて探る「半遊動仕掛け」を使う条件はいくつか挙げられます。

1、水深がないポイント。具体的には5mより浅い釣り場です。ここまで浅いと0号以下のマイナス浮力のウキで沈めて探る釣りが成立しにくいです。

2、ピンポイントの根周りを探る。同じ場所を繰り返し釣りたいシチュエーションで効果的です。特に潮や風に仕掛けが取られてしまう条件では、半遊動仕掛けでしか探れない場合が多いです。

3、仕掛けが張れない場面。サラシや風によってミチイトが取られ、穂先からウキまでが真っ直ぐに馴染まない時に使います。

4、どうやってもアタリが取れない時。

5、エサ取りがわんさといる時。

3番はこれまでの章でも繰り返し述べてきたことです。仕掛けが馴染まなければ、グレは釣れません。というか釣りが成立していません。こんな時は自分の得意な仕掛けや釣り方を捨てて、馴染ませることを優先に考えます。釣り場の風、潮、サラシといった条件しだいで仕掛けは決めます。これは4番のアタリが取れない時にも通じます。

5番のようにエサ取りがわんさといる場面では、エサ取りの層を早く突破しなければいけません。よって、ロナマリを打って対応することが多いです。特にオセン（スズメダイ）やアカジャコ（ネンブツダイ）みたいな足の遅いエサ取りが一面にいるシチュエーションでは、半遊動仕掛けの出番がよくある。時には5Bくらいの重い仕掛けでスポーンとタナまで落とします。なお小サバや小アジといった足の速いエサ取りの場合は、磯際ねらいに集中します。ハリ近くに5B以上の大オモリを打ってウキ止メを付けずスルスル状態で釣ることもあります。この場合ウキの浮力は関係なく、ウキを介さず穂先で仕掛けを吊るして探るイメージになります。

「重仕掛け」と「軽仕掛け」の使い分け

◎重仕掛け

この半遊動仕掛けは主に2パターンあります。5Bくらいの重い仕掛けにするケースともう少し繊細な浮力の仕掛けにするケースです。まず「重仕掛け」についていえば、エサ取りが多い時と沖の潮を釣る時に多用します。たとえば東伊豆の地磯の名礁・カドカケを例に挙げてみましょう。この磯は潮が複雑です。潮回りによっては北から南に向かう本流がかすめるのですが、同時に右側から引かれ潮が発生します。ぐるりとカドカケを回り込むくらいの強い引かれ潮です。そうすると仕掛けが真っ直ぐにならず、全くアタリが取れなくなります。そんな時、5Bの「重仕掛け」の出番です。ウキを流していくとミチイトが手前の流れで膨らみます。そこでフケた分のイトを回収するくらいの勢いで巻き取り、もう一度仕掛けを真っ直ぐにしてから流し直す。このように強引なラインメンディングは、重い仕掛けであれば繰り返しできます。後から何度も修正が効くのがメリットです。コマセは手前にバンバンと撒いておけばどこかの潮目で同調します。軽い仕掛けでは絶対にできないことです。ちなみにカドカケの例でいえば、上手く修正して流すことができればツバクロ島の前で食います。

沖に走る本流を流す時は00号くらいのウキを使って探っていくことが

半遊動仕掛け

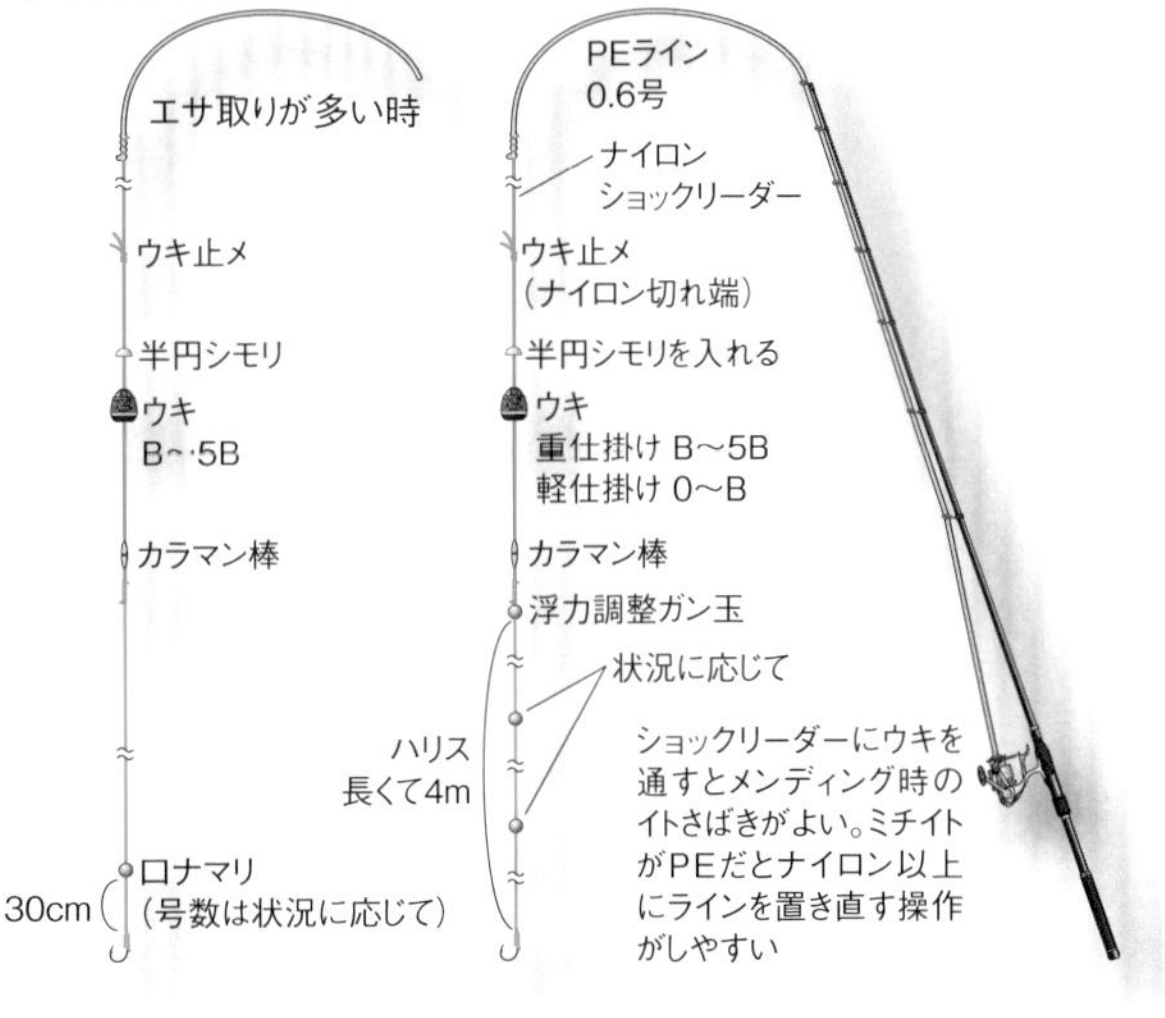
エサ取りが多い時
ウキ止メ
半円シモリ
ウキ
B～5B
カラマン棒
ロナマリ
（号数は状況に応じて）
30cm
PEライン
0.6号
ナイロン
ショックリーダー
ウキ止メ
（ナイロン切れ端）
半円シモリを入れる
ウキ
重仕掛け B～5B
軽仕掛け 0～B
カラマン棒
浮力調整ガン玉
状況に応じて
ハリス
長くて4m
ショックリーダーにウキを通すとメンディング時のイトさばきがよい。ミチイトがPEだとナイロン以上にラインを置き直す操作がしやすい

FIRE BLOOD
3B
5B

重仕掛けで使うウキはＢ～５Ｂ

多いと思います。しかし上手く流せない時がけっこうある。湧き上がる潮に邪魔され、どうしようもない時に重仕掛けで本流を流すと、きれいに潮をとらえることができます。

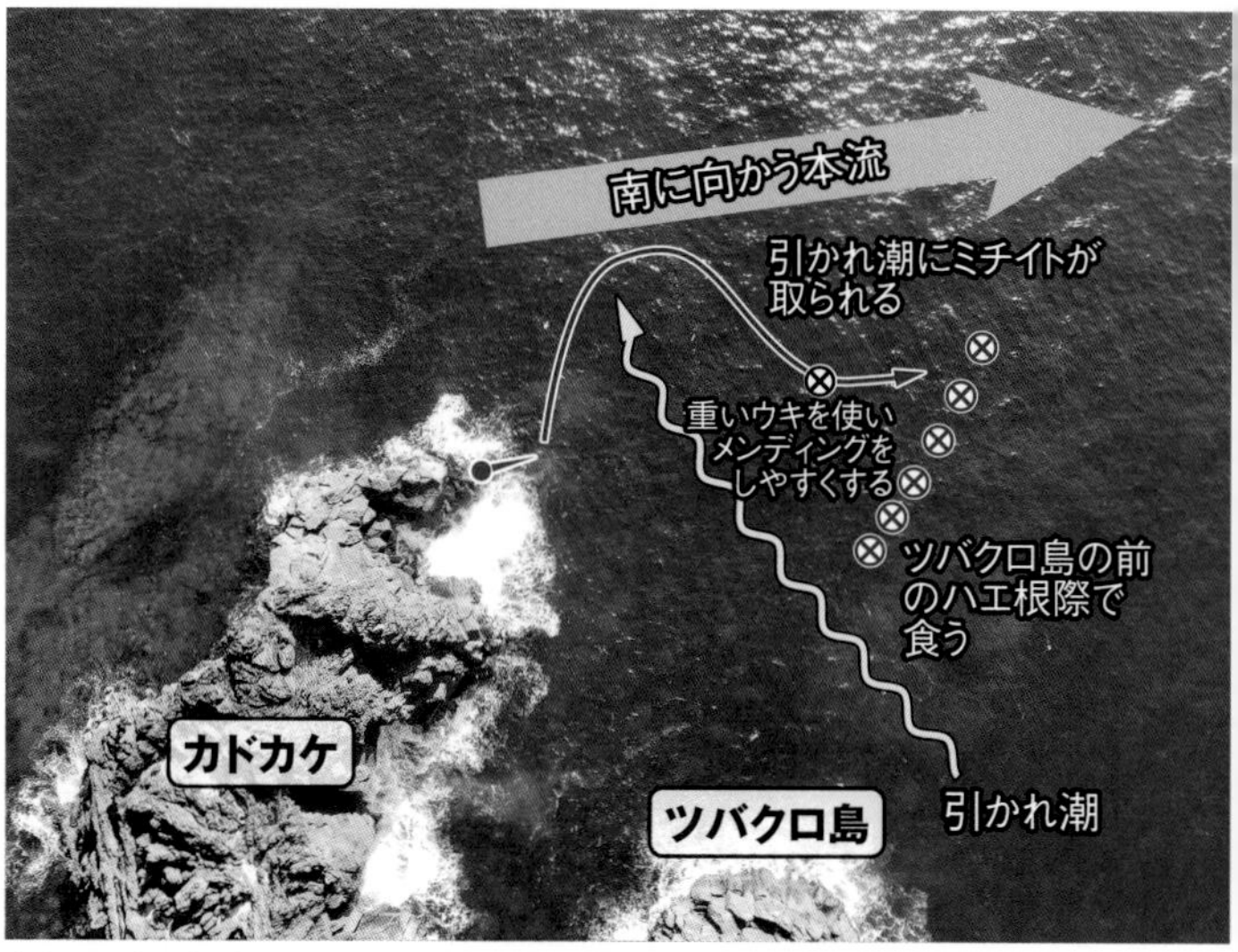
南に向かう本流
引かれ潮にミチイトが取られる
重いウキを使いメンディングをしやすくする
ツバクロ島の前のハエ根際で食う
カドカケ
ツバクロ島
引かれ潮
東伊豆の超一級地磯であるカドカケ。ただし潮が複雑なので攻略が難しい

◎サラシを探る「3Bポコポコ釣法」

サラシはコマセや仕掛けを沖に運んでくれ、魚の警戒心を解く好条件になります。しかしサラシの真上、真ん中を釣ることはよほどエサ取りに悩まされない限りはありません。コマセが溜まりエサが落ち着く場所を探るのが基本です。つまり、エサが止まる場所を捜すのです。サラシが潮とぶつかるスポットはエサが止まる。サラシが消える部分が好例でエサが止まり、コマセが溜まります。

しかしサラシが大きすぎると仕掛けが揉まれ、ぐちゃぐちゃになります。ミチイトの張りが保てず、軽いウキを沈めて探る釣り方は成立しません。流れが複雑すぎるのです。仕掛けを張ろうと思えば、サラシによってわけのわからない場所に仕掛けが引っ張られたり、ぶっ飛ばされたりします。またウキを沈めればサラシで見えなくなり、ラインでもアタリが取れません。そんな時はウキの浮力を大きくして探るのがおすすめです。

私が「3Bポコポコ釣法」と呼んでいる釣り方があります。ウキを3Bにしてオモリは B くらい。余浮力を思いきり残した仕掛けです。強い潜り潮に入ればウキは少し沈みますが、しばらく置けば浮いてくる。それぐらいの浮力でウキをしっかり浮かべてアタリを取るのです。また潜り潮が強く、底付近までサシエが入りすぎるとフグなどのエサ取りの餌食になってしまいます。そこでエサが入りすぎないように3Bポコポコ釣法をするのです。3B～5B の強めの浮力が必要で、B のウキでは弱すぎます。B ならオモリなしにする。それでも潮目が強いと沈みます。

このポコポコ釣法は寒の時期でサラシがぐちゃぐちゃのシチュエーションで威力を発揮します。先述のようにウキを沈めてもラインを張れないからアタリが取れない。しかしどこかで食われているのでエサがなくなる。またはアタリが渋くて分からないというシチュエーションです。この釣り方なら比較的アタリが出ます。といっても寒の時期なので明確に食い込む感じでもなく、ウキがモタれるようなアタリです。「潮目に

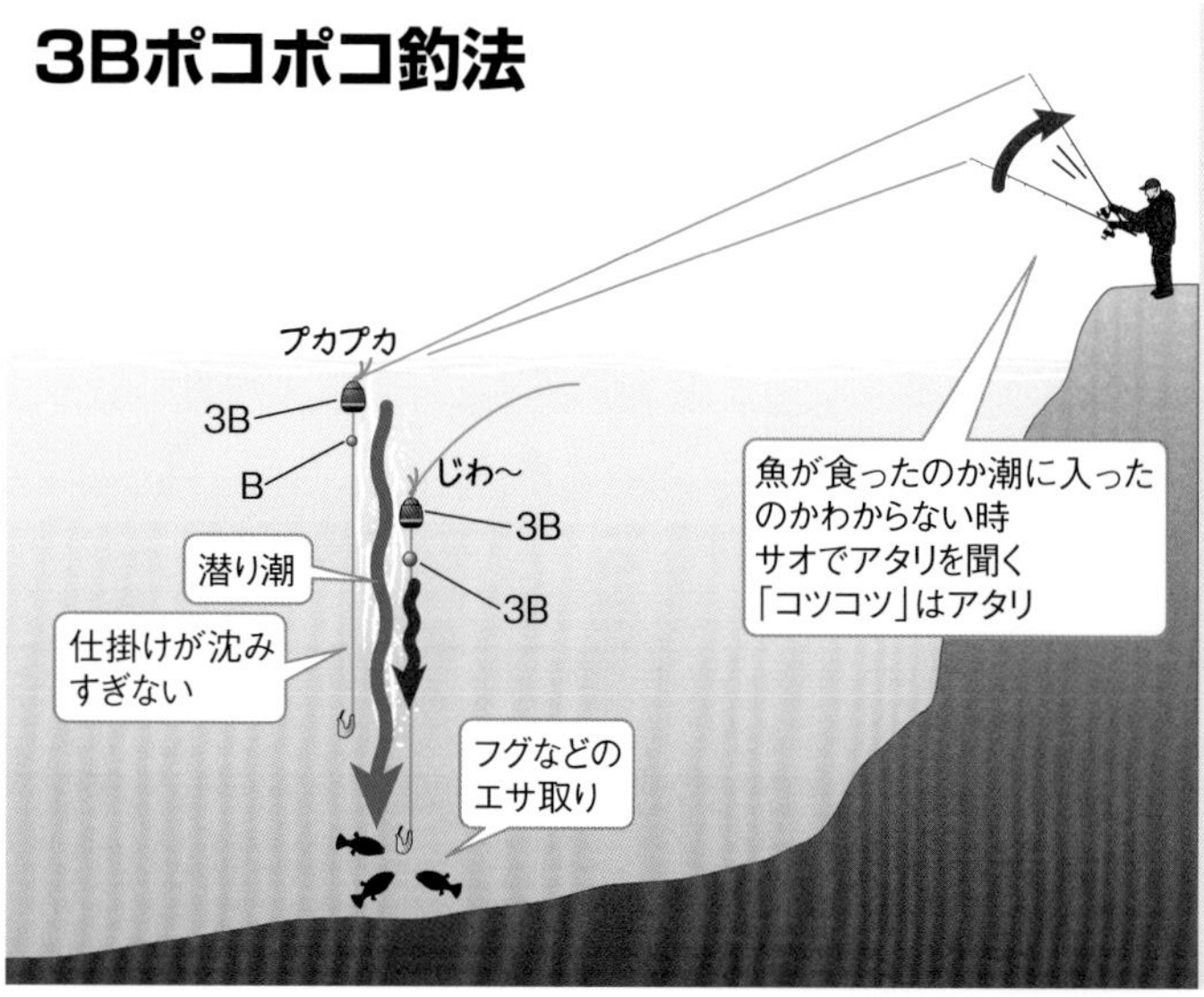
3Bポコポコ釣法
プカプカ
3B
B
じわ～
3B
3B
潜り潮
仕掛けが沈みすぎない
魚が食ったのか潮に入ったのかわからない時
サオでアタリを聞く
「コツコツ」はアタリ
フグなどのエサ取り

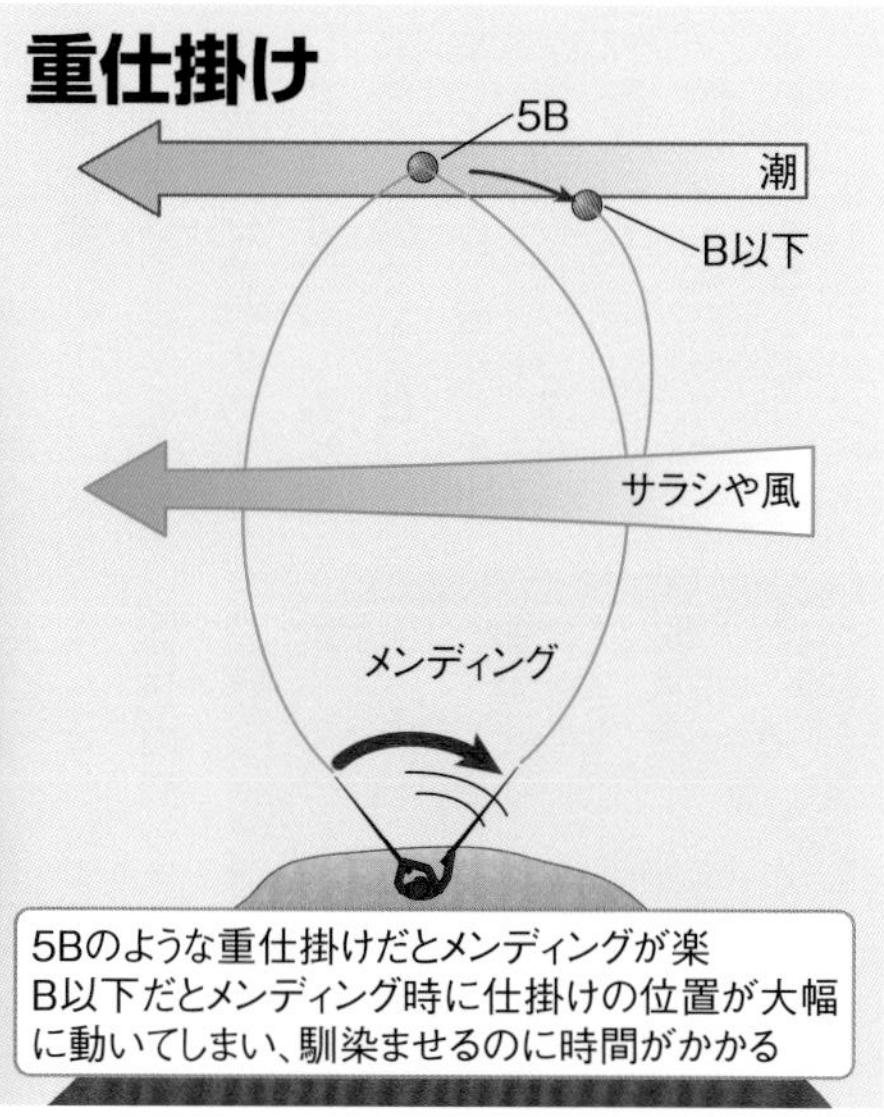
重仕掛け
5B
潮
B以下
サラシや風
メンディング
5Bのような重仕掛けだとメンディングが楽
B以下だとメンディング時に仕掛けの位置が大幅に動いてしまい、馴染ませるのに時間がかかる

入ったのかよう分からん」という時に無理やり仕掛けを張り、サオでアタリを聞いてみる。「コツコツ」とくればアタリです。何も感じないならばそのまま流す。仕掛けは重く、サラシがしっかり噛んでいるので、ミチイトを置き直すこともしやすい。修正が効くというのが重い仕掛けのよいところで何回もミチイトをメンディングして整えることができます。軽い仕掛けはこれができません。

◎軽仕掛け

次に0~Bまでのウキを使った半遊動仕掛けの解説です。シチュエーションとしては手前をねらう際に出番が多いです。ゴロタの隙間、シモリの際を探るような、いわゆる「石コロの釣り」で用います。コマセをいくら撒いても沖に出ていかない、石をねぐらにしているようなグレを探る釣りです。

私の半遊動仕掛けはベーシック浮力がBです。手前でBのウキを使えば、だいたい仕掛けは馴染みます。Bならミチイトを置き直すこともたやすく、前述の5B仕掛けのような操作もわりとできます。そういう意味でBは非常に使いやすい浮力です。仕掛けがピンポイントから外れた時は引き戻して置き直せばよい。それでBで釣れるならよいのですが、Bの負荷はグレにとって結構重たい。この負荷で食わない時が絶対にあるのです。

食い込みが悪い時は、ウキは小粒にして仕掛けの重さも軽くする。浮力は0～Bの出番が多い

ミチイトとハリスの直結部分に浮力調整用ガン玉のBを打ちます。ウキ止メまでの遊動幅は50㎝とします。それで浮かず沈まずのちょうどいいシブシブ浮力に調整し、ガン玉下のハリスはオモリを打たずにフカセます。潮に乗ってサシエがふわふわとなびいています。この状態で食い込みは悪くないはず。が、食い込まない。ウキがスーッと消し込まず途中で止まる。で、ウキを0号、ジンタンをG7に替えると不思議と食うことがよくあります。これはなぜか? よく分からない。仕掛け全体の重さを魚が感じているとしか思えないのです。

ウキを浮かべる半遊動の釣りではウキの体積は魚の食い込みに影響します。だから大粒なほど引き込む際の抵抗が大きく、食い込みも悪くなります。スリムなウキや小粒のウキほど食い込みは絶対にいい。このため特に根際ねらいの半遊動は小粒を好んで使います。一方ウキが同じ体積であればゼロでもBでも海面下に引き込む抵抗は同じなはず。でも明らかに食いに差が出る。考えられることはウキ下のたなびき方です。G7で釣れました。Bで釣れません。イトのフケ方を考えれば、タナが浅いことも考えられる。そこでBのタナを浅くする。でも、釣れない。やはり魚がサシエをくわえた時に仕掛け全体の重さを感じているからなのでしょう。推測ですが魚が食った時、ウキの抵抗の前にオモリの抵抗を最初に感じます。ガン玉のBは0・55g。G7は0・09g。この0・46gの重さの違いをグレが感じ取っているのだと思います。食い渋ったグレはオキアミを吸って口の中に入れますが、口を閉じてパクッとは食いません。わずかな抵抗で半開きの口から再びハリのついたオキアミがポロッと出てしまい食い込まないのだと推測します。なにせ実感として繊細な半遊動が必要な場面がある。Bベースの仕掛けで釣りを始め、食わなくなればその重さを軽くします。時には00号の半遊動仕掛けでオモリなしも試みます。馴染むとじわっと沈んでいきますが、ホバリングさせるようにミチイトの張りを調整して釣ります。そこまでやってようやく食うこともあるのです。

私のパイロット仕掛けではオモリをほとんど使用することがないのでオモリを使った半遊動仕掛けは非常に馴染みがよく扱いやすく感じます。ただし食い込みやすさや探れる範囲が限定されるのは間違いなく、パイロット仕掛けが通用しない場面を補う引き出しの一部といった考え方で使用しています。

軽仕掛け

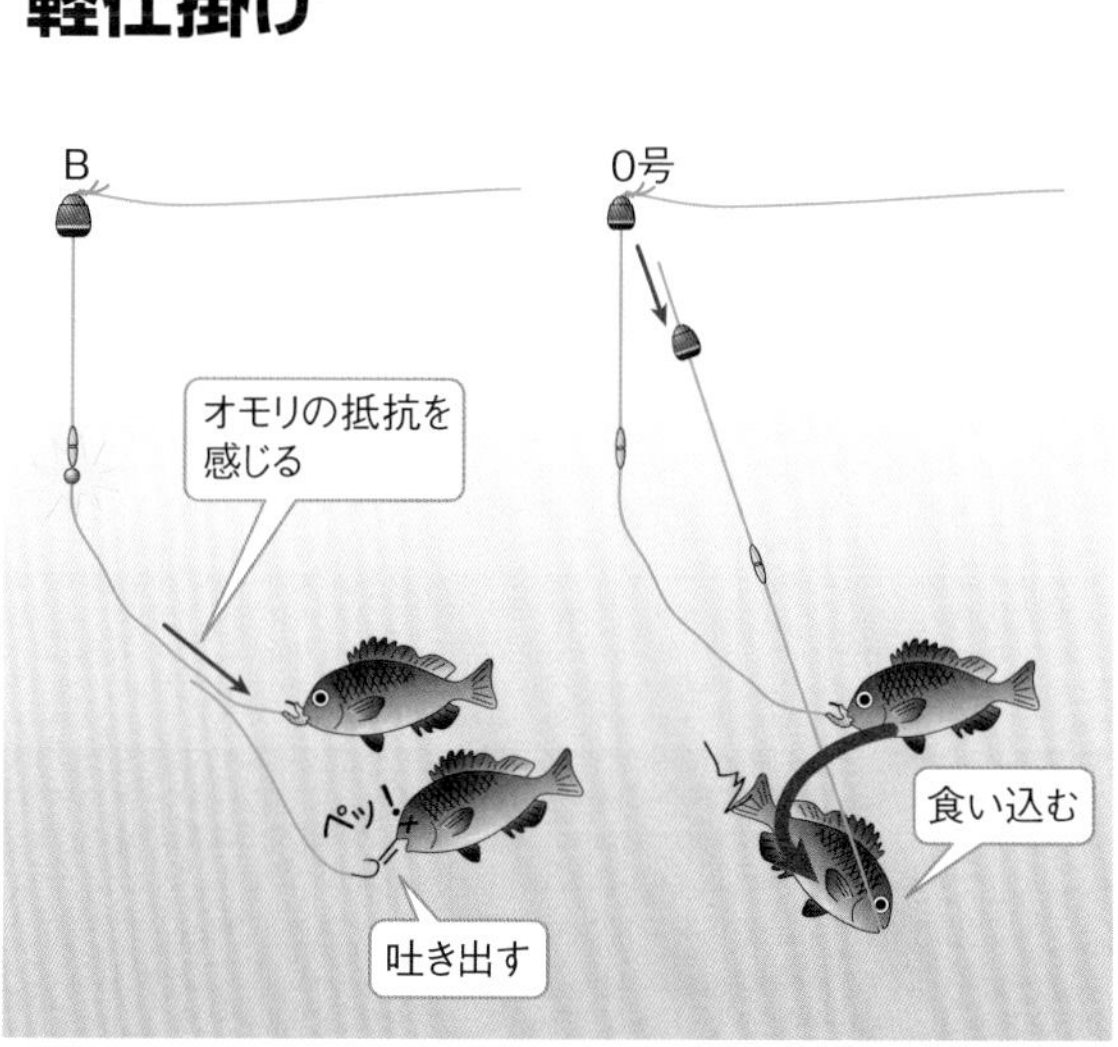

第9章

空から見る
ポイント学

**グレ釣りはその日、その時、その場所で、
ヒットパターンがめまぐるしく変わります。
とはいえ通い慣れた釣り場であれば傾向はつかめます。
ここでは私がよく知る地磯での組み立て方を見てください。
地形や潮に対してのアプローチ方法は参考になるはずです。**

寺下

東伊豆の人気地磯のひとつ「寺下」。この釣り場の地形を見てもらうと、直接本流が当たる磯ではありません。それでも潮通しはよく、北からの本流が磯に近付いたり離れたりを繰り返し、1日の釣りで流れがコロコロと変わることが多々あります。

南方向の流れ（沖を見て左から右）が近付いてくるシチ

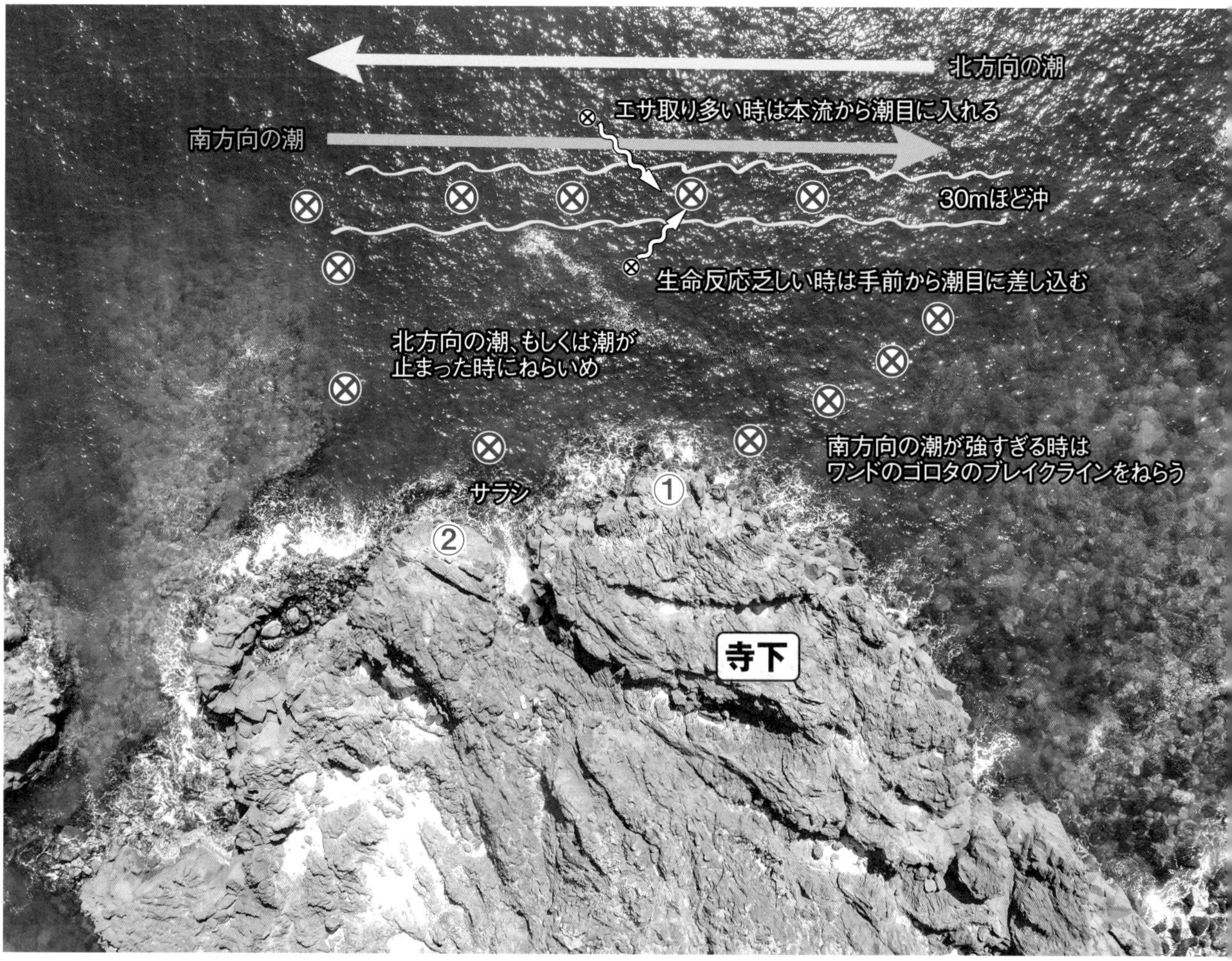
北方向の潮
エサ取り多い時は本流から潮目に入れる
南方向の潮
30mほど沖
生命反応乏しい時は手前から潮目に差し込む
北方向の潮、もしくは潮が
止まった時にねらいめ
南方向の潮が強すぎる時は
ワンドのゴロタのブレイクラインをねらう
サラシ
①
②
寺下

ュエーションでは30mほど沖に潮目ができます。その周囲がポイントとなり①が釣りやすいです。潮に乗せて流すとサオ引きアタリでオナガ、クチブトともに良型が出ます。エサ取りが多い時は大遠投をして沖の本流側から潮目に向かって手前に流すとエサ取りをかわしやすくなります。反対に生命反応が乏しい時は手前から潮目に差し込みます。

すぐ近くにダイビングポイントがあるので近くをダイバーが横切ることが多々ありますが、グレはダイバーに慣れているのか食い気が落ちることはありません。ただしダイバーが横切っている時は一旦釣りをやめるなど、最低限のマナーは守ってください。地周りで釣りをしていて感じることですがダイビングポイントの近くは総じてよく釣れる場所が多く、この寺下も同様です。見た目以上の好釣果が期待できます。

南方向の潮が強くなると磯近くを平行に潮が流れます。沖にコマセが溜まるポイントがなくなるので、そんな時は釣り座①から南側ワンド出入口のゴロタのブレイクラインがねらいめとなります。ここは根が荒く、流して掛けるとゴロタにハリスを擦りながらやり取りをしなければいけません。取り込みにくいのが難点です。磯際付近のゴロタ周りは45㎝クラスのオナガが出てくることがありますから侮れません。

釣り座②は北方向の潮が流れている時や、潮が止まった時の好釣り座です。①と②の間は磯に切れ込みがあり、絶えずサラシが発生しています。そのサラシの周辺か北側にある大きなハエ根の際をねらってください。かなり沖までハエ根が延びているので、手前で食わなければ沖のハエ根を探ることです。根周りの釣りとなりますから①に比べると②はクチブトが多くなります。

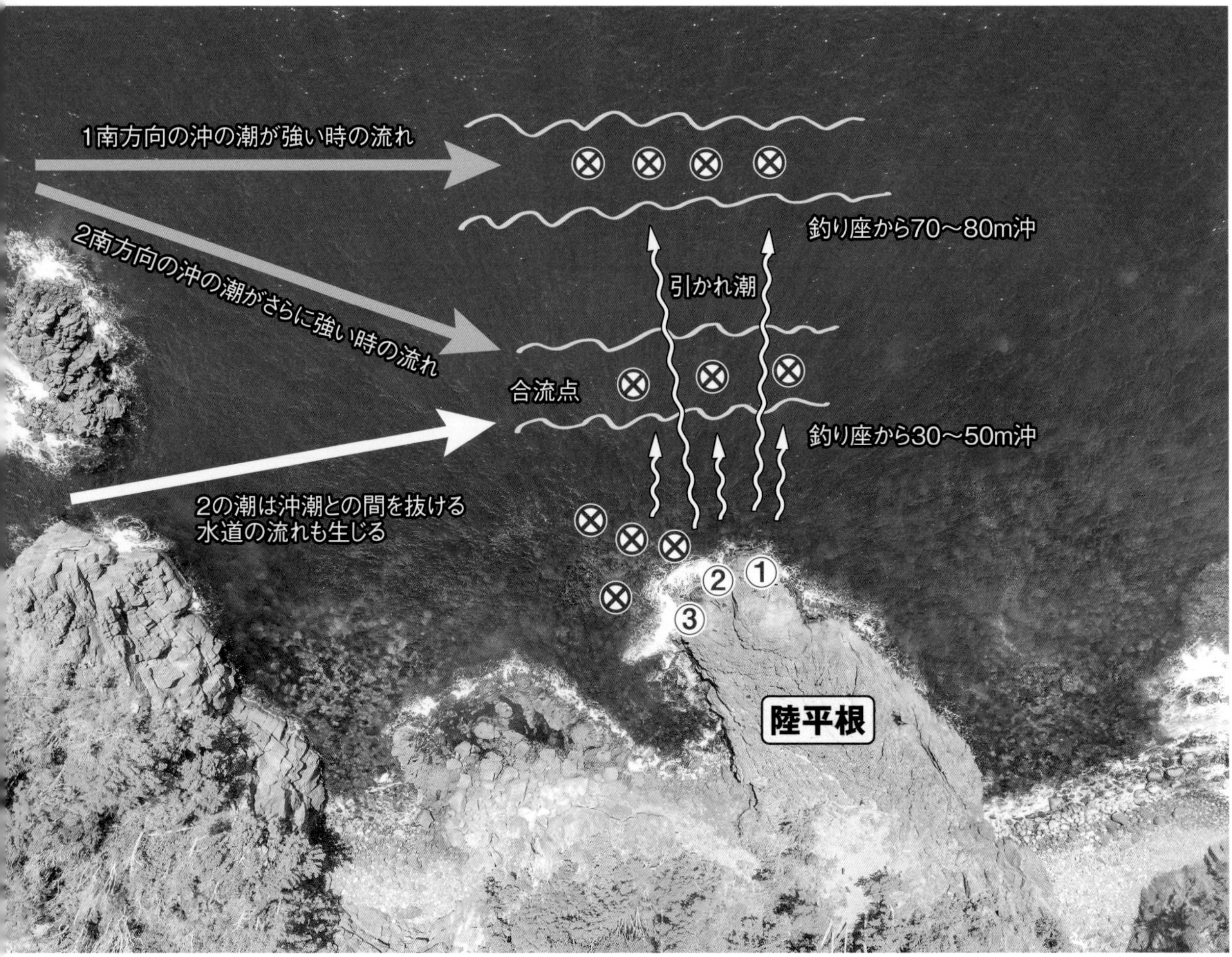
1南方向の沖の潮が強い時の流れ
2南方向の沖の潮がさらに強い時の流れ
2の潮は沖潮との間を抜ける
水道の流れも生じる
釣り座から70～80m沖
引かれ潮
合流点
釣り座から30～50m沖
①
②
③
陸平根

陸平根《おかひらね》

私の釣りの組み立ては、どんなポイントであれ、かなり広い視点で潮の流れを見極めます。それこそ潮を釣るためには必要な技術なので。この陸平根はその好例といえる地磯で、東伊豆で最も沖に突き出た門脇崎から少し南に位置します。東伊豆の本命潮である北から南へ向かう本流はカドカケでいったん沖に離岸します。その本流から分かれた支流が磯の近くに寄ってくるかどうかで釣果が変わる釣り場です。

本命場所は①の釣り座です。左右どちらから潮が流れても釣りやすい両潮場ですが、やはり南方向（沖を見て右から左）の潮が本命です。この本命潮が岸近くまで入ってくると北側にある沖磯の沖側にのみ潮が走ります。そうなると沖磯に潮が当たり、潮目が南に向かって生じ、そこがポイントになります（写真右）。足もとから沖の潮に向かって引かれ潮が発生するので、その流れに乗せて沖にある潮目に届けるとよいでしょう。距離にして70～80m沖がポイントになるので50m以上ウキを遠投してそこから流していきます。潮がはっきりしない弱い流れなので、グレが食うタナは3～4ヒロ（5～6m）になることが多いです。

南方向の本命潮がさらに強さを増すと北側の沖磯と地磯の間の水道にも潮が入ってきます。そうすると水道から抜けた潮と沖から流れる潮が釣り座①、②の正

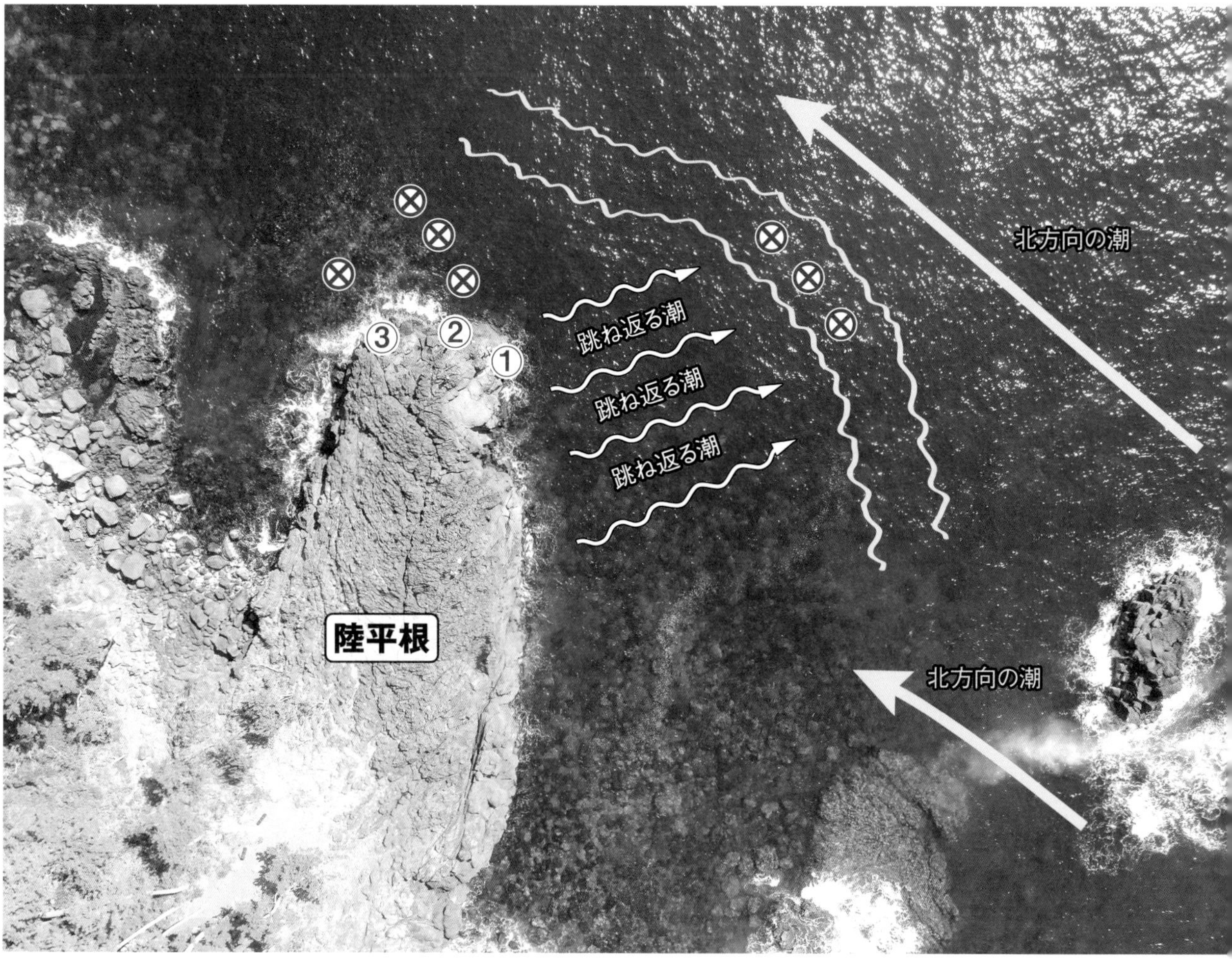
北方向の潮
跳ね返る潮
跳ね返る潮
跳ね返る潮
③
②
①
陸平根
北方向の潮

面で合流します。少し遠投すれば届くほどの距離（30～50ｍ沖）にはっきりとした潮目ができ、力強い潮になる。グレの活性も高まり1～2ヒロ（1・5～3ｍ）ほどの浅ダナまで浮くことが多くなります。

潮が南から北へ流れる場合（写真左）は、南側にある沖磯の水道を抜けてくる潮が陸平根の南側にぶつかります。すると釣り座①の右沖で跳ね返った潮と南からの潮がぶつかり潮目ができます。潮が強いほど磯際近くに潮目が生まれるのですが、コマセが溜まる場所が少なくなってしまう。緩い潮の時は南側の沖磯との間で弱い潮目ができるので好条件になります。

②の釣り座も①と同様に沖の潮目は同じ場所をねらいます。比較すれば①のほうが釣りやすいのですが、磯際の左側に延びる大きなハエ根の際をねらえるのがこの釣り座の利点。ここは潮に限らずハエ根際にコマセを入れ続けているとグレが見えるようになります。ハエ根がきついので、グレを掛けた時はサオを右に倒してハエ根沿いを伝わせてグレを取ります。

③は潮のないナギの日、潮位が高い時に化ける大もの場です。普通はまず入ることはないですが、ハエ根状に割れ目があり、割れ伝いに大型グレが浮上します。水深が1～2ｍと浅いうえに根だらけなので非常にスリリングなポイントです。ウキ0号の半遊動仕掛けで割れ目上でサシエを吊るして根気よくねらうと思わぬ大ものがヒットします。

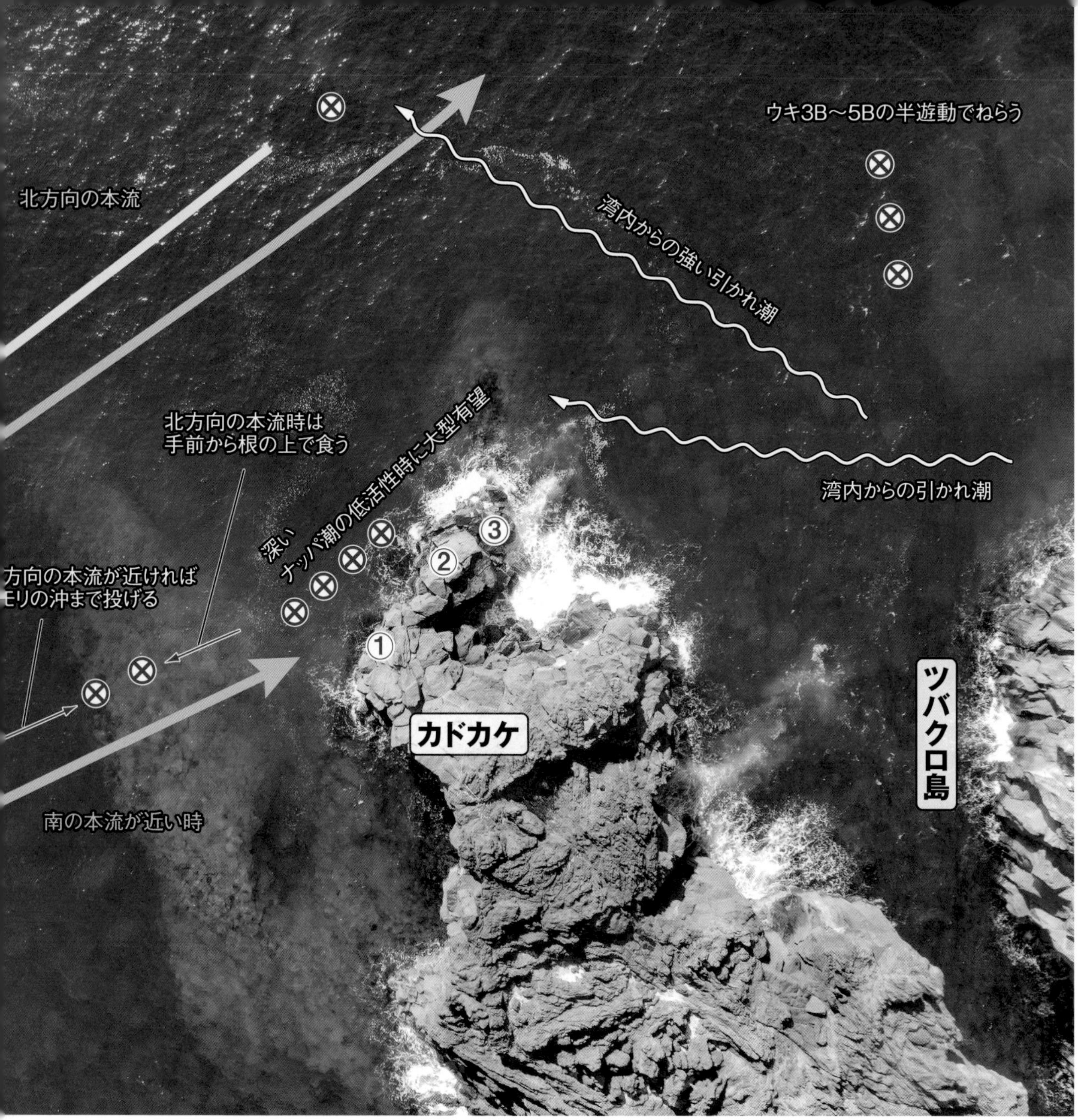
ウキ3B～5Bの半遊動でねらう
北方向の本流
湾内からの強い引かれ潮
北方向の本流時は
手前から根の上で食う
ナッパ潮の低活性時に大型有望
深い
湾内からの引かれ潮
③
②
①
方向の本流が近ければ
モリの沖まで投げる
カドカケ
ツバクロ島
南の本流が近い時

カドカケ

東伊豆・城ヶ崎に連なる地磯の中では最も沖に面しており、本流がぶち当たる名礁が「カドカケ」です。私の場合まずは崖を下った正面の釣り座①でスタートすることが多いです。足場がよく適度な高さがあって釣りやすいからです。潮流は南もしくは北に流れますが①の釣り座は両潮釣れます。本命潮は南に向かって流れる潮で、本流の速度も非常に速い。

仕掛けを遠投して本流筋とそれに引かれる足もとから沖に払いだす潮の合流点を探ります。本流が弱ければ潮目を探るのがキモですが、南方向の本流が近すぎると足もとにぶつかって当てながら南に流れ非常に釣りづらい。その状況では北側にある大きなシモリよりもさらに北側に大遠投して、シモリの上をダイレクトにねらいます。シモリの上なのでタナは1・5ヒロほどで充分。浅いシモリの上で良型のオナガが当たるので油断は禁物です。北方向の本流であれば北側シモリの手前から上までを通常はねらいます。私はさらにシモリの北側までダイレクトに遠投してそこから流していきます。グレを寄せてくる時にシモリを越さないといけないので難易度は上がります。しかしこの北側のシモリは比較的岩が滑らかでハリスが岩に擦れても簡単には切れません。時間をかけてゆっくりやり取りをすれば意外と大型も取ることができます。

カドカケを沖から見る。うっすらと見える各所の根に仕掛けが届くと釣果有望

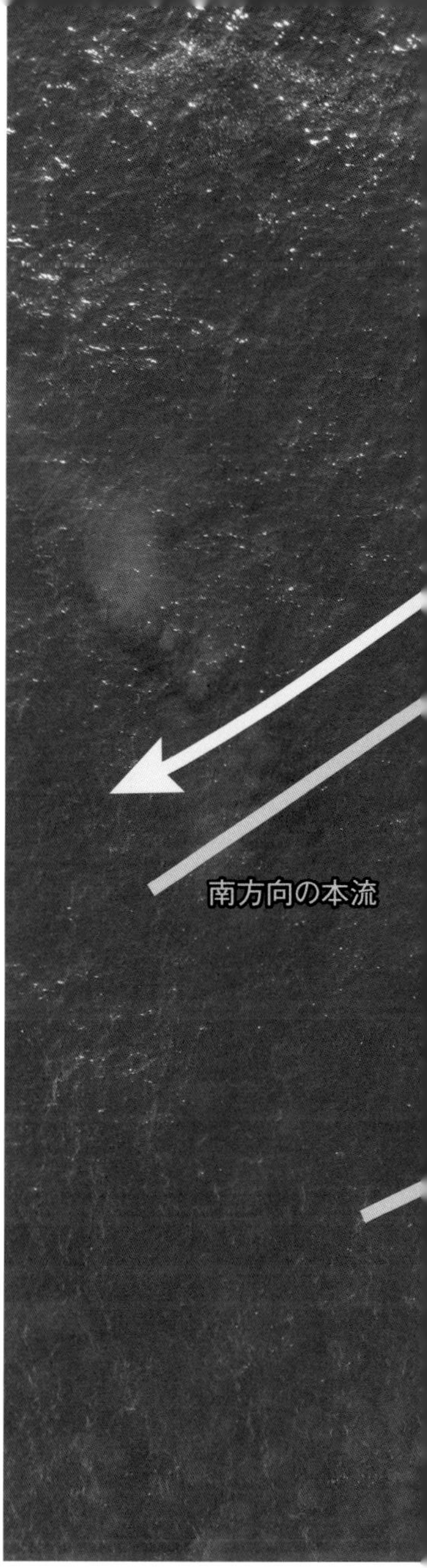

次にねらう場所は②です。高場なので６ｍのタモでも届きません。風が少しでもあるとミチイトがあおられ釣りになりません。この場所は南へ流れる本流が弱まった時がチャンス。カドカケは門脇灯台から寺下にかけて広がる小さい湾から引かれ潮が生じます。この引かれ潮が、本流が弱まるとわずかな時間だけ勢力を強めます。この沖に流れる潮に乗せて80ｍほど沖にある沈み根をねらうのです。沖に流れる潮はごく短時間のチャンスです。

カドカケで釣りをするなら私が迷わず入るポイントが③です。ナギの日限定の釣り場で潮位が高いと波を被ります。しかも②から滑り台のような岩を降りないといけません。決しておすすめはできませんが、この釣り場は南へ流れる本流に乗せ１００ｍ以上本流を流すことができます。Ｐ１０４の半遊動仕掛けのコーナーでも紹介しているように、ツバクロ島の沖は大きなハエ根が延びているので最低でもそこまで流します。湾内からの引かれ潮も合流するので潮が非常に複雑です。

軽い仕掛けでは入らず、ミチイトを張ってしまうと仕掛けが浮きあがってしまう。こんな時は迷わず３Ｂ～５Ｂの半遊動に張り替えてオモリの力を使うと嘘のように釣れだすことが多々あります。

潮がほとんど流れない時や春先のナッパ潮の時は、潮の中で全くグレが釣れなくなります。その場合②、③から足もとをねらいます。ここは北の大きなシモリと南側にあるハエ根の窪地になっており、水深が最も深くグレが相当数居着いております。そういった悪条件の時は中、小型の活性が低く大型の口もとにサシエを届けやすくなります。大型ラッシュが望めるチャンスなのです。

東伊豆城ヶ崎は半島周りの地磯ながら40オーバーが多数あがる好釣り場

第10章 穂先やり取り

掛けても取れない。そんな日も多々あるのがグレ釣りです。
やり取りはサシエを食わせるのと同じくらいに重要な技術で奥が深い。
キモは「暴れさせない」ことです。
極限の引っ張り合いをするほど、根ズレで切られる可能性も高まります。
問題は力加減なのです。

力の入れ方が問題

これまで解説してきたのは、グレを掛けるまでに重要なことでした。掛けるまでの技術を磨くことも当然楽しいですが、やり取りもまたテクニックが必要です。特に初心者が最初の魚を取るまでは難題。グレは絶対に根に走る。ハリスも細い。ちょっと根に当たると切れてしまう。何が重要かといえば力の入れ方です。最初はその加減が分からない。多くの人は根に当たった瞬間に切れると思います。だから根に当たらないように無理矢理に引っ張ろうとします。そうして無理に引っ張った時は魚が「ヤバイ」と感じてより暴れます。釣り人は焦ってさらに引っ張る。すると余計にイトが根に当たってしまう。強いテンションがかかったイトは根に当たると一瞬で切れるのです。

根にハリスが擦れてもラインが極限状況でなければ切れない。引かれたら送る駆け引きもまた魚を取る、暴れさせないやり取りに必要だ

グレ釣りをして思うのは多少根に当たってもイトはそう簡単に切れないということ。磯にイトを当てズリズリと擦って、すぐ切れるかといえば簡単には切れません。特に力をかけずに擦り当てれば切れません。その力加減のコントロールをするのがやり取りです。

また、サオの角度も大切です。のされるのが一番ダメなやり取りです。サオの曲がりで魚の引きを吸収しますが、その角度はサオの特徴および調子によって変わります。たとえば胴調子は、元ザオのほうがより強い。となるとサオをあまり立てなくてもいい。これが先調子になると復元するパワーのある部分が、より先のほうになってくる。だからサオは寝かすより立てたほうがパワーを発揮できるのです。こうして使用するサオの特性に合わせて、よいポジションはどこか、一番パワーがある部分はどこかを意識しながらやり取りをするのが理想です。サオが曲がり込んで放物線を描く頂点の位置を意識してサオをどこまで立てればいいのかを意識してください。ちなみに私は胴調子のサオが好きです。まずやり取りが楽しい。それと魚が暴れにくい。強調しておきたいのが、やり取りのキモは「魚を暴れさせない」ことです。当然ながら胴にスムーズに入るサオのほうが暴れにくい。

やり取りの最中にグレが横になってヨタヨタとする瞬間があります。泳いでいるけど突っ込まない。グレは青ものみたいにずっと引き続ける魚ではなく、必ずヨタヨタ泳ぎになります。力の抜けた瞬間と言い換えてもよいでしょう。その状態を長くキープしていれば長時間の根ズレでもイトが切れることはありません。魚が真下を向いて突っ込まず、横に走った状態であれば根ズレを恐れなくてよいのです。グレのような白身魚は瞬発力があります。その瞬発力を発揮させないやり取りをするわけです。魚に「ヤバイ」と思わせないこと。「逃げないとこのままじゃまずい」とグレに感づかれた時が最も危ない。

もちろん、いち早くグレを根から離して浮かしたほうがよいこともあります。が、一概にそうでもない。暴れさせないためにもある程度の時間をかけ、ゆっくりだましだまし取ったほうがいいことも多々ある。それこそ「やり取り」だと思うのです。「やる」＝泳が

先調子と胴調子

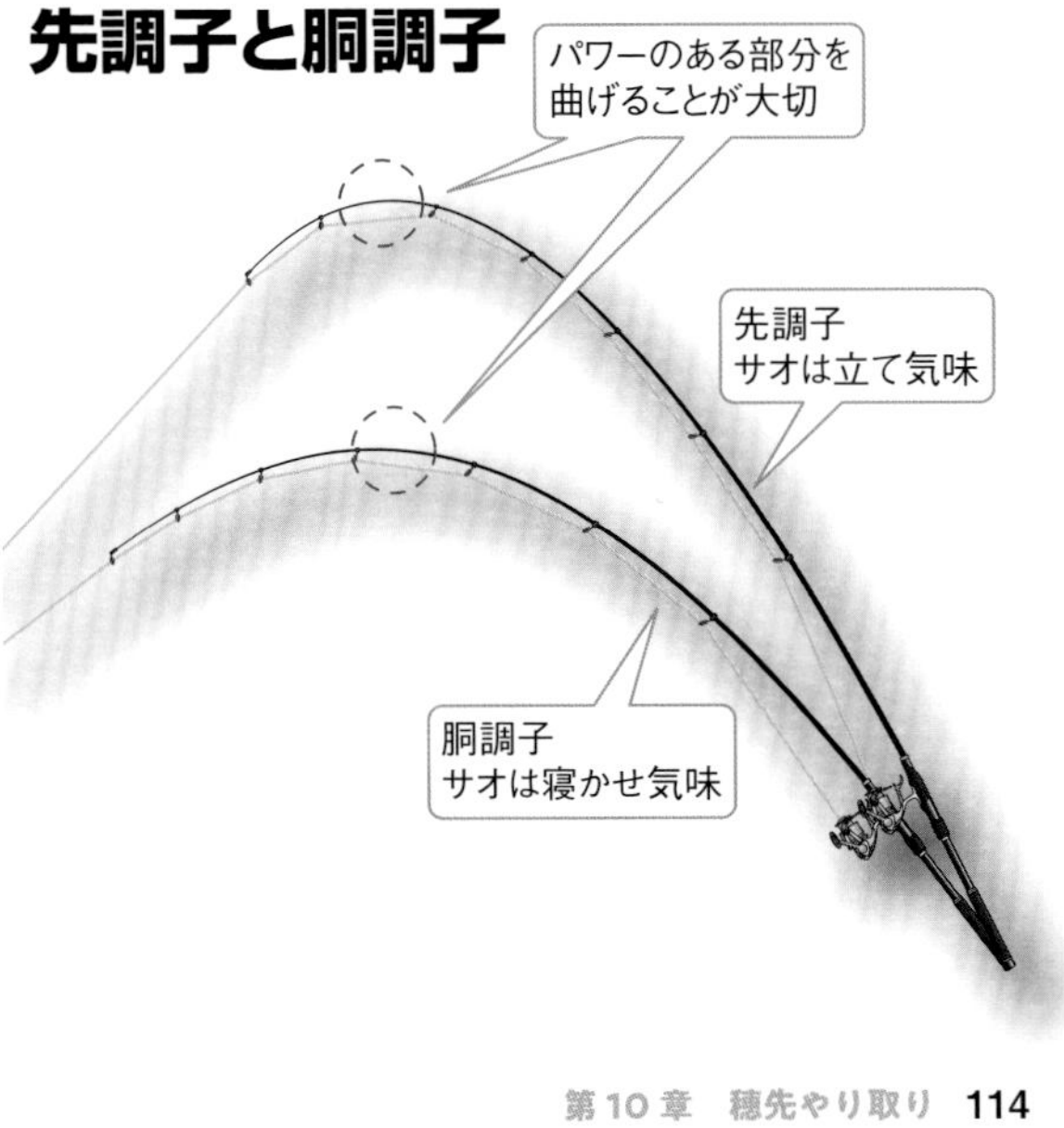
パワーのある部分を
曲げることが大切
先調子
サオは立て気味
胴調子
サオは寝かせ気味

穂先やり取りのイメージ1

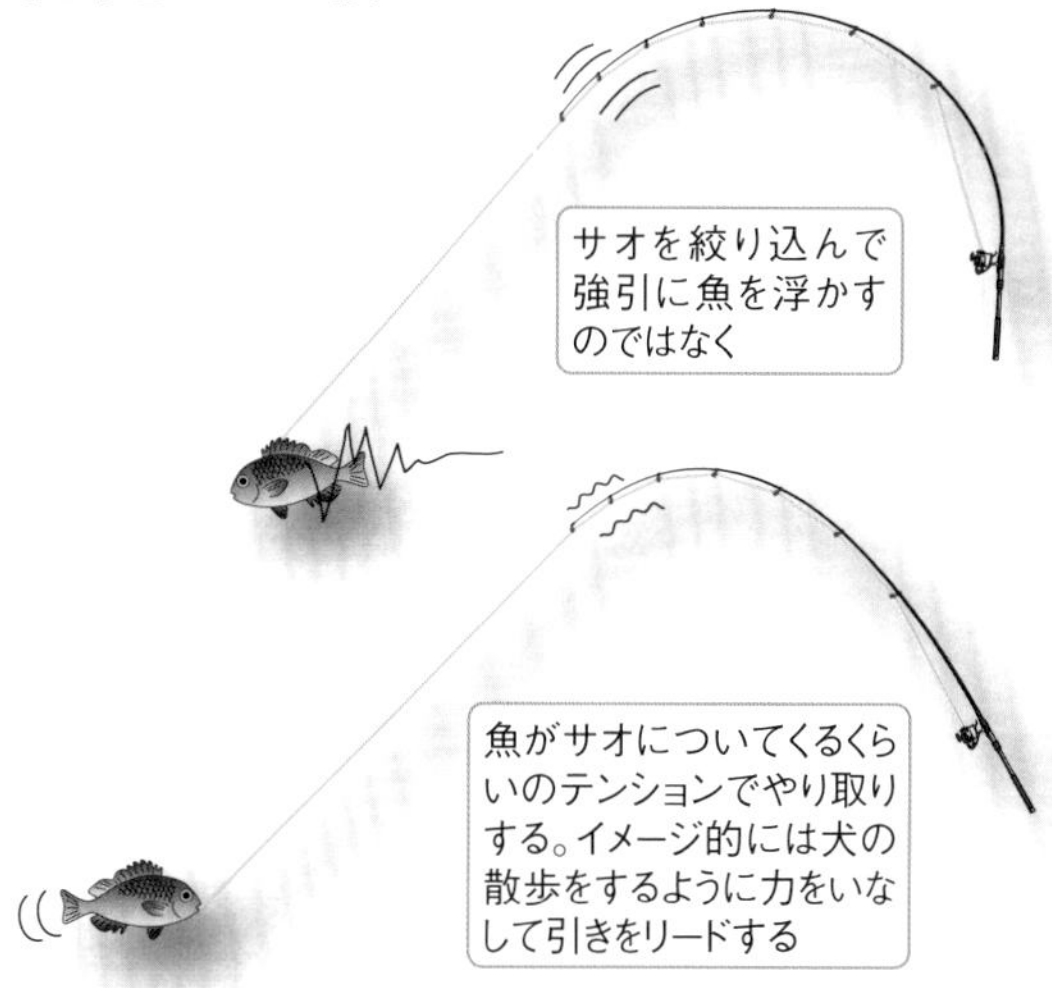
サオを絞り込んで
強引に魚を浮かす
のではなく
魚がサオについてくるくら
いのテンションでやり取り
する。イメージ的には犬の
散歩をするように力をいな
して引きをリードする

す意識と「取る」＝浮かせることのふたつの意識が必要です。取ってばかりでは絶対に反撃される。だからやり取りは思い切り引っ張らないことが重要です。すると、ヨタヨタする場面が必ずある。この状態をより長く持続させるためには引っ張り過ぎず、引っ張らなさすぎないことです。

グレに対してサオとイトの角度を45度に保つ

さて章のテーマである「穂先やり取り」とは、思い切り引っ張らないやり取りです。イメージとして、サオを曲げるのは２番～３番まで。胴までフルパワーで曲げません。魚のヨタヨタ状態を長くキープするために強いテンションをかけず足もとまで寄せるのです。

気を遣うのはイトの角度です。ある程度魚を手前に寄せてからは、魚が引く方向に対してサオとイトの角度を45度に保つ。これを意識するだけでやり取りは驚くほど上達します。というのも45度にするとグレの泳ぐ力とサオでイトを引っ張る力の「合力」が斜め上になるのです。言い換えればグレの泳ぐ力を利用して浮

魚の頭がどっちを向いているのかを見極め魚の進行方向に対してイトの角度を 45 度に保つ

イトの角度

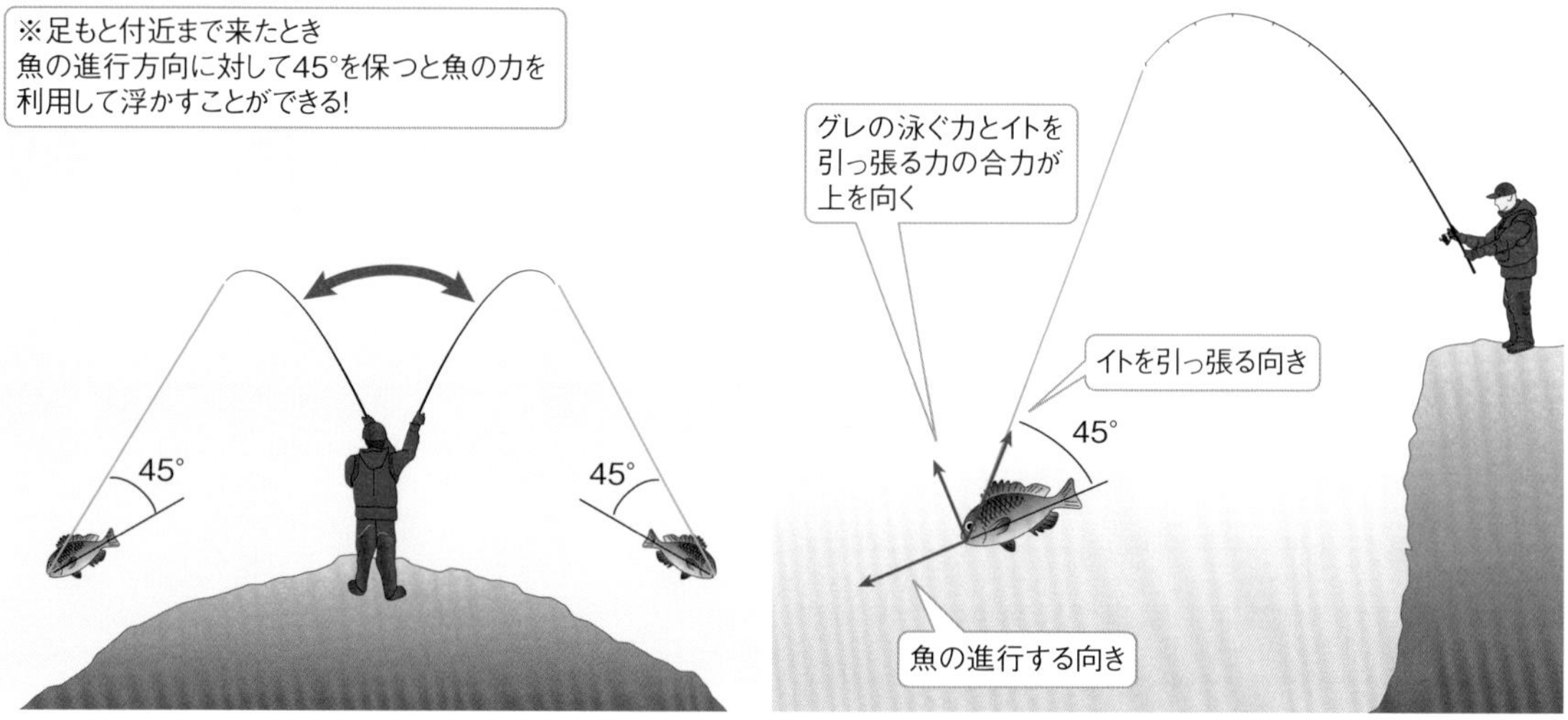
※足もと付近まで来たとき
魚の進行方向に対して45°を保つと魚の力を
利用して浮かすことができる!
45°
45°
グレの泳ぐ力とイトを
引っ張る力の合力が
上を向く
イトを引っ張る向き
45°
魚の進行する向き

穂先やり取りのイメージ2

①沖で掛けた魚は沖でサオをためて、体力を奪う

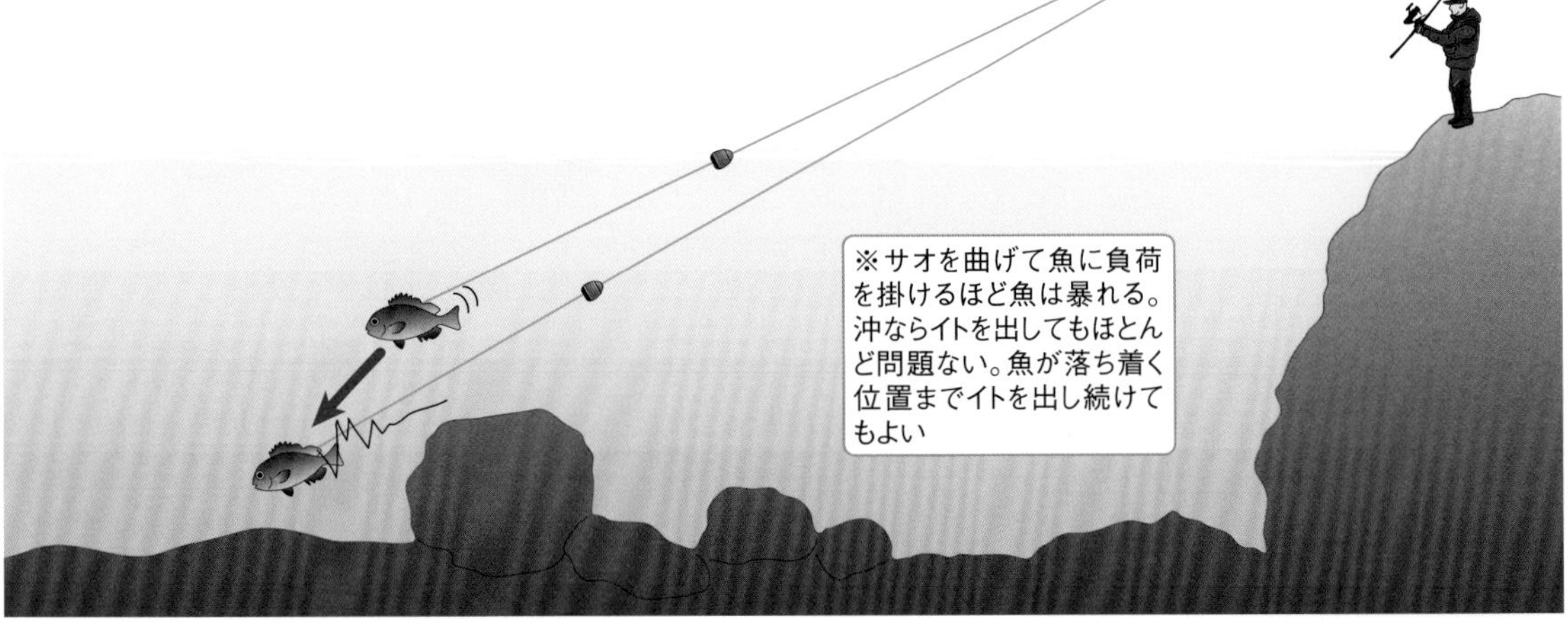
※サオを曲げて魚に負荷を掛けるほど魚は暴れる。沖ならイトを出してもほとんど問題ない。魚が落ち着く位置までイトを出し続けてもよい

②魚が落ち着き、ヨタヨタの引きになったところで穂先だけを曲げるくらいのテンションイメージで寄せにかかる

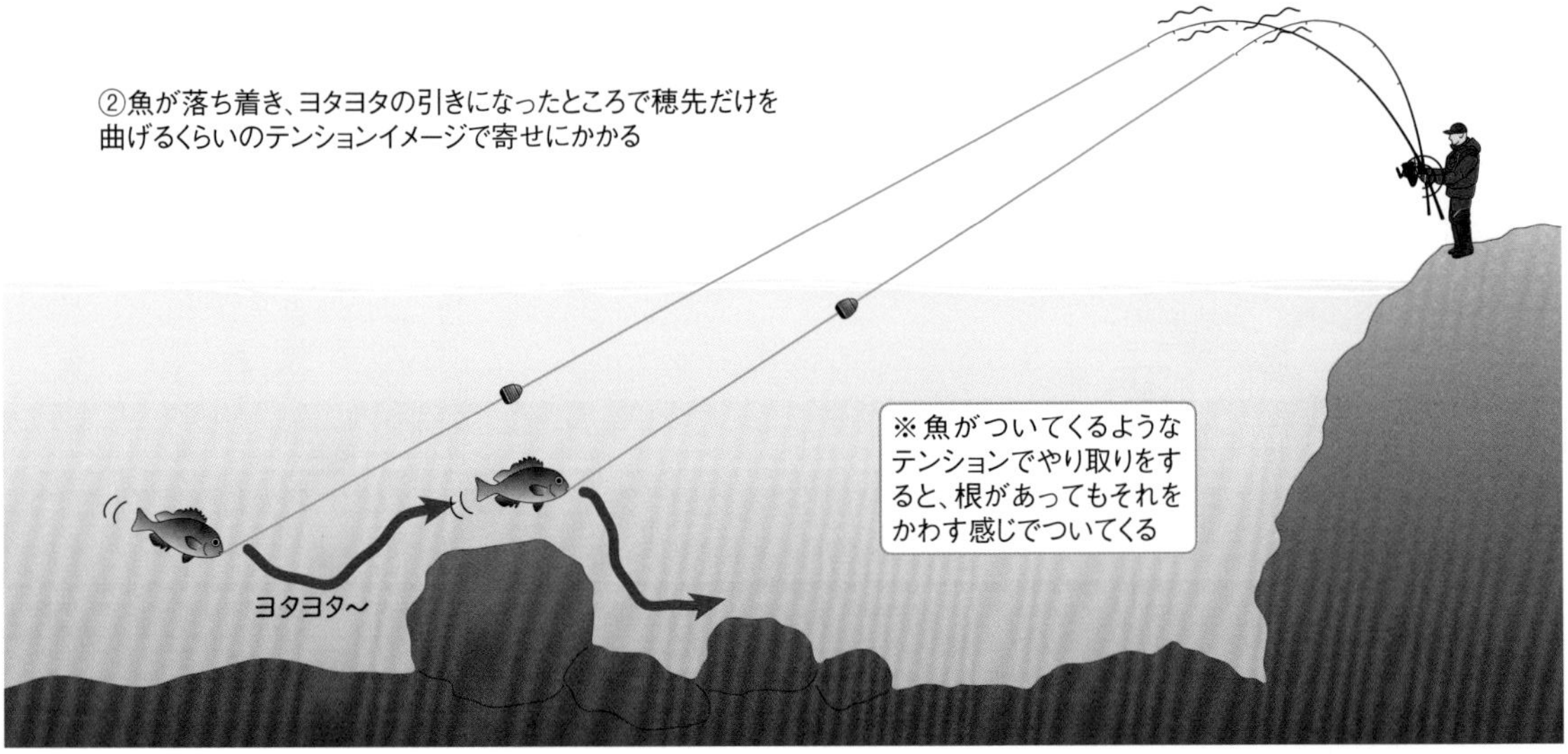
※魚がついてくるようなテンションでやり取りをすると、根があってもそれをかわす感じでついてくる
ヨタヨタ～

③魚は手前に来るほど、水面に近づくほど違和感を抱いて突っ込もうとする。この時も無理にサオを絞らず、少し送り込むようにしながら魚をヨタヨタ状態に戻す。この繰り返しで浮かせにかかる

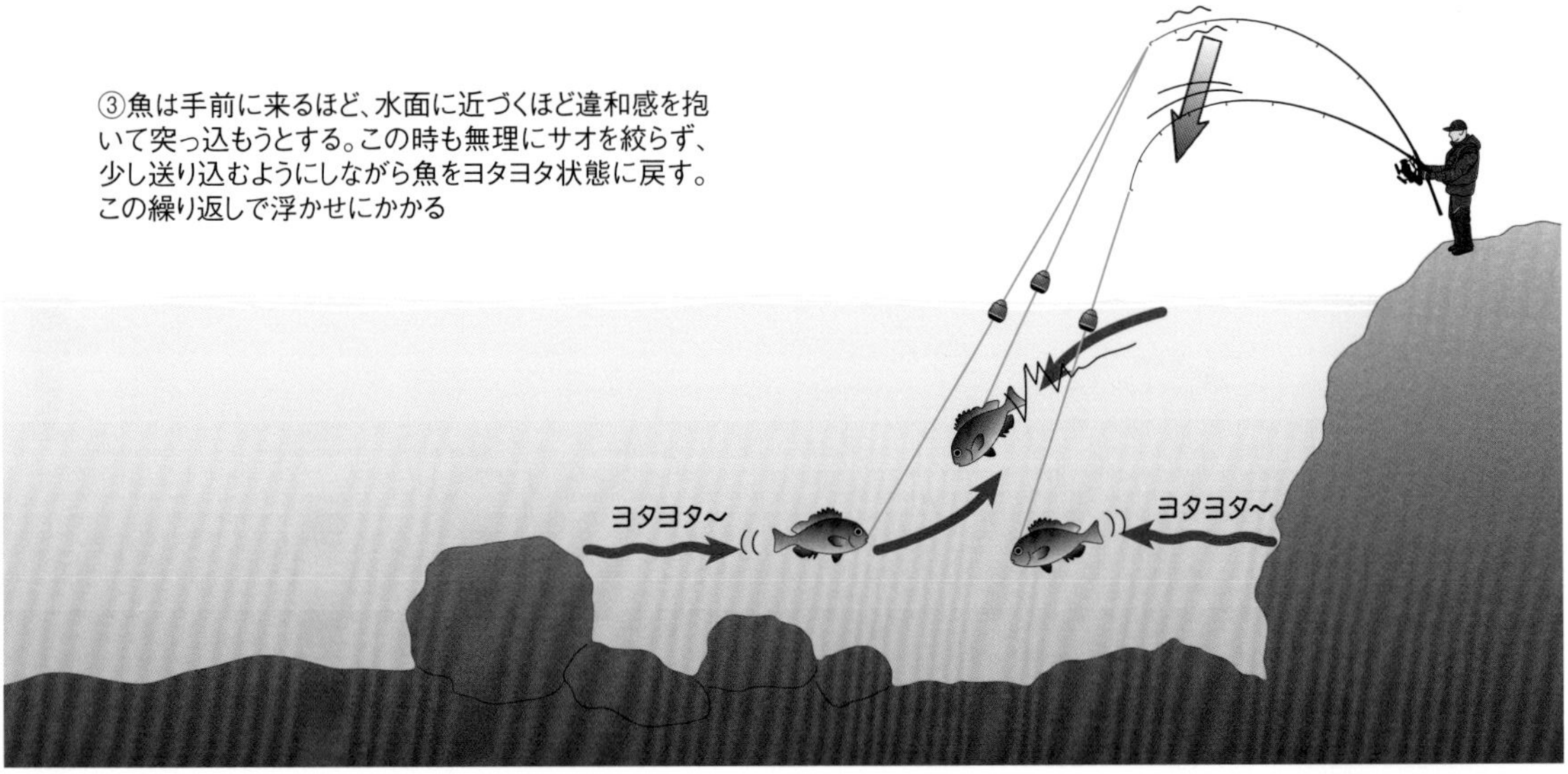
ヨタヨタ～
ヨタヨタ～

かせる力に変えられるのです。ただし、急激に魚を浮かせると、ヤバイと思って反転しようとする。その前触れが「首振り」です。ガンガンと感じたら魚が突っ込むサイン。その時は45度のイト角度をやめ、魚の進行方向が分かるのなら、その方向にサオを寝かせる。魚が浮上しすぎないように、そのタナをキープするイメージで引っ張ると浮かなくなります。首振りがなくなり、落ち着いたところで再び45度の角度に戻して浮かせにかかります。この操作を繰り返すと、グレが本気で反撃する前に浮かせることができます。そのためには、やり取りの最中に魚の頭がどっちを向いているのか、右なのか左なのか、そこを意識するのが重要です。落ち着いてやり取りをすれば引っ張られている方向とは逆に向かって泳ぐのが分かるでしょう。

　それでも魚は絶対に突っ込みます。では突っ込んだ時にどうするのか？　ヨタヨタ泳ぎから首をガンガン振り出した。その時にサオを寝かせて思い切りグイッ！　と引っ張るんです。イメージとしては、突っ込み体勢に入り下を向いた頭を瞬間的に力強く横に向ける。この時もできるだけ魚の進行方向にサオを寝かせたほうがいいです。私がこのやり取りを会得したのはオナガ釣りがきっかけです。八丈島をホームにする菅野太郎さんに教えてもらいました。そしてグッと瞬間的に引っ張るやり取りは魚体の位置がある程度見えてからのほうがよい。根に近すぎる、もしくは深ダナにいる時はやめたほうがいいです。また沖では難しい操作です。イトの角度も何もなく、根に近いわけでもない。通常どおりにサオを曲げてやり取りをするほかありません。

犬の散歩のように ヨタヨタ状態で引っ張る

ハエ根やタナが沖まで延びているような磯では沖でヨタヨタ状態にして浮かせなければいけません。浮かせるといっても強引ではなく、ヨタヨタ状態になる力加減で引っ張っていきます。具体的にはサオの３番と２番の継ぎ目を曲げるくらいのイメージです。ヨタヨタ状態のグレは上手く角度が合えば沖でも水面まで浮かせることができます。ハエ根があっても、その上のほうまで浮いていれば理想的です。浮かせることができなくてもそのうちグレはハエ根との衝突を避け、勝手に根をかわし手前にスッと寄ってくれます。よくないのはハエ根まで来たところで慌てて力を入れ過ぎること。魚が驚いてギューンと根に突っ込みます。ビギナーはハエ根際で掛けた場合「早く巻かなきゃヤバイ」と焦り一気に取ろうとしがちです。しかしグレを掛けた後オープンベールで放置をするとどうなるでしょう。長いハエ根の沖で掛けたとすれば、多くの場合グレは手前のハエ根まで戻ろうとしますが、一気にテンションを抜くと意外なほど動かない。根に潜ろう

根際での穂先やり取りのイメージ

①根際での穂先やり取りのイメージ
グレがガンガンと首を振った時は突っ込みの合図。突っ込んだら魚が頭を向けている方向に思い切りグッと一瞬引っ張り、魚体を横に向ける。浮かすために力を入れるのではなく、あくまで魚の頭を横に向けることをイメージ

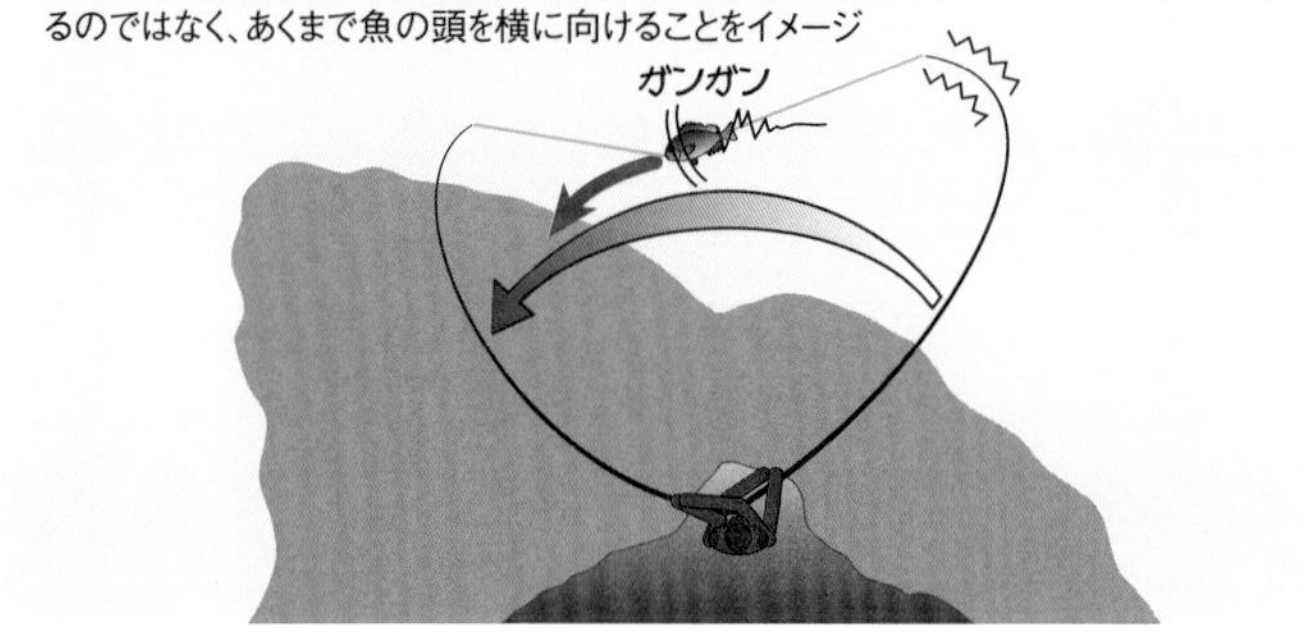

②魚の頭を横に向けたところで穂先やり取りをすると、突っ込みが甘くなり根に沿って泳ぐようになる。根に向かっていても力の調整しだいで根ズレで切れることは少なくなる

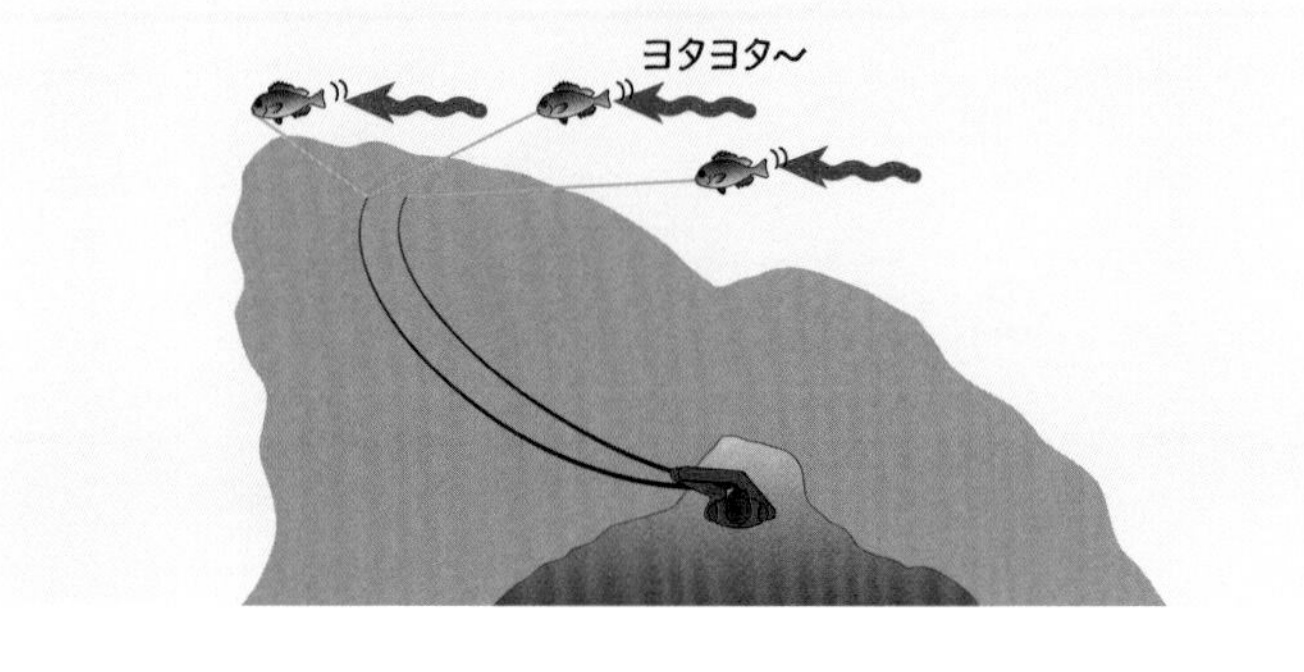

ともせず「何が起きたの?」という風にその辺をウロウロしています。というわけで慌てる必要はないのです。

　イトを出したほうがよいタイミングは、首を振ってから走った瞬間です。魚が首を振って突っ込みだした瞬間にイトを出さないとのされてしまう。そこでサオの角度を保つのです。首振りからちょっと走ったくらいのタイミングであれば、加速前なので止めやすい。そして突っ込みが収まった瞬間にヨタヨタ状態をいち早く保つ。グレの引きを水中映像で見ると頭を下に向けて段階的に突っ込んでいます。ギュンという瞬発力は強いけど、泳ぎに持続性はない。1段階目の突っ込みが収まった瞬間に頭を横に向ければヨタヨタ状態がつくりやすくなるのです。突っ込んでいる時に力強く引けば、より突っ込もうという格好になります。突っ込む瞬間はコンマ数秒の世界です。ずっと泳ぎ続けない。その点、よく似た魚ですがイスズミはグレよりも長時間暴れ続けることが多く「もうええわ」と思うことがよくあります。

沖で掛けた魚は沖で浮かせるのが理想だ

　もうひとつのケースを挙げると、あえて魚を根に当てにいくやり取りがあります。魚がヨタヨタ状態になっている前提で、最初は根をかわす方向にもっていきたい。それができない場合、わざと根の方向にサオを倒して魚を根にぶつけるようなイメージでやり取りをします。たとえば首を振って暴れ出そうとした時に魚の進行方向に根がある。ならばあえて根の方向にサオを寝かせて魚をぶつけさせようとします。ヨタヨタ状態になった魚が、そのままスポンと根の中に入ることは考えられません。根の方向に引っ張ったところでグレが自ら根をかわしてくれるでしょう。

　イトを出す時の例外として、出さざるをえないというのがハエ根の下に魚が入った時です。左の上図を見るとすでにイトがハエ根に擦れています。ここで無理矢理止めると切れる。このため原則として頭を下に向けて走り出した瞬間にイトを出します。ハエ根の角に擦れたイトが切れるのを抑えるため、イチかバチかでイトを出し続け、魚が止まる、もしくは魚が穴に入ってくれるのを待つしかありません。より深く突っ込まれると終わりです。穴に入っていったん止まってくれれば、すぐまたグレを引きずり出せます。イトが磯の溝や貝に食い込んでしまえば終わりですが、そうでな

瞬時にイトを出してサオを起こす。曲がり、粘りの利くサオ角度を保つことが重要なのだ

長いハエ根での攻防

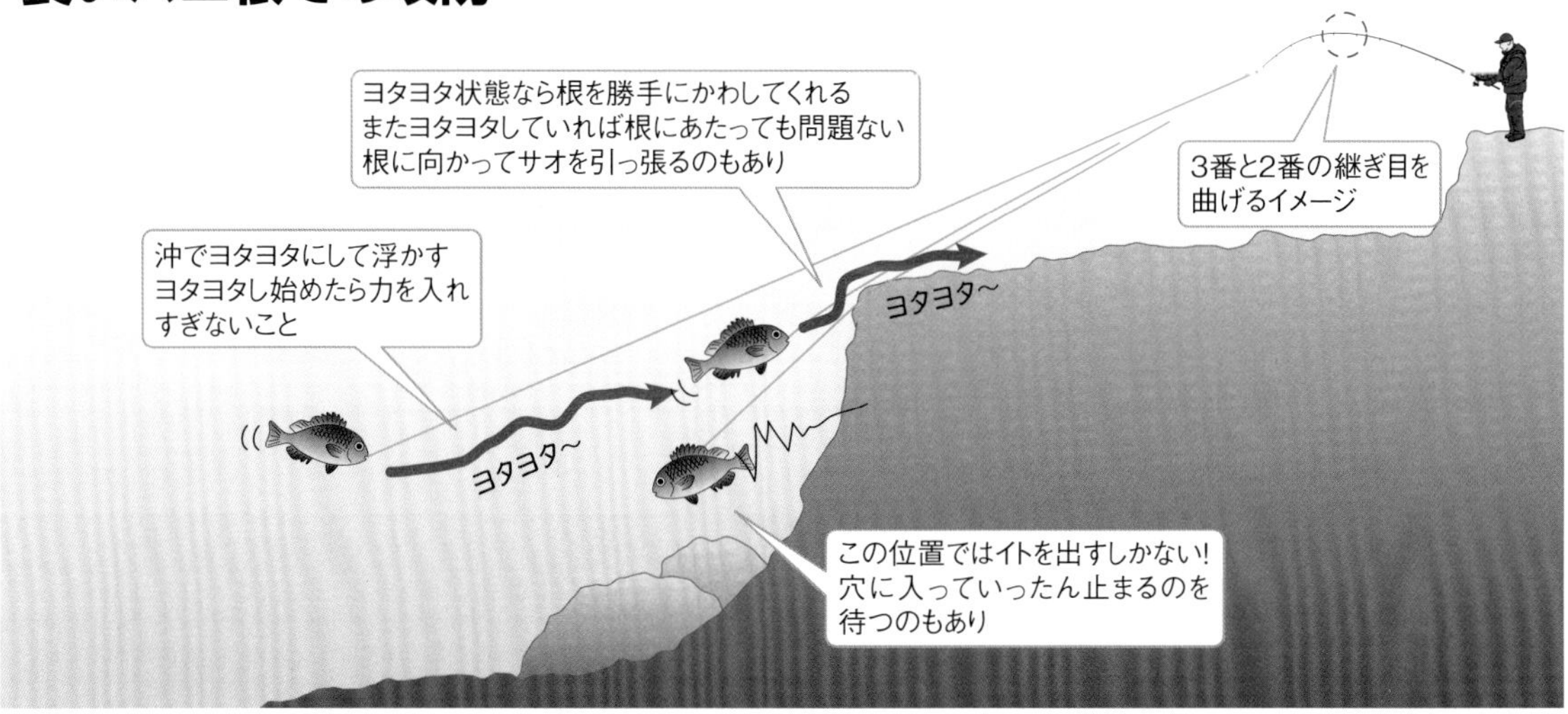
ヨタヨタ状態なら根を勝手にかわしてくれる
またヨタヨタしていれば根にあたっても問題ない
根に向かってサオを引っ張るのもあり
3番と2番の継ぎ目を
曲げるイメージ
沖でヨタヨタにして浮かす
ヨタヨタし始めたら力を入れ
すぎないこと
ヨタヨタ〜
ヨタヨタ〜
この位置ではイトを出すしかない!
穴に入っていったん止まるのを
待つのもあり

イトを出してしのぐ

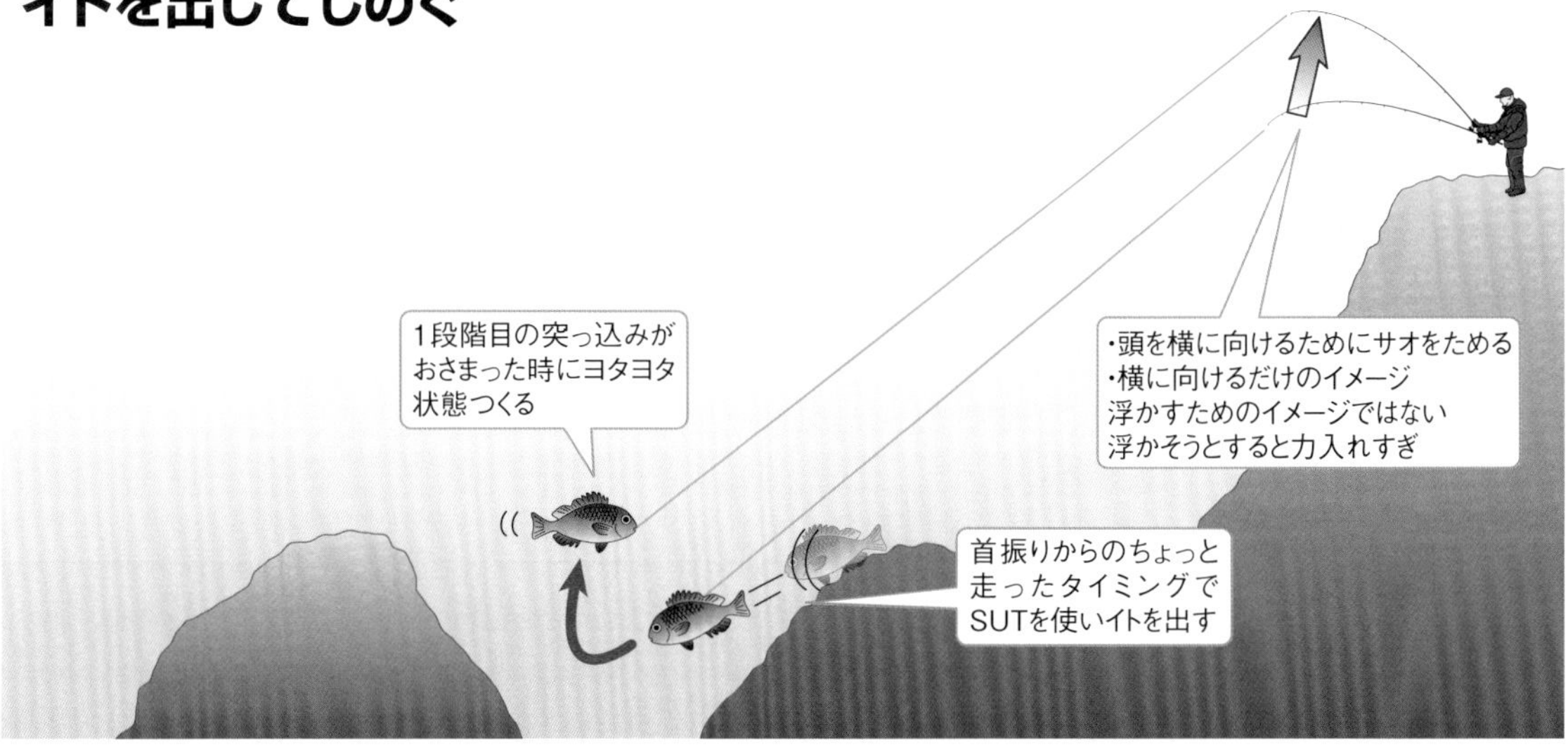
1段階目の突っ込みが
おさまった時にヨタヨタ
状態つくる
・頭を横に向けるためにサオをためる
・横に向けるだけのイメージ
浮かすためのイメージではない
浮かそうとすると力入れすぎ
首振りからのちょっと
走ったタイミングで
SUTを使いイトを出す

ければ出せる可能性は高いのです。たとえるならチヌ釣りの藻抜きみたいなもの。魚が深く入ってなければ結構取れます。

やり取りの技術は感覚的な部分も多く、言葉にするのが難しい。それでも理屈が分かればできるようになります。魚を掛けるとドキドキします。磯釣りは足もとが磯なわけで、いうなれば磯に向かって魚を寄せていく。だから冷静になれる余裕もない。落ち着いたやり取りができるようになるには時間のかかることです。私も毎釣行反省の連続。一年中この釣りをしていてそうなのですから「奥が深すぎる」としか言いようがありません。

まとめ
conclusion

- ●魚の引く方向に対してサオとイトの角度を45度にすると浮きやすい。
- ●思い切り引っ張らずヨタヨタ状態になる力加減で魚を寄せる。
- ●ガンガンと首を振ったら魚が突っ込む前のサイン。
- ●突っ込む前に体勢を整える。

第11章

困った時のサシエワーク

ミチイトが管理できても、食わせられないグレがいます。多種多様なエサ取りに包囲された時、ひどく食い渋った時、極めてタフなコンディションを打破する手段のひとつがサシエワークです。

基本はオキアミを原型のまま食わせたい。

サシエの基本はもちろんオキアミです。コマセとサシエのオキアミは同じ状態であるほど違和感なくグレが飛びついてくれます。だから私はコマセのオキアミも潰しません。形を崩さず原型を撒きたいのでオキアミの1／3角（3kg板の1／3分）を混ぜ終えたヌカパンコマセの上に必ず置き、常に原型を混ぜながら釣っています。オキアミはどうしても配合剤に水分を取られ、混ぜている最中にちぎれてしまう。するとスレたグレはサシエの粒を避け、破片が小さく原型をとどめていないオキアミを食べるようになってしまう。それが嫌で原型のオキアミをコマセの上に置いておくのです。

オキアミの付け方はその時のグレの活性やエサ取りの有無で変わります。通常は頭を残し、尾羽根から刺し通す「腹掛け」です。この時ハリをできるだけ背中側に通すようにすると外れにくい。ゆっくり落としたい時や遠投する時は腹が外側になるように尾羽根から刺す「背掛け」も多用します。頭は最も取れやすく、吸い込みやすい部位です。いずれの付け方もハリを頭で隠すように刺します。特に遠投して潮の中を釣る場合は、目立つようになるべく大きなオキアミを選び、頭を付けて使ったほうがよいです。

マルキユー「くわせオキアミスーパーハード」などの加工オキアミは硬いのが特徴です。生に比べると重いので、馴染みやすいです。エサ取りの層も通過しや

頭刺し

尾羽根側に向けて刺す

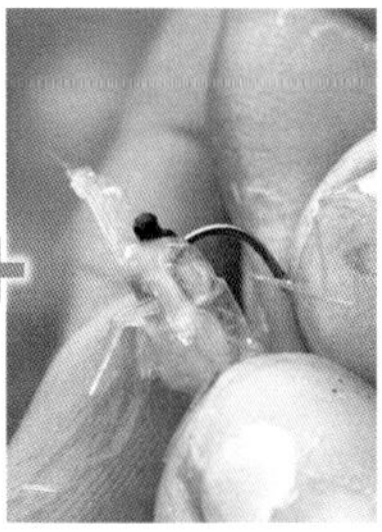

頭の付け根からハリを入れる

逆刺し（背掛け）

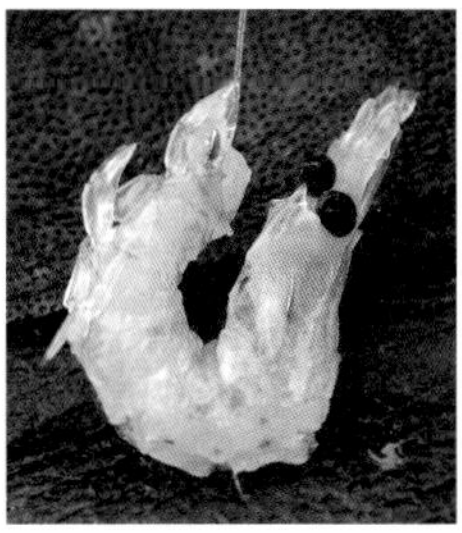

腹を外側に向けるようにして刺す。取れにくく沈下が遅い

オキアミの基本の付け方（腹掛け）

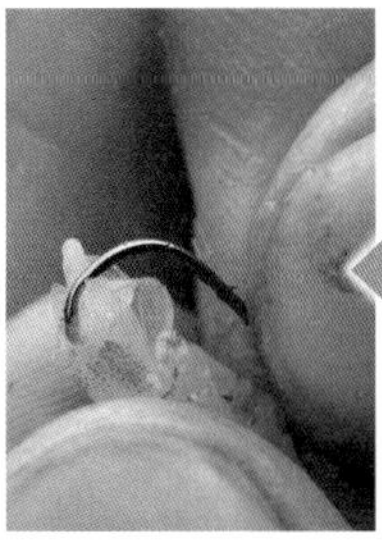

尾羽根を取った穴にハリ先を入れ

尾羽根を取り

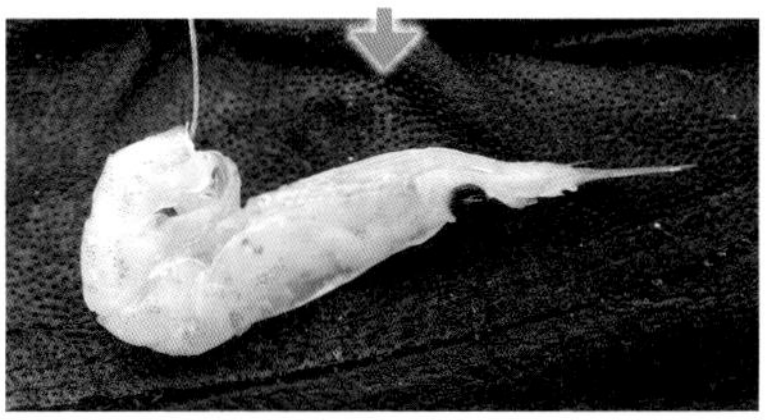

通し刺す。なるべく背中側にハリ先を通す

ムキ身の付け方

ムキ身の中心にハリを通して付ける

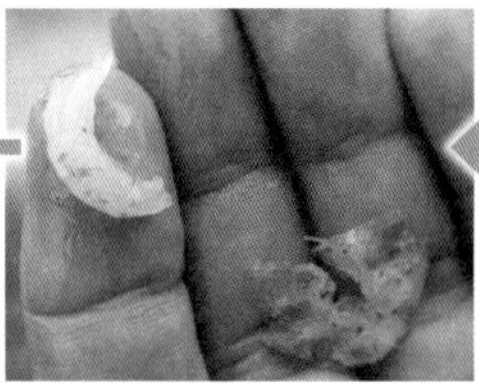

殻が剥ける

オキアミの頭を取り、人差し指と親指を軽く擦り付けるようにして身を押し出す

エサ取りが多い場合

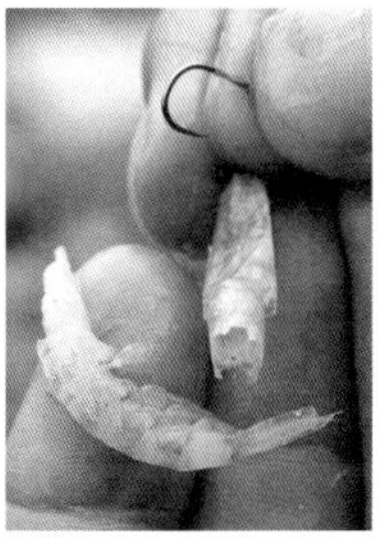

フグやカワハギ、サバなどのエサ取りが多い時はできるだけ小さく目立たないように頭を取って刺す。頭側、尾羽根側、どちらから刺してもよい

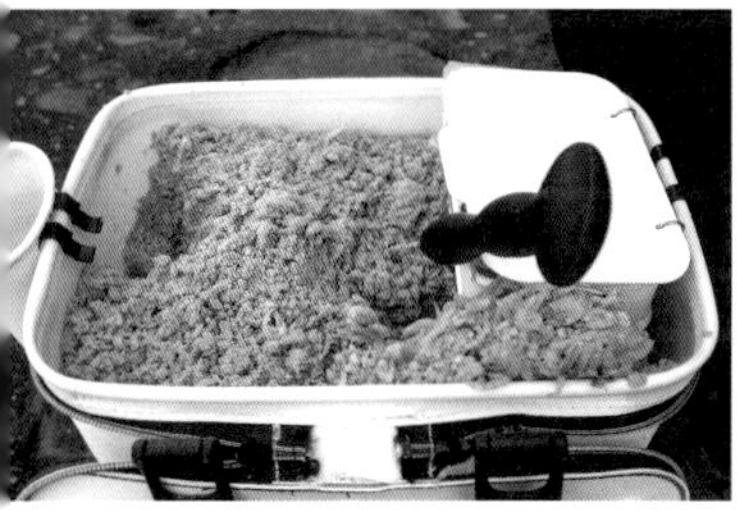

生オキアミ（1/3角分）を乗っけて常に混ぜながら使う

加工オキアミ

加工オキアミのマルキユー「スーパーハード」。私はＬサイズをメインに使い沈下を早くする

すく効果的な場面もあります。サイズは大小ありますが私の場合はＬサイズを選び、早く沈下させることに特化させます。とはいえ基本は生オキアミがベースなので使うことは少ないです。

食い渋り時や高水温時に効くオキアミのムキ身

グレは厳寒期や活性が極端に悪い時はオキアミの殻を嫌う傾向があります。そんな時は殻を取ってムキ身にするのですが、難点は取れやすいこと。ムキ身の中心をねらってきれいにハリを通します。

またムキ身は高水温期にも効くシチュエーションがあります。グレが水面直下まで食い上がるのにオキアミでは一向に釣れない。そんな時はコマセの粉（私のコマセの場合はパン粉）を好んで食べていることが多いのです。コマセを撒いた瞬間に食い上がるような動きをしていれば、オキアミの殻を剥き、なるべく小さく付け、パン粉の粒子と間違えさせるイメージで使うと、途端に釣れだすことも珍しくありません。

ムキ身のメリット

オキアミ以外によく使うサシエは、芝エビ、白エビ、ベガシュリンプ、ミルキーシュリンプのムキ身です。作り方はすべて同じ。エビの殻を剥いて「味の素」をまぶします（芝エビのみ頭のミソを追加する）。そして一晩冷蔵庫で寝かせ、小分けにして冷凍庫で保存するのです。

芝エビ

パックから芝エビをだして頭を取る

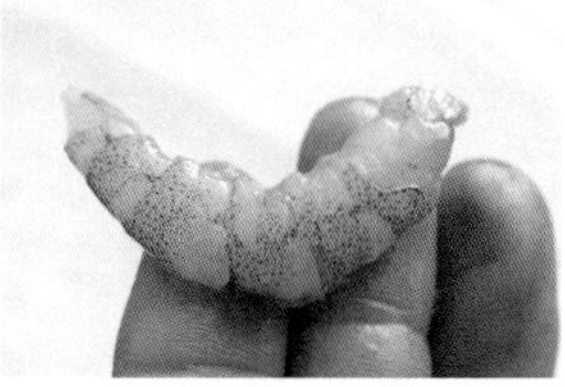

胴体の殻を剥いて尾羽根も取りムキ身にする

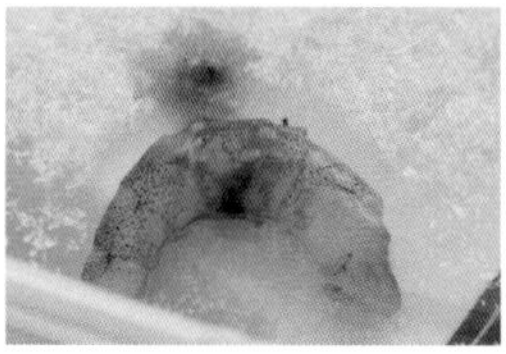

味の素を入れたタッパーにムキ身を入れて頭の味噌を身に塗り付ける

ある程度のムキ身が溜まったところで味の素と頭の味噌をよく混ぜ合わせて身に浸透させる

剥いた殻もコマセに混ぜて使うと効果があるので友松さんは冷凍保存しておく

ムキ身で使うエサ

左上から時計回りに白エビ、ベガシュリンプ、芝エビ、ミルキーシュリンプ。芝エビ以外は釣具のポイントで入手

タッパーに味の素を入れてムキ身を入れていく

ムキ身にはアミノ酸で旨味を引き出す「味の素」を振りかける

芝エビとベガシュリンプは身が大きく指で千切りながら使います。重く沈下速度が速いのでエサ取りに強く深ダナのグレをねらい撃ちしやすいのが魅力です。白エビやミルキーシュリンプはオキアミのムキ身に近く、オキアミよりやや大きいのでアピール力があります。サシエが残りっぱなしの状況でも、これを使うと急にスイッチが入ったように釣れだします。ムキ身は殻がないのでなかなか吐き出さず、フッキング率が高くなるのも利点です。オキアミでは釣れない（食わない）グレが釣れることが最大の特徴です。ただしあくまでサブのサシエであってメインではありません。数投して反応がなければムキ身も効果はないと判断します。逆にいえばそれほど即効性があるのです。グレに食い気があれば数投で反応を得られると考えてください。ムキ身で釣れる魚は総じて型がよいのも魅力です。

作ったムキ身は12×8㎝のジップロックに10～15個くらいずつ小分けにして入れています。これだけの量を1日の釣りで使いきることは稀で、釣り場では凍ったサシエ用の生オキアミにできるだけ密着させて腐らせないようにしています。釣れなくなった時にムキ身を何度か投げてみると、オキアミでは釣れない魚が口を使ってくれることがあります。

芝エビ&ベガシュリンプは手でちぎって使用

神戸市に住んでいた当時は、瀬戸内海産の地エビが手に入りやすい環境でした。地元では芝エビ、サルエビなどの獲れた小エビは「地エビ」と称され、どこの魚屋にも並んでいました。時期によってサイズが異なり、大きいエビは2、3等分にちぎって使うのがキモです。ちぎるといってもハサミできれいに切ってはダメです。というのも手でちぎったほうが断面積は大きく、エビから旨味成分が出やすい。サシエ単体でも集魚力が増すと感じます。ちなみに芝エビによく似たバナメイエビは身が硬すぎてグレの食いが悪いです。贅沢ながらイセエビのムキ身も試したことがありますが、繊維が荒いためハリに付けにくくサシエには適しません。

ムキ身の付け方

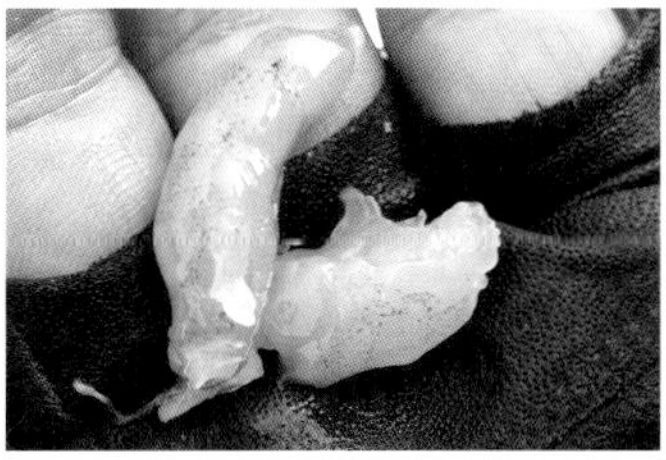

芝エビとベガシュリンプは大きなエビなので２～３分割してちぎって使う

ハリの大きさ程度にちぎったムキ身の中心にハリを入れ

通し刺して完成

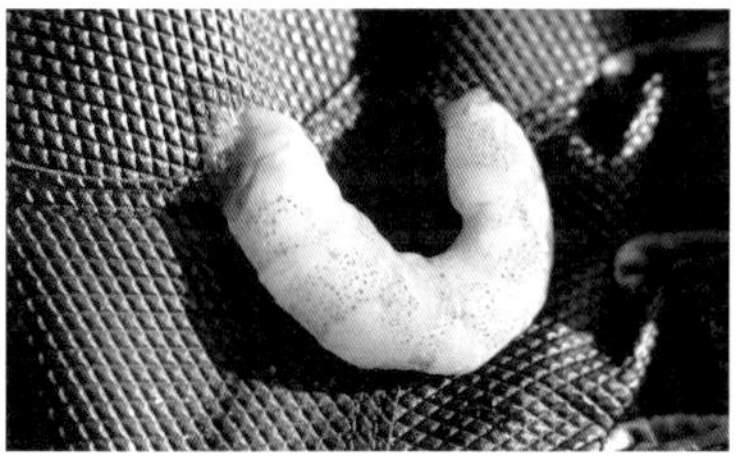

芝エビのムキ身は一晩寝かせるとこんな感じに熟成する。エビの味噌を入れると軟らかくなり食い込みがよくなる

白エビ

釣りエサ用に販売されている白エビ

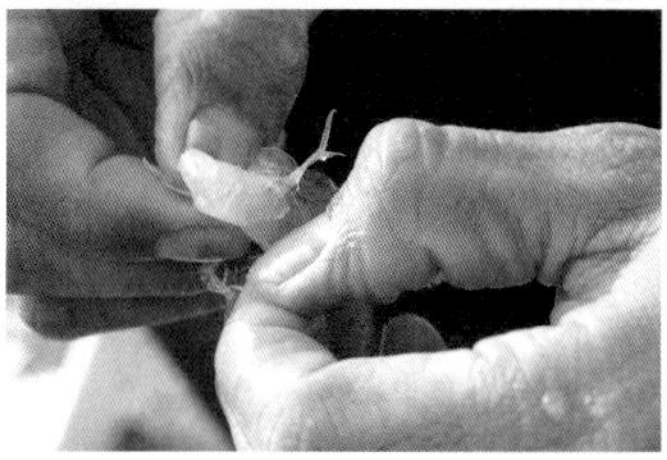

白エビはオキアミよりもやや大きいくらいのサイズ。剥きにくく根気は必要

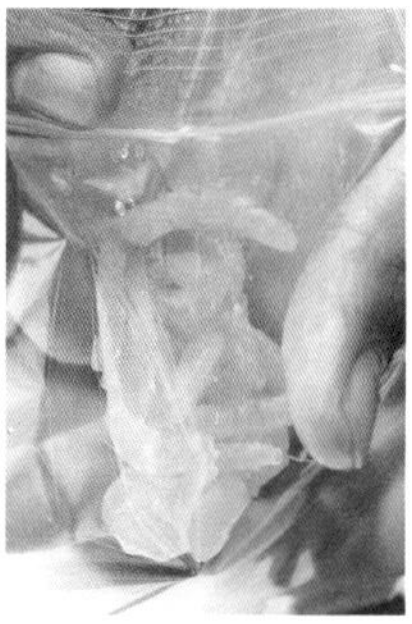

芝エビと同じくジップロックに小分けする

ベガシュリンプ

ベガシュリンプは芝エビに比べると剥きにくい。頭に味噌はほとんどないので味噌を絞り出す行程はなし。あとは芝エビと同じ要領でムキ身を作る

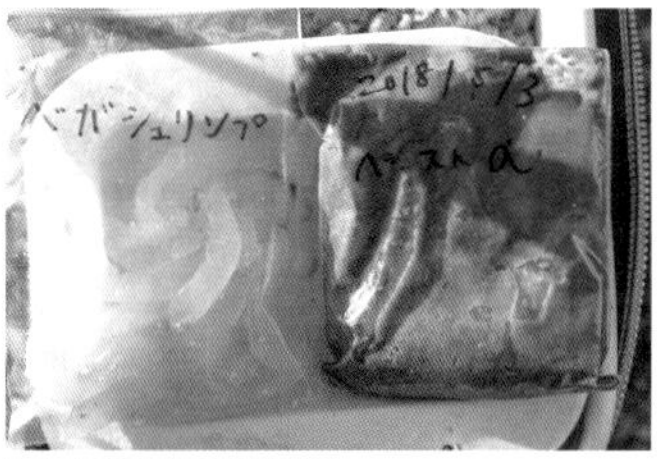

剥いた芝エビ、ベガシュリンプともにタッパーに入れ、冷蔵庫で一晩寝かせた後、12×8cmのジップロックに10～15個ずつ小分けにして入れ冷凍保存する

近所のスーパーで芝エビが手に入らない状況は多々あり、代用エサを捜したところ「釣具のポイント」で出会った外国産のエビ「ベガシュリンプ」がよかった。巨大な白エビで剥きにくいのが難点ですが、きめ細かな身をしています。サイズも大きく、芝エビの代用としては充分な働きをしてくれます。２０１８年のジャパンカップ全国大会では幾度となくこのエビに助けられ優勝することができました。私にとっては縁起のよいエビです。

白エビ
生命反応乏しい厳寒期に有効

２０１０年頃、横浜の魚屋で芝エビを捜している時に偶然売っていたのが白エビです。試しに使うと非常に食いがよく愛用するようになりました。富山湾の白いダイヤとも言われるほど高価で貴重なエビで、オキアミのムキ身よりやや大きく身はとても柔らかい。そのため生命反応が乏しい厳寒期に効果的です。オキアミに見向きもしない時でも白エビに替えると釣れだす

大会前などはムキ身作りに半日をついやすこともある

ことがあります。

ヌカパン練りエサの威力

地元、神戸の垂水《たるみ》には通称「タルイチ」と呼ばれる一文字の沖堤防があります。若いころ通い詰めた釣り場でグレは梅雨時期、もしくは秋口の10～11月がトップシーズンになります。私は年から年中ずっと釣りがしたいので夏場も通いました。それで夏場になるとオセン（スズメダイ）の数が尋常じゃなくなる。日本で一番オセンが多いのではないかと思うほど半端ないオセンに包囲されます。本流が流れ、ガンガン潮が通す釣り場ですが、オセンは潮の中にも出てくる。手前にコマセを撒いて、その沖を釣るというスタンダードな釣り方をしても、かわすことができない。そこで考えたのがサシエの工夫でした。オキアミ以外のエサで釣ることはできないのか？

まずフナムシ、イシゴカイと試しました。それなりに釣れますが生エサはトーナメントで使えない。水面までブワッとグレは沸いてくる。いるのになぜ釣れないと悩んだのは私だけではありません。ある時に知人がコマセを手で固めてサシエにしてみた。すると「一発で食った」と言います。この情報をもとに試すようになったのがヌカパン練りエサです。ある日、その知り合いと釣りに行きました。「オキアミは持ってこんでいい」と言われ、一緒にタルイチに行った。市販の練りエサであるマルキユー「魚玉」をハリに小さく付け、その周りにヌカパンをコーティングしました。知り合いは「コマセはウキに撒かんでいい」と言って、さらに「手前にだけオセンを集める分を撒け」と指示されました。すると手前の海面はオセンで真っ黒になります。そのやや沖の何も見えない所に練りエサを投入する。と、本命のグレが釣れるのです。

こうして練りエサの威力を知って以来、ヌカパンにアミエビを入れてみたり配合エサを入れたりと試しました。が、最終的に「何も入れなくても食う」というのが結論でした。

夏のグレはどういうわけかオキアミを食べず、粉ばかりを好んで捕食しているようです。場所にもよりますが食性が変わるのかもしれません。タルイチの場合はオセンが多すぎてオキアミが通らないのですが、タルイチ以外の釣り場でオセンが少ない場合であっても、グレがオキアミに反応しないことが多々あるのです。コマセとサシエを完全同調させてもオキアミには見向きもせず触らない。「なんでや」と考えたら、や

ヌカパン練りエサの作り方

パン粉1：ヌカ1をボウルに入れ、少量の海水を加えサクッと混ぜてやや湿り気があるくらいで完成します。装餌方法はハリのチモトだけ力を入れて固め、下はフワッと仕上げます。ハリスが馴染んで10～20秒以内に溶けてなくなるくらいのバラケぐあいに硬さを調整しています。

すぐにバラけるのがキモなので粘って硬くならない程度に仕上げる

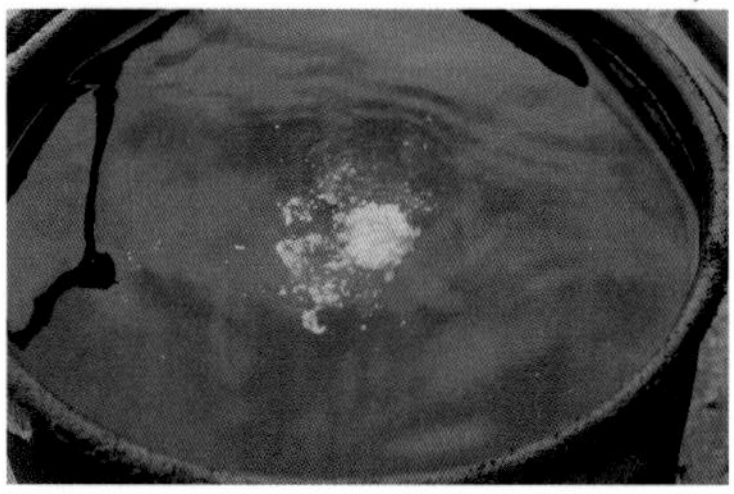

海水に入れると、このようにすぐにボロボロとバラける。つまり、着水直後が勝負のエサで手返しよく釣ること

ハリに付ける時は通常のネリエのように全体を押さえず、チモトだけを押さえ、フトコロはバラけさせるために締め付けない

パン粉1: ヌカ2を混ぜ合わせたものに湿る程度の海水を入れる

粘りすぎないように混ぜ合わせる

っぱり粉を食っていた。釣れたグレのお腹を割けばヌカとパン粉しか入っていない。腹パンで肥えていますが、オキアミは全くない。その腹パンのグレは夏にもかかわらず食べると意外に旨いのです。

ヌカパン練りエサを知ってから高水温期に行なわれるトーナメントの予選も勝ち抜けることが多くなりました。まさに必釣エサとなったのです。また沖磯に行くようになってからは、巨大イスズミにも効果的なことを実感しました。夏場の沖磯は大型イスズミが見えます。その魚影を最初は特大オナガと思っていましたが、残念ながらイスズミでした。それでもどうにか食わせたい。しかし、オキアミは全く食わない。そこでヌカパン練りエサを落とすと一撃！　イスズミも粉を食っていると実感したのです。

ヌカ切りのイメージ

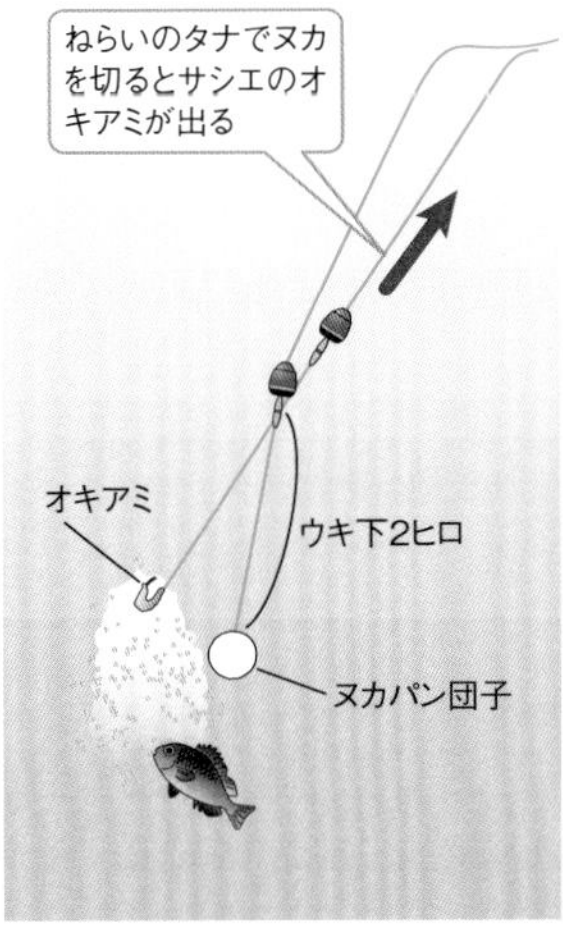
ねらいのタナでヌカを切るとサシエのオキアミが出る
オキアミ
ウキ下2ヒロ
ヌカパン団子

ヌカパン練りエサの使用例

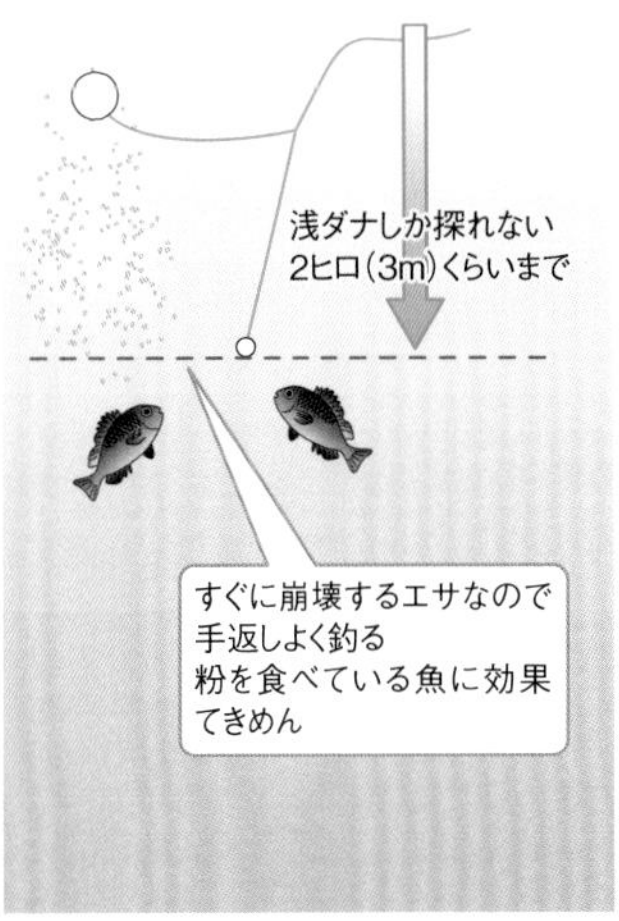
浅ダナしか探れない
2ヒロ(3m)くらいまで
すぐに崩壊するエサなので
手返しよく釣る
粉を食べている魚に効果てきめん

ヌカパン練りエサが効くシーズンは10月くらいまでの高水温期、もしくは魚が浮いている時です。浮いたグレはオキアミを食っていることもありますが、粉を食べているケースも多く2種類いるのです。浮いて粉を食っている時は冬場でも効きます。水面直下で40㎝オーバーを何度も釣っています。

ちなみに練りエサの種類は溶解系と崩壊系の2タイプがあります。私のヌカパン練りエサは崩壊系といって着水とほぼ同時に崩れます。いわばコマセとサシエの両方を兼ねており、粉を食っている魚に効果的です。一方の溶解系は宇和島湾内のコッパ釣り（競技会が盛ん）でよく使われます。小魚に突かれても崩れない。そのうち小さくなった練りエサを本命が食います。溶解系はエサ取りの中心に落としてそのど真ん中にいる良型を釣る練りエサ。崩壊系は小魚がちょっとでも触れると全部崩れます。だから、エサ取りの外側に落とす。なんにもいない場所にポンと投入する。すぐに崩壊するので浅ダナしか探れません。エサが持つのは2ヒロ（約3ｍ）くらいまで、水面直下から深くても1・5ヒロまでを手返しよく釣ります。

サシエを包むヌカ切り団子

ヌカパン練りエサの延長上にあるサシエワークです。海面のエサ取りが多すぎる。でもその下にはグレが見えます。こんな時は「ヌカ切り」という技もあります。チヌの紀州釣りの要領で、サシエを団子にくるんで釣ります。紀州釣りの団子ほど大きくなく、水分は多めです。サオで振り込んでも取れないようにヌカパンコマセを握って団子状にします。

ウキ下は2ヒロくらい。サシエのオキアミをヌカパンコマセにくるんで投げます。するとタナに到達するまでにサシエが溶けて出てきます。こうして海面のエサ取りをかわせます。オセンやアカジャコだけでなく、厄介な小サバが大量にいる状況でも活躍します。小サバをかわす時は5Bくらいの口ナマリを打つことがあります。グレの活性が高ければそれでも食いますが、低活性な状況だと食い込みません。そんな時にヌカ切りを試すとヒットに導けることがあります。

難点は手がひどく汚れることです。あとは競技会のルールでは禁止されていることも多いです。仕掛けに集魚機能をもたせる「バクダン釣りは禁止」となっています。普段の釣りでエサ取りに包囲され、どうしようもない状況の時に試してください。

またコマセ使いにおいても底層にしっかりと利かせたければエサをぎっちり固めて団子状にするとよいです。エサ取りは表層に留めたいので上に散らして薄く撒き、表面のエサ取りを留めつつ、下の魚用に団子コマセを混ぜます。すると下層にいるグレの活性を上げることができます。

ヌカ切り団子

ヌカパン練りエサにサシエのオキアミを包み込む

第 12 章

オナガを釣る

ダイナミックな潮を探り、引っ手繰るような痛快なアタリが出る。
そして強く激しく引き込むオナガグレ。
きめ細かな鱗に黒いエラ縁、
美しい魚体はグレ釣りファンを魅力してやみません。
40㎝クラスなら近場でもチャンスはあります。
非日常の離島でより大型魚の夢を見るのもよいでしょう。
ここではロマンあふれるオナガの釣り方を中心に解説していきます。

活性に応じて極端に難しくなる魚

オナガとクチブトの釣り方の違いを端的に挙げるとすれば「潮の釣り」をすることです。昔から「クチブトは根を釣れ」、「オナガは潮を釣れ」という金言があるように、潮を意識するのが基本です。コマセに対する反応はクチブト以上に強い。食う時は食う。かなりはっきりしています。また高活性時は浮きやすいので浅ダナを釣ることを意識します。オモリを打たず仕掛けをフワフワさせることも大切です。活性が高ければイトが一気に張り込むような痛快なアタリをだします。潮の中で目の覚めるようなアタリを感じられるのがオナガ釣りの魅力です。

地磯でもオナガの良型は釣れる。東伊豆では結構な確率で40cmオーバーをキャッチする

潮の釣りをするのが前提ですが、食わない時はクチブト以上に根に執着するのもオナガです。大胆なのに、大胆でなくなった時の活性の差はクチブト以上に激しい。だから「オナガは根を釣れ」という状況も普通にあります（図1）。

数年前ゴールデンウイークに式根島に行きました。混雑で場所がなく、わけの分からない磯に上がったことがあります。新島向かいの地方寄りの磯で非常に浅い場所でした。潮は全く流れていません。オナガねらいということで最初は沖にバンバンとエサを打ちました。が、あまりにも釣れず「グレおるのか？」と不安になります。沖が全くダメなので足もとのシモリねらいに徹します。根から離れない低活性なグレを釣る時のパターンです。これで出なければ「ボウズをくらう」と思い、1ヒロほどの浅ダナをしつこくねらっていると、オナガが出てきたのです。しかも根沿いに浮上してはピンポイントの場所でコマセをついばんでいます。こうなると根からサシエを外すと絶対に食いません。仕掛けのシステムは第1章で紹介したコッパ釣りの仕掛けです。ハリスの中に0号ウキを入れて、カラマン棒の位置をハリから1ヒロくらいにします。根の真上にコマセとサシエを同時に入れます。すると50cmクラスのオナガが食ったのです。その後も活性は上がらずシモリねらいに徹して、同型を拾う釣りとなり、潮の釣りとは全く違うスタイルの釣り方となりました。

伊豆半島周りでも底付近でオナガが食うことはあります。底はクチブトという先入観がありますが、クチブトのさらに下でオナガが釣れることも多いのです。

図1 ～オナガのポイント例～

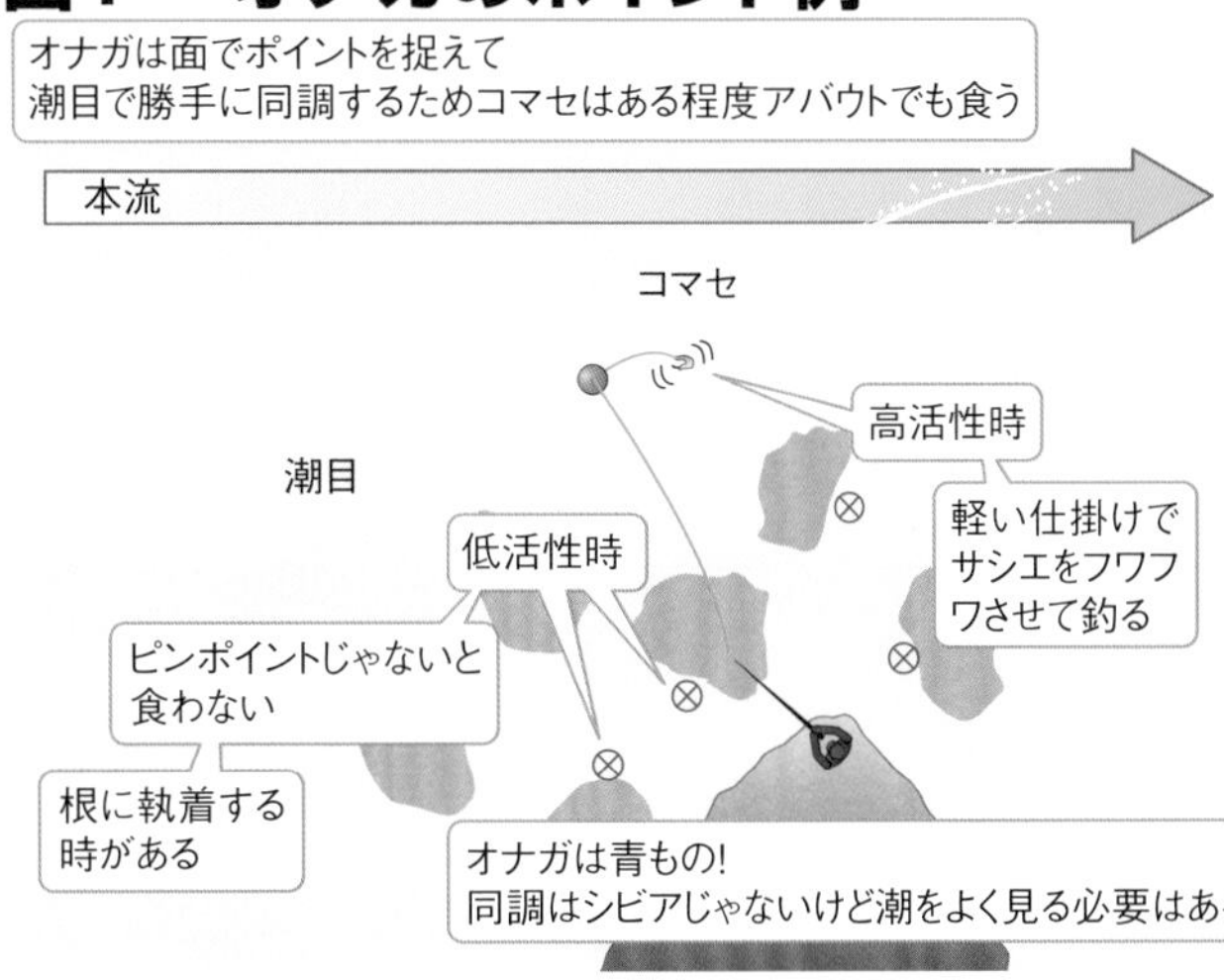
オナガは面でポイントを捉えて
潮目で勝手に同調するためコマセはある程度アバウトでも食う
本流
コマセ
高活性時
潮目
軽い仕掛けでサシエをフワフワさせて釣る
低活性時
ピンポイントじゃないと食わない
根に執着する時がある
オナガは青もの!
同調はシビアじゃないけど潮をよく見る必要はある

三重の梶賀（かじか）という地区で手にした40オーバーのオナガ。そのタナはオオモンハタが釣れるような根周りの深場だ

特に寒グレシーズンの全く浮かない状況下、タナをどんどん深くすると案外オナガがヒットします。

　三重の磯でも同じような経験があります。もともと生命反応の乏しい磯が多いエリア。アタリがなければ深く探ります。そのうちアカハタやオオモンハタが釣れるような状況になります。つまり底ものが食うタナで、いきなり良型オナガがヒットするのです。このように「オナガは潮を釣れ」というのは基本ですが、根を積極的にねらって食うこともあると思って間違いありません。

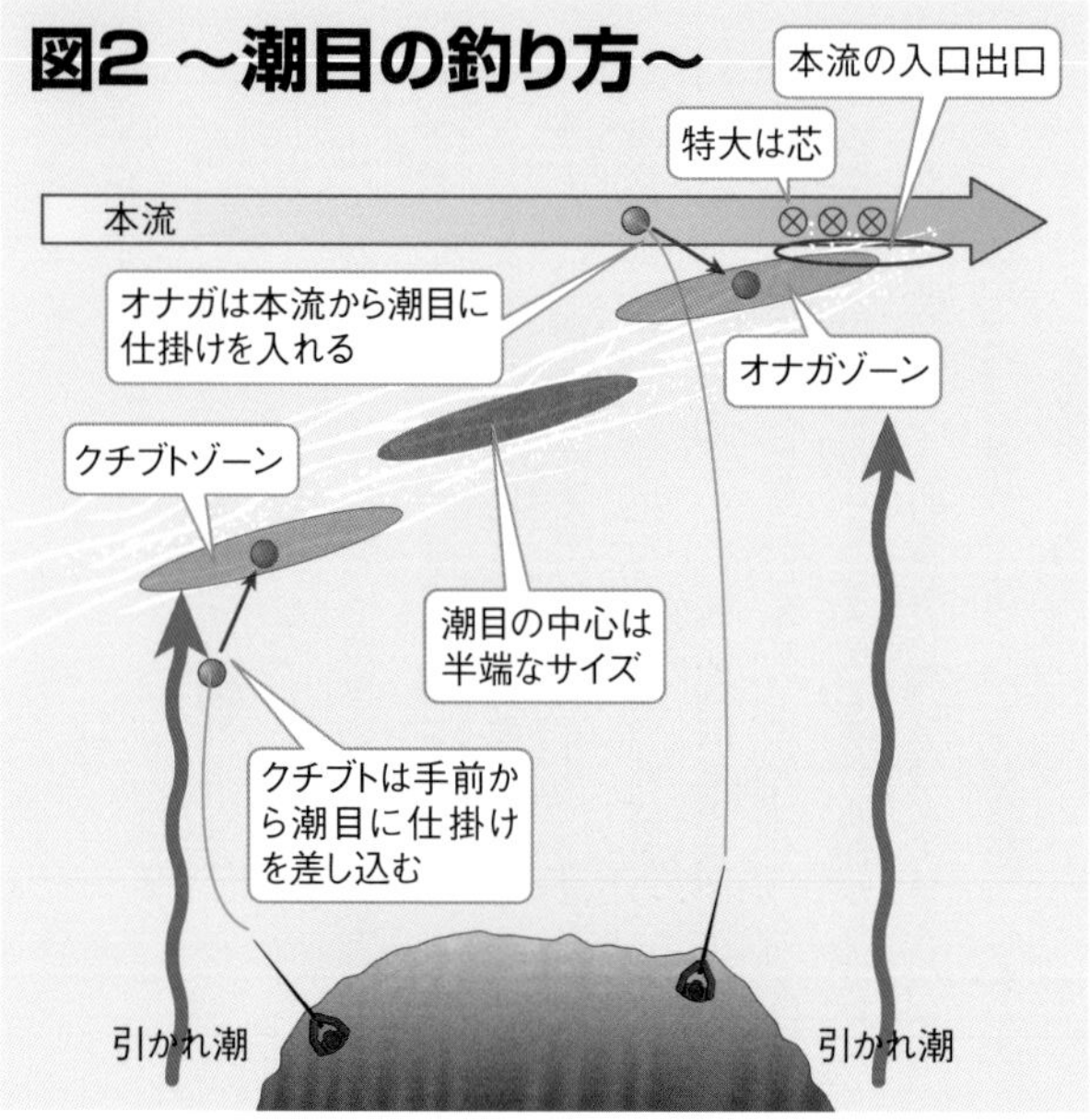
図2 ～潮目の釣り方～
本流の入口出口
特大は芯
本流
オナガは本流から潮目に仕掛けを入れる
オナガゾーン
クチブトゾーン
潮目の中心は半端なサイズ
クチブトは手前から潮目に仕掛けを差し込む
引かれ潮
引かれ潮

潮を釣るオナガの基本

基本の潮の釣りを解説しますと、潮を釣れというのはすなわち潮目を探ることです。オナガのいる潮目にどのようにアプローチするのかといえば、本流から潮目に仕掛けを差し込むのがオナガ釣りの基本です。対してクチブトは潮目の手前にある引かれ潮に乗せて仕掛けを運ぶか、もしくは潮目を直撃する釣りとなります。というわけで、まず流し込む位置が違うのです。潮目を境に手前がクチブトゾーン、本流と潮目の境界、つまり潮目の沖側エリアがオナガゾーンというイメージです（図2）。

　コマセとサシエの同調はクチブトのほうがピンポイントを強いられ、オナガはアバウトでも食います。高知の名礁「沖の島」や「鵜来島《うぐるじま》」のオナガは違いますが、普通のオナガ釣りはどこにコマセが流れ着いたのかさえ見定めれば食ってきます。足もとにしか打っていないコマセが沖の潮目に利いて、その中で連発モードになることも珍しくありません。なので簡単といえば簡単です。もっともアバウトとはいえコマセをどこに打つのが的確かといえば、本流に近い沖側の潮目です。潮目にも幅があり、手前側はクチブト、沖側はオナガというイメージをもって釣ればよいでしょう。両者の遊泳力の違いで、クチブトは沖の潮目まで元気よくは出ていかない。点でエサを同調させないと食わない。オナガはエサのある場所にバッと突っ込んでいくのですが、潮をきちんと見なければいけません。ただし、この基本が通用するのは活性が高まった時で結局のところ釣らせてくれるのは潮なのです。その条件が崩れた時には食い渋りが生じ、そうなればポイントがクチブト側になることも多々あります。

まるで川のように流れる太い本流。その境目にある潮目で大型オナガは食ってきやすい

大型ウキの威力

　オナガは潮を釣るということで潮乗りのよいウキが威力を発揮する場面があります。私はオナガ釣りに限らず30ｇくらいのウキをポケットに常備していたことがあり、ジャパンカップでも使ったことがあります。利点は潮乗りが素晴らしくよいこと。たとえば横風が吹いて、普通の仕掛けだと潮に入っていかない状況があったとします。それが30ｇの巨大ウキだと潮をしっかりつかんでくれます。ということは魚も食うチャン

スがあるし、イトを張りやすいのでアタリが取れます。かなり沖のポイントも釣れるようになるのです。沖に投げるほど潮から外れやすいですが、大きなウキだと外れにくくなります。スーパー大遠投もしやすく、かなり沖の本流も釣りやすくなるのです（図3）。

図3 ～でかいウキのイメージ～

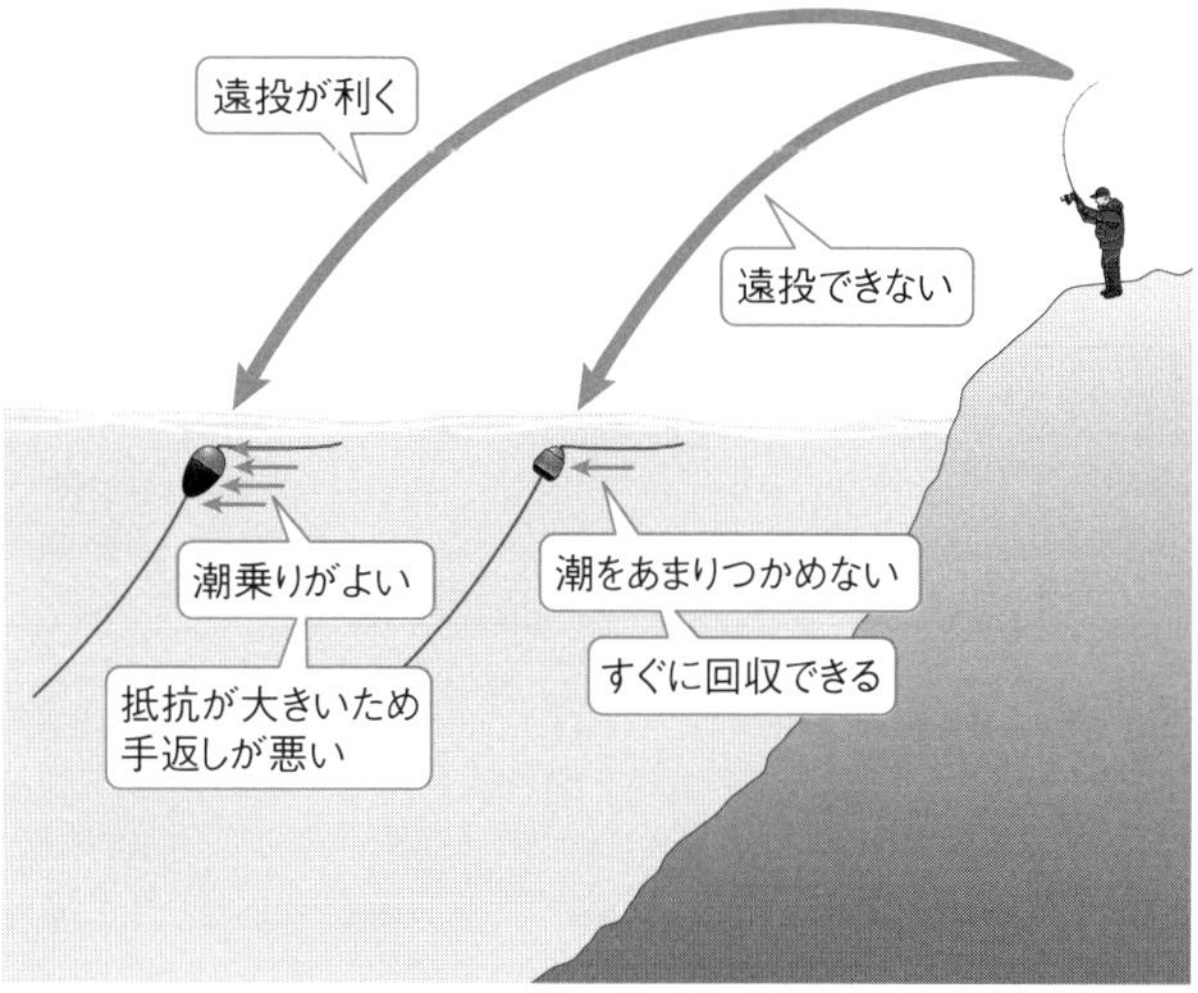
遠投が利く
遠投できない
潮乗りがよい
潮をあまりつかめない
抵抗が大きいため
手返しが悪い
すぐに回収できる

30 gのウキ（上）と小粒のウキ。体積が大きいほど潮をつかんで離さない。ちなみに私は板ナマリを貼って浮力を微調整する

潮に乗せる釣りにおいて利点はかなりあるのですが、ウキが重いというのは手返しが悪くなります。巻き抵抗が大きく回収時もしんどい。ウキをつかんで手の中でスルスルとハリスを滑らせてハリが来たときに指に刺さるとかなり痛い。魚を掛けてからもウキの抵抗が大きいから、より重く感じるのがデメリットで体力が必要です。

本流全止め釣法

オナガに限らず潮を釣るひとつの方法が「全止め釣法」です。本流が轟々と流れる中でものすごい強い潮目ができているような状況で有効な釣り方です。こんな潮と遭遇すれば仕掛けを全止めするのです。つまり仕掛けを送らず、止めてしまう釣り方です。本流がガンガン流れていても潜り潮が強ければ、ミチイトを張って全止めしても仕掛けは浮き上がりません。そこでホバリングをさせることができます。コマセは手前に入れ続けるだけ。その潮目に勝手に流れつくはずです。ずっと仕掛けを止めておけばコマセが上からパラパラと振ってくる。非常に魚が湧きやすく、アタリも出やすいです。

本流に出てくる魚は活性が高く分かりやすいアタリが得られることもありますが、一概にそうでもありません。魚が潮目に留まっているようならば、反転して引き込むこともありません。するとアタリが分かりにくい。本流の中でも微妙なアタリを出すことが多いです。潮がぶつかって湧き上がるところに定位してエサを食べています。こういう魚はエサを取っても反転しにくいのです。仕掛けを回収しようとしてリールを巻いたら魚が付いていることが結構あります。そういう時は仕掛けにフルブレーキをかけないとダメです。潜り潮が強いのでウキをマイナスにしすぎる必要はありません。0もしくはG３くらいの仕掛けでもよいでしょう。めちゃくちゃ強い潮目を捜して仕掛けをズブズブと入れ込んで張りまくる。全止めできなくても流れている潮よりは止める。そうしてとにかくイトを真っ直ぐにしてください。そうすればアタリは出るのです（図４）。

図4 ～本流全止め釣法～

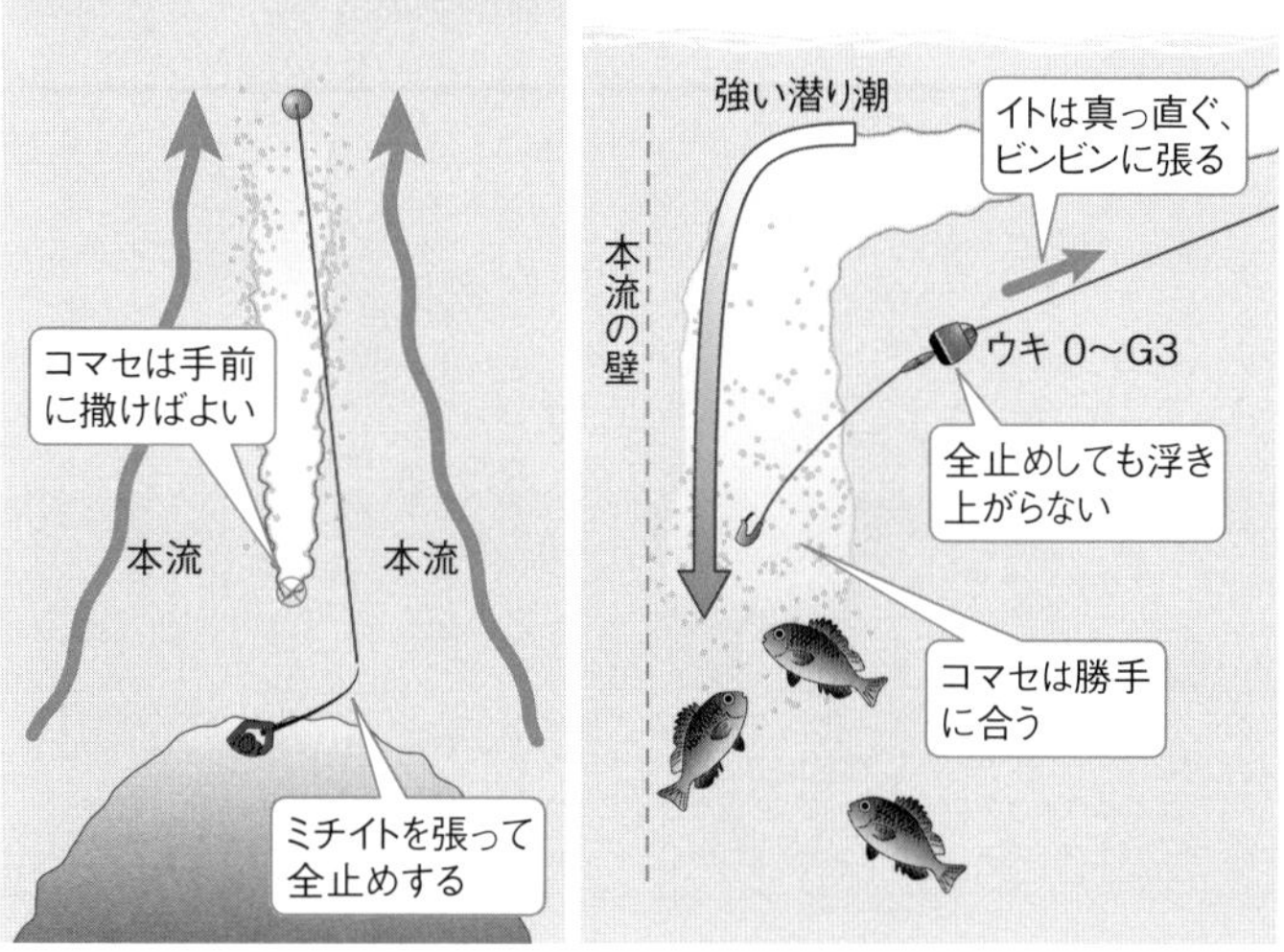
コマセは手前に撒けばよい
本流
本流
ミチイトを張って全止めする
強い潜り潮
イトは真っ直ぐ、ビンビンに張る
本流の壁
ウキ 0～G3
全止めしても浮き上がらない
コマセは勝手に合う

写真のような大場所は片潮になるとポイントが極度に限定される

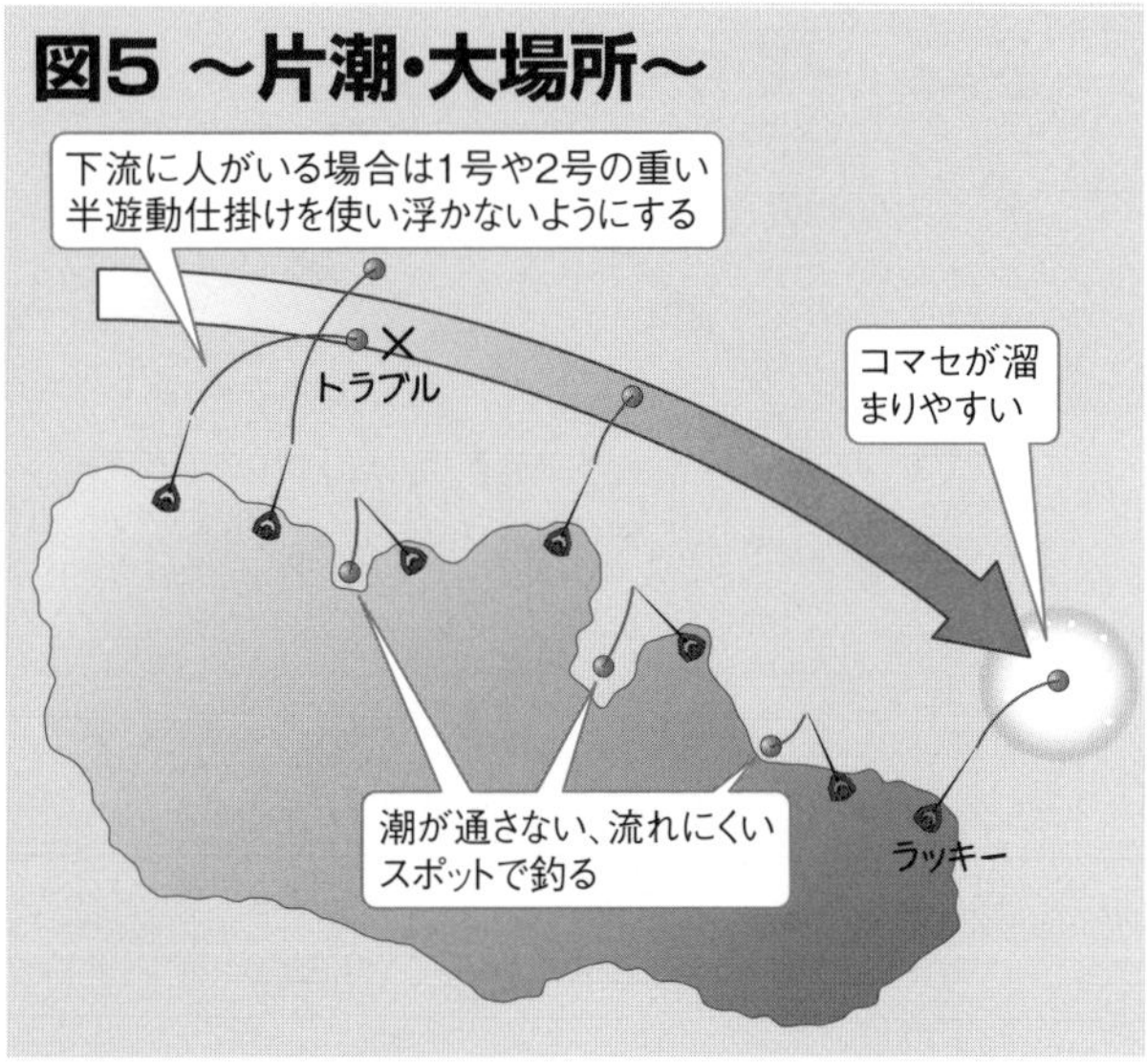
図5 ～片潮・大場所～
下流に人がいる場合は1号や2号の重い半遊動仕掛けを使い浮かないようにする
トラブル
コマセが溜まりやすい
潮が通さない、流れにくいスポットで釣る
ラッキー

激流で仕掛けを止めなければいけない大場所

収容人数が多い、大場所の磯で横並びになるようなシチュエーションがあります。伊豆半島周りでいえばオナガも有望な下田沖磯の横根や神子元島がそうです。が、こうした大場所は仕掛けを流せない。流すと隣のポイントを邪魔してしまう。となると軽い仕掛けが使えません。1号とか2号の重い半遊動仕掛けを使って浮かないように留めておく。もしくは仕掛けが少しでも落ち着くスポットを捜すしかないでしょう。磯際はギザギザしているのでどこかに潮が通さない、流れにくいスポットがあるはずです。ただこうした自由度の低い磯は釣り座の優劣が出すぎるのと、釣趣に欠けます。私は好んでは行きません（図5）。

特大オナガが潜む本流の入口・出口

自分はロクマル（60㎝）オーバーのトロフィーサイズを釣ったことがありません。自分の未体験ゾーンでありますから、多くは語れないのですが……高橋哲也さんの話では60㎝クラスになるオナガは本流の芯か磯際で食うといいます。潮目をねらうと中途半端なサイズが多く、そのサイズが出ていけない本流の芯の中で食うそうです。そのゾーンを高橋さんは「本流の入口・出口」と言っていました。高橋さんといえば三宅島の三本岳で多くの大型を釣りあげ、私を含む多くのグレ釣りファンに夢を見せてくれたカリスマ。そして手にしたロクマルの多くは、流れの集まる本流の入口から集まった流れが開放される本流の出口のゾーンまでで当たると言うのです。しかし私はまだ本流の芯で特大を掛けたことはありません。神津島で釣りをしても本流の芯より外した潮目では40㎝台が連発する。その入れ食いを楽しんでしまうのがワタシです。また、磯際もエサ取りとクチブトが多いのでどうしても避けてしまうのが実状です。しかし「本当にねらっているのはどっちや」ということです。つまりねらい方の違い。信念をもった釣りができるか。それこそ特大サイズを手にすることにつながるのです。

オナガのやり取りはハリスをいかにエラに当てないかが非常に大切

ハリが飲まれても取る

私はこれまで本格的なオナガ釣行に何度かトライしています。しかし巡り合わせが悪く神津島などの離島

神津島のオナガ66cm5kg。懇意にする渡船店「海央丸」の常連さんが手にした

に行っても素直な魚と出会っていません。苦労の末にまずまずのオナガを釣りあげることはできていますが、食わせるために何を一番意識したかといえば、ハリのサイズダウンです。

オナガ釣りのキモは口もとに掛けることです。そうしないと切られます。必然的に大きなハリになりますが、食い渋ると重いハリを吸い込んでくれません。オナガは浅ダナで食う大前提があり、重いハリを使うとサシエがフワフワとせず、食わなくなってしまいます。「食わせ」を重視すれば小さなハリが絶対によいのです。が、サイズダウンすると80％くらいの確率で飲まれます。

ハリを飲んだオナガをどうやって取るのか？　まず強い力で引っ張るほど切れる。この理屈は根に擦れたハリスと一緒です。魚がこっちを向いているのなら引っ張っても大丈夫ですが、反対を向いてブーンと走った時に引っ張ってしまうと、一発で切れます。そこで、レバーブレーキを多用することです。走った時に耐えるのではなくイトをとにかく出すのです。割り切って出しまくる。クチブトは穴に入りますが、オナガは穴には入らない（次ページ図6）。根には執着してもやり取りの最中に穴の中には入ろうとしません。そういう意味でクチブトのほうがガシラ（カサゴ）に近い。オナガはメバルといいましょうか。そういうイメージでやり取りします。口で切られることを回避すべくイトを出す。そのかわり時間をかけるしかありません。私の場合、小バリを使った時は「飲まれている」という前提でやり取りをします。一番注意しているのが水面に浮かせた時です。おそらくここでバラす人が大半で「そこまで見えたのに～！」と非常に悔しい思いをします。オナガは足もとまで寄せ、いよいよフィニッシュのところで何度も突っ込みます。「もうやめてくれ～」と思うくらい最後の突っ込みでどうしても力が入り根ズレをします。このため沖で掛けた時はなるべく沖で浮かせたほうがいいです。深く潜ったままの状態で寄せてしまうと、足もとでややこしい。張り出した根があろうものなら、ぶつかってイトが切られがちです。オナガの場合は最初に強引なやり取りをして、手前に来たところで慎重なやり取りを心掛けます。沖のほうが強引にやり取りしても比較的切れにくい。ただし突っ込んだ時は耐えすぎるのはよくありません。頭が横を向いたところでさっさと寄せる。そうして足もとまで寄せ、ウキが見えてからも何回も暴れますが、突っ込んだらしつこいくらいにイトを出してください。避けるべきは水面に浮かせてバシャバシャと首を振らすこと。ハリを飲んだ魚が首を振ればすぐにプツンと切れます。またイトがエラに入るのも大問題です。

私はオナガとのやり取りで歯よりもエラを意識します。イトがきれいにカットされている時は、間違いなくエラに入っています。これを避けるにはイトを魚体に密着させず、なるべく魚体から離します。浮かす時のサオとイトの角度は45度。クチブトとその点は一緒

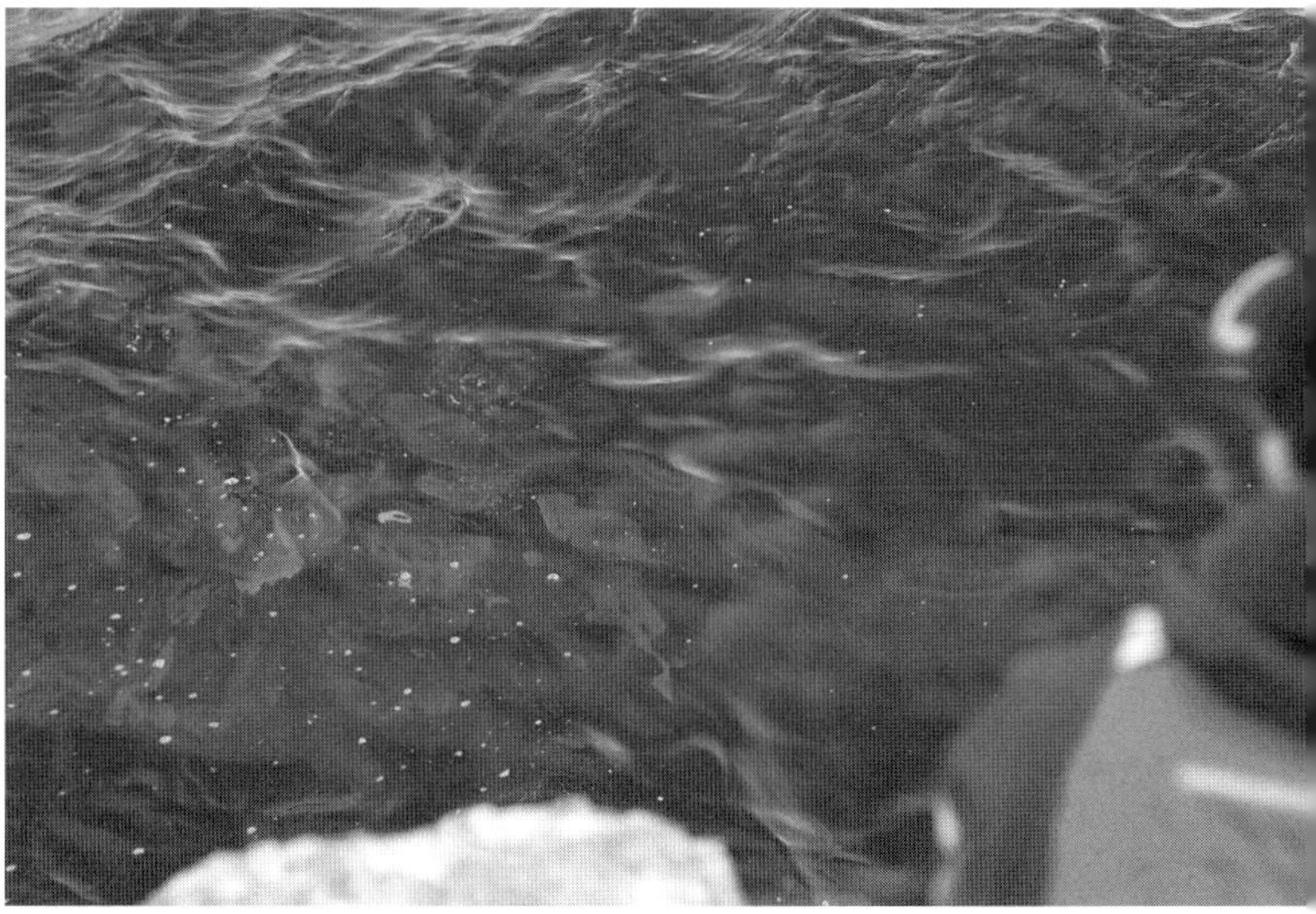

高知の沖の島では海面下まで60cmクラスのオナガが浮いてくる

ですが、頭を下に向けて突っ込んだ時にイトを魚体から離すためにも耐えてはダメ。そしてイトを横にもっていくためにサオを寝かせます。反転して海底に走り出した時にエラにハリスが入らないことを意識するのです。

離島の釣りの心得

グレ釣りの最終段階、夢の檜舞台は離島です。普段は行けないところで、普段は取れない魚をねらうのですから、絶対取れる頑強な道具立てで挑むべきです。サオは最低でも2号、ミチイトがナイロン4号、PEなら1・5号（ショックリーダー4号）、ハリスが4～8号、グレバリ8～12号が理想です。私の通常仕掛けは10mのロングハリスですが、これだけの太仕掛けではハリスを6mくらいにします。なぜならミチイト×ハリスの直結部分が太くなります。この結び目をリールには巻き込みたくない。PEを使う場合のショックリーダーも4mくらいが適当でリールまでショックリーダーの結び目を巻き込むと引っ掛かりイトが放出されません。ウキは0号が基準です。ハリスが太いと重くなります。00号だとウキに被さるハリスが重すぎ沈みが速くなりすぎます。場合によってはG3を使います。

それでは特大がねらえるポイントはどこか。離島と

図6 ～オナガとのやり取り～

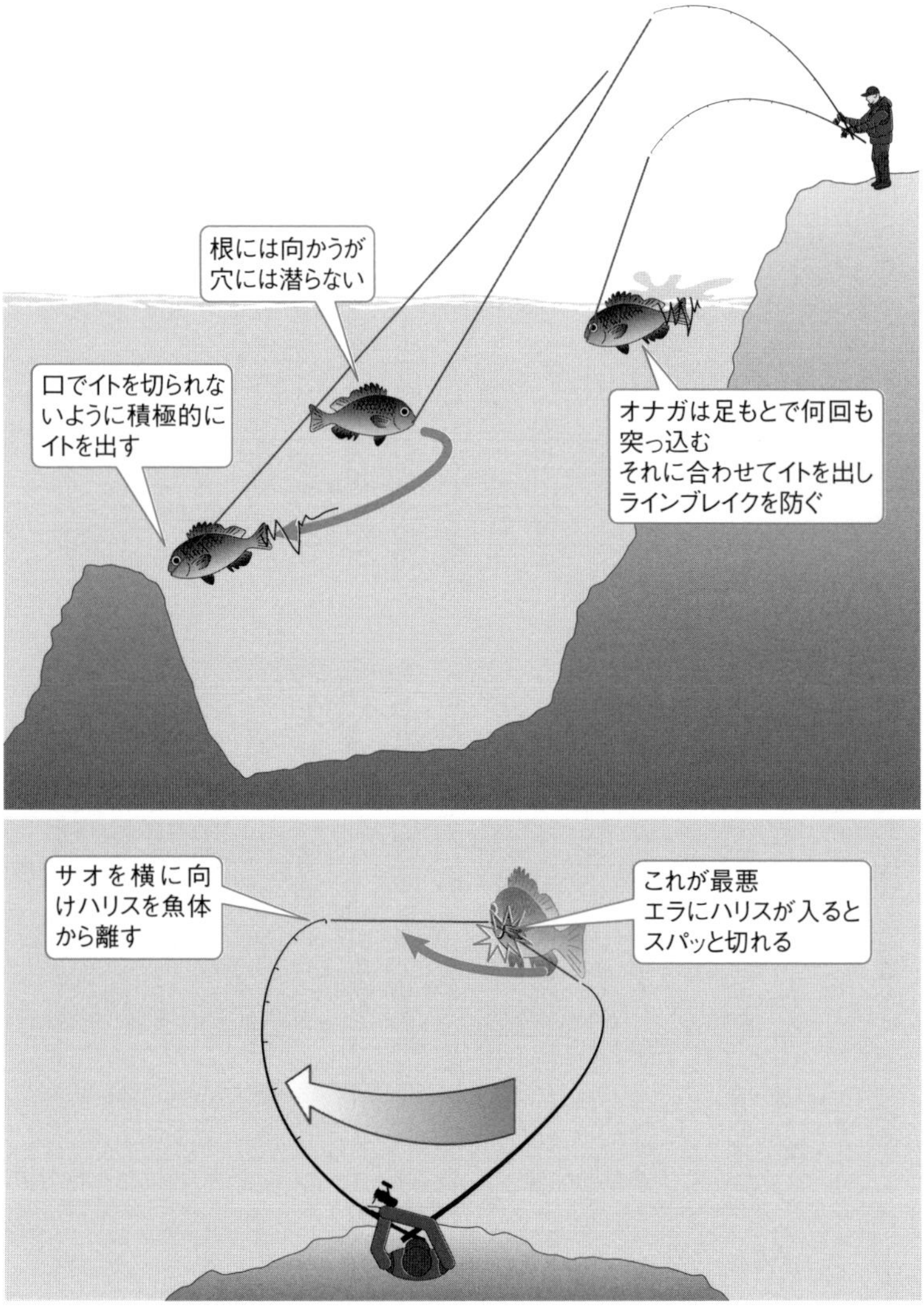

根には向かうが
穴には潜らない
口でイトを切られないように積極的にイトを出す
オナガは足もとで何回も突っ込む
それに合わせてイトを出し
ラインブレイクを防ぐ
サオを横に向けハリスを魚体から離す
これが最悪
エラにハリスが入るとスパッと切れる

オナガといえばネムリバリ

飲まれず口もとにがっちり掛かるようにとオナガ専用バリにはネムリの入ったものが多い。写真はがまかつ「あわせちゃダメジナ」。ハリ先がかなり内側にネムっている。口の中に入ると滑ってカンヌキに刺さるのだが、常にイトの張りを保っていないと掛からない。重量があるため本流釣りに好適だが、潮が緩いと口に掛けにくい。サオ引きするまで合わせてはダメ

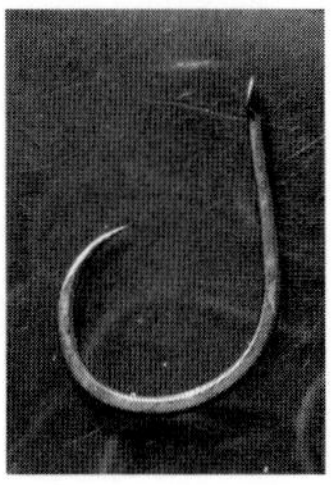

離島の仕掛け例

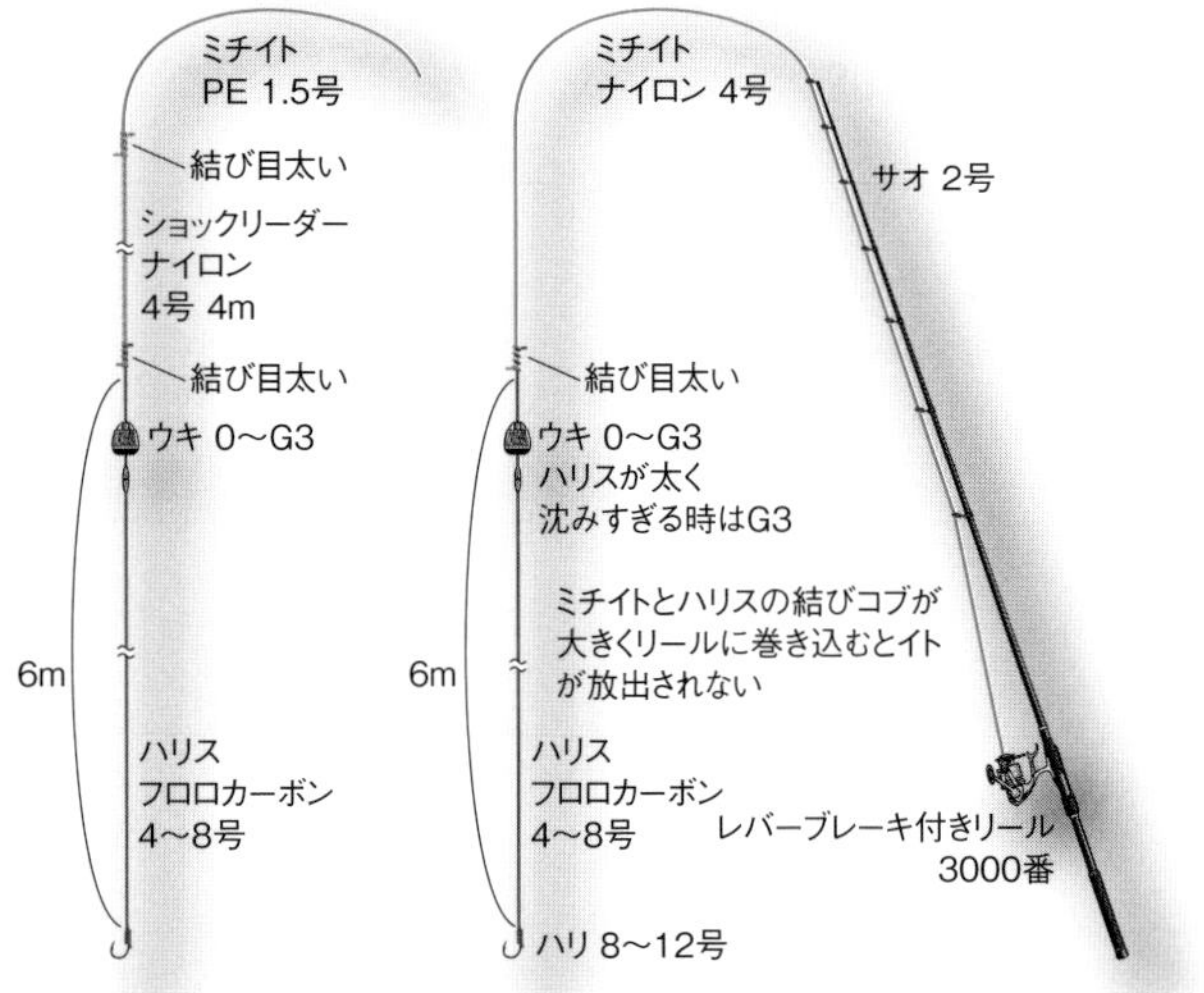

ミチイト
PE 1.5号
結び目太い
ショックリーダー
ナイロン
4号 4m
結び目太い
ウキ 0～G3
6m
ハリス
フロロカーボン
4～8号
ミチイト
ナイロン 4号
サオ 2号
結び目太い
ウキ 0～G3
ハリスが太く
沈みすぎる時はG3
ミチイトとハリスの結びコブが
大きくリールに巻き込むとイト
が放出されない
6m
ハリス
フロロカーボン
4～8号
レバーブレーキ付きリール
3000番
ハリ 8～12号

いえば30〜40年くらい前は60㎝超のオナガメジナが普通に釣れ盛っていましたが現代は海水温の上昇のせいか非常に厳しくなりました。特大が出るのは先述した本流の芯か、磯際です。現代はどちらかといえば磯際のほうが可能性は高いはずです。さらにいえば当て潮側がよいでしょう。魚は潮の当たる面に出てきやすい。注意点として仕掛けやエサが留まるスポットが必要です。サーッと流れる場所では食いません。当て潮が速すぎる場合は潮裏に入ります。磯の先端近くのやや内側が根際に仕掛けを留めやすいです（図7）。

あとは条件です。オナガの釣果は潮に支配されています。伊豆諸島のオナガは黒潮が離れて蛇行すること。これが最重要で黒潮が蛇行して濁った水が入り、水温が15℃くらいで安定する。それこそオナガに適した条件なのです。そして「磯で釣れない」と言っても船に乗って磯の沖合を探ると釣れます。ちょっと沖には特大がいます。あくまで推測ですがオナガは遊泳力があります。ちょっと沖の深いところにいて、そこは水温が磯近くより低い。その条件が黒潮の離岸で冷水塊が差してくると磯際にも生じます。２００８〜２０１０年は黒潮が離岸し、伊豆諸島も爆発的にオナガが釣れていました。それが近年は黒潮が直撃しています。離島の釣りはお金もかかります。毎週は通えない。私の場合1年に1、2回のビッグイベントでタイミングを計るしかない。だから黒潮の流路を注視して決める。「5月5日に行きますよ」というのではダメ。今週は黒潮が離れているとなれば、そのタイミングで行くしかない。黒潮が島にぶち当たっているのなら予定日であってもやめたほうがいい。もはやテクニックだけでは釣れない。それくらい離島のオナガは潮に支配されているのです。

波の厚み、ウネリのパワーが段違いの離島。足もとは充分に注意して釣りをすること

離島ならではの注意点は波が高く分厚くパワーがあることです。ウネリは半島周りと段違いで、いつも波が高いので海苔が生えていて滑る。足もとに注意する必要があります。そして取り込みは不用意に前に出ないこと。長いタモを持っていくことをおすすめします。プライドの問題もありますが、可能であれば仲間に手伝ってもらうのがベターです。

オナガ釣りで使うオキアミはやや多めにすることです。普段2枚のところを3枚にする。オナガは潮を釣ることが基本なのでオキアミを多く撒いて広範囲にマキエを利かせるほうがよいと感じます。オナガは大回遊をする魚です。沖から寄せるためにも粒のオキアミをいっぱい撒きたい。ヌカを入れずオキアミとパン粉のみでもよいです。飛ばなくてもエサが利く場所に仕掛けが入れば食う。それがオナガ釣りです。

ただし、ここで解説しているのは昔ながらのスタンダードなオナガ釣りです。沖の島、鵜来島、武者泊といった四国・西海方面のオナガ釣りは別世界と思ってください。西海のオナガはどちらかといえばコッパ釣りに近い要領で、浅ダナにしたウキ下のハリスが馴染むまでの小さなアタリを掛け取る釣りです。同じオナガでも全く正反対の釣りといえます。それほど大胆にも臆病にもなる魚なのです。これでもかというぐらい突っ込んでそれに耐えて水面に横たわったきめの細かい鱗と黒で縁取ったエラを思い出すとオナガ釣りに行きたくてたまらなくなります。

図7
〜離島の特大オナガのポイントイメージ〜

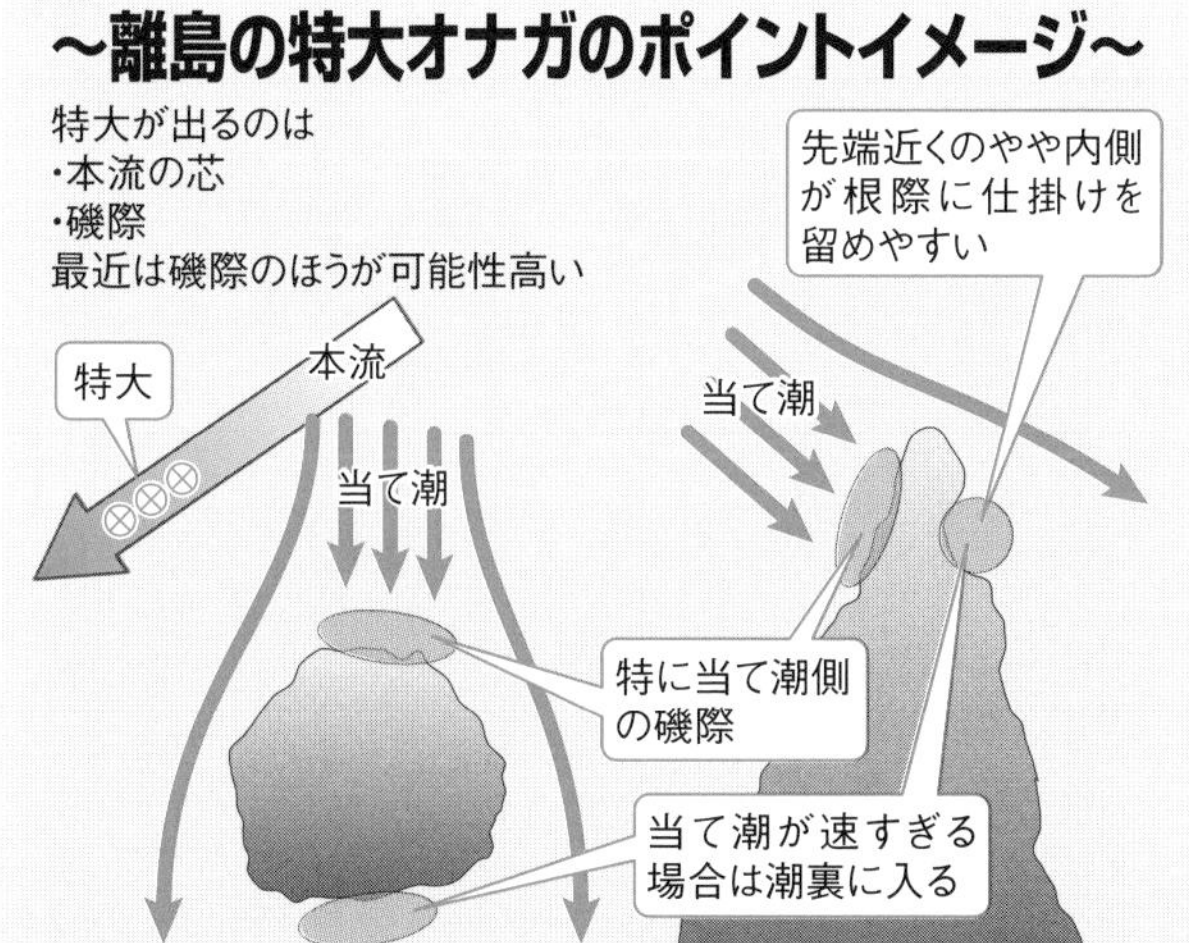
特大が出るのは
・本流の芯
・磯際
最近は磯際のほうが可能性高い
先端近くのやや内側が根際に仕掛けを留めやすい
特大
本流
当て潮
当て潮
特に当て潮側の磯際
当て潮が速すぎる場合は潮裏に入る

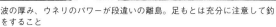

第13章

究極のコマセワーク

**コマセを使って魚の動きをコントロールできる。
それがウキフカセ釣りの面白さです。
腕の差が現われ、良型を引き出す技術を要します。**

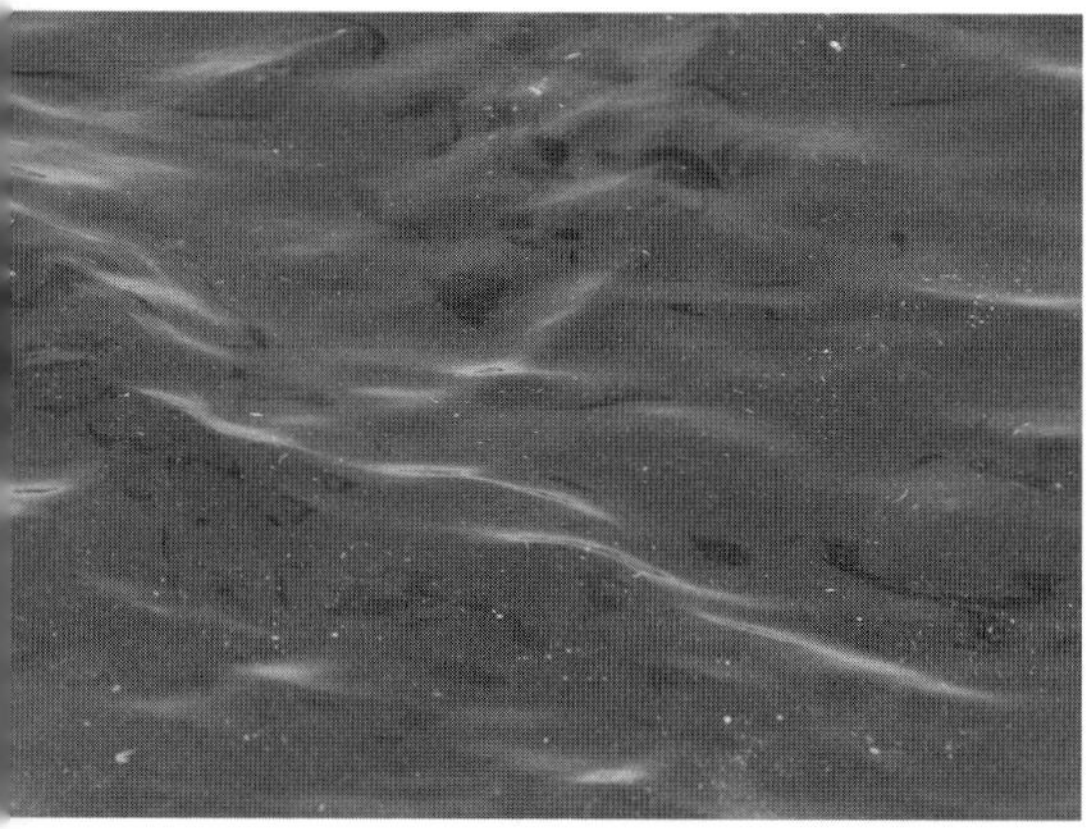

魚の頭はどっちを向いているか？

エサ取りの頭の向きを注視する

これまで述べてきたように、コマセワークの大基本は遠近の打ち分けです。最初は手前をエサ取り、グレは沖という感じに打ち分けてねらいますが、エサ取りが沖のコマセに到達してしまうケースもあります。そうなれば逆に手前に本命、沖をエサ取りというふうに切り替えるのです。

コマセワークはエサ取りに食い尽くされる量では意味がありません。特に手前を本命コマセとする場合は大量に必要です。一点集中にドカ打ちコマセをした後に間髪入れず沖に沖にエサ取りをもっていき、それから手前の一点集中ポイントに仕掛けを投入します。この場合沖にサシエが落ちてしまうとチョロチョロと残ったエサ取りに食われてしまうので、イメージとしては手前にサシエ、沖にウキとなるような仕掛け投入も大切です。ウキに追いコマセを被せると沖に出たエサ取りが戻ってしまうので、とにかく沖、沖と追い打ちをします。キモはエサ取りの頭を沖に向かせ続けることで、手前に向いた瞬間に追い打ちを入れないとダメです。

コマセワークで常に意識してほしいのが、エサ取りの頭がどっちを向いているか見極めること。つまりウキや仕掛け以外にエサ取りの動きを注意深く観察する必要があります。これこそコッパ釣りから生まれてきた応用編です。

コマセを細かく打ち分ける釣り

主に浅ダナの釣りでよくやるのが、手前のドカ撒きコマセから大型がいかに出ていくのかを見極める方法です。足もとの左、右、沖、手前とどこから出てくるのか見ていきます。まずはエサ取り用コマセを打って、その左右、手前、沖に距離を離してコマセを入れてみます。どこの場所が一番大きい魚が出てくるのか？大きい魚はエサ取りがぐちゃぐちゃに集まっている中にドカーンとは出にくいものです。魚がどのタイミングでフワッと浮いてくるのかを見ていないとダメです。その位置と距離感を見極めます。そのタイミングに規則性があって毎回同じであれば釣りやすい。不規則だと難しい。

大切なのがエサ取り用コマセは常時打ち続けること

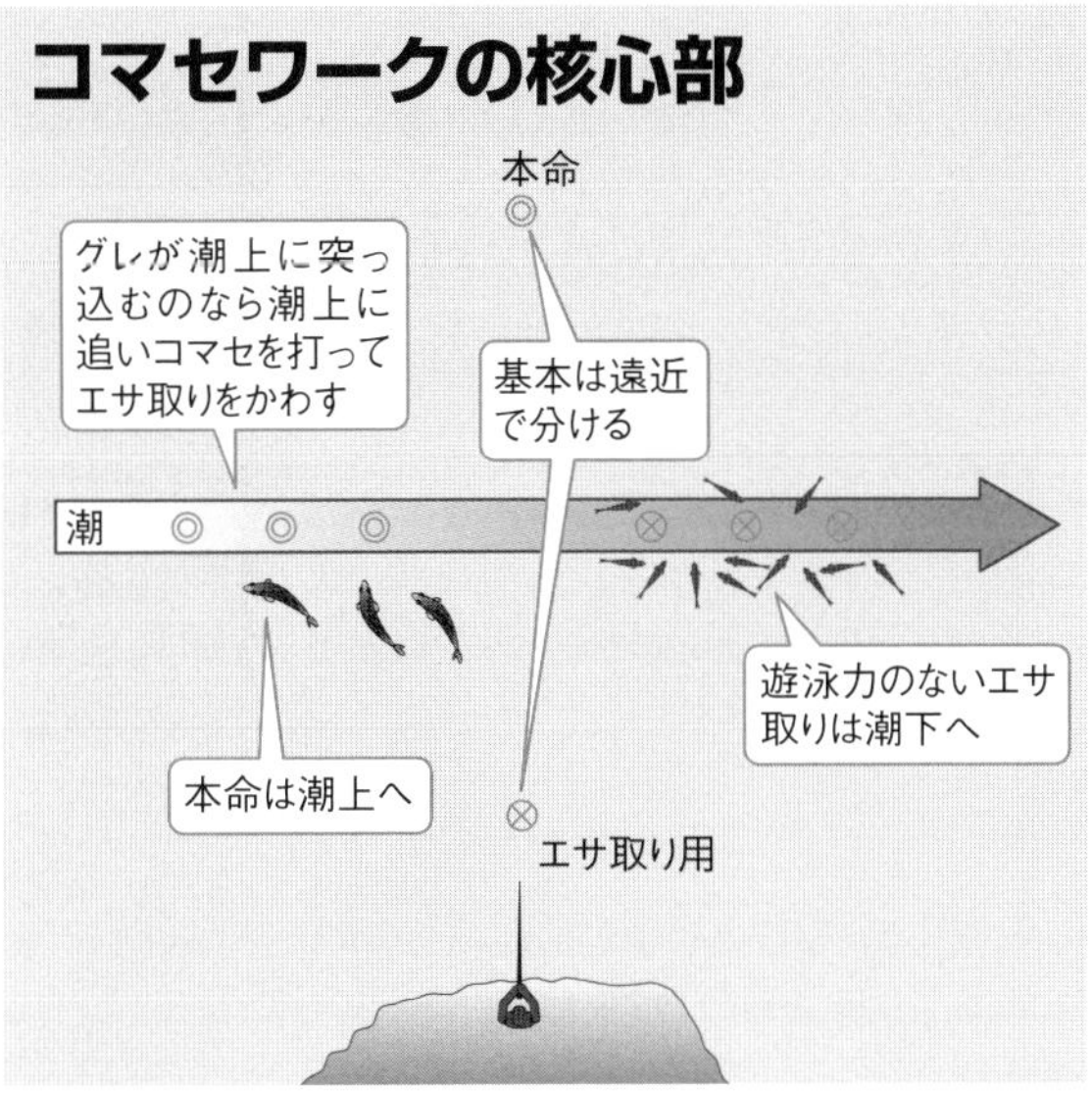
コマセワークの核心部
本命
グレが潮上に突っ込むのなら潮上に追いコマセを打ってエサ取りをかわす
基本は遠近で分ける
潮
遊泳力のないエサ取りは潮下へ
本命は潮上へ
エサ取り用

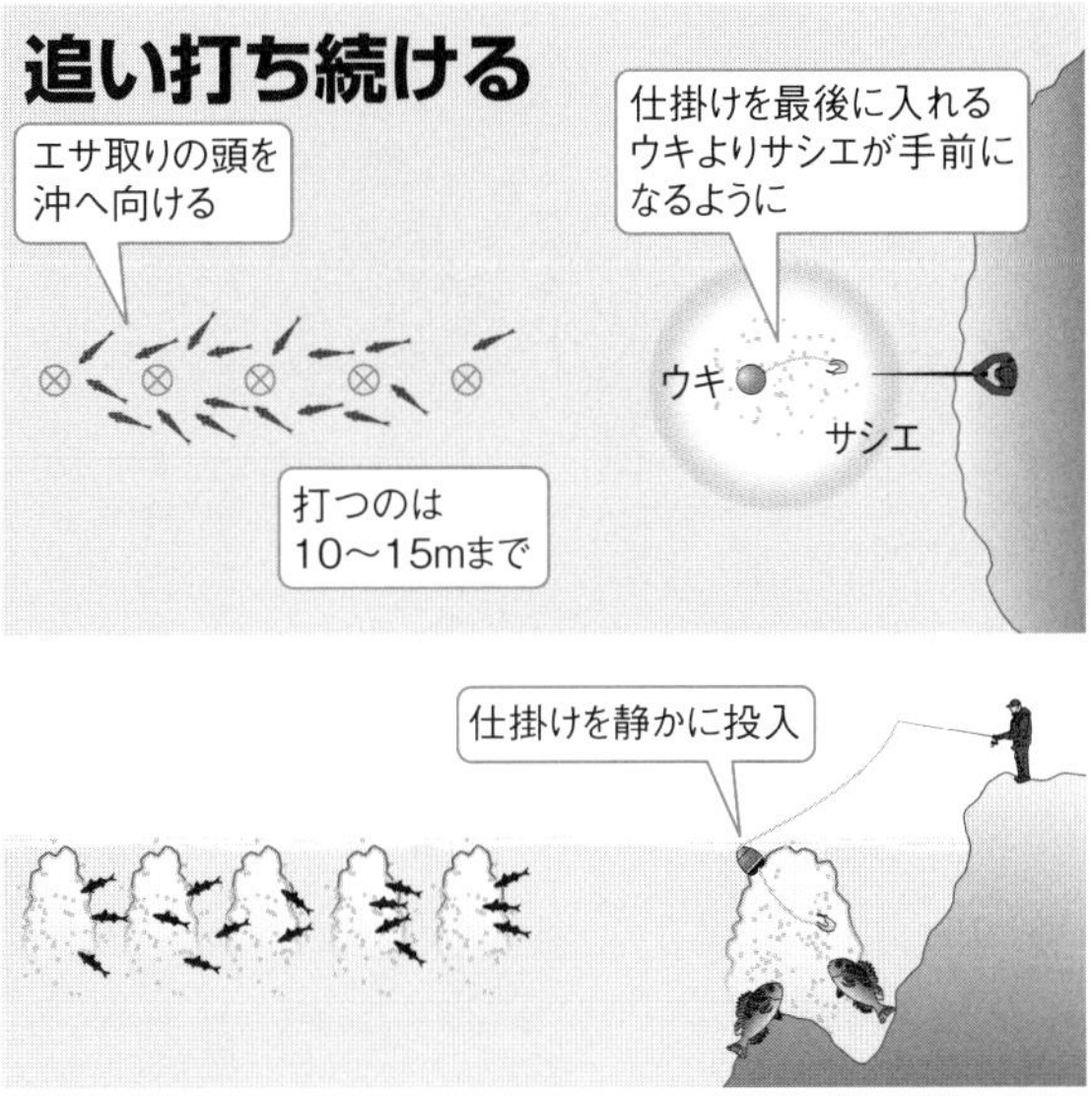
追い打ち続ける
エサ取りの頭を沖へ向ける
仕掛けを最後に入れるウキよりサシエが手前になるように
ウキ
サシエ
打つのは10〜15mまで
仕掛けを静かに投入

です。もしそこから大型が出ていかない場合は、エサ取りポイントの下層にグレがいるとも考えられます。その場合エサ取りの下層にウキ下を合わせてやや深ダナをねらいます。こういう時はガン玉使いも重要になります。浅ダナねらいの釣りはコマセとサシエを同調させる一瞬が重要です。深ダナの場合はコマセが沈んで深ダナまで届いた瞬間にサシエがぴたりと合うように計算します。ゆっくりフワフワ落としていると、エサが取られる。だからオモリを使いコマセの帯を見ながら投入のタイミングを計ります。

　コマセを細かく打ち分けるには大遠投は不可能です。エサ取りの動きを管理できる距離で行ないます。感覚的には足もとから10〜15m沖までの釣りです。昔は「遠投するのはただのアホ」と言う人もいましたが、そのほうが簡単だからです。近距離ほどグレ釣りは難しくなります。

　良型グレはエサ取りが群がっている位置よりも潮下でエサを取っていることが結構あります。その距離がどれくらいなのかを見極めてサシエを投入します。それは潮の速さによっても異なります。コマセとサシエの距離をどう取るかは潮上、潮下という要素も考慮しなければいけません。コマセを撒いて、ドンピシャにサシエを合わせると取られてしまう。ならば少し距離を取ってサシエを投入する。エサが残るのは何メートル離した位置かを探るのですが、ただ残るだけではいけません。釣れなければ正解ではない。エサが残るか取られるかのギリギリのラインを捜してかつ釣果がでる位置が正解です。コマセが流れればエサ取りも潮下に流れ、ポイントがズレたりサシエの投入点を変えたりしないとエサが取られてしまうのです。潮下でグレを釣る場合は、常に潮上にエサ取りの頭を向けることを意識して潮上にコマセを打ち続けます。またグレの活性が高い場合は潮上にどんどん走っていくことがあります。その場合はコマセを潮上、潮上と追い打ちしてエサ取りをかわす方法もあります。こういうケースは沖にもエサ取りが溜まってしまった状況です。沖でどうやって魚を動かすかという話になり、管理は難しくなってきます。

表層に群がるエサ取りの穴を空けるドカ打ち作戦

　オセン（スズメダイ）などが海面に群がり真っ黒になった状況下、その下にはグレがいるという場合に上下で魚を分離させる釣り方があります。それには2タイプのコマセを打つんです。

●エサ取りを表層に留めておくための切り打ち拡散コマセ。
●底層に効かせるための団子コマセ。

　ぎっちりと固めた団子状のコマセをなるべく1点にボンボンと集中砲火のごとく撒きます。そうして下の層にいるグレの活性を上げていく。その間に切り打ちした薄いコマセも混ぜ、エサ取りは表層に留めておきます。グレの活性が上がって、突き上げるようになれば成功です。エサ取りの直下までグレが突き上げると表層に穴が空くようにエサ取りがいなくなる。まさに

ヌカパンコマセの効力

　トーナメントでヌカパンコマセと配合エサを混ぜたコマセとでは集魚効果が明らかに違う状況があります。たとえばアジやサバが大量にいる時は配合エサをベースにしたコマセのほうに明らかに群がります。並んで釣っているとそれがよく分かります。その場合は私のほうが釣りやすい状況になります。集魚効果の違いは利点だけでなく、不利な条件にもなりえます。たとえばシーズン初期のトーナメントで、オセンがチョロチョロと見えるような状況があります。グレは活性が低くオセンが群がるエリアから飛び出てくれない。そうなるとそのオセンを集めないとダメなんです。この時並んで釣っている相手選手が集魚効果の高いコマセを使っていた場合、オセンは全部そっちのコマセに取られてしまう。こんな時オセンが付かないと、グレも沸かない。ヌカパンが不利な状況といえます。といっても試合中いきなりコマセを別の種類に替えることはできない。時合が来ることを信じて割り切るしかない。実際は試合が開始してみないと分からないので予め対応すべきことでもないとは思っています。そこはもうヌカパンの特性を理解するしかないのです。

穴が空くのです。

　グレの活性を上げて一面エサ取りの中に穴を空ける方法のほかにも、海面にコマセをパン！　と打ちつけて音で驚かす方法があります。1点に何度も激しくコマセを打っていると、そのたびにエサ取りが離れて穴が空きます。エサ取りが寄ってきたところでパン！　とコマセを打つと逃げる。仕掛けを投げ入れてからコマセを何度も叩き付けるように打つことで、サシエを少しずつ下に落としていく。むちゃくちゃ忙しい釣り方です。これはオセンに最も効果的な釣り方で、サバ、アジ、コッパグレにもまずまず有効なコマセワークです。

モーセ釣法

　エサ取りを左右に切り分けるようにするコマセワークです。まるでモーセの十戒で海が割れて道ができるようなイメージの釣り方で、魚が左右に動いてスペースが生まれた瞬間にサシエを優しく入れるのです。これは静岡県の初島の防波堤のテトラで釣りをしている時によくやっていたコマセワークです。海中に沈みテトラがあり、その中に起伏の小さなぽっかり空いたスペースがあります。そこを本命ポイントにする。まずはドカドカとコマセを撒きます。するとオセンやアカジャコなど、いろんなエサ取りが沸いて海面を埋め尽くします。それでもエサ取りに食い切られないような量のコマセをバンバンと打ちまくるのです。

　次にコマセを左右にタテに広がるように切り打ちします。今度はエサ取りが左右に分かれるように分離されます。頭が左右に向く。そしてサシエを落とすスペースができるまで切り打ちを続けます。エサ取りが左右に分かれたところで仕掛けを優しく着水させます。ボチャンと激しく投入するとエサ取りが仕掛けのほうを向きますから、ソロリと静かに入れるのがキモです。左右の切り打ちコマセが効かなくなると、エサ取りは

初島は堤防だけでなくゴロタ場も釣り場のひとつ

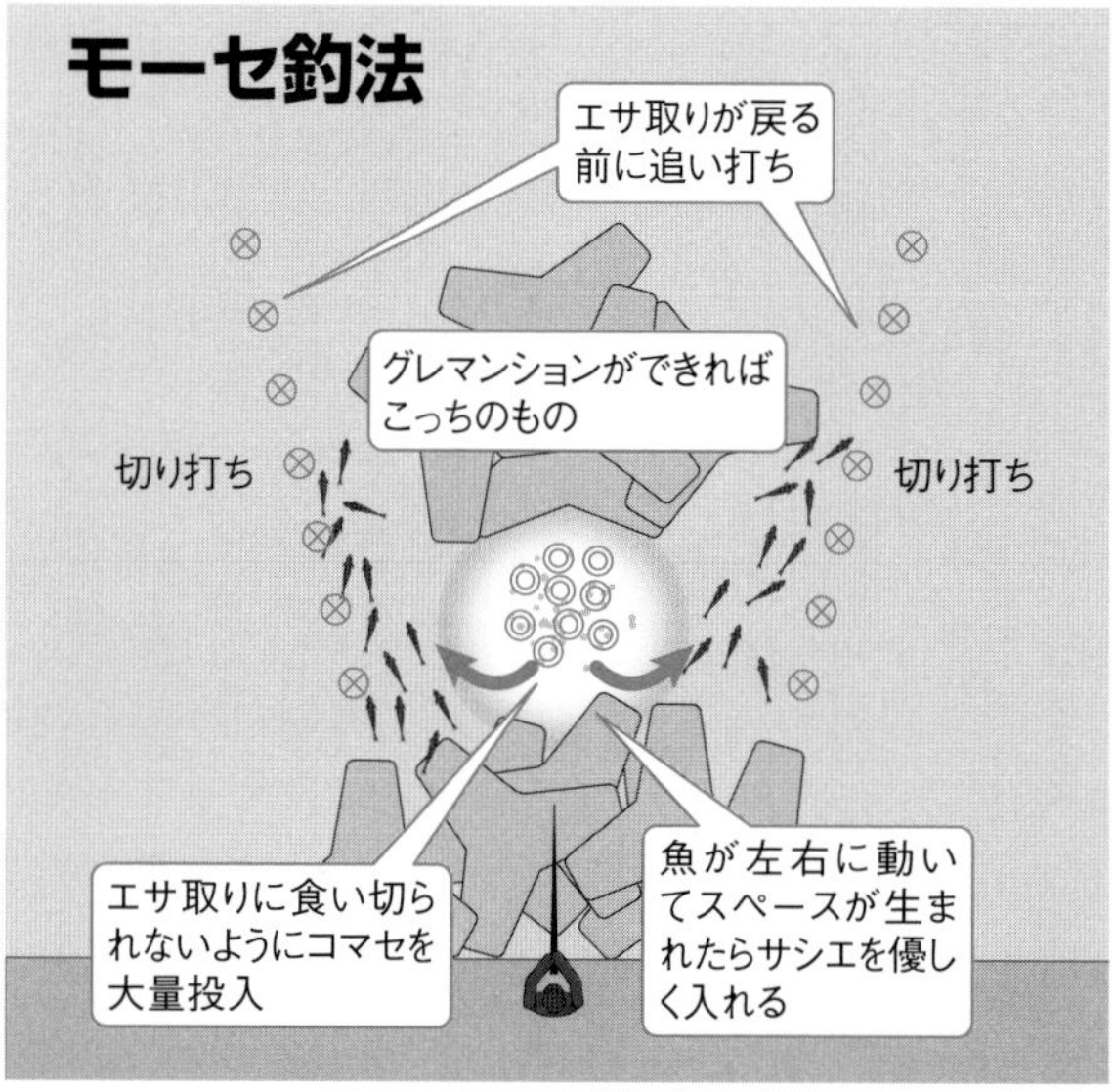
モーセ釣法
エサ取りが戻る前に追い打ち
グレマンションができればこっちのもの
切り打ち
切り打ち
エサ取りに食い切られないようにコマセを大量投入
魚が左右に動いてスペースが生まれたらサシエを優しく入れる

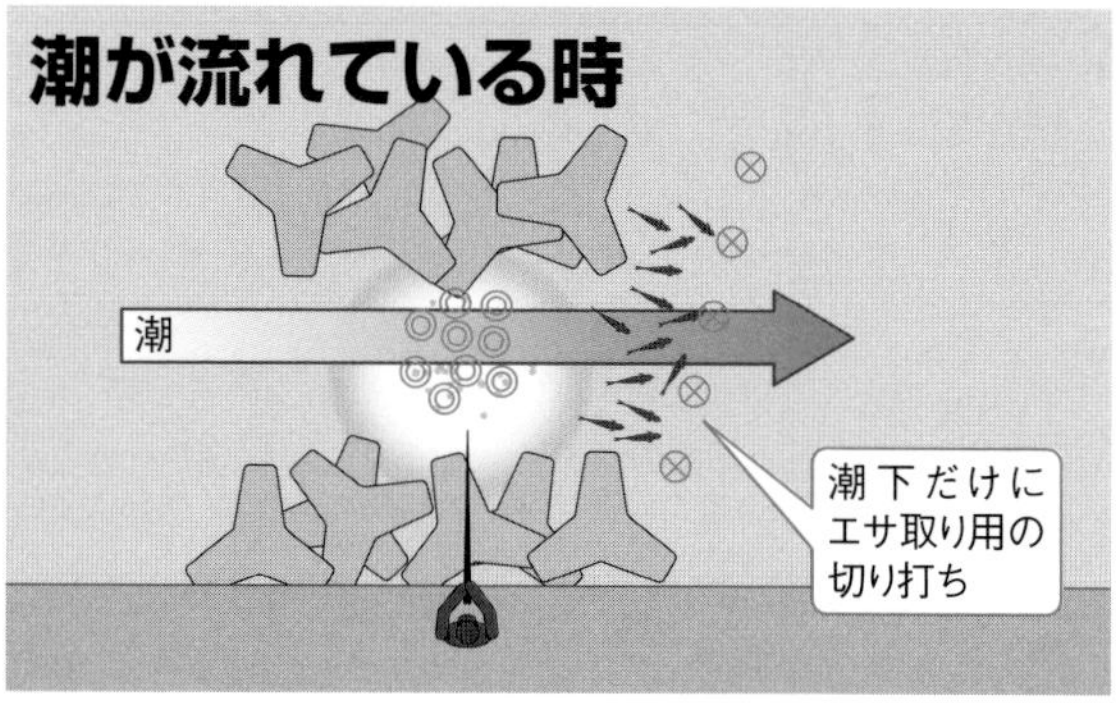
潮が流れている時
潮
潮下だけにエサ取り用の切り打ち

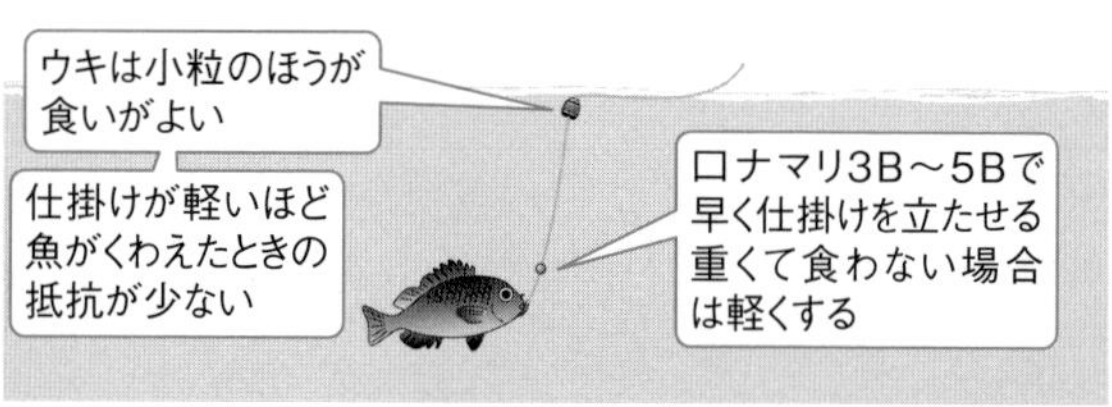
ウキは小粒のほうが食いがよい
仕掛けが軽いほど魚がくわえたときの抵抗が少ない
ロナマリ3B～5Bで早く仕掛けを立たせる重くて食わない場合は軽くする

ポイント位置に戻ってしまうので、仕掛け投入後もエサ取り用のコマセは追い打ちします。カップの半分くらいのコマセを絶えず撒き続けるイメージです。エサ取りも「ビシャッ」とか、「ポチャン」という着水音に敏感ですからコマセを打つ時は音を立てることも意識してください。ちなみに潮が流れている場合は潮下側にのみ切り打ちします。でないと潮が流れて本命ポイントにもエサ取りが付いてしまう。そうして潮上側に本命ポイントをつくります。

この際、仕掛けには口ナマリを打ちます。エサ取りが多い時ほど、重たい3B～5Bといった口ナマリで早く仕掛けを立てる。重いオモリで食えばいいですが、食わなければ軽くする。私の場合3Bくらいの口ナマリでスタートすることが多いです。それからグレが群れかたまってマンションみたいになれば、どんどん軽くしていく。〝グレマンション〟ができると周囲にむちゃくちゃエサ取りがいても、そこには入れません。ノーガンの完全フカセでも本命が釣れるはずです。難しい技術のように思いますが、そうでもありません。釣り方を知っているかどうかが問題で、堤防など似たような状況があればぜひ試してほしい。

私がこの釣法を知ったのは若狭グレトーナメントという大会です。宮川明さんというレジェンドが、こんな釣り方をして周囲を沸かせました。エサ取りがぐっちゃりいる中で、ひとつのシモリにのみ集中的にコマセを入れ続け〝グレマンション〟を作り上げたのです。

グレ釣りはマンションのようになる「群れ」を寄せ集めることが大切です。私の基本スタイルである沖を探る釣り方もそうです。ひとつ断言すると「沖ほどコマセは多めに打ったほうがいい」。競技会でも遠投してねらう選手の大半は沖のコマセが少ない。遠近で打ち分けて釣る場合も、手前のエサが8で沖が2というくらいの割合で釣っている人が多い。私の考えでは逆でもよいくらいだと思っています。沖ほどエサはたくさん入れないとダメです。超実力者のトーナメンターである田中修司さんも「大きな魚を釣りたければ本命のポイントにたくさんコマセを入れる」と言っています。広大でとらえどころのない沖に魚を寄せ集めるには相当数のコマセを入れないと出てきません。そして群れが集まれば多少のエサ取りがいても跳ね除けてくれます。厳寒期の渋い状況であっても沖を釣るなら多量のコマセを打つことです。

ちなみに磯際の魚を釣る時は入れすぎ厳禁です。私がよく言う「イシコロの釣り」はグレが一軒家に棲んでいるようなもの。エサの撒きすぎでお腹いっぱいになってしまう。その石（根）の魚はそこにしかいないのです。そして沖を釣る際は回遊するいろんな所にいるグレを集めるイメージをもってください。

初島のゴロタ場から引き出した 40cm オーバー

グレマンションを作る
根の少ない沖ほどコマセの撒く量を増やす
大回遊しているグレをねらうイメージ
撒きすぎるとコマセでお腹いっぱいに…
手前ほど少なく居着きなので大事に

釣果を競うことの楽しさは普段の釣りでは絶対に味わえない魅力がある

第14章 競技会の魅力

自分の技術の限界、新しい技術を知って、同じ趣味の熱心な仲間と出会えるのが競技会です。そこで経験できる釣りはあまりにも濃密。ぜひともこの面白さを味わってほしいです。

学釣連3位の悔しさ

釣りをしていれば「釣果で負けたくない」という人が大半だと思います。釣行時に友人がいっぱい釣って自分には釣れないとなれば面白くない。そこが競技会の原点です。一緒に行って、その中でサオ頭になりたいと思う。それがエスカレートしたのが競技会です。広い世界で自分の釣りが通用するのか試してみたいとなり、全国規模の大会で優勝して日本一になりたいと思うのです。そしてどんな些細なことでも人より釣れる可能性があることは試してみたい、やってみようとなります。大型グレを釣りたいということ以上に、自分にはない釣れるためのいろんな要素を取り入れたくなり、情報にも敏感になります。新たな発見を取り入れて自分の中でかみ砕いて技術はどんどん上がっていくのです。自分ひとりで一生かかっても気付かなかったことが、その大会で吸収できてしまうのも大きな魅力です。

私が競技会の面白さを知ったのは学釣連（全日本学生釣魚連盟）主催の釣り大会に参加したのがきっかけです。近畿大学の代表として参戦し、尾鷲の沖磯が会場になる予定でしたが、ちょうど台風が来て大雨と爆荒れになり、磯ではなく湾内の一番奥の防波堤で競技をすることになりました。一文字に30～40人の学生選手がずらりと並んでサオをだし、規定サイズが20㎝以上のグレ、チヌ、マダイの総重量というルールです。周りがほとんど釣れていない状況で私はそれなりに釣

試合直前、緊張がみなぎる。戦場に立てば海や磯の形状をまずは観察する

れた。検量に持ち込むと最初は優勝と告げられました。「やった！　優勝したよ」と思っていると、20㎝ギリギリの微妙な魚がいた。検量後にもう一回測り直せというクレームが入り、すると19・8㎝、19・6㎝という微妙な魚が3尾いて弾かれました。結果は3位。それがもう悔しくてたまらず、絶対に来年は勝ってやると心に誓って、いま思えばその悔しさが競技会に熱くなるスタートラインでした。それから翌年の大会に向け、尾鷲が競技会場になるとも分からないのに通い詰めました。沖磯に行くお金はなかったので尾鷲の堤防に1年中ひたすら通ったのです。そしていよいよ大会という時にまた台風が直撃。前年同様に湾奥の一文字が会場になりました。練習をしていたのは一文字の横にあった地方《じかた》の堤防。その経験が活きて、ぶっちぎりの1位になれました。そして勝つことのうれしさを味わったのです。

堤防のコッパ釣りと沖磯の釣り。どちらも重要

横浜に引っ越すまで全国規模のあちこちの競技会に参戦して分かったことがあります。勝つためには「堤防のコッパ釣り」と「沖磯の釣り」の両方をやることです。片方に偏ってはダメ。沖磯の釣りだけでなく、コッパ釣りもやる。コッパ釣りばかりでなく沖磯の釣りもやる。そのバランスが取れていないと全国規模の釣りでは優勝できません。もちろんコッパ釣りだけ知っていれば勝てるというローカルな大会もありますけど、シマノジャパンカップ、ダイワグレマスターズ、G杯グレという規模の大会になってくると沖磯の釣りを知っていないと勝てません。地区予選を通過するにはコッパ釣りを知らないと勝てない。両方のバランスをちゃんと取って練習しないと勝てる釣り人にはなれないでしょう。片方だけできる人は結構います。私の場合、コッパ釣りがめちゃくちゃ上手いかといえば、数段上の人がいっぱいいます。手返しが恐ろしく速い人も、それだけでは勝てません。私は20代前半から競技会に出まくって全国大会で優勝したいとずっと思っていましたが、手返し勝負でコッパ釣りに終始するような湾内の大会は出ていません。コッパ釣りは、手返し、コマセワーク、コマセに対するサシエの位置、その辺りがキモになります。一方の沖磯の釣りは流す釣りです。これまで書いてきたミチイト管理に重きが置かれるのは沖磯の釣りなのです。コマセワークはウキの周りに打っていれば釣れる。そこよりも仕掛けをどうやって流すのか、その仕掛けをどこに流して食わせるのかに力点が置かれます。根本的に釣りが違うのです。もちろんコッパ釣りが沖磯の釣りで役立たないかといえば、そうではありません。ただどちらも知っておかないとダメなのです。

撒いたコマセに対してグレがどうやって出ていくのかをコッパ釣りは見て覚えることができます。「コン」という手にくるアタリやイトが弾かれるアタリは、コッパ釣りで見たカラマン棒がツンと動いた瞬間のアタリになる。つまりコッパ釣りで見えている世界が、大型のいる底層でも同じようになっていると想像できます。またコマセの中心部の沖、手前、右、左という仕

学釣連の表彰式。これが競技会に目覚めたきっかけとなった

いざ決勝の舞台へ。大会に出るからには1位にならなければ意味がない

境界線を決める。それが競技会の絶対的ルール。限られた時間とエリアの中でどのように釣りを組み立てるのか

掛け投入点によって出てくる魚のサイズが違うこともコッパ釣りではよく分かります。たとえばコマセの中心付近は30～35㎝が釣れていたけど、潮下側を探ってみると40㎝クラスまでサイズアップすることがよくある。コッパ釣りでサイズアップをすることを知っているからコマセから離して仕掛けを打てるのです。

1人ジャパンカップ

　大会に出ると自分に何が足りないのかを意識できます。それは次の目標につながります。たとえばやり取りが苦手と思っているなら、バラさないやり取りを目標に置く。掛けるのがヘタクソなら、あえてハリスの号数を落とさず掛ける練習をしてみるのもいいです。

　現在の私は競技会といえばシマノジャパンカップ以外に出場していません。大会終了後に自分に何が足りていなかったのかを一度整理します。それから来年の目標を掲げて毎年練習に励んでいる感じです。

　2020年現在、ジャパンカップを2連覇して4度目の優勝ができましたが、3連覇をしたいと強く思っています。そこで「失敗をしない」「ミスをしない」という抽象的ですが難しい目標も掲げています。ミスをすれば終わり。やり取りでバラすのもそうだし、状況判断もそうです。今の私の技術は全国のトップレベルにあると自負していますが、ミスをすれば負けます。だからミスを極力なくす釣りを目指すのです。たとえば深ダナの釣りをしていました。しかし浅ダナをねらわなければ型があがらない。その判断ミスの見極めは極力早いほうがいい。状況判断を早くするためには、海を見る目をさらに養わなければいけません。

　練習法の一例を挙げると、私は「1人ジャパンカップ」をよくやります。ジャパンカップが終わるのは11月半ばから下旬です。そこで12月末まで自分のジャパンカップに対する課題を洗い出し、翌年の目標を決めます。そして1月1日から課題に対する釣りがスタートします。その時は寒グレシーズンが真っ盛りなので実践します。3～4月には寒グレ好機も終わり、シーズン的にはリセットされます。ジャパンカップは11月半ばくらいです。方針を固めて立てた目標がちゃんとできているか見つめ直し、修正していきながら8月くらいまですごします。8月以降は大会がないものだから、身体を大会モードにしていく。1人で釣りに行ってもジャパンカップの試合形式を想定して釣りをします。

　過去の対戦相手や田中修司さんみたいな名手を思い浮かべながら、時間を決めて50分50分で釣り座を交代する。最初の50分で何尾釣れたのか、魚のサイズも見ます。次の50分でも同じことをして、100分間で何gの釣果が出たのかを見ていきます。対戦相手がいないので相手が何尾釣っているということはないですが、時間の配分であり、たたみ掛ける時間帯がどれだけできたのか。1尾釣れた後に連打にもちこめるのか、釣れない時間にいかに早くパターンを見つけ出すこと

現代トーナメンターの中でも「鬼」と称される、田中修司さんのような名手を思い浮かべて練習

ができるかを考える。そうして釣りをしていかないと漫然としてダラダラします。時間を意識すると100分のなかで、そろそろパターンをつかまなければと考えられる。1日の時間配分で釣りをしていたのでは展開が遅くなります。大会は短いスパンで探るというのが大切なので、探り方がやっぱり違うんです。

競技会にはルールがあり、マナーも必要です。とりわけ大切なのは境界線です。そこを越えてしまうと競技にならなくなります。変な場所で潮上、潮下と釣っていてその境界線を越えてしまったら不利なはずの場所が不利ではなくなってしまう。このためマナーとして境界線は守らないとダメです。

向き合うのは海、相手選手よりもグレ

私が試合で負けた時の一例を挙げると、2005年、22歳くらいの時に出たオール関西グレ釣り選手権でのことです。会場は和歌山県の勝浦で私は決勝戦まで勝ち上がった。対戦相手は向畑大志さんというG杯準優勝経験のある名手です。生まれは和歌山の浦神というところで、幼いころからずっと釣りをしてきたからか抜群にセンスがある。軽い仕掛けを自在に操るタイプの釣りを得意にします。そして迎えた決勝戦では後ろに80人くらいのギャラリーがいます。その時私はめちゃくちゃ緊張し、完全に自滅。ここを釣ったら変に思われるのではないかとか、自分を見失うほどにギャラリーを意識してしまった。そして私が釣るのは小さいコッパばかりでした。向畑さんは25～30㎝の魚ですが、私の釣っている魚とは明らかに違う。私には見えないグレを釣っていました。どうしたらそのサイズが釣れるのか訳が分からない。相手が10尾で25㎝くらいを揃えているから2500gほどの釣果。私は手のひらに満たないようなサイズばかりで1000gほど。ボロ負けでした。

舞い上がってしまったのが敗因でしたが、逆にそういう経験ができたことは今の私にプラスに作用していると思います。少々後ろから見られようが気にしないようになりました。いざ全国大会でギャラリーを背負って普段の釣りができるかどうか。それはかなり難しいことです。若いころに出ていた大会で自分が負ければギャラリーのひとりになるわけですが、試合を見ていると大半の人が自滅をしています。また両選手が自滅しあっている試合もいっぱいあります。そこでトーナメントではこう思うようにしたのです。

ギャラリーの視線や場の空気に飲まれないようにするメンタルも磨かなければいけない

「向き合うのは海、相手選手よりもグレ」

釣りは海の状況や魚の活性に合わせることです。競技会では最善の答えを最短で見つけるのが重要です。だから相手選手を意識しすぎないこと。また最短で答えを導きだすためにも、私の場合なるべく大きく仕掛けを替えずに対応したい。そしてその訓練をしてきました。1個の仕掛けで状況に応じてどう化粧を付けていくか。となるとオモリワークやサシエワーク、そしてコマセワークが重要になってきます。自分の釣りを貫くことが結果的に勝利につながれば、それほどうれしいことはないのです。

真剣勝負を終えた後の握手はとても清々しい

SHIMANO

あとがき

私の目指すグレ釣りはズバリ「シンプル」。では釣り始めたばかりの初心者がシンプルを目指してよいのかといえばそうは思いません。シンプルの裏にはさまざまな試行錯誤があり、何が自分の釣りにとって重要なのか、何が不要なのかを理解してから削ぎ落とすことをおすすめします。釣り初めは自分の釣りを太らせられるだけ太らせてから自分にとって不要と感じれば削ぎ落とす。残した技術をひたすら鍛え上げて鋼の芯を作る。作った芯をまた太らせては削ぐ。そしてさらに鍛える。この繰り返しで強固な芯を持つことが自分の釣りを形成することであり、だれにも真似できない自分の釣りスタイルに繋がります。そうすれば、たとえ釣れない場面に遭遇しても冷静に状況を判断し、その時の最適な釣りを自分の芯で貫き通して釣果に繋げることができるようになります。釣れない時に普段全くやらない釣りで釣果を出せるかというとそれはNOです。釣れている時に普段やらないことを実践して実績を積み上げて初めてどういった状況で通用するのかが分かってきます。

最終着地点は釣りを太らせることではありません。強固な芯を作ることです。太らせ過ぎては実際に効果があったことが何なのかが薄れます。たとえばサシエを変えてハリとハリスの号数を同時に変えたとします。その直後にグレが釣れても何が釣果につながったのか分かりません。そうなると、また釣れなくなった時に食い渋りでハリの号数を小さくすればいいのか、オキアミを嫌ってそれ以外のサシエにすればよかったのか、どちらも分からなくなってしまいます。

なにかを太らせる時は、必ずそれ以外のことは固定する。そうすればこの状況では小バリやハリスの太さを細くしたから食ってきた等、釣りがもっと分かりやすく楽しくなるはずです。難しく考える必要はありません。選択肢を多く持ちすぎず徐々に狭めていく。これが私の釣りです。だからこそ数年間ハリス2号を貫きとおす釣りもしました。その結果、2号ハリスで食わせる最適な仕掛けの状態を学ぶこともできました。潮や風で仕掛けが最適状態にどうしても持って行けない時だけハリスを落とすようにすれば自動的にバラシのリスクも低減できます。また、実際ハリスを細くしないと食わない状況はごくわずかであることも分かりました。コマセも同様です。年中同じエサを使うからこそ仕掛けとの同調イメージがより強固になります。冬だから沈下速度が速いコマセがよい、夏だから軽いものがよいといい出すと重要な同調イメージが毎回崩れてしまうのです。

何が自分の釣りで大切なのか。それをストイックに突き詰めて15年以上、年中グレだけを追い求めて今なお、この釣りが楽しくてなりません。

友松信彦

日本一グレを釣る男。

―「シンプル」を突き詰めれば磯釣りは「進化」する―

友松信彦（ともまつ・のぶひこ）

1983年兵庫県生まれ。神奈川県横浜市在住。近畿大学水産学部を卒業後グレ釣り競技会で頭角を現わす。2007年、24歳という若さで「シマノジャパンカップ磯（グレ）釣り選手権全国大会」の最年少優勝記録を塗り替え優勝。その後も11年準優勝、12年優勝、そして、2018と2019年で連覇を成し得てV4となった。トーナメント以外でも、堤防から離島まであらゆる場所を幅広く釣りこなしながら四季を問わず磯に立ちグレを追いかけている。

2020年11月1日発行
2022年11月10日第2刷発行

著　者　友松信彦
発行者　山根和明
発行所　株式会社つり人社

住所　〒101-8408
東京都千代田区神田神保町1-30-13
TEL　03-3294-0781（営業部）
TEL　03-3294-0782（編集部）
印刷・製本　大日本印刷株式会社

乱丁、落丁などありましたらお取り替えいたします。

ISBN978-4-86447-348-4 C2075
つり人社ホームページ　https://tsuribito.co.jp/
つり人オンライン https://web.tsuribito.co.jp/
釣り人道具店　http://tsuribito-dougu.com/
つり人チャンネル（You Tube）
https://www.youtube.com/channel/UCOsyeHNb_Y2VOHqEiV-6dGQ